Das 1 x 1 der Präsentation

Karl-Christof Renz

Das 1 x 1 der Präsentation

Für Schule, Studium und Beruf

3., überarbeitete und erweiterte Auflage

Karl-Christof Renz
HTW Aalen
Aalen, Deutschland

ISBN 978-3-658-37024-4   ISBN 978-3-658-37025-1   (eBook)
https://doi.org/10.1007/978-3-658-37025-1

Die Deutsche Nationalbibliothek verzeichnet diese Publikation in der Deutschen Nationalbibliografie;
detaillierte bibliografische Daten sind im Internet über http://dnb.d-nb.de abrufbar.

Lektorat: Angela Meffert
Springer Gabler ist ein Imprint der eingetragenen Gesellschaft Springer Fachmedien Wiesbaden GmbH und ist
ein Teil von Springer Nature.
Die Anschrift der Gesellschaft ist: Abraham-Lincoln-Str. 46, 65189 Wiesbaden, Germany

Vorwort zur 3. Auflage

Seit der zweiten Auflage sind mehr als fünf Jahre vergangen. Wie sich Lebenssituationen verändern können, können sich auch Präsentationssituationen verändern. Nichts bleibt ewig, wie es war. Die Zeit des Social Distancing, ausgelöst durch das Corona-Virus und die weltweite Pandemie, hat nicht nur unsere Arbeitsweise und unsere Zusammenarbeit, sondern auch die Wissensvermittlung und Lehre stark beeinflusst.

In der dritten Auflage wurden diese Entwicklungen berücksichtigt. So wurde das Thema virtuelle Konferenzen bzw. Online-Lehre neu aufgenommen. Zudem wurde das Buch um neuere zur Verfügung stehende Präsentationsmedien wie Visualizer und Smartboard ergänzt. Spannend bleibt, wie der technische Fortschritt weitergehen wird. Das 1 × 1 der Präsentation wurde auch um einige psychologische Aspekte bereichert, die fundiertere Kenntnisse zu ausgewählten Aspekten einer Präsentation liefern. Außerdem wurden alle Literaturhinweise durchgesehen und aktualisiert.

Ein ganz herzlicher Dank geht an die Cheflektorin Angela Meffert vom Springer-Verlag, die mich sehr geduldig und immer freundlich tatkräftig bei der Erstellung und Durchsicht des Manuskriptes unterstützt hat.

Ebenfalls Unterstützung bekam ich durch meinen Freund und Kollegen Prof. Dr Jörg Büechl, bei dem ich mich ebenfalls bedanke.

Danken möchte ich auch meinen Eltern für ihre Unterstützung. Ihnen und meinem Sohn Felix widme ich dieses Buch. Er ist meine Kraftquelle und ein guter Ideengeber – auch wenn wir oft kontroverser Meinung sind, so haben diese letztlich auch zur Erstellung dieses Buches beigetragen.

Ich hoffe, dass dieses Buch genauso gerne gelesen wird wie die ersten Auflagen.

Aalen   Karl-Christof Renz
im Frühjahr 2022

Vorwort zur 2. Auflage

Es ist erstaunlich, was in zwei Jahren im Leben eines Menschen passieren kann. Meine Erkenntnis daraus (und die werde ich zukünftig auch an meine Studierenden weitergeben): „Vergessen Sie bei der ganzen Arbeit auch nicht zu leben". Auch dafür bietet das Studium die richtige Zeit und die richtige Lebensphase. Nie wieder werden Sie so jung sein, so fit, und die Wenigsten werden später diese zeitlichen und inhaltlichen Freiräume haben, die ein Studium (zumindest phasenweise) bietet.

Erfreulicherweise hat sich die erste Auflage des 1 × 1 der Präsentation so entwickelt, dass der Springer Gabler-Verlag eine zweite Auflage, ca. 2 Jahre nach Erscheinen der ersten Auflage, ermöglichte.

Das Grundkonzept des Buches blieb unverändert, da es von den Studierenden sehr gut aufgenommen wurde. Ich habe folgende beispielhafte Kommentare meiner Studierenden als Ansporn aufgefasst, das Buch zu aktualisieren: „Das Buch ist informativ, selbsterklärend und gut zu lesen" oder „Das Buch ist gut zu lesen und weckt das Interesse an dem Fach" oder „das Buch ist sehr verständlich geschrieben, ich habe viele Verbesserungsvorschläge und Tipps erhalten" oder „kurz, sachlich, gründlich, interessant – Danke schön" oder „Das Buch bietet viele sehr nützliche Anregungen – auch für das Leben nach dem Studium". Inzwischen hat sich das Buch auch als hilfreich für das Selbststudium erwiesen.

Bei der vorliegenden zweiten Ausgabe wurden deshalb die Konzeption und die Grundstruktur beibehalten. Die Literatur wurde aktualisiert und ergänzt, und auch die Zahlenbeispiele– insbesondere in Abschn. 4.4 und 4.5 Zahlendarstellung mit Tabellen und mit Diagrammen – wurden auf den aktuellsten Stand gebracht. Da der technologische Fortschritt auch in der Wissenschaft immer mehr voranschreitet, wurde auch die Vorgehensweise bei der Recherche dem aktuellen Stand angepasst. In diesem Gebiet ist durch die selbstverständlich und alltäglich gewordene Nutzung des Internets und die zunehmende Vernetzung der Menschen untereinander die größte Veränderung eingetreten. Auch bei den Präsentationsmedien nimmt die Verbreitung und Nutzung von Whiteboards immer mehr zu. Spannend wird es bleiben, inwieweit diese technischen Änderungen auch eine Veränderung im Verhalten der Menschen, z. B. bei der Aufmerksamkeit oder der Erwartung an die mediale Darbietung einer Präsentation, bewirken.

Frau Angela Meffert vom Springer Gabler-Verlag hat mir wieder mit Tipps und Informationen geholfen, aber auch aktiv dazu beigetragen, dass dieses Buch erschienen ist. Dafür bedanke ich mich ganz herzlich.

Ebenso bedanke ich mich bei meiner Rest-Familie und den anderen Menschen in meinem Umfeld für den Zuspruch, die Hilfe und die Wertschätzung, die sie mir in vielen Gesprächen und Gesten zuteil werden ließen. Dies schließt meine Assistentin Frau Julia Wiedenmann, die mir immer wieder bei Alltagsaufgaben „den Rücken frei hält", aber auch „meine" Studierenden mit ein. Vielen Dank dafür.

Aalen   Karl-Christof Renz
im Frühjahr 2016

Vorwort zur 1. Auflage

Studenten[1] haben oft das Problem, dass sie zu einem bestimmten Thema eine Präsentation anfertigen und vortragen müssen, ihnen aber die Grundkenntnisse für eine Präsentation nicht bzw. nicht systematisch vermittelt werden.

Zwar gibt es viele (und auch gute) Rhetorikratgeber, diese gehen aber nicht auf alle Anforderungen ein, die Studierende bei ihren ersten Präsentationen meistern müssen. So werden häufig nur Teilaspekte wie z. B. die Rhetorik, die Körpersprache oder die Zahlendarstellung betrachtet. Diese Bücher behandeln zwar das jeweilige Thema ausführlich, dafür fehlt es aber am notwendigen Überblick.

Bei einer Präsentation im wissenschaftlichen Umfeld sind Kenntnisse aus vielen unterschiedlichen Wissensbereichen wichtig. Dazu gehören Aspekte der graphischen Gestaltung (Visualisierung), Lern- und Arbeitstechniken und natürlich Gesprächsführung und Rhetorik. Es werden z. B. Aspekte der Disziplinen Arbeitswissenschaft und Psychologie berücksichtigt. Aber auch Kenntnisse in wissenschaftlichem Arbeiten, z. B. Quellensuche, Quellenbewertung und Zitieren, oder in Statistik gehören zu einer Präsentation im wissenschaftlichen Umfeld.

Hier setzt dieses Buch an. Es ist kein neuer Rhetorikratgeber, sondern es vermittelt alle notwendigen Grundkenntnisse und Grundlagen einer erfolgreichen Präsentation, insbesondere im Studium, aber auch in der Schule oder im Beruf. Dazu gehört nicht nur der Auftritt, sondern auch so banale Kenntnisse wie: Wie gehe ich bei der Strukturierung eines Themas vor? Wie erstelle ich eine Gliederung? Wie baue ich eine Folie auf? Welche Medien sind sinnvoll? Was muss bei einer Präsentation in einem wissenschaftlichen Kontext beachtet werden? Natürlich dürfen auch einige rhetorische Kenntnisse nicht fehlen.

Dieses Lehrbuch ist für Einsteiger gedacht, die sich damit beschäftigen, wie sie eine Präsentation im wissenschaftlichen Bereich zielgerichtet angehen. So entstand eine

---

[1]Es wurde die klassische männliche Form der Anrede gewählt, diese gilt natürlich genauso für Frauen.

Mischung aus Ratgeber und Lehrbuch, das praktische Tipps enthält und in dem auch einige Hintergrundinformationen vermittelt werden, die in anderen Büchern fehlen.

Dieses Buch entstand auch auf Anregung von Studierenden, die meine Vorlesung „Präsentation" im ersten Semester des Studiengangs „Betriebswirtschaftslehre für kleine und mittlere Unternehmen" an der Hochschule Aalen besuchten und sich gedruckte und ausformulierte Unterlagen statt wie bisher ein Skript gewünscht haben.

An dieser Stelle möchte ich mich bei den Personen bedanken, die mir bei diesem Lehrbuch geholfen haben: Herr Dipl.-Ing. Peter Krötz, der das Buch Korrektur gelesen hat und dessen umfangreiches und langjähriges Wissen aus vielen Jahren Beratungstätigkeit in den unterschiedlichsten Teilen der Erde stammt, und Frau Angela Pfeiffer, die das Lektorat beim Springer Gabler-Verlag übernahm, mir wertvolle Tipps und Anregungen gab und so zum Gelingen dieses Buches beitrug.

Auch meine Frau Annette lieferte mir mit ihrem praktischen Wissen viele Anregungen und hat mit manchen Diskussionen zur jetzigen Form des Lehrbuches beigetragen.

Falls Sie Anregungen oder Verbesserungsvorschläge haben, können Sie diese gerne an Karl-Christof.Renz@htw-aalen.de senden.

Aalen   Karl-Christof Renz
im Herbst 2013

Inhaltsverzeichnis

Abbildungsverzeichnis

Tabellenverzeichnis

Warum beschäftigen Sie sich mit diesem Thema?

Schön, dass Sie sich für dieses Thema interessieren und dieses Buch in die Hand genommen haben! Ich hoffe, Sie können die Anregungen und Tipps aus diesem Buch für Ihre anstehende Präsentation nutzen und dadurch von nun an Präsentationen vor kleineren und auch größeren Gruppen erfolgreich(er) bewältigen.

Bei den meisten Menschen erfolgt die Beschäftigung mit dem Thema nicht aus eigenem Antrieb, sondern weil es Situationen gibt, in denen sie sich einer Präsentation nicht mehr entziehen können.

1.1 Warum sollte man lernen zu präsentieren?

Zu wissen, wie man eine Präsentation vorbereitet und hält, gehört zunehmend zu einer erweiterten Allgemeinbildung und wird so selbstverständlich wie ein Schulabschluss. Wer nach einem Studium „ins Berufsleben wechselt, kommt ohne die Qualifikation, Sachverhalte anschaulich und verständlich zu präsentieren, nicht voran" (Franck, 2012, S. 10). Und dies gilt immer mehr auch für Berufsgruppen, die früher kaum präsentieren mussten, wie z. B. Mitarbeiter im Finanz- und Rechnungswesen (vgl. Thurow, 2015, S. VII).

Fazit: Präsentationsfähigkeiten werden immer wichtiger und selbstverständlicher.

Die Gründe dafür sind vielfältig. Hier ist u. a. der Wandel in der Arbeitswelt zu nennen, der zunehmend Präsentationsfähigkeiten auf den unterschiedlichsten Hierarchieebenen und Arbeitsplätzen verlangt. Dieser Wandel geht einher mit einer steigenden Zahl von Wissensarbeitern, die Angebote, Zwischenergebnisse oder Abschlussergebnisse vor ihren Auftraggebern präsentieren müssen. Dabei kann die Präsentation an Personen außerhalb des Unternehmens gerichtet sein (unternehmensextern), z. B. als Unternehmensvorstellung, als Angebot von Produkten bzw. Dienstleistungen oder Projekten

K.-C. Renz, *Das 1 x 1 der Präsentation,* https://doi.org/10.1007/978-3-658-37025-1_1

oder als Ergebnispräsentation. Ebenso ist aber auch nur eine Präsentation vor Kollegen aus dem eigenen Unternehmen denkbar (unternehmensintern), z. B. bei Konzepten, Projekten, Vorschlägen, Ergebnissen, Lösungen, Workshops usw.

Nicht nur in der Wirtschaft, auch in der Wissenschaft gehören Präsentationsfähigkeiten zu den grundlegenden Kenntnissen. So erfolgt der Informationsaustausch in der Wissenschaft nicht nur über (schriftliche) Veröffentlichungen, sondern beispielsweise auch über Konferenzen und Tagungen bzw. Symposien (vgl. Feuerbacher, 2013, S. 1 f.). Bei diesen Veranstaltungen präsentieren Wissenschaftler ihre Forschungsergebnisse z. B. in Form von Vorträgen oder auch Posterpräsentationen und stellen somit ihre Beiträge vor. Bei Konferenzen und Tagungen kommen in den letzten Jahren neben klassischen Vorträgen immer mehr auch interaktive Elemente zum Einsatz, wobei die Teilnehmer (meist Experten) Themen „aktiv", z. B. in kleinen Workshops, vertiefen.

Da wissenschaftliche Bemühungen finanziert werden müssen, werden auch bei der Vergabe von Forschungsgeldern, bei der Präsentation von Zwischenergebnissen sowie beim Nachweis der Verwendung dieser Gelder häufig Präsentationen gehalten. Mit unterschiedlichsten Arten von Präsentationen werden den Auftraggebern die (Zwischen-) Ergebnisse der Forschungsarbeit vorgestellt.

Auch in der Wissenschaft nimmt die Bedeutung der „Verpackung" des Inhaltes immer mehr zu. Eine entsprechende Vortragstechnik und mediale Unterstützung des Vortrags werden einfach erwartet (das gehört dazu). Oder anders ausgedrückt: Durch eine schlechte Vortragstechnik kann auch viel Arbeit „wertlos" werden. Es lohnt sich also, sich mit diesem Thema zu beschäftigen.

Diese Erkenntnis hat sich im Schul- und im Hochschulbereich niedergeschlagen. Als ich in die Schule ging, musste ich mein erstes Referat über ein Buch in der achten Klasse halten. Das Referat beinhaltete eine schriftliche Ausarbeitung und eine mündliche Vorstellung. Dies war ein so prägendes Erlebnis, dass ich mich auch heute noch, mehr als 35 Jahre später, daran erinnern kann. Für viele junge Menschen heute ist die damalige Situation unvorstellbar. Es gab keine PCs, keine Handys, kein Internet und damit auch kein mobiles Datennetz oder gar Smartphones, und es gab damit auch keine Präsentationssoftware wie PowerPoint und auch keine virtuelle Kommunikationsmöglichkeiten – heute fast unvorstellbar. Die mediale Vorbereitung bestand darin, handgeschriebene Folien anzufertigen. Meine erste Recherche damals führte mich in die städtische Bücherei, die mich zusätzlich auch noch in die Bücherei in der benachbarten Großstadt sandte, damit ich auch genug Quellenmaterial zur Verfügung hatte. Die Bücher konnten ausgeliehen oder gegen Gebühr auszugsweise kopiert werden. Und diese Technik wurde auch noch jahrelang so angewandt. Erst rund 20 Jahre später wurden Präsentationssoftware und die Verwendung eines Datenprojektors populär.

Und heute? Unsere Kinder haben spätestens in der zweiten Klasse der Grundschule ihre erste Buchvorstellung vor ihrer Schulklasse, ein Schuljahr später die erste Posterpräsentation. Und dann ihre erste Präsentation in einer Fremdsprache, meist Englisch. Die Inhalte werden nicht mehr nachgeschlagen, sondern in Sekundenbruchteilen zu

Hause im Internet zusammengesammelt: „gegoogelt". Und es steht eine fast unendliche Zahl an Informationen zur Verfügung.

Da die Präsentationsleistungen benotet werden, helfen Eltern häufig ihren Kindern, die Präsentationen für die Schule vorzubereiten, damit diese über komplizierte technische Abläufe, ein exotisches oder einheimisches Tier, die heimische Feuerwehr, die Klimaerwärmung, eine ausländische Stadt oder auch nur über die letzten Urlaubs-erlebnisse berichten können. Mein Erstaunen war groß, als mir ein Freund berichtete, dass er die Abläufe in einem Motor für seine Tochter mehrere Stunden animiert und ver-anschaulicht hat und die Lehrerin dann meinte, bei dem Wort „Pleuelstange" müsste es sich wohl um einen Schreibfehler oder eine Worterfindung des Kindes handeln. (Eine Pleuelstange ist ein essenzielles Element in einem Verbrennungsmotor, das die bei der Verbrennung entstehende Ausdehnung des Gas-Luft-Gemisches auf die Kurbel-welle überträgt und damit nutzbar macht.) Ein klärendes Gespräch des promovierten Ingenieurs, der bei einem Automobilhersteller arbeitet, verhalf der Lehrerin zu neuen Einsichten in die Technik.

Gleichzeitig kommt Medien eine immer größere Bedeutung zu. So nehmen die Möglichkeiten, Medien zu nutzen, ständig zu. War es früher bei privaten Anlässen, z. B. Geburtstagsfeiern oder Vereinsversammlungen, üblich, dass eine Rede gehalten wurde oder eine Tante ein Gedicht auf den Jubilar getextet und vorgetragen hat, so kommt es heute vor, dass bei privaten Anlässen multimediale Präsentationen vorgeführt werden. Präsentieren ist „chic". Damit kann der Enkel seine Oma (und alle älteren Tanten und Onkel gleich mit) beeindrucken.

Auch wird Wissen ständig überall verfügbar. Als ich Studierende im Unterricht nach dem Unterschied zwischen grundlegenden Begriffen der Betriebswirtschaftslehre fragte und wissen wollte, was der Unterschied zwischen „Unternehmen", „Betrieb" und „Firma" ist, griffen einige schnell in ihre Taschen und zückten ihr Smartphone, um hektisch unter der Tischplatte die Begriffe in ihr Telekommunikationsgerät einzu-tippen. Dieser Trend hat das Lernen und auch unsere Arbeitsweise verändert und wird dies auch weiterhin tun. Mediale Fähigkeiten gehören seit der Corona-Pandemie in den Jahren 2020/21, als die Lehre online stattfinden musste, noch mehr zu den grund-legenden Fähigkeiten beim Lehren und Lernen. Präsentationen im Studium dürften für die Studierenden heute eigentlich keine Besonderheit mehr darstellen, sondern eine reine Routineveranstaltung sein, die vorher schon oft geübt worden ist. In meiner täglichen Arbeit stelle ich fest: Zwar gibt es Studierende, denen die Vorbereitung und die Durch-führung einer Präsentation mühelos gelingt, aber (noch) gibt es genügend Studierende, die damit ihre Problemchen haben.

Die Ursachen dafür sind vielfältig. Dies kann an Selbstüberschätzung oder schlechter Zeiteinteilung liegen oder an schlechten Erfahrungen bei vorangegangenen Präsentationen. Ein großer Teil der Studierenden bemängelt, dass sie zwar schon Präsentationen gehalten haben, dass aber niemals gezeigt wurde, wie eine Präsentation vorbereitet und durchgeführt wird. Stattdessen wurde nur ein Thema vorgegeben und dann die Präsentationsleistung benotet. Es galt das Motto „Learning by Doing". Dabei entstand teilweise auch der Eindruck von „Willkürnoten", die von Lehrkräften subjektiv vergeben werden, wobei die Beurteilungskriterien nicht bekannt sind und/oder keine Rückmeldung erfolgt ist, sodass die Notenfindung letztlich nicht nachvollziehbar war.

Während sich die allgemeinen Präsentationsfähigkeiten der Studierenden in den letzten Jahren verbessert haben, hat aus meiner Sicht gleichzeitig die intellektuelle und fachliche Durchdringung des Themenfeldes abgenommen. Mit anderen Worten: Studierende können sich zwar immer besser „verkaufen", haben aber immer weniger Ahnung, wovon sie reden.

An diesem Punkt setzt dieses Buch an. Neben den Grundlagen, die für eine Präsentation wichtig sind, wird auch gezeigt, wie eine Präsentation fachlich fundiert vorbereitet wird. Es gibt einen Überblick darüber, was zu beachten ist, und zeigt Schritt für Schritt, wie eine Präsentation systematisch und logisch vorbereitet und durchgeführt werden kann. Da die Vorgehensweise und die Aufbereitung eines Themas in vielen Fällen gleich ist, ist dieses Wissen in allen Wissensdisziplinen universell einsetzbar. Der Fokus liegt auf der Darstellung der grundlegenden Kenntnisse, die für eine Präsentation notwendig sind.

Es wendet sich an Anfänger und Personen, die wenig Erfahrung mit diesem Thema haben und sich gründlich darüber informieren wollen. Sicher lassen sich viele, hier vorgestellte Aspekte und Themen noch weiter ausführen und vertiefen. Dies ist nicht das Ziel dieses Buches.

Außerdem habe ich festgestellt, dass die meisten Menschen, die regelmäßig präsentieren müssen, im Laufe ihres Berufs- und Karriereweges mehrere Trainings bzw. Schulungen besuchen, die dann einzelne, spezielle Aspekte wie z. B. die Stimmbildung, die Körpersprache oder die Gestaltung von Folien zum Inhalt haben.

Obwohl für mich nicht nur die erste Präsentation in der Schule, sondern auch die folgenden an der Hochschule mit viel Schweiß und Angst verbunden waren, habe ich das Handwerkszeug im Laufe meiner Tätigkeit erlernt und halte heute regelmäßig Vorlesungen und Seminare. Und das Beste: Dies kann auch noch Spaß machen! Ein Kabarettist sagte mir einmal: Professoren und Schauspieler haben in ihrem Beruf eines gemeinsam: den Auftritt. Und dieser kann „berauschend" sein. Was beide Berufsgruppen sonst noch gemeinsam haben, haben wir dann im weiteren Gespräch vertieft …

Aber nicht nur ich, auch meine Studierenden sind das beste Beispiel dafür, dass präsentieren erlernbar ist. Während bei Studienanfängern noch viele (insbesondere auch viele vermeidbare) Fehler vorkommen, erreicht eine erhebliche Anzahl der Studierenden gegen Ende des Studiums eine Performance bei Präsentationen, die manche Berufstätige neidisch machen könnte. Dazu tragen natürlich auch die Zahl und die Art der verschiedenen, im Laufe eines Studiums zu haltenden Präsentationen bei, die in Seminaren, Übungen, Kolloquien, Referaten usw. absolviert werden. Aber auch die fundierte Vermittlung der Grundkenntnisse wird von den Studierenden immer wieder lobend erwähnt.

Basis meiner Ausführungen sind im Wesentlichen meine eigenen Erfahrungen. Inzwischen habe ich mehrere Hundert Studierende in diesem Fach unterrichtet, begleitet und Präsentationen bewertet sowie Seminare für Fach- und Führungskräfte außerhalb der Hochschule gegeben. Dabei habe ich an verschiedenen Hochschularten (Universität, Hochschule/Fachhochschule, Berufsakademie bzw. Duale Hochschule) und in unterschiedlichen Studiengängen (z. B. Maschinenbau, Elektrotechnik, Luft- und Raumfahrttechnik, Betriebswirtschaftslehre, Informatik, Sozialwissenschaften) und unterschiedlichen Studienabschnitten (vom Erstsemester bis zu Abschlusssemester) unterrichtet.

Für die Erstellung dieses Buches habe ich einige andere Bücher gelesen und deren Ergebnisse zusammengetragen, wobei sich viele Gemeinsamkeiten in den unterschiedlichsten Büchern finden. Ziel war, diese Erkenntnisse so zusammenzustellen, dass Sie nur ein Buch zur Hand nehmen müssen.

Außerdem hatte ich das Glück, einen exzellenten akademischen Lehrer als Vorbild zu haben, der – obwohl Ingenieur – ein brillanter Vortragender ist und von dem ich viel gelernt habe.

1.2 Studierende als Vortragende

Alle Menschen sind individuell und einzigartig. Die folgenden Ausführungen dürfen also nur tendenziell und grob vereinfachend verstanden werden. Aus meinen bisherigen Erfahrungen lassen sich für die unterschiedlichen Fachdisziplinen und die unterschiedlichen Studienabschnitte folgende Unterschiede ausmachen:

- Tendenziell fällt es Studierenden sprachlastiger Studiengänge (z. B. Wirtschafts- und Sozialwissenschaften) eher leicht, eine Präsentation durchzuführen. Dies wird meist in diesen Fachrichtungen häufiger geübt als z. B. in technischen, naturwissenschaftlichen oder IT-lastigen Studiengängen. Studierende dieser Studiengänge verfügen oft über ein tieferes Fachwissen und Verständnis für ein Thema und haben eher mit der Darstellung und der eigentlichen Präsentation ihres Wissens zu kämpfen.
- In allen Fachdisziplinen fehlt es Studienanfängern im Vergleich mit Studierenden höherer Semester oftmals an einer tieferen geistigen Durchdringung des zu präsentierenden Stoffgebietes. Insbesondere Erstsemester beschäftigen sich oft nur oberflächlich mit einem Thema, der Inhalt gerät eher zur „Nebensache". So entsteht der Eindruck „Ich rede, weiß aber nicht genau, worüber" oder „Die Show ist wichtiger als der Inhalt". Eine Erklärung dafür ist, dass diese oberflächliche Themenbearbeitung in der Schule ausgereicht hat und „Copy and Paste" genügt hat. Im Verlauf des Studiums tritt dieser Effekt immer seltener auf, was darauf schließen lässt, dass in einem Studium auch die Fähigkeit, sich intensiv mit einem Thema auseinanderzusetzen, erfolgreich vermittelt werden kann.

Neben diesen studienabschnitts- und fachspezifischen Typisierungen lassen sich in einer Gruppe, z. B. in einem Semester, auch unterschiedliche Referententypen klassifizieren (siehe auch Abb. 1.1):

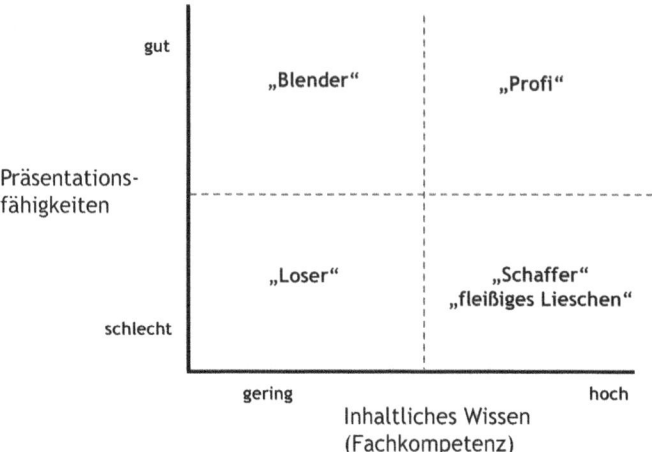

Abb. 1.1 Typen von studentischen Referenten

- **Selbstdarsteller, Blender, Schaumschläger:** Dies sind Studierende, die gut präsentieren, obwohl sie augenscheinlich wenig Ahnung vom Thema haben, was in der Verwendung falscher Fachbegriffe oder fehlender Angaben zum Ausdruck kommt. Dies kann durch gezielte Nachfragen schnell überprüft werden. Hierbei handelt es sich um Routiniers, die so viel Selbstvertrauen haben, dass sie der Meinung sind, eine gründliche Auseinandersetzung mit dem Thema schade eher ihrer Note. Die Präsentation wird meist schnell und schlampig erstellt und das Augenmerk liegt darauf, dieses Wenige gut zu verpacken.
- **Loser:** Eine schlechte Kombination ist natürlich, wenn ein Referent erkennen lässt, dass er vom Fach bzw. vom Inhalt wenig Ahnung hat und dies dann auch noch schlecht präsentiert bzw. „verkauft". Dem Vortragenden steht der Missmut über die Situation ins Gesicht geschrieben. Dazu kommt z. B., dass der Vortrag keinen roten Faden hat, die Folien wie wild zusammengewürfelt und unfertig wirken, dazu noch mit vielen Rechtschreib- und Tippfehlern versehen sind und der Inhalt aus unterschiedlichen Quellen kopiert und zusammengewürfelt ist. Dass die Folien inhaltlich nicht zusammenpassen oder sich gar widersprechen, haben sie nicht bemerkt. Vermutlich werden die wenigsten dieser Personengruppe diese Ausführungen bis hierher gelesen haben. Wenn Sie dies jedoch getan haben, können Sie mit großer Wahrscheinlichkeit ausschließen, zu dieser Gruppe zu gehören.
- **Schaffer:** Dies sind die Mauerblümchen oder der „getreue Eckhard": Studierende, die sich in ein Thema einarbeiten, keine Mühe scheuen und dann in der Präsentation, meist erst beim Auftritt, den letzten Schliff vermissen lassen. Sie sind oft unerfahrene, ängstliche, schüchterne Personen, die am liebsten vor der Präsentation flüchten

würden, vielleicht auch, weil sie schon schlechte Erfahrungen gemacht haben. Ein typisches Charaktermerkmal in dieser Gruppe ist auch der Hang zur Perfektion. Diese Personen haben typischerweise mit Lampenfieber zu kämpfen. Wenn der Auftritt naht, versagt die Stimme oder die Knie werden weich, oft, weil sie sich selbst so unter Druck setzen, dass sie diesem kaum gewachsen sind. Bei einer Präsentation kann es vorkommen, dass sie nur noch in der Lage sind, die Folien wörtlich abzulesen. Diese Gruppe profitiert am meisten von der Erkenntnis: „Reden lernt man nur durch Reden."

- **Profis:** Die letzte Gruppe sind die „Profis". Das sind Personen, die sich intensiv mit dem zu präsentierenden Inhalt beschäftigt haben; sie haben häufig schon Erfahrungen mit Präsentationen – auch außerhalb des Bildungswesens (Schule) – gesammelt, z. B. in einem Verein. Sie treten routiniert auf, sind gut vorbereitet und haben das Thema geistig durchdrungen, also verstanden oder gar „verinnerlicht", und brennen förmlich darauf, dieses Wissen an andere weiterzugeben und die Ergebnisse Ihrer Arbeit zu zeigen. Das ermöglicht ihnen dann, frei zu sprechen. Sie wissen, was sie sagen wollen, und müssen dies beim Auftritt nur noch passend formulieren und zielgruppengerecht adressieren.
- Jeder kann zu einem solchen „Profi" werden. Aber jeder hat eine andere Herausforderung, die er auf diesem Weg bewältigen muss. Während der „Blender" sich vor allem mit der Struktur, dem Inhalt und dem Aufbau beschäftigen muss, besteht für den „Schaffer" die Herausforderung darin, das erworbene Wissen adäquat zu präsentieren und sich auf die Präsentation vorzubereiten. Die größte Herausforderung auf diesem Weg haben die „Loser" zu bewältigen. Sie sollten in erster Linie ihre Ziele und ihre Motivation hinterfragen. Erst dann können die Ausführungen in diesem Buch auf fruchtbaren Boden fallen.

1.3 Grundlagen einer erfolgreichen Präsentation: Wollen, Können, Tun

Welche Voraussetzungen müssen gegeben sein, damit eine Präsentation erfolgreich wird? Die Antwort ist zunächst schlicht: Man muss präsentieren wollen, können und tun (vgl. Abb. 1.2). Natürlich leuchtet dies jedem sofort ein, es gibt aber die unterschiedlichsten Fälle (siehe Abschn. 1.2).

Alle drei Voraussetzungen hängen zusammen und beeinflussen sich gegenseitig. Und alle drei sind notwendig, wenn eine Präsentation erfolgreich sein soll. Ich denke, es ist hilfreich, darüber nachzudenken, seine eigenen Stärken und Schwächen zu analysieren und zu reflektieren, ob etwas fehlt – oder was fehlt, um erfolgreiche Präsentationen zu halten. Deshalb lohnt es sich, diesen Sachverhalt etwas ausführlicher zu betrachten.

Abb. 1.2 Voraussetzungen für
eine erfolgreiche Präsentation

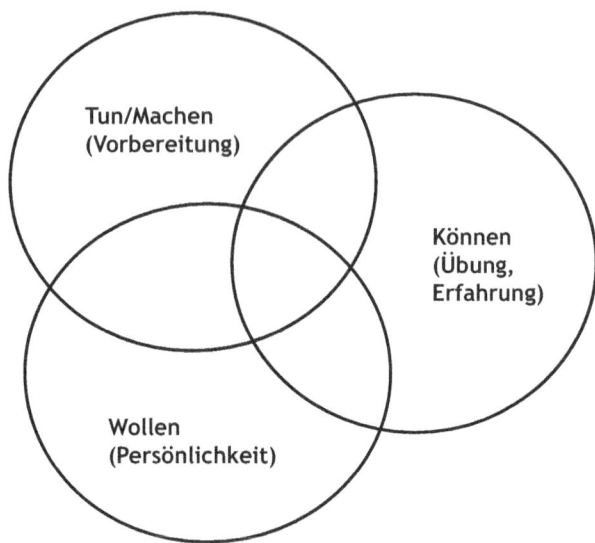

1.3.1 Wollen

Grundlage einer erfolgreichen Arbeit ist das Wollen, der eigene Antrieb, diese Arbeit erfolgreich zu bewältigen. Das kommt in der Motivation, der Einstellung, dem Willen zum Ausdruck. Es beschreibt die Persönlichkeit des Vortragenden und hat Einfluss z. B. auf seine Körpersprache, seine Überzeugungsfähigkeit oder seine Authentizität. Dies geht so weit, dass es sich auch in Äußerlichkeiten wie z. B. dem Outfit bzw. dem Erscheinungsbild niederschlägt. Die Zuhörer merken (und sehen), wie die Einstellung des Referenten zum Vortrag und zu den Zuhörern ist. Bringt er den Zuhörern Respekt und Wertschätzung entgegen oder lehnt er diese Präsentation eigentlich ab? Ist die Motivation schlecht, d. h., der Wunsch, eine gute Präsentation zu halten, ist nur gering ausgeprägt, wird auch der Erfolg nur mäßig sein (vgl. Carnegie, 1913, S. 6).

Die Beantwortung der folgenden Fragen hilft, dies in einem größeren Kontext zu sehen. Werden Sie sich über Ihr Wollen klar. Beantworten Sie ehrlich und für sich allein:

- Was ist mein Ziel?
- Warum halte ich diesen Vortrag?
- Was will ich erreichen?
- Warum spreche ich?

Wenn Sie diese Fragen nicht beantworten können, dann überlegen Sie, ob Sie den Vortrag überhaupt halten wollen und ob dieser Weg der richtige für Sie ist. Überlegen Sie sich Alternativen, und wenn Sie keine sehen, vergrößern Sie Ihren Entscheidungsradius: Muss ich diesen Kurs unbedingt besuchen, muss ich dieses Fach belegen, muss ich dieses Studium absolvieren, muss ich diesen Kundenbesuch machen, will ich diese Tätigkeit weitermachen, will ich diesen (Lebens-) Weg gehen?

Diese Entscheidung ist für Ihr Leben von grundlegender Bedeutung. Immer wieder begegnen mir Menschen, die diese Entscheidung nicht bewusst getroffen haben oder sich den Umständen entsprechend verhalten, nicht aber ihre eigenen Ziele verfolgen. Und dies ist auch für die Entscheidung für ein Studium von grundlegender Bedeutung. Gleichzeitig kann es eine ungeheure Motivation sein, wenn man sein Ziel visualisiert – es sich „vor Augen führt" und dann anstrebt. Wie fatal wäre es, wenn ein anstrengender Weg mit Mühen und Entbehrungen eingeschlagen wird, um an ein Ziel zu kommen, das man gar nicht erreichen will?

Und die Erfahrung hat mir auch gezeigt, dass ein Mensch nur dann in einer Sache gut ist, wenn er diese wirklich anstrebt, wenn er davon überzeugt oder gar begeistert ist. In vielen Feedback-Gesprächen bestätigen Studierende auf gezielte Nachfrage, warum ihre Leistung nicht besser ist, dass das gar nicht ihr Ziel ist, dass ihnen das angestrebte Noten-Niveau völlig ausreicht, obwohl sie aus meiner Sicht damit hinter ihren eigenen Möglichkeiten bleiben. Oder auch, dass sie viel lieber etwas ganz anderes machen würden. Eine solche Einstellung zu akzeptieren, ist oft auch für einen Dozenten, der das Ziel hat, erfolgreich Fähigkeiten und Wissen zu vermitteln, nicht immer leicht.

„Wer nicht weiß, wohin er will, der darf sich nicht wundern, wenn er ganz woanders ankommt."

Eine Methode zur Zielerreichung ist in Abb. 1.3. dargestellt. Am Anfang steht die Vorstellung, vielleicht auch noch vage, vielleicht auch als Traum – als Traum, wie

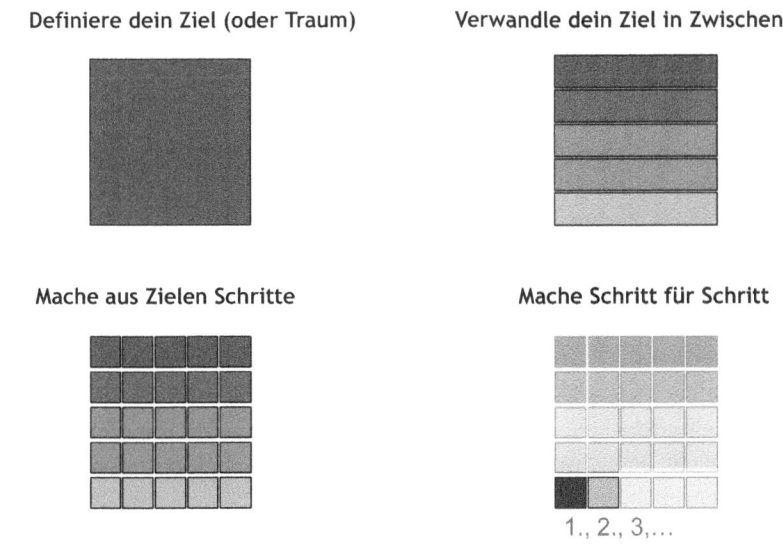

Abb. 1.3   Etappen der Zielerreichung   (Quelle: in Anlehnung an Instagram #psychology 14.06.21)

das eigene Leben aussehen soll. Die Visualisierung dieses Traums ist eine ungeheure Motivation. Ein wirtschaftlich sehr erfolgreicher Freund hatte schon früh den Traum, einmal einen Porsche zu besitzen. Für ihn bestand der Weg dahin, nach dem Studium in die Steuerberatung zu gehen, die Steuerberaterprüfung abzulegen und möglichst rasch selbständig zu werden. Er hat sich diesen Lebenstraum erfüllt. Jeder Mensch hat andere Ziele und andere Träume und Vorstellungen vom Leben. Für andere ist es vielleicht das Wichtigste, ein eher ruhiges, gemächliches Leben zu führen oder viel von der Welt zu sehen oder ein Haus zu bauen, besondere sportliche Leistungen zu erbringen oder Millionär zu werden … Und manche Menschen haben gar keine konkrete Vorstellung von ihrem Leben oder sehen sich Zwängen ausgesetzt oder haben Pflichten zu erfüllen, welche „ihrem" Traum im Wege stehen. Am Ende seines Lebens bereut man am ehesten die Dinge, die man nicht gemacht hat – oder die man nicht mal versucht hat. (vgl. die Geschichte vom kleinen Elefanten im übernächsten Absatz).

Wenn das große Ziel klar ist, kann dies immer weiter detailliert werden. Das große Ziel wird in kleinere Zwischenziele zerlegt. Wer später mal eine verantwortungsvolle Tätigkeit ausüben möchte, braucht dazu in vielen Fällen ein Studium, anschließend vielleicht ein weiteres Studium, einen Master-Abschluss, einen MBA, eine Promotion oder Auslandserfahrung – das können alles Zwischenziele sein. Und jedes Zwischenziel kann dann weiter in kleine Schritte zerlegt werden. Das Studium in verschiedene Fächer und verschiedene Prüfungen, die Auslandserfahrung in die Erlernung der Sprache, die Planung bis zur Buchung des Fluges … Und dann können diese Schritte nach und nach getan werden – um am Ende zum gewünschten Ergebnis zu kommen.

Zur Zielbildung und Zielerreichung gibt es eine kurze Geschichte von dem kleinen Elefanten und dem Pflock von Jorge Bucay (2018, S. 7 ff.): Ein kleiner Junge, der gern in den Zirkus ging, interessierte sich für die vielen fremden Tiere. Insbesondere die wilden Tiere wie die Elefanten, Löwen und Tiger hatten es ihm angetan. Er sah einen großen, starken Elefanten, der mit einem Fuß an einen kleinen Pflock, der nur ein paar Zentimeter tief in der Erde steckte, angekettet war. Elefanten können ganze Bäume mit ihrem Rüssel entwurzeln und transportieren, und so hätte dieser große und kräftige Elefant sicher keine Mühe gehabt, den Pflock aus der Erde zu reißen und sich zu befreien. Aber er blieb brav vor dem Auftritt angekettet stehen und auch nach dem Auftritt wurde er wieder an den Pflock gekettet. Und der Junge fragte sich, warum dieser Elefant an diesen kleinen Pflock gekettet stehenbleibt, obwohl er doch die Kraft hätte, sich zu befreien. Und als Antwort auf diese Frage bekam er von Erwachsenen gesagt: Der Elefant ist so dressiert. Als er weiter fragte, warum man den Elefanten, wenn er dressiert wäre, weiter anketten muss, bekam er keine Antwort. Irgendwann kam er an einen weisen Mann, und stellte ihm die gleiche Frage. Der Mann erklärte ihm, dass der Elefant deshalb nicht flieht, weil er schon als Baby-Elefant an einem solchen Pflock mit einer Kette angebunden war. Und dem Jungen wurde klar, was das bedeutet: Er stellte sich bildhaft vor, wie der Baby-Elefant an einen Pflock gebunden war und versuchte, sich davon zu befreien. Für einen Baby-Elefanten waren die Kette und der Pflock zu stark. Er konnte sich nicht befreien, egal, wie er sich anstrengte, um irgendwann völlig erschöpft einzuschlafen und es am nächsten Tag wieder zu probieren. Irgendwann akzeptierte der kleine Elefant sein Schicksal und wusste, dass er sich nie von dem Pflock befreien konnte, egal, was er machte, und blieb immer an den Pflock gekettet. Dieser große, starke, mächtige Elefant flieht deshalb nicht, weil er glaubt, nicht fliehen zu können! Er hat sich in sein vermeintliches Schicksal gefügt. Er hat irgendwann den Wunsch aufgegeben, seine Freiheit zu erlangen und nie wieder seine Kraft dazu benutzt, zu fliehen. Wie vielen Menschen geht es auch so wie dem Elefanten? (Vgl. Bucay, 2018, S. 7 ff.). Diese Geschichte zeigt auch, wie eng „Können" und „Wollen" zusammenhängen.

1.3.2 Tun

Neben dem Wollen gehört auch das Tun zu den Voraussetzungen einer erfolgreichen Arbeit. Dieses Tun zeigt sich vor allem in der Vorbereitung des Vortrags. Es ist das „Handwerkszeug" eines Vortragenden. Es sind die Arbeitsschritte, die bei der Vorbereitung einer Präsentation anfallen. Dies ist lernbar. Diese Schritte werden in diesem Buch in der üblicherweise anfallenden Reihenfolge beschrieben.

Zum Tun gehört auch, sich zu entscheiden, etwas zu tun. Und diese Entscheidung muss aktiv getroffen werden (Abb. 1.4). Jeder trifft jeden Tag Entscheidungen. Ob wir die Entscheidung treffen, wann wir aufstehen, was wir zum Frühstück essen, was wir

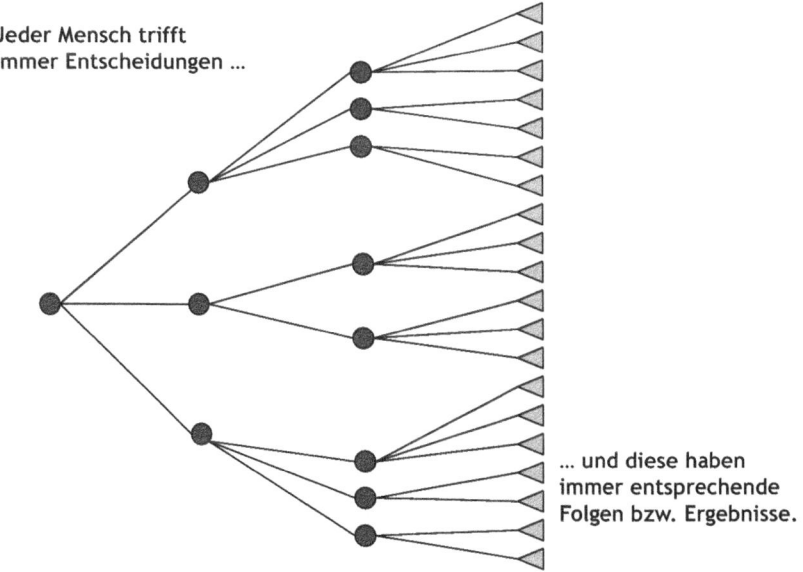

Abb. 1.4 Entscheidungen treffen – Entscheidungsbaum

anziehen, was wir trinken, was wir machen, was wir einkaufen, was wir zu Mittagessen, wann wir ins Bett gehen, wen wir treffen, wie wir unsere Zeit gestalten, was wir in der Freizeit tun – all dies sind Entscheidungen, die wir täglich treffen. Und auch, ob wir uns vorbereiten und wie wir uns vorbereiten, ist eine Entscheidung, ebenso wenn wir uns nicht vorbereiten, (wenn wir nicht wollen) – dann ist auch das eine Entscheidung. Jeder und jeder kann sich immer wieder frei entscheiden. Eine Entscheidung gegen die Vorbereitung kann eine Entscheidung gegen das Arbeiten sein. Ich habe lange gebraucht, um das zu verstehen und zu akzeptieren, dass auch die Entscheidung, nichts zu tun, eine Entscheidung eines Studierenden sein kann. Und dann müssen er und auch ich mit dieser Entscheidung leben. Einige Entscheidungen sind revidierbar, andere nicht – jede Entscheidung bringt ein Ergebnis. Nicht-Entscheiden bedeutet, sich gegen was zu entscheiden.

1.3.3 Können

Beim Können geht es in erster Linie um die Übung und Erfahrung, aber auch um grundlegende Kenntnisse bei Präsentationen, nach dem Sprichwort: „Es ist noch kein Meister vom Himmel gefallen." Es gibt eine alte Regel, die besagt:

Präsentieren lernt man nur durch Präsentieren!

Dies stimmt uneingeschränkt. Trotzdem gibt es einige Aspekte bei einem Auftritt zu beachten, deren Kenntnis hilfreich ist und die man sich aneignen kann. Schwimmen kann man auch nicht bzw. nur bedingt im Trockenen üben. Es hilft aber ungemein, wenn man weiß, was man tun kann, um nicht unterzugehen, und wenn man das Luftholen nicht vergisst. Auch erfahrene Schwimmer sollten die wichtigsten Baderegeln kennen. Aber selbst wenn man diese auswendig kennt, schwimmt man nicht schneller. Egal, wie viele Videos, Filme oder Bücher gelesen wurden – Können kann nur durch die Übung und Erfahrung kommen.

Alle drei Punkte hängen miteinander zusammen, wie bei einem Mobile (vgl. zu „Können" und „Wollen" auch in Abschn. 1.3.1 die Geschichte vom kleinen Elefanten). Wenn einer der Punkte nicht gewisse Mindestanforderungen erfüllt, wird die ganze Präsentation darunter leiden. An einem Beispiel kann dies gut veranschaulicht werden: Betrachten wir zunächst einen Anfänger. Seine Position ist dadurch gekennzeichnet, dass er will, jedoch nicht weiß, wie (Tun), und dass er keine Erfahrung hat (Können). Die fehlenden Fähigkeiten werden wahrscheinlich die Präsentation für ihn wie auch für die Zuhörer zu einem Erlebnis machen, das beide Parteien schnell wieder vergessen möchten. Oder nehmen wir die Rolle eines erfahrenen Vortragenden, der keine Lust auf den Vortrag hat. Wie wird dieser wohl ausfallen? Kaum vorstellbar, dass die Zuhörer in Jubelstürme ausbrechen werden. Oder stellen Sie sich jemanden vor, der über Erfahrung und den Willen verfügt, sich aber nicht oder nur wenig vorbereitet hat. Auch dies wird das Publikum schnell merken.

In diesem Buch möchte ich Ihnen zeigen, wie das Tun funktioniert und worauf Sie beim Können achten müssen – Wollen müssen Sie selbst! So einfach diese Tatsache ist, so oft habe ich an der Hochschule Studierende erlebt, denen es genau daran mangelt. Von einem Kollegen habe ich folgenden Spruch gehört, der das (leider) treffend zum Ausdruck bringt: „Manche Studierende sind an der Hochschule so gut aufgehoben wie ein Vegetarier in einem Wurstladen."

1.4   Eine Präsentation ist wie ein Hausbau

Die Vorgehensweise bei der Erstellung einer Präsentation lässt sich gut mit dem Bau eines Hauses vergleichen. Welche Parallelen fallen Ihnen hierzu ein?

Zunächst gibt es verschiedene Arten von Häusern, die für unterschiedliche Zwecke erstellt wurden (Wohnhäuser, Schulhäuser, Rathäuser, Turnhallen, Fabrikgebäude, Kirchen, Scheunen, Leichenhallen …). Genauso gibt es auch verschiedene Anlässe für und Ziele von Präsentationen (beruflich, privat …). Ebenso gibt es verschiedene Ausstattungen und Niveaus – bei Häusern wie bei Präsentationen. Sie können z. B. zweckdienlich oder luxuriös, schlicht und puristisch oder bombastisch und effekthascherisch, modern oder traditionsbewusst sein. Die gleiche Bandbreite weisen auch Präsentationen auf.

Die Grundlage, der Platz, an dem das Fundament einer jeden Präsentation steht, sind die vorhandenen, individuellen Fähigkeiten, Fertigkeiten und Kenntnisse des Erstellers. Sie sind unterschiedlich und vielfältig. Sie werden durch die eigenen Wertvorstellungen, Einstellungen, die Normen, Prägungen aus dem Elternhaus, die soziale Herkunft, die bisherigen Erfahrungen, die Bildung, den bisherigen schulischen und außerschulischen Werdegang, den Kenntnisstand, die Lernbereitschaft, die Lernfähigkeit, die Interessen, das Alter usw. beeinflusst. Und diese sind individuell unterschiedlich – alles zusammen bildet unsere einzigartige Persönlichkeit. Unsere Persönlichkeit entsteht im Laufe unseres Lebens, wie folgendes Beispiel zeigt.

Haben Sie eine Lieblingsfarbe? Was ist Ihr Lieblingsessen? Wo ist Ihr Lieblingsplatz? Woher kommen diese Angewohnheiten von Menschen? Haben Sie sich mal gefragt, warum genau das Ihre Lieblingsfarbe ist? Es hängt von der Entwicklung in der Kindheit ab, welche Angewohnheiten und Eigenschaften wir in unserer Persönlichkeit entwickeln. Ob jemand die Farbe Rot schön findet, kann z. B. daran liegen, dass die Mutter ein rotes Lieblingskleid hatte. Oder dass das erste Auto ein rotes Auto war. Und genauso kann es sein, dass die Farbe Blau gehasst wird, weil ein blaues Auto die geliebte Katze überfahren hat und das Kind dies als Augenzeuge genau beobachtet hat. Und so, wie bei den Farben dargestellt, ergeben sich viele unsere Angewohnheiten, Einstellungen, Denkmuster. Diese schaffen, formen und charakterisieren einen Menschen. Und jeder Mensch ist so einzigartig wie der Platz, auf dem ein Haus steht.

Diese individuelle Konstellation bildet die Grundlage für die Bearbeitung eines bestimmten Themas. Dieser Grund ist maßgeblich für die geistige Tiefe bzw.

Durchdringung eines Themas. Auch kann dies auf die unterschiedlichsten Weisen erfolgen: fundiert/schlampig, gründlich/oberflächlich, zeitaufwendig/zeiteffektiv, schnell/langsam … – je nachdem, wie die inhaltlichen Grundlagen für das jeweilige Thema erschlossen bzw. bearbeitet werden.

Auf diesem inhaltlichen Fundament baut dann die eigentliche Erstellung einer Präsentation auf. Die tragenden Wände sind die inhaltliche Erarbeitung des Themas. Die Balken oder Stahlträger sind die einzelnen Folien bzw. die Darstellung der Inhalte mit verschiedenen Medien. Die nichttragenden Wände sind das abrundende, gestaltende Beiwerk, das das Ganze sinnvoll und nützlich erscheinen lässt. Die Gestaltung der Wände (Putz, Gips, Tapete) ist die Vorbereitung der einzelnen Folien/Medien und deren Aussehen.

Erst zum Schluss kommt dann der Abschluss, die Krönung: der Auftritt. Er ist quasi das Dach des Hauses und ruht auf den vorher ausgeführten Arbeiten. Ebenso baut der Auftritt auf allen vorherigen Schritten auf und kann jeweils nur so gut sein, wie die einzelnen bisherigen Arbeitsschritte ausgeführt wurden (vgl. Abb. 1.5).

Alles zusammen bestimmt die Lebensdauer und Haltbarkeit des Hauses bzw. die Qualität der Präsentation. Und die einzelnen Umgebungsbedingungen gelten bei Häusern wie bei Präsentation. Es kann sonnig und warm sein, kalt und windig, regnen oder gar schneien – dies ist alles zu erwarten in unseren Gegenden. Erst dann zeigt sich, ob das Fundament stabil oder auf Sand gebaut ist oder ob es durch das Dach hereinregnet. Und genau wie diese Klimabedingungen auf ein Haus einwirken, kann – z. B. in Form gezielter Fragen durch einen Dozenten – der Vortragende geprüft werden. So zeigt sich schnell, ob die Themenbearbeitung nur oberflächlich war oder der Referent sein Thema gut kennt, verstanden hat oder selbst erarbeitet.

Und sollte alles perfekt aussehen, dann lassen Sie mal einen Sturm oder ein Erdbeben über Ihr Haus hereinbrechen in Form eines misslungenen Auftritts, eines ablehnenden

Abb. 1.5 Analogien zwischen einer Präsentation und einem Hausbau

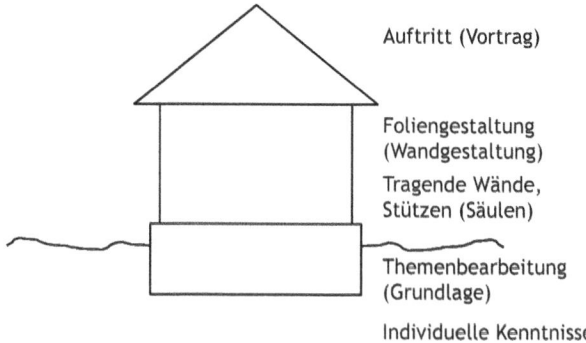

Die Vorgehensweise bei einer Präsentation ist ähnlich wie bei einem Hausbau.

Auftritt (Vortrag)

Foliengestaltung (Wandgestaltung)

Tragende Wände, Stützen (Säulen)

Themenbearbeitung (Grundlage)

Individuelle Kenntnisse

Publikums, eines missmutigen Bewerters, ... dann erst zeigt sich, wie stabil die einzelnen Elemente wirklich sind.

Diese Darstellung soll Ihnen keine Angst einflößen, sondern nur die Zusammenhänge verdeutlichen. So unterschiedlich wie die Menschen sind, so unterschiedlich ist auch der Aufwand, den diese Personen mit einer Präsentation haben.

Eine der wichtigsten Maßnahmen ist die Sicherstellung eines stabilen, tragfähigen Grundes, auf dem jede Präsentation aufbaut. Das bedeutet die Stärkung der individuellen Fähigkeiten und Kenntnisse. Die beste Methode dazu ist die Übung. Nur durch häufige und idealerweise regelmäßige Übung Ihrer Präsentationsfähigkeiten können Sie diese verbessern. Je stabiler der Grund ist, auf dem Sie bauen, desto weniger anfällig sind die Fundamente für irgendwelche Folgeschäden. Der zweite Schritt ist die Sicherstellung eines guten und stabilen Fundaments. Das sind die jeweiligen Bemühungen, Recherchen und Informationen, die Sie zur Bearbeitung eines Themas benötigen also die Fachkenntnisse über das jeweilige Thema. Ein breites, stabiles Fundament kann dazu beitragen, einen schlechten und wenig stabilen Baugrund sicherer zu machen. Dieses ist allerdings mühevoll, und es erfordert Ausdauer und Fleiß.

Erst anschließend können dann die Ausarbeitung des Themas, die Erstellung der Medien und die Planung und Erstellung des Gerüsts des Vortrags in Angriff genommen werden. Und danach kommt der persönliche Auftritt, bei dem auch die Person des Präsentierenden in Erscheinung tritt und das Ergebnis maßgeblich beeinflusst.

1.5   Zusammenfassung: Warum Präsentieren wichtig ist

Die Arbeitswelt wandelt sich, und in einer Wissensgesellschaft werden andere Fähigkeiten benötigt, als dies früher der Fall war. Fachwissen ist zwar unbedingt notwendig, veraltet aber immer schneller, sodass die Fähigkeit zu lebenslangem Lernen immer wichtiger wird. Zudem wird Wissen allgegenwärtig abruf- bzw. nachschlagbar. Diese Erkenntnis wird bei der Bildung an der Hochschule berücksichtigt. Die Förderung und Vermittlung von überfachlichen Kompetenzen (Schlüsselkompetenzen) und Soft Skills wurde verstärkt. Dadurch stieg die Bedeutung von Präsentationen im Studium, in der Schule und in der Ausbildung. Dies kommt auch dadurch zum Ausdruck, dass zunehmend Prüfungsleistungen in Form einer Präsentation erbracht werden müssen und Präsentationsfähigkeiten damit unmittelbar relevant für die Noten werden. Und diese Präsentationsfähigkeiten braucht man nicht nur im Studium, sondern auch danach, z. B. wenn in einer mündlichen Steuerberaterprüfung ein ca. zehnminütiger Kurzvortrag zu halten ist, der in einer 30-minütigen Vorbereitungszeit anzufertigen ist (vgl. Herrmann, 2010, S. 1). Oder wenn ein kurzer Impulsvortrag zu einem gegebenen Thema als Auswahlmethode in einem Assessmentcenter oder einem Vorstellungsgespräch angewendet wird. Dies sind also Fähigkeiten, die Sie quasi ein Leben lang benötigen. Die gute Nachricht: Präsentieren kann man lernen. Und dann bleibt diese Fähigkeit auch erhalten, wie das Schwimmen oder Radfahren. Je nach Individuum sind die Herausforderungen für eine erfolgreiche Präsentation aber unterschiedlich. Und je mehr Sie üben, Neues ausprobieren, Rückmeldungen bekommen und umsetzen, desto besser werden Sie.

Damit eine Präsentation erfolgreich wird, müssen drei Voraussetzungen erfüllt sein: das Wollen, das Können und das Tun. Wollen ist die innere Einstellung, die Motivation, erfolgreich zu sein. Tun ist die richtige und gründliche Vorbereitung einer Präsentation. Können ist, die Präsentationsfähigkeiten bei einem erfolgreichen Auftritt unter Beweis zu stellen.

Literatur

Bucay, J. (2018). *Komm, ich erzähl dir eine Geschichte*. Fischer.

Carnegie, D. (1913). *Public speaking and influencing men in business*. Surrey.

Feuerbacher, B. (2013). *Professionell Präsentieren in den Natur- und Ingenieurwissenschaften*. Wiley.

Franck, N. (2012). *Gekonnt referieren. Überzeugend präsentieren. Ein Leitfaden für die Geistes – Und Sozialwissenschaften*. Springer VS.

Herrmann, F. (2010). *Kurzvorträge BWL/VWL. Gezielt das Lernen, was in den Prüfungen verlangt wird*. Gabler.

Thurow, C. (2015). *Mündliche Prüfung Bilanzbuchhalter IHK* (2. Aufl.). Springer Gabler.

Die inhaltliche Vorbereitung einer Präsentation

2

Die inhaltliche Vorbereitung beginnt mit der Analyse der Rahmenbedingungen einer Präsentation – den vier „Zs": Zweck, Zuhörer, Ziel und Zeit. Dann kommen die Suche, Sammlung, Auswertung, Bewertung und Strukturierung von Ideen und Informationen. Hierfür werden verschiedene Methoden vorgestellt, die diese geistige Arbeit erleichtern und einen logischen Ablauf vorgeben. Die gesammelten Informationen müssen ausgewählt und gewichtet werden und in eine Ordnung bzw. Reihenfolge gebracht werden. Deshalb wird beschrieben, was die drei grundlegenden Bestandteile einer Präsentation – Einleitung, Hauptteil und Schluss – beinhalten. Außerdem werden verschiedene Möglichkeiten beschrieben, wie der Inhalt einer Präsentation gleichzeitig spannend, amüsant, unterhaltsam und lehrreich dargestellt werden kann.

2.1 Vorgehensweise bei einer Präsentation

Das Buch ist so aufgebaut, wie die Arbeitsschritte bei einer Präsentation typischerweise anfallen. Es beginnt mit der Auswahl des Themas bzw. der Zuteilung eines Themas. Anschließend sollten die Ziele der Präsentation festgelegt werden sowie eine Analyse der Zuhörer folgen: Wer hört zu, welchen Hintergrund haben die Personen, was wissen diese? Diese Informationen beeinflussen die Tiefe und den Umfang der vorzubereitenden Präsentation und bilden die Grundlage für die Aufstellung eines Zeitplanes. Im nächsten Schritt beginnt die inhaltliche Auseinandersetzung mit dem Thema.

Schon vor einem Referat verfügt jeder Mensch über Kenntnisse oder zumindest Vorstellungen über das zu präsentierende Gebiet (Ideen). Dieses Wissen wird durch neue Informationen (Recherche) gezielt ergänzt und erweitert. Durch die Informationsbeschaffung können sich neue Erkenntnisse ergeben, welche regelmäßig zu einer Änderung des ersten Entwurfs führen. Durch weitere Recherche ergeben sich (wieder)

© Springer Fachmedien Wiesbaden GmbH, ein Teil von Springer Nature 2022
K.-C. Renz, *Das 1 x 1 der Präsentation*, https://doi.org/10.1007/978-3-658-37025-1_2

weitere und neue Erkenntnisse, die verarbeitet und eingeordnet werden müssen und deren Berücksichtigung wieder zu einer Änderung der Struktur führt. Dieser Prozess lässt sich beliebig oft fortsetzen, da das Wissen nahezu unerschöpflich ist. Einige Informationen werden verworfen oder führen in eine Sackgasse, andere bringen einen neuen Aspekt oder Blickwinkel oder ändern gar die Themenbearbeitung grundlegend. Diese Bearbeitung bzw. Durchdringung ist die Grundlage der geistigen Arbeit bei einer Präsentation. Deshalb gilt der Spruch: „Inhalt ist nicht alles, aber ohne Inhalt ist alles nichts" (Hermann-Ruess, Hermann-Ruess, A. (2010). Highlight-Rhetorik. Anleitung zur emotionalen Rhetorik mit 70 Highlights. Offenbach: Gabal., S. 33).

Aus Zeit- und Kapazitätsgründen muss an einem bestimmten Punkt ein Ende der Recherche erfolgen. Danach werden weitere Informationen nicht mehr berücksichtigt.

Anschließend bzw. parallel dazu erfolgen die Gewichtung und Auswahl der jeweiligen Themenfelder – auch dies ist ein untrennbarer Teil der Themenbearbeitung. Die Gewichtung und Auswahl der Themenfelder ist die Basis für die endgültige Strukturierung des Vortrags, wobei systematisch-logische wie auch didaktische Aspekte berücksichtigt werden sollten. Auch die Vortragsziele und die Zielgruppen-analyse bestimmen hier die weitere Ausgestaltung des Vortrags. Nach der inhaltlichen Zuordnung der einzelnen Themenfelder kann mit der Anfertigung der Vortragsunterlagen begonnen werden.

Diese Phasen laufen zwar logisch hintereinander ab, es gibt aber Überschneidungen und auch Sprünge zwischen den einzelnen Schritten. Beispielsweise kann bei der Sammlung von Ideen schon eine Strukturierung erfolgen, oder die Anfertigung von Vortragsunterlagen beginnt, obwohl die Recherche und die Ideensammlung noch nicht vollständig abgeschlossen sind (vgl. Abb. 2.1). Beschäftigt sich ein Mensch mit einem Thema intensiv, springen die Gedanken zwischen den zu verarbeitenden Informationen hin und her, suchen und finden neue Verknüpfungen und Erklärungen, schließen an vor-handenes Wissen an, werden Informationen bestätigt oder verworfen. Und so individuell Menschen sind, so unterschiedlich und individuell läuft und dauert diese Phase. Je mehr Wissen vorhanden ist, desto zügiger läuft dieser Prozess ab.

2.2   Themenwahl

Das Thema ist der Ausgangspunkt einer Präsentation. Allerdings sind die Auswahlmög-lichkeiten für ein Präsentationsthema häufig sehr eingeschränkt bzw. wird das Thema vorgegeben. So ist in Seminaren bzw. Übungen das Thema oder eine geschlossene Themenliste vom Dozenten bzw. Lehrenden vorgegeben, und die Wahl des Themas wird dem Zufall überlassen. In diesem Fall ist dieser Abschnitt für Sie nicht relevant.

Es gibt aber auch Fälle, in denen die Wahl des Themas möglich ist oder das Thema individuell beeinflusst werden kann, sodass auch eigene Interessen bzw. Neigungen Berücksichtigung finden. Dies führt regelmäßig zu authentischeren Vorträgen und oft zu Vorträgen mit überzeugender Rhetorik. Zudem vermittelt es Sicherheit, weil die

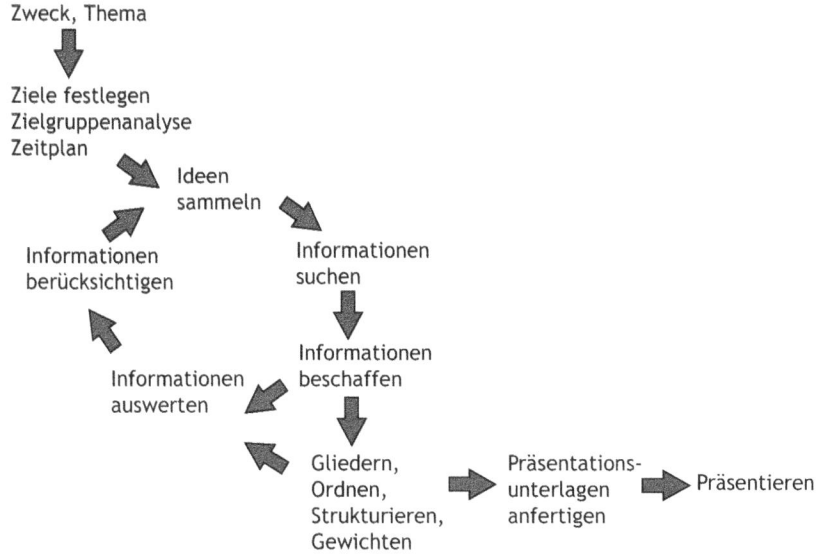

Abb. 2.1 Praktisches Vorgehen bei Erstellung einer wissenschaftlichen Präsentation

Referenten i. d. R. ein Thema wählen, mit dem sie sich auskennen. Allerdings darf der Anlass der Präsentation nicht aus den Augen verloren werden. Wenn Sie zu sehr involviert sind (oder z. B. persönlich betroffen sind), ist es eventuell nicht möglich, in dem gebotenen Maße neutral und unbefangen zu sein, was der Wissenschaftlichkeit und Neutralität eines Vortrags schaden kann. Meist ist allerdings zu beobachten, dass die Wahlfreiheit eines Themas zu einem stärkeren Interesse und letztlich auch zu einem überzeugenderen Vortrag führt.

2.3 Rahmenbedingungen – Die vier „Z"

Die Rahmenbedingungen einer Präsentation lassen sich in vier „Z" einteilen: **Z**weck, **Z**uhörer, **Z**iele und **Z**eit. Auf diese wird im Folgenden im Detail eingegangen (siehe auch Abb. 2.2).

2.3.1 Zweck bzw. Anlass einer Präsentation

Es gibt die unterschiedlichsten Arten von Präsentationen, die von verschiedenen Sorten von Vortragenden gehalten werden. Der Zweck bzw. Anlass einer Präsentation ist ein wichtiger Faktor, der die Art der Präsentation bestimmt. Unterschiedliche Anlässe für eine Rede bzw. eine Präsentation können z. B. sein (vgl. Vogt, 2010, S. 9):

Rahmenbedingungen: Ziele und Zeit festlegen, Zuhörer analysieren

Abb. 2.2 Rahmenbedingungen: Zweck, Zuhörer/Zielgruppe, Ziele, Zeit (4 „Z")

- Referat (Student),
- Vorlesung (Professor),
- Unterricht (Lehrer),
- Fachvortrag (Forscher),
- Produktpräsentation (Ingenieur),
- Verkaufspräsentation (Verkäufer),
- Quartalsbericht (Abteilungsleiter),
- Motivationsrede (Erfolgstrainer)
- Lobrede, Laudatio (Chef),
- Festrede (Rektor),
- Jahrespräsentation (Vereinsvorstand)
- Stadtrundfahrt/-rundgang (Stadtführer)
- Land- oder Stadtvorstellung (Reiseveranstalter)
- Reisebericht (Influencer)
- Ansprache (Bürgermeister),
- Weihnachtsansprache (Kanzler),
- Wahlkampfrede (Politiker),
- Reportage (Journalist, Rundfunk),
- Plädoyer (Verteidiger),
- Grabrede (Pfarrer, Freund, Angehöriger),
- Predigt (Pfarrer),
- Richtfestrede (Zimmermann),
- Dankesrede (Jubilar),
- Büttenrede (Karnevalist)
- etc.

Mit dem Anlass, sprich der Aufgabe, sind häufig schon mehrere Bedingungen vorgegeben. So bestimmt die Aufgabe häufig gleichzeitig den Rahmen, die Art des Vortrags,
die Zeitdauer, die Zuhörer nach Anzahl und Zusammensetzung wie auch die räumliche
Situation. Diese Determinanten sind oft gegeben und nicht änderbar. Befinden Sie sich
in einem Seminar an der Hochschule, sind damit sowohl die Zuhörer (die sich meistens
im gleichen Kurs befinden) wie auch der Raum, die Zeit und die Zeitdauer festgelegt

und können vom Referenten nicht beeinflusst werden; ebenso wenig, ob die Präsentation online oder in Präsenz stattfindet. Gleiches gilt, wenn Sie eine Kundenpräsentation haben, bei der Sie mit den Gegebenheiten vor Ort auskommen müssen. Oder wenn Sie die Präsentation in einem Besprechungsraum vor Arbeitskollegen oder Vorgesetzten halten. Da diese Gegebenheiten häufig nicht beeinflusst werden können, bleibt dem Referenten nichts anderes übrig, als sich entsprechend darauf einzustellen.

Dazu gehört die Klärung der folgenden Fragen:

- Wie findet die Präsentation statt (online/Präsenz)?
- Wie viele Zuhörer erwarten mich?
- Wer sind die Zuhörer?
- Wo findet die Präsentation statt?
- Wann findet die Präsentation statt?
- Wie viel Zeit habe ich?
- Welche technischen Möglichkeiten stehen mir zur Verfügung? Welche werden erwartet?
- Wie vermeide ich unangenehme Überraschungen?

Diese Überlegungen entfallen bei spontanen, ad hoc gehaltenen Redeanlässen, wenn kurzfristig in einer konkreten Situation „das Wort ergriffen wird". Meist sind Sie aber dann Teil einer Gemeinschaft, sodass vor Beginn der Rede der Anlass, die Zuhörer wie auch die Räume bekannt sind (wobei bei solchen Redebeiträgen der konkrete Zweck, die Ziele und auch die Zeit nicht immer ganz eindeutig sind).

2.3.2 Zuhörer/Publikum und Zielgruppenanalyse

Die Zuhörerschaft können Sie meist nicht selbst aussuchen. Im Seminar sind es die Kommilitonen, bei externen Besprechungen sind es die Kunden, bei internen Besprechungen die Arbeitskollegen, bei einem Fachvortrag Kollegen und Experten von anderen Institutionen. Wichtig ist die Bereitschaft, sich auf die Zuhörer einzustellen, und nicht, dass sich die Zuhörer auf Sie einstellen müssen. Denken Sie daran, dass die Zuhörer Ihnen Zeit und Zuwendung widmen und daraus bestimmte Ansprüche bzw. Wünsche herleiten. Warum sollten Sie Ihnen zuhören?

Wer sich in Menschen, in seine Zuhörer einfühlen, hineinversetzen kann, gewinnt die Sympathie seiner Zuhörer (vgl. Hermann-Ruess, 2010, S. 29).

Das setzt allerdings voraus, dass Sie Informationen über Ihre Zuhörer haben bzw. sammeln und diese bei der Vorbereitung der Präsentation und dem Auftritt berücksichtigen. So können sich Zuhörer z. B. hinsichtlich Sprache, Alter, Bildung, Werdegang, Einstellung, Lernbereitschaft, Lernfähigkeit, Erfahrungen, sozialer Herkunft, Interessen usw. unterscheiden. Jeder Mensch ist eine eigene Persönlichkeit (vgl. Abschn. 1.4). Und diese Unterschiede (z. B. Sprache, Alter, Bildung, Werdegang, Einstellung, Lernbereitschaft, Lernfähigkeit, Erfahrungen, sozialer Herkunft, Interessen) beeinflussen auch die Wahrnehmung Ihrer Zuhörer. Was Sie mitteilen, kann bei den Zuhörern (den Empfängern) anders ankommen oder wirken, als Sie (der Sender) dies beabsichtigt haben (siehe auch Abb. 2.3). Und auch die einzelnen Zuhörer können die gesendeten Informationen unterschiedlich wahrnehmen.

Gesagt ist nicht gleich gehört, gehört ist nicht gleich verstanden.

Also hinterlässt die objektiv gleiche Botschaft bei verschiedenen Personen subjektiv andere Eindrücke. Oder anders ausgedrückt: Man kann es nie allen recht machen, auch in einer Präsentation nicht.

Das kann gut an einem Beispiel verdeutlicht werden (vgl. Müller-Schwarz & Weyer, 2006, S. 62). Stellen Sie sich einen Begriff vor und überlegen Sie kurz, welche Assoziationen er bei Ihnen und Ihren Zuhörern auslöst.

Woran denken Sie beim Thema „Familie"? An Eltern, Kinder, Geschwister, an Geborgenheit, Glück, Sicherheit, Heimat, an Verantwortung, Partnerschaft oder an Trennung, Scheidung, Trauer, Streit, finanzielle Schwierigkeiten?

Oder nehmen Sie den Begriff „Sicherheit". Denken Sie an Tresor, Inflation, Vermögenssicherung, Geld, an einen unbefristeten Arbeitsvertrag, an Terror, Bomben, Tod, Überleben, an Einbrecher oder an Sicherheit Ihrer Daten, an Sicherheit im Straßenverkehr an ABS, ESP, Fußgängerschutz und Warnweste?

Oder wie wirkt die Aussage: „Ich bin reich!" auf Sie? Was denken Sie dann? An ein Luxusleben, an ein großes Haus, eine Villa, an ein oder mehrere Ferienhäuser, an teure

Abb. 2.3 Kommunikative Situation bei einer Präsentation. (Quelle: In Anlehnung an Witzenbacher, 1994, S. 56)

Autos, an Sportwagen oder SUVs, an Reisen oder gar ein eigenes Flugzeug, einen Helikopter oder eine Yacht? Das sind die gängigsten Assoziationen, die beim Thema Reichtum einfallen – aber vielleicht war mit der Aussage gemeint, dass man reich an Zeit, reich an Kindern, reich an Erlebnissen, reich an Bildung oder reich an Erfahrung ist.

Sie sehen: Diese Liste kann beliebig verlängert werden, zeigt aber, wie weit die Wahrnehmungen bzw. Vorstellungen schon bei einem einzigen Begriff auseinanderliegen können und wie diese auf unterschiedlich geprägte Zuhörer wirken können. Was sie mit den Begriffen verbinden, sagt über sie so viel aus wie über den Redner. Ihre Erwartungshaltung, ihr Wertesystem, ihr Bezugssystem führen zu unterschiedlichen Interpretationen von Aussagen.

Die Wahrnehmung von Menschen ist subjektiv, situationsbezogen und emotionsgesteuert und damit nicht im Einzelfall vorhersehbar. In einer Gruppe von Menschen gibt es dagegen Effekte, die bei den meisten wirken und funktionieren, auch wenn dies im Einzelfall individuell (bei einem Menschen) nicht zutreffend sein kann. Es lohnt sich, über folgenden Satz nachzudenken:

„There is no truth. There is only perception." oder: „Es gibt keine Wahrheit außer der Wahrnehmung."

(Gustave Flaubert)

Dies ist eine zentrale Erkenntnis bei der Kommunikation. Jeder Mensch hat seine eigene Wahrheit. Es hat lange gedauert, bis ich dies verstanden habe. An einem kleinen Beispiel kann dies sehr gut visualisiert werden: Stellen Sie sich einen Gegenstand vor, z. B. eine Getränkeflasche. Stellen Sie diese in der Mitte des Raums auf einen Tisch und lassen Sie mehrere Menschen sich um diese Flasche platzieren. Jetzt soll jeder beschreiben, was er sieht. Einer wird die Flasche von der Seite sehen, kann das Etikett vorlesen, die Person auf der gegenüberliegenden Seite sieht die gleiche Flasche von hinten und kann die Rückseite des Etiketts lesen. Wenn jemand steht, wird er die Flasche genau von oben als runden Gegenstand beschreiben usw. Jeder hat seine Perspektive und seinen Blickpunkt bzw. Standpunkt. Jeder sieht den exakt gleichen Gegenstand, die gleiche Flasche – und doch sieht jeder etwas anderes. Und jeder hat Recht! Diese grundlegende Erkenntnis hilft Ihnen, Probleme bei der Kommunikation zu verstehen.

Ein anderes schönes Beispiel dafür, dass die Wahrnehmung von Menschen unterschiedlich sein kann und wie die Wahrnehmung Menschen und ihr Handeln beeinflusst, beschreibt Mark Twain in seiner humorvollen Geschichte von Tom Sawyer.

Tom muss an einem wunderschönen, warmen Sonntag zur Strafe für seine Lausbubenstreiche den Lattenzaun von Tante Polly streichen, obwohl er sich viel lieber im Wasser abkühlen will. Lustlos und widerwillig geht er an die Arbeit und hat Angst vor dem Spott seiner Freunde.

„In diesem dunkeln und hoffnungslosen Augenblick kam ihm plötzlich eine Eingebung! Nichts geringeres, als eine große, prachtvolle Eingebung! Er nahm seinen Pinsel wieder her und ging mit Seelenruhe an die Arbeit.

Bald darauf wurde Ben Rogers am Horizont sichtbar, gerade der Knabe, dessen Spott er von allen am meisten gefürchtet hatte. Bens Gang war nur ein Hüpfen, tänzeln und springen, hüpfender kurzer Trab, Beweis genug, dass ihm leicht ums Herz war und seine Hoffnungen hochgespannt waren" (Twain, 1876, S. 18 f.).

> Ben sagte: „Hihi! Festgenagelt?" Keine Antwort. Tom schien seinen letzten Strich mit dem Auge eines Künstlers zu prüfen, dann fuhr er zart mit dem Pinsel noch einmal drüber und übersah das Resultat in derselben kritischen Weise wie zuvor. Ben marschierte nun neben ihm auf. Toms Mund wässerte nach dem Apfel, er hielt sich aber tapfer an die Arbeit. Sagt Ben: „Hallo, alter Junge, Strafarbeit, ja?" – „Ach, du bist's, Ben, ich hab' gar nicht auf-gepasst!" – „Hör du, ich geh schwimmen, willst du vielleicht mit? Aber gelt du arbeitest lieber, natürlich, du bleibst viel lieber da, oder?" Tom maß ihn erstaunt von oben bis unten. „Was nennst du eigentlich arbeiten?" – „W–was? Ist das keine Arbeit?" Tom tauchte seinen Pinsel wieder ein und bemerkte gleichgültig: „Vielleicht – vielleicht auch nicht! Ich weiß nur so viel, dass das dem Tom Sawyer passt." – „Na, du willst mir doch nicht weismachen, dass du's zum Vergnügen tust?" Der Pinsel strich und strich. „Zum Vergnügen? Na, seh' nicht ein, warum nicht. Kann unsereiner denn alle Tag'nen Zaun anstreichen?" Das warf nun ein neues Licht auf die Sache. Ben überlegte und knabberte an seinem Apfel. Tom fuhr sachte mit seinem Pinsel hin und her, trat dann zurück, um die Wirkung zu prüfen, besserte hier und da noch etwas nach, prüfte wieder, alles ohne sich im Geringsten um Ben zu kümmern. Dieser verfolgte jede Bewegung, eifriger und eifriger mit steigendem Interesse. Sagt er plötzlich: „Du, Tom, lass mich ein bisschen streichen!" Tom überlegte, schien nach-geben zu wollen, gab aber diese Absicht wieder auf: „Nein, nein, das würde nicht gehen, Ben, wahrhaftig nicht. Weißt du, Tante Polly nimmt's besonders genau mit diesem Zaun, so dicht bei der Straße, siehst du. Ja, wenn's irgendwo dahinten wär', da lag nichts dran – mir nicht und ihr nicht – so aber! Ja, sie nimmt's ganz ungeheuer genau mit diesem Zaun, der muss ganz besonders vorsichtig gestrichen werden – einer von hundert Jungen vielleicht, oder noch weniger, kann's so machen, wie's gemacht werden muss." – „Nein, wirklich? Na, komm, Tom, lass mich's probieren, nur ein ganz klein bisschen. Ich ließ dich auch dran, Tom, wenn ich's zu tun hätte!" – „Ben, wahrhaftig, ich tät's ja gern, aber Tante Polly – Jim hat's tun wollen und Sid, aber die haben's beide nicht gedurft. Siehst du nicht, wie ich in der Klemme stecke? Wenn du nun anstreichst und's passiert was und der Zaun ist verdorben, dann …" – „Ach, Unsinn, ich will's schon rechtmachen. Na, gib her, – wart', du kriegst auch den Rest von meinem Apfel;'s ist freilich nur noch der Butzen, aber etwas Fleisch sitzt doch noch drum." – „Na, denn los! Nein, Ben, doch nicht, ich hab' Angst, du …" – „Da hast du noch'nen ganzen Apfel dazu!" Tom gab nun den Pinsel ab. Widerstreben im Antlitz, Freude im Herzen. Und während […] Ben im Schweiße seines Angesichts drauflos strich, saß der zurückgetretene Künstler auf einem Fässchen im Schatten dicht dabei, baumelte mit den Beinen, verschlang seinen Apfel und brütete über dem Gedanken, wie er noch mehr Opfer in sein Netz zöge. […] (Twain, 1876, S. 19 ff.).

Es kamen immer mehr Jungen vorbei, und alle wollten unbedingt streichen und so war am Ende dieser Geschichte der Zaun dreimal gestrichen, bis die Farbe ausging und Tom der reichste Junge des Dorfs war (vgl. Twain, 1876, S. 23).

„Tom kam die Welt gar nicht mehr so traurig und öde vor. Ohne es zu wissen, hatte er ein tief in der menschlichen Natur wurzelndes Gesetz entdeckt, die Triebfeder zu vielen, vielen Handlungen. Um das Begehren eines Menschen, sei er nun erwachsen oder nicht […] nach irgend etwas zu erwecken, braucht man ihm nur das Erlangen dieses „etwas" schwierig erscheinen zu lassen. Wäre Tom ein gewiegter, ein großer Philosoph gewesen, wie zum Beispiel der Schreiber dieses Buches, er hätte daraus gelernt, wie der Begriff von Arbeit einfach darin besteht, dass man etwas tun muss, dass dagegen Vergnügen das ist, was man freiwillig tut. Er würde verstanden haben, warum künstliche Blumen machen oder in einer Tretmühle gehen „Arbeit" heißt, während Kegelschieben im Schweiße des Angesichts oder den Montblanc erklettern lediglich als Vergnügen gilt.

Ja, ja, wer erklärt diese Widersprüche in der menschlichen Natur!" (Twain, 1876, S. 23).

Ein bekanntes Erklärungsmodell zur Kommunikation zwischen zwei Menschen geht auf den Psychologieprofessor Schulz von Thun zurück. Danach enthält jede Äußerung vier Botschaften gleichzeitig (vgl. Schulz von Thun et al., 2019, S. 33):

- eine Sachinformation,
- eine Selbstkundgabe,
- einen Beziehungshinweis und
- einen Apell.

Bei einer Präsentation, bei der mehrere Menschen gleichzeitig angesprochen werden, trifft dies auf jede Beziehung zu. Aufgrund der Unterschiedlichkeit der Individuen (und deren jeweiliger Empfangsbereitschaft) werden Sie somit nie immer alle Personen im Raum in gleicher Weise ansprechen können.

Die Ansprache der einzelnen Personen ist dabei umso schwieriger, je heterogener die Zusammensetzung der Zuhörer ist. Wenn Sie vor einer altersmäßig homogenen Gruppe auftreten, z. B. junge Menschen zwischen 20 und 25 Jahren, können Sie einen anderen Umgang und eine andere Sprache und Ausdrucksweise verwenden, als wenn Sie Zuhörer haben, die zwischen 50 und 70 Jahre alt sind. Gleiches gilt für die anderen genannten Merkmale. Wenn Sie vor einer Professorengruppe oder vor dem Vorstand eines Unternehmens auftreten, werden Ihre Wortwahl und Ihr Auftreten anders sein, als wenn Sie dies vor Kommilitonen oder in einem Verein tun.

Die Zielgruppe beeinflusst z. B. das Vortragsniveau, Ihr Verhalten, Ihre Ansprache der Zuhörer, Ihre Formulierungen oder die einsetzbaren rhetorischen Mittel. Nur wenn Sie den „richtigen Ton" treffen, gelingt es Ihnen, eine Beziehung zu Ihren Zuhörern aufzubauen, wodurch Ihre Präsentation erfolgreich wird. Wie viele Anlässe kennen Sie, in denen Redner das nicht beachtet haben und an Ihrer Zielgruppe vorbeiredeten? Sie sehen also, dass die Zuhörer, der Anlass bzw. die Aufgabe maßgeblich den Inhalt Ihrer Präsentation beeinflussen.

Für die Analyse Ihrer Zielgruppe kann Ihnen die folgende Übung helfen: Stellen Sie sich die einzelnen Zuhörer bzw. Empfänger Ihrer Präsentation vor. Wenn es zu viele sind, teilen Sie die Zuhörer in Gruppen ein (z. B. Studierende, Dozenten, Unternehmensmitarbeiter). Nehmen Sie für jede Person oder jede Gruppe ein Blatt Papier. Denken Sie sich in diese Person bzw. Gruppe hinein, stellen Sie sich vor, Sie wären diese Person. Welche Erfahrungen, Erwartungen, Wünsche, Vorstellungen, Kenntnisse, Vorurteile hat diese Person? Sprechen Sie diese aus bzw. schreiben Sie diese auf die entsprechenden Blätter. Wenn Sie alle Personen bzw. Gruppen so behandelt haben, überlegen Sie sich, wie Sie gezielt die einzelnen Personen und auch alle Personen gemeinsam ansprechen können (vgl. Hermann-Ruess, 2010, S. 29).

2.3.3 Ziele klären und festlegen

Wenn das Thema und die Zielgruppe Ihrer Präsentation bekannt sind, ist es Zeit, sich über die Ziele klar zu werden, die mit der Präsentation verfolgt werden. Was wollen Sie mit dem Vortrag/der Präsentation bei den Zuhörern erreichen? Was wollen Sie für sich selbst erreichen?

2.3.3.1 Ziele von Präsentationen

Die Präsentationsziele können – je nach Anlass – unterschiedlich sein. Klären Sie deshalb für sich selbst: Wollen Sie eher

- informieren (Wissenschaftler, Lehrender),
- verkaufen (Verkäufer),
- überzeugen (Berater),
- unterhalten (bei gesellschaftlichen Anlässen) oder
- sich selbst darstellen (z. B. Politiker)?

Bei den Zielen kann es zu einer Vermischung mehrerer Ziele kommen. Sie sollten sich aber vor einer Präsentation auch darüber klar werden, was Sie von Ihrem Publikum erwarten. Wollen Sie die Zuhörer zu einer Aktivität bzw. einer Handlung bewegen oder sollen diese eher passiv bleiben und konsumieren?

2.3.3.2 Unterschiedliche Ziele bei wissenschaftlichen Vorträgen und Businesspräsentationen

Der wesentliche Unterschied zwischen wissenschaftlichen Vorträgen und Businesspräsentationen liegt in der Zielsetzung und damit bei der Argumentation. Bei Businesspräsentationen werden oft eigene Positionen vertreten, die meist Grundlage von Entscheidungen sind, die getroffen werden müssen. Die Möglichkeiten und Vorteile werden dargestellt, die Methodik wird eher vernachlässigt. Allerdings sind auch diese zielgruppenabhängig. Während Ingenieure bei einem Entwicklungsprojekt Lösungen im Detail austauschen und auf der Grundlage einer Präsentation entwickeln oder diskutieren, hat eine Präsentation vor dem Vorstand eine völlig andere Zielsetzung: Der/die EntscheidungsträgerIn muss innerhalb weniger Minuten die wesentlichen Informationen so aufbereitet bekommen, dass er/sie eine Entscheidung treffen kann. Deshalb sind diese

Präsentationen auf den wesentlichen Inhalt begrenzt. „Das versteht sogar der Vorstand"
drückt aus, dass Zeitdruck ein wesentliches Merkmal bei der Aufbereitung einer solchen
Präsentation sein kann und nicht die intellektuellen Fähigkeiten der Adressaten.

Bei wissenschaftlichen Präsentationen dagegen tritt die eigene Meinung zunächst in
den Hintergrund. Wissenschaftliches Arbeiten heißt, „von anderen Personen erarbeitete
Erkenntnisse wahrzunehmen und zu reflektieren" und auf dieser Basis dann neue
Gedanken zu entwickeln (Stickel-Wolf & Wolf, 2019, S. 231). Wissenschaftliche Arbeit
ist dadurch gekennzeichnet, dass sie objektiv, neutral und unparteiisch Aussagen macht,
die auf eigenen oder fremden Ergebnissen basieren. Alle Daten sollten offen und transparent sein, sodass nachvollziehbar und überprüfbar ist, aufgrund welcher Ergebnisse
der Wissenschaftler zu seinen Schlussfolgerungen kommt. Auch die Nennung von Kritik
oder Beschränkungen gehört dazu (vgl. Hey, 2019, S. 23). Bei Businesspräsentationen,
die das Ziel haben, den Zuhörer von etwas zu überzeugen, ist das wenig zweckdienlich.

2.3.4   Zeit: Vorbereitungszeit, Präsentationszeit und Zeitplanung

Die Rahmenbedingungen, Ihre Präsentationsziele und die Zielgruppenanalyse liefern
Ihnen wertvolle Informationen über Ihre anstehende Präsentation. Jetzt sollten Sie eine
grobe Zeitplanung für den Vortrag selbst und für die Zeit der Vorbereitung des Vortrags
vornehmen. Hier kommt es immer wieder zu Überraschungen, wie aufwendig die gründliche Vorbereitung eines Vortrags ist.

Ich empfehle Ihnen dazu folgende kleine Übung: Überlegen Sie, welche Aufgaben bei
der Vorbereitung eines Vortrags anfallen, und notieren Sie diese Schritte einzeln. Bringen
Sie die Schritte in eine sinnvolle Reihenfolge und schätzen Sie die Zeitdauern für die
einzelnen Arbeiten. Nehmen Sie einen Kalender zur Hand und erstellen Sie einen Zeitplan für die Anfertigung Ihrer Präsentation, ausgehend vom Tag der Präsentation.

Die Ergebnisse dieser kleinen Übung mit Studierenden sind für mich immer wieder
erstaunlich. Das Antwortspektrum reicht von zwei Schritten (z. B. Vorbereitung, Auftritt) bis zu zwölf und mehr Schritten. Ebenso die verwendeten Zeiteinheiten. Einige
rechnen mit Tagen, manche mit Stunden (die Mehrheit), die nächsten mit Minuten. Die
Aufstellung eines Zeitplans gehört zu den wesentlichen Kompetenzen, die spätestens
im Studium erlernt werden müssen (Selbst-Management). Und zwar nicht nur für
Präsentationen, sondern auch für die Vorbereitung auf Prüfungen und die Bewältigung
von Projekten.

Trotzdem kommt es immer wieder zu terminkritischen Situationen. Wenn die Abgabe
von Vortragsunterlagen auf einen bestimmten Tag festgelegt wird, erhalte ich von
mindestens zehn Prozent der Teilnehmer die abzugebenden Unterlagen in den letzten
30 min. Wenn die Abgabe der Unterlagen in elektronischer Form akzeptiert wird und
z. B. das Abgabedatum der 10. Mai ist, gehen zwischen 23:00 und 24:00 Uhr die meisten
E-Mails bei mir ein. Und es gibt immer Personen, die erst nach 0:00 Uhr abgeben.
Erfolgt die Abgabe von Unterlagen über eine Lernplattform, kann diese so eingestellt

werden, dass Abgaben nach einer bestimmten Frist bzw. nach einem bestimmten Zeitpunkt nicht mehr möglich sind. Und es gibt immer wieder Menschen, die mit dem Einhalten von Fristen Probleme haben. Warum ist das so?

In jedem Seminar zum Thema Zeitmanagement erfahren Sie, dass Sie mit unvorhersehbaren Ereignissen rechnen müssen und deshalb Ihre Zeit nicht zu 100 % verplanen,
sondern Zeitpuffer einplanen sollten. Unvorhersehbare Ereignisse wie die folgenden
machen uns hier oft das Leben schwer:

- Kurz vor Abgabeschluss hat der PC, welcher der einzige Speicherort Ihrer bisherigen
  Arbeiten war, einen Festplattencrash.
- Sie haben mit Netzwerkproblemen zu kämpfen und keinen Internetzugang.
- Sie haben die bisher verwendete Formatvorlage kurz vor Abgabe geändert, und nun
  sehen alle Folien/Seiten unterschiedlich und uneinheitlich aus.
- Sie arbeiten im Team, und bei der Zusammenführung der einzelnen Dateien stellen
  Sie fest, dass unterschiedliche Programme oder unterschiedliche, nicht kompatible
  Programmversionen verwendet wurden oder dass jeder mit einer anderen Folienvor-
  lage gearbeitet hat.
- Ein Teammitglied wurde krank und hat einen essenziellen Anteil der Präsentation
  nicht erstellt. Haben Sie daran gedacht, dass Sie auch mal krank werden können?

Wenn Sie mit einem Zeitplan arbeiten und dies bei der Aufstellung Ihres Zeitplans
berücksichtigen, kommen Sie leichter und mit deutlich weniger Zeitdruck und Stress
durch das Studium und durch Ihr Leben. Und dabei erreichen Sie meist mehr.

Deshalb: Lernen Sie zu planen! Die meisten Arbeitnehmer wünschen sich eine freie
Zeiteinteilung, wie Studierende sie haben. Arbeit und Freizeit im Studium sind kaum
trennbar. Je nach individuellen Fähigkeiten und Vorkenntnissen und der individuellen
Zielsetzung gibt es Studierende, die eine 80-h-Woche haben, und andere, die eher eine
20-h-Woche (oder weniger) haben. Für ein Bachelor-Studium fallen offiziell etwa 50 h
wöchentlich an (vgl. Rost, 2018, S. 110). Wenn Sie planen, analysieren Sie auch Ihren
Tagesablauf. Wann haben Sie Ihre Leistungshochs, wann müssen Sie täglich etwas
erledigen? Ich kenne Menschen, die Ihre Leistungshochs zu eher ungewöhnlichen Zeiten
haben, z. B. spätabends oder auch nachts. Auch wenn Sie dies in Ihrem Studium aus-
leben können, sollten Sie bedenken, dass weder Ihre Dozenten noch die Mensa oder die
Supermärkte einen 24–Stunden-Service anbieten.

Unvergesslich im Zusammenhang mit dem Thema Zeitplanung wird mir auch der
Student bleiben, der mich am Abend vor der Prüfung höflich per E-Mail nach dem Passwort für den Download der Vorlesungsunterlagen gefragt hat, die seit Semesterbeginn
(also seit fast vier Monaten) zur Verfügung standen. Das Prüfungsergebnis fiel dann so
aus, wie zu befürchten war.

Ich habe aus meinen bisherigen Erfahrungen folgende Faustregeln entwickelt, mit
denen Sie zeitlich grob abschätzen können, wie lange Sie für die Vorbereitung eines Vortrags brauchen, den Sie das erste Mal zu diesem Thema halten:

Redner benötigen für eine Minute Vortrag zwischen 15 und 60 min Vorbereitungszeit.

Eine „gute" inhaltliche Folie erfordert ca. 60 min Herstellungszeit und reicht für ca. eine bis drei Minuten Vortragszeit.

Andere Autoren bestätigen meine Erfahrungswerte. Emil Hierhold (2008, S. 19) gibt als Faustregel vor: „Für eine Vortragsminute [brauchen Sie] bis zu 30 min Vorbereitung."

Wie kommen diese Zeiten zustande? Und wie erklärt sich die große Bandbreite? Stellen Sie sich vor, Sie müssen eine Präsentation vorbereiten und haben nichts außer einem Stichwort bzw. einem Thema. Wenn Sie diese Anleitung Schritt für Schritt durchgehen, werden Sie sehen, warum es bei einer gründlichen Vorbereitung so lange dauert. Zunächst müssen Sie sich über das Thema informieren und recherchieren, eine Stoffsammlung anlegen, dann eine Gliederung erstellen, die eigentliche Erstellung und Gestaltung der Folien erledigen und den Vortrag mehrmals laut vortragen, um dann bei einer Generalprobe im Vortragssaal zu bemerken, dass noch Änderungen nötig sind, weil der Vortrag bei der Probe zu lang oder zu kurz ist oder die Folien nicht lesbar sind.

Die Vorbereitungszeit kann aber noch länger sein, wenn Sie zusätzliche Schwierigkeiten haben und z. B. in einer Sprache vortragen, die nicht Ihre Muttersprache ist. Oder wenn Sie noch nie oder nur selten mit Präsentationen zu tun hatten und auch noch die entsprechenden EDV-Kenntnisse erwerben müssen, z. B. weil Sie mit einer für Sie neuen Präsentationssoftware arbeiten. Oder weil Sie noch mediale Inhalte (z. B. ein Video oder einen Filmclip) erstellen müssen. Oder wenn Sie ein sehr schwieriges, spezielles Thema haben, das Sie zuerst gründlich aufbereiten müssen bzw. bei dem Sie z. B. noch eine empirische Untersuchung (z. B. Befragung) durchführen müssen.

Auf der anderen Seite nehmen die Vorbereitungszeiten ab, wenn Sie Routine haben und ähnliche (oder sogar die gleiche Präsentation) mehrfach vortragen bzw. nur kleine Anpassungen vornehmen müssen.

2.4 Ideen sammeln

Der erste Schritt der Beschäftigung mit dem eigentlichen inhaltlichen Thema (siehe Abb. 2.4) wird von Studierenden häufig unsystematisch angegangen. Entweder sind diese einfachen Techniken nicht bekannt sind oder werden schlicht nicht angewandt. Dabei ist dieser Schritt der bestimmende Faktor für die weitere Arbeit. Auch die Kenntnisse, die jetzt angewandt werden sollten, die sog. „kreative Kompetenz[,] zählt zu den wichtigsten Schlüsselkompetenzen überhaupt" (Brunner 2008, S. 1).

Plakativ kann das so ausgedrückt werden: „Erst die Idee, dann der PC!" (Hierhold, 2008, S. 244).

Kreativität kann nicht erzwungen werden. Ein idealtypischer kreativer Prozess läuft typischerweise in vier Phasen ab (vgl. Brunner, 2008, S. 47).

Kreativität: Ideen sammeln

Abb. 2.4 Ideen sammeln

1. **Die Vorbereitungsphase (Präparation):** Analyse der Fragestellung, Zusammen-
   tragen und Strukturierung des bisher vorhandenen Wissens.
2. **Die Ausbrütephase (Inkubation):** die unbewusste Beschäftigung mit der Fragestellung.
3. **Der Einfall, die Erleuchtung (Illumination):** ein spontaner Gedanke, die Lösung
   des Problems.
4. **Die Überprüfungsphase (Verifikation):** die Ausarbeitung, Übertragung, Anwendung
   und Überprüfung des Aha-Erlebnisses.

Von Studierenden wird gewöhnlich nicht die Lösung „nobelpreisverdächtiger"
Probleme erwartet. Wir können jedoch aus der Kenntnis dieser Vorgänge verschiedene
Empfehlungen ableiten:

Zunächst hilft eine (möglichst schriftliche) Fixierung des Problems bzw. der Fragestellung. Anschließend dient diese dazu, das Thema zu strukturieren.

Studien belegen, dass Menschen sich dann am kreativsten fühlen, „wenn Sie sich
bewegen: d. h. gehen, laufen oder schwimmen. Offenbar [...] fördern halbautomatische
Bewegungsabläufe unsere Kreativität" (Brunner, 2008, S. 55). Deshalb die Empfehlung:
Wenn Sie Ihr Thema kennen, laufen Sie mit offenen Augen durch die Welt (vgl. Heister
et al., 2007, S. 102). Sammeln Sie Eindrücke, Metaphern, Vergleiche, Beispiele,
Zeitungsüberschriften etc. Überlegen Sie, wie diese Beobachtungen mit Ihrem Thema
verknüpft werden können.

Genauso können Sie auch Einfälle bei täglichen Routinetätigkeiten, z. B. beim
Duschen oder Zähneputzen, haben. In diesem Fall ziehen Sie sich aktiv aus dem Problem
zurück, Ihr Gehirn beschäftigt sich aber weiterhin unbewusst damit und kann so zu einer
Lösung kommen.

Aus eigener Erfahrung kann ich Ihnen einen Spaziergang oder Joggen empfehlen.
Beide Tätigkeiten haben zusätzlich auch noch den erwünschten Nebeneffekt, dass Sie
an der frischen Luft sind und sich bewegen. Ihr Körper (inkl. Gehirn) wird mit mehr
Sauerstoff versorgt. Sie trainieren, stärken Ihren Körper und tun etwas Gutes für Ihre

Gesundheit. Außerdem verharren Sie nicht nur in einer Stellung (z. B. sitzend am Schreibtisch), sondern wechseln im wahrsten Sinn des Wortes Ihren „Standpunkt".

Diesen Effekt nutzten schon die alten Griechen, die in Gärten wandelten, wie auch die Gelehrten der frühen Neuzeit. Schauen Sie sich einmal die Umgebungen alter Universitäten an, z. B. die Wirkungsstätten unserer berühmten Dichter und Denker, egal ob in Heidelberg, in Tübingen, in Hohenheim, in Karlsruhe oder an einem anderen Ort. Meist finden Sie Wege oder Gänge, auf denen die Gelehrten wandelten, nachdachten, sich austauschten, diskutierten und sich gleichzeitig an der frischen Luft erholten.

Wenn Sie unterwegs sind, können Sie Ihre Gedanken auch über den Rekorder an Ihrem Smartphone oder die Spracheingabe bzw. Diktierfunktion festhalten, wenn Sie spontane „Geistesblitze" haben. Schicken Sie sich einfach selbst den Text zu, dann ist der Gedanke nicht verloren und Sie können ihn später nachbereiten. Probieren Sie es aus, und Sie werden erstaunt sein, wie produktiv Ihr Gehirn arbeitet und zu welchen Zeiten Sie sich (oft unterbewusst) mit Ihren Themen beschäftigen. Ein weiterer Vorteil liegt darin, dass dieser Gedanke fixiert wurde und das Gehirn damit „frei" für weitere Aufgaben wird bzw. sich auf andere Aufgaben konzentrieren kann und den Gedanken nicht auch noch nebenbei speichern muss. Denn die Verarbeitungskapazität unseres Gehirns bzw. des Arbeitsgedächtnisses ist begrenzt (siehe Abschn. 3.1).

Lassen Sie sich die verschiedenen Gedanken durch den Kopf gehen, lassen Sie diese sich setzen, schlafen Sie darüber: Denken kann man überall (vgl. Sarnoff, 1992, S. 19).

Die Vorgehensweise bei der Ideensammlung hängt entscheidend davon ab, ob Sie die Aufgabe alleine oder in der Gruppe bewältigen. Für beide Möglichkeiten gibt es unterschiedliche Methoden, die im Folgenden kurz vorgestellt werden (vgl. Abb. 2.5).

2.4.1 Einzelarbeit

Wenn Sie alleine ein Thema ausarbeiten bzw. vorbereiten müssen, hilft es im ersten Schritt, sich den eigenen bisherigen Kenntnisstand vor Augen zu führen. Dabei ist es

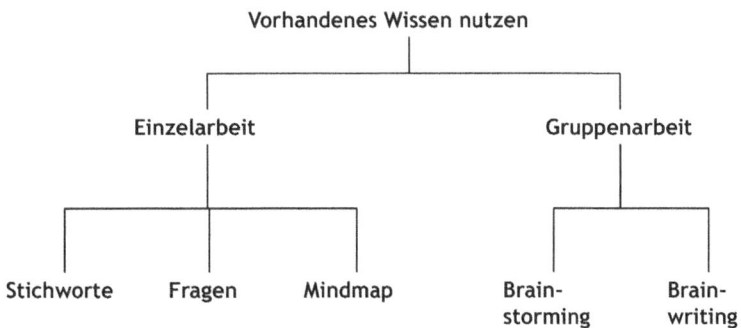

Abb. 2.5 Methoden, vorhandenes Wissen zu nutzen und zu erkennen

wichtig, dass Sie alles schriftlich festhalten. Leider unterbleibt dieser Schritt häufig, manchmal wird er auch lediglich in Gedanken vollzogen. Die Durchführung dieses Schrittes ist für den Lernprozess aber wichtig. Er hilft, keinen Gedanken zu verlieren, und das Gefühl, etwas „produziert zu haben", gibt Sicherheit und stärkt das Selbstvertrauen. Das Aufschreiben ist also wichtig. Alle großen Denker haben als Denkhilfe Notizen verwendet (vgl. Buzan & Buzan, 2013, S. 40).

2.4.1.1 Stichworte

Nehmen Sie ein leeres Blatt Papier und notieren Sie darauf alle Stichworte, auch Fragen, die Ihnen zu diesem Thema spontan einfallen. Diese Punkte sind eine gute Ausgangsbasis für die weiteren Recherchen. Lassen Sie Ihren Gedanken dabei freien Lauf und notieren Sie nur einzelne Wörter bzw. Satzteile. Einigen Menschen fällt diese Übung schwer. Sie beginnen gleich damit, die Wörter zu strukturieren bzw. zu gliedern. Das ist eigentlich erst der folgende Schritt. Wenn Sie aber lieber von Beginn an Ihre Struktur „im Kopf haben", können Sie auch in dieser Weise fortfahren und die Stichworte z. B. in Form einer Gliederung festhalten. Wichtig ist in diesem Zusammenhang, dass Ihnen bewusst ist, dass es sich nur um eine erste, vorläufige Version handelt, die Änderungen unterworfen sein wird.

2.4.1.2 Fragen

Eine andere Methode wird von Dale Carnegie Training (2012, S. 15) beschrieben: Überlegen Sie sich rechtzeitig vor dem Vortrag (mindestens 14 Tage) genau 20 min. lang Fragen zu dem Thema. Welche Fragen haben Sie selbst zu dem Thema? Die Fragen sollten schnell und spontan aufgeschrieben werden. Dabei sollten mindestens 50 Fragen zusammenkommen. Durch die Formulierung in Fragen wird die Kreativität stärker angeregt als durch eine bloße Aufzählung. Auch dadurch entsteht eine erste, grobe Struktur.

In den folgenden Tagen sammeln Sie dann nach und nach Antworten zu Ihren Fragen. Notieren Sie zunächst nur die Antworten, die Sie selbst schon kennen und die Ihrem derzeitigen Wissensstand entsprechen. Diesen Schritt können Sie auch mehrfach wiederholen. Erst danach beginnen Sie zu recherchieren (vgl. Dale Carnegie Training, 2012, S. 15).

2.4.1.3 Mindmap

Mindmap ist eine Form des Brainwritings, die besonders gut in Einzelarbeit erstellt werden kann. Eine Mindmap ist eine Gedächtnis- oder Gedankenkarte mit einer baumähnlichen Struktur. Ihre Verbreitung geht auf den Wissenschaftler und Mentaltrainer Tony Buzan zurück (vgl. Brunner, 2008, S. 221).

Bei einer Mindmap wird mit einem Zentralbild bzw. Zentralwort begonnen, das in der Mitte eines Blattes notiert wird. Von diesem zentralen Begriff in der Mitte wachsen Äste (Hauptthemen) und Zweige (Schlüsselworte). Aus diesen Begriffen können sich weitere Assoziationen ergeben, welche dann ebenfalls notiert werden (vgl. Buzan & Buzan, 2013, S. 61).

In dieser ersten Phase ist es wichtig, dass alle Assoziationen notiert werden, auch wenn diese (noch) nicht in das Thema eingeordnet werden können. In einem zweiten Schritt können dann die Assoziationen zugeordnet werden, sodass Beziehungen zwischen den verschiedenen Begriffen aufgezeigt und in grafischer Form dargestellt werden. Die erste Phase (Erstellungsphase) sollte in maximal 20 min. abgeschlossen sein. Dann folgt eine Pause, und erst danach sollte die zweite Phase (Überarbeitungsphase) erfolgen. Ob dabei die einzelnen Begriffe eingekreist werden oder nicht, ist m. E. für die Wirkungsweise einer Mindmap unerheblich. Ein Beispiel für eine erste Mindmap zum Thema Lern- und Arbeitstechnik könnte wie in Abb. 2.6 dargestellt aussehen.

Neben dem Einsatz als Kreativitätsmethode bildet eine Mindmap eine sehr gute Grundlage zur Strukturierung bzw. Gliederung eines Themengebiets. Die grafische Darstellung ist übersichtlich, sodass viele Elemente auf einen Blick betrachtet werden können. Des Weiteren wurde sie von Tony Buzan auch als Lern- und Merkhilfe entwickelt, um Mitschriften zu strukturieren und sich Begriffe besser einprägen zu können.

Die klare Struktur kann aber auch Schwierigkeiten bei der Erstellung einer Mindmap bereiten, weil es aufwendig oder sogar unmöglich sein kann, eine logisch widerspruchsfreie Struktur zu entwickeln. Die Baumstruktur erzwingt eine Hierarchie, die nicht immer leicht darzustellen ist. Eine Mindmap ist nur bis zu einer gewissen Informationstiefe hilfreich, da die Übersichtlichkeit bei einer Überladung mit Informationen verloren geht. Wird eine Mindmap, wie es häufig geschieht, von einer Person angefertigt, kann diese so individuell sein, dass die verwendeten Begriffe für andere Menschen nicht

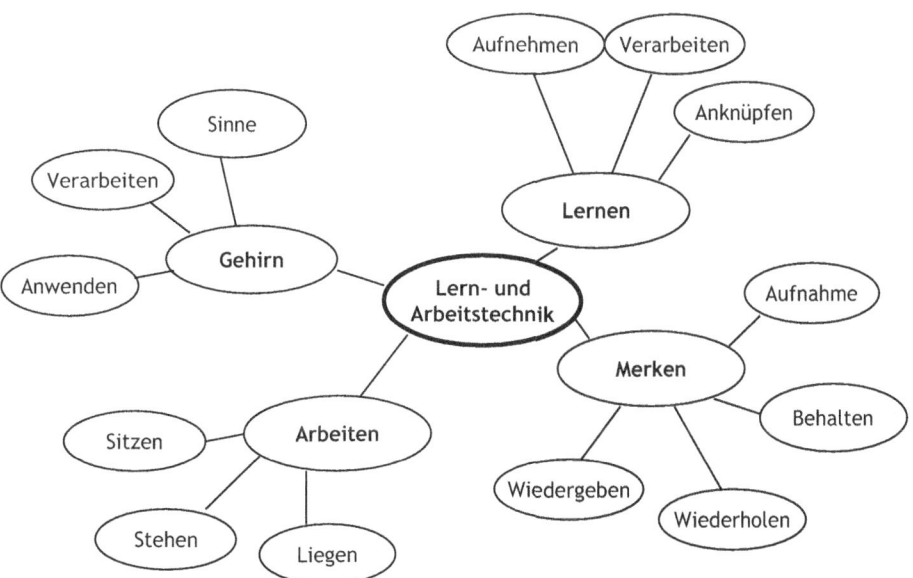

Abb. 2.6 Erste Mindmap zum Thema Lern- und Arbeitstechnik

verständlich sind. Eine Mindmap bildet aber auch eine gute Diskussionsgrundlage für den Austausch mit anderen Personen. Das hat außerdem den Vorteil, dass dadurch mögliche Fehler oder Widersprüche aufgedeckt werden können.

Erst wenn Sie diesen Schritt gemacht und den eigenen Wissensstand beschrieben haben, beginnt die Recherchearbeit. Die einzelnen Punkte müssen verständlich gemacht und mit Leben gefüllt werden.

Beim Recherchieren tragen Sie Argumente, Zahlen, Daten und Fakten zusammen. Hier kann das Recherchieren im Internet oder in einem Nachschlagewerk (Lexikon) sehr gut helfen. Sie beginnen langsam, sich in das Thema „einzuarbeiten". Um zusätzliche Informationen und Erkenntnisse zu gewinnen, müssen Sie sich immer tiefer einarbeiten, und die verwendeten Informationen werden zunehmend spezieller und detailreicher. Sie befinden sich mitten im Rechercheprozess.

2.4.2 Gruppenarbeit

Manchmal gibt es Situationen, in denen Sie nicht allein für eine Präsentation verantwortlich sind, sondern eine ganze Gruppe bzw. ein Team ein Thema bearbeitet.

Ein Team ist eine überschaubare Gruppe von Menschen, welche für „ein Projekt oder eine bestimmte Aufgabe (meist zeitlich begrenzt) zusammenarbeiten" (Kunert & Knill, 2000, S. 24) und welche ein gemeinsames Ziel haben. Im Gegensatz zu einer Gruppe ergänzen sich die Mitglieder in einem Team gegenseitig und stellen sich unter eine Leitung (vgl. Kunert & Knill, 2000, S. 25).

Im Fall einer Gruppen- oder Teamarbeit gibt es mehrere bewährte Methoden der Ideenfindung, die angewandt werden können. Beispielhaft werden kurz die Methoden Brainstorming und Brainwriting beschrieben.

Obwohl diese Methoden den meisten Menschen bekannt sind, scheint es bei deren Durchführung bzw. Anwendung Nachholbedarf zu geben. So kennen zwar die meisten Studierenden die Begriffe, tatsächlich angewandt wurden die Methoden aber nur von einer Minderheit. Bei berufserfahrenen Personen sieht dies häufig nicht besser aus: Auch hier habe ich zu meinem Erstaunen häufiger erlebt, dass schon länger im Berufsleben stehende Personen ebenso wie auch Führungskräfte diese Methoden zwar kennen, sie jedoch selten angewandt oder selbst erlebt haben.

2.4.2.1 Brainstorming

Brainstorming gehört zu den am häufigsten angewandten Methoden der Ideenfindung. Die Methode geht zurück auf den Werbeberater Alex Osborne, der den Satz prägte „Using the brain to storm a problem" (Brunner, 2008, S. 124). Der Grundgedanke dieser Methode liegt darin, neue Ideen durch freie Assoziationen zu erzeugen. Jedes Gruppenmitglied kann dazu spontan Einfälle und Ideen äußern, auch wenn diese noch so verrückt sind. Die Mitglieder können diese Ideen dann weiterentwickeln, wobei alles schriftlich festgehalten werden sollte. Dabei müssen bestimmte Spielregeln in einer Gruppe gelten, die jedem bekannt sind und die von allen akzeptiert werden (vgl. Brunner, 2008, S. 128).

- Quantität geht vor Qualität. Das Ziel ist, möglichst viele Ideen in kurzer Zeit zu entwickeln.
- Die Gedanken sollen frei und ungehemmt kommen, jeder darf spontan seine Ideen äußern und phantasieren. So ergeben sich neue Ideen oder es kommt zur Weiterentwicklung der Ideen von anderen.
- Es dürfen keine Kritik, abwertende Kommentare oder Korrekturen geäußert werden, weder verbal noch nonverbal. Dies könnte die Entwicklung weiterer Gedankengänge hemmen. Die Auswertung und Bewertung der Ideen erfolgen erst in einem späteren Schritt.

Brainstorming ist eine einfache Methode, die mit einem geringen Aufwand angewandt werden kann. In kurzer Zeit werden viele neue, innovative Ideen und ausgefallene Problemlösungen produziert. Insbesondere bei interdisziplinären Gruppen werden Synergieeffekte innerhalb der Gruppe erzielt (vgl. Landau et al., 2002, S. 276).

Das größte Risiko bei der Anwendung von Brainstorming ist die Nichteinhaltung der o. g. Regeln. Brainstorming sollte in einem hierarchiefreien Raum stattfinden, sodass jeder sich ungehemmt äußern kann. Je unterschiedlicher das Alter und die hierarchische Stellung der Teilnehmer, desto schwieriger ist es, dies zu erreichen. Außerdem kann es zu Spannungen innerhalb der Gruppe durch gruppendynamische oder soziale Konflikte kommen.

Die Anwendung von Brainstorming ist für komplexe Sachverhalte und Fragestellungen ungeeignet. Außerdem sind viele der entwickelten Lösungsansätze unbrauchbar (>90 %), weshalb nach der Brainstorming-Sitzung eine aufwendige Selektion und Bewertung der Ideen erfolgen sollte (vgl. Landau et al., 2002, S. 276).

2.4.2.2 Brainwriting

Brainwriting ist eine von dem Unternehmensberater Bernd Rohrbach entwickelte Methode zur schriftlichen Ideenfindung (vgl. Brunner, 2008, S. 211). Es ist eine Weiterentwicklung des Brainstormings und gleichzeitig die Kombination von individueller Arbeit und Gruppenarbeit. Ausgangspunkt ist ein Blatt, das alle Teilnehmer einer Gruppe vor sich liegen haben. Dieses Formblatt enthält als Überschrift den Namen und das Thema bzw. die Aufgabenstellung und als Kernstück mehrere Zeilen und Spalten (vgl. Abb. 2.7).

Die bekannteste Anwendung von Brainstorming ist die 6-3-5-Methode. Bei dieser sind **6** Teilnehmer in einer Gruppe. Jeder Teilnehmer trägt auf seinem Ideensammelbogen **3** Lösungsansätze/Ideen ein und gibt nach der festgelegten Zeit den Bogen an seinen rechten Nachbarn weiter. Jeder Teilnehmer nimmt die zuvor niedergeschriebenen Ideen zur Kenntnis und trägt in die darunterliegenden Felder drei

Thema/ Fragestellung Teilnehmer: Datum:			
Teilnehmer 1	Teilnehmer 1 - Idee 1	Teilnehmer 1 - Idee 2	Teilnehmer 1 - Idee 3
Teilnehmer 2	Teilnehmer 2 - Idee 1		
Teilnehmer 3	Teilnehmer 3 - Idee 1		
Teilnehmer 4			
Teilnehmer 5			
Teilnehmer 6			

Abb. 2.7 Einfaches Formblatt Brainwriting

neue (eigenentwickelte) Lösungsvorschläge bzw. Ideen ein. Dabei können die neuen Lösungen sowohl Weiterentwicklungen der bestehenden Ansätze sein wie auch völlig neue Ideen. So wird das Blatt **5** Mal weitergegeben. Daraus ergeben sich in einer ca. 30-minütigen Phase mindestens drei Lösungsansätze (aus der ersten Runde), die jeweils fünfmal modifiziert und unter verschiedenen Gesichtspunkten begutachtet und beurteilt wurden oder maximal 108 verschiedene Ideen (wenn jeder Teilnehmer jedes Mal drei neue Ideen aufschreibt und dies fünfmal gemacht wird). Auch andere Gruppengrößen und Zeitdauern sind möglich.

So einfach diese Methode auch scheint, so schwer fällt es manchen Menschen unter Zeitdruck, Ideen zu entwickeln. Bei der erstmaligen Anwendung der Methode, wenn es sich um ein schwieriges Thema handelt oder wenn die Teilnehmer nicht überzeugt oder nur wenig motiviert sind, kommen nicht immer alle Teilnehmer auf drei neue oder weiterentwickelte Ideen. Auch sinkt die Konzentration mit jeder Runde der Weitergabe bzw. steigt der Druck, Lösungen zu produzieren an, wenn schon alles auf dem Blatt geschrieben steht, was an spontanen Einfällen da ist. Sie geben dann einfach das Blatt – nur teilweise ausgefüllt – an die nächste Person weiter.

2.5   Informationen suchen und beschaffen

Wenn Sie das Thema der Präsentation kennen und den vorhandenen Wissensstand erfasst bzw. eine Stichwortliste angefertigt haben, stellen Sie meist fest, dass Ihre bisherigen Kenntnisse nicht ausreichen, um damit einen Vortrag zu bestreiten. Sie müssen sich also tiefer in das Thema einarbeiten und sich auf die Suche nach weiteren Informationen machen, Sie müssen recherchieren (siehe auch Abb. 2.8).

Informationen suchen

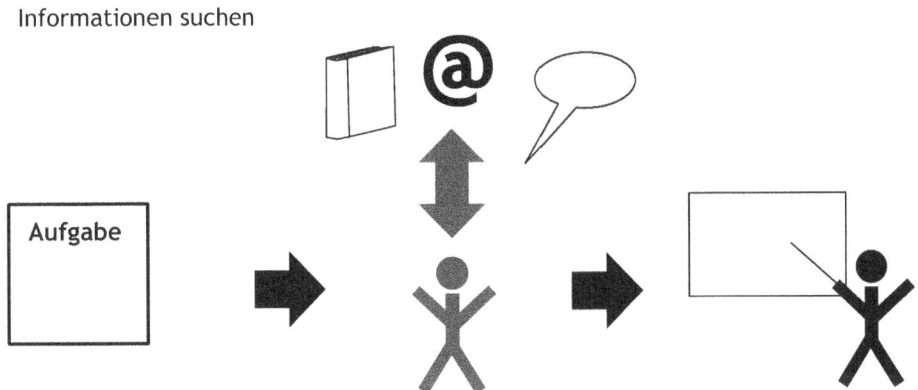

Abb. 2.8 Informationen suchen

Mit einer Recherche haben die meisten Menschen bereits Erfahrungen gemacht. Überlegen Sie einmal, wie Sie bisher neue Informationen bzw. neues Wissen erworben haben. Wenn Sie schon Informationen gesucht, also eine Recherche getätigt haben, dann mussten Sie Informationen auch filtern und bewerten.

Was haben Sie gemacht, wenn Sie etwas besonders interessiert hat und Ihnen die vorhandenen Informationen nicht ausreichten? Wenn Sie etwas nicht verstanden haben? Wenn Sie bei einem Thema mehr wissen wollten? Wie sind Sie vorgegangen? Woher kamen die Informationen? Welche waren hilfreich? Welche waren gut und fundiert? Welche waren richtig? Welchen konnten Sie vertrauen?

Wenn das Thema Sie interessiert hat, haben Sie dies wahrscheinlich gerne und freiwillig gemacht. Die Tätigkeit fiel Ihnen leicht, und die Ergebnisse konnten Sie sich auch noch gut merken. Diese Erkenntnis können Sie auch für Ihr Studienfach anwenden! Wenn Sie Interesse, Liebe und Begeisterung für Ihr Studienfach aufbringen, fällt Ihnen die Beschäftigung mit Recherche leichter (vgl. Rost, 2018, S. 39).

Die meisten Schüler lernen schon in der Schule zu recherchieren. Und ebenso wie Schüler verwenden Studierende im ersten Schritt meistens eine Internetrecherche unter Benutzung einer Suchmaschine (z. B. Google). Das geht schnell und ist vor allen Dingen sehr bequem. Und die Suchergebnisse werden immer besser und treffgenauer. Allerdings werden die Ergebnisse oft unreflektiert übernommen.

Das reicht in einem wissenschaftlichen Kontext nicht aus. Haben Sie sich einmal mit dem Suchalgorithmus der von Ihnen verwendeten Suchmaschine auseinandergesetzt? Haben Sie sich Gedanken gemacht, warum Sie genau diese Ergebnisse sehen und warum diese in genau dieser Reihenfolge angezeigt werden? Gibt es auch noch andere Treffer? Haben Sie in der Trefferliste Ergebnis Nr. 12.499 angeschaut? Vielleicht lohnt es sich, diese Fragen zu stellen und nach Antworten zu suchen.

Das gilt auch für Online-Lexika wie z. B. Wikipedia. Das Tolle daran ist, dass Wikipedia jeden Tag mit jedem Beitrag besser wird und dass die Qualitätssicherungssysteme inzwischen sehr gut funktionieren. Dies war am Anfang nicht immer der Fall, da konnten auch unsinnige Inhalte gefunden werden. Aber die Gesamtheit der Nutzer, Redakteure und Überarbeiter trägt jeden Tag zu einer kontinuierlichen und auch spürbar qualitativen Verbesserung von Wikipedia bei. Da die Qualität der Quelle sich verbessert, wird der Nutzer immer mehr zur Schwachstelle. Ich habe schon öfters bemerkt, dass Artikel ohne großes Nachdenken schnell und unreflektiert übernommen werden und im schlimmsten Fall einfach mit „Copy & Paste" in die zu erstellenden Präsentationsfolien eingefügt werden.

Es geht nicht darum, neue Medien wie das Internet schlecht zu machen. Im Gegenteil. Die technologische Entwicklung schreitet voran. Die Nutzung dieser Medien ist unerlässlich und nicht mehr wegzudenken und auch die Inhalte werden ständig besser. Wissen ist an jedem Ort weltweit abrufbar. Auch ich selbst und alle anderen Kollegen nutzen diese Medien. Allerdings ist es empfehlenswert, kritisch zu sein und „den Kopf nicht auszuschalten".

2.5.1 Das Eisbergmodell der Informationssuche

Stellen Sie sich einen Eisberg vor, der im Meerwasser schwimmt. Durch die geringere Dichte des Eisbergs im Vergleich zum Umfeld Wasser schwimmt ein Eisberg oben, wobei sich allerdings ca. 90 % des Eisbergs unter der Wasseroberfläche befinden. Nur etwa zehn Prozent ragen aus dem Wasser und sind sichtbar (vgl. Abb. 2.9).

Der Eisberg verkörpert das Wissen über ein bestimmtes Themenfeld, das auf der ganzen Welt vorhanden ist. Eine Internetsuchmaschine, z. B. Google, ist Ihr Fernglas.

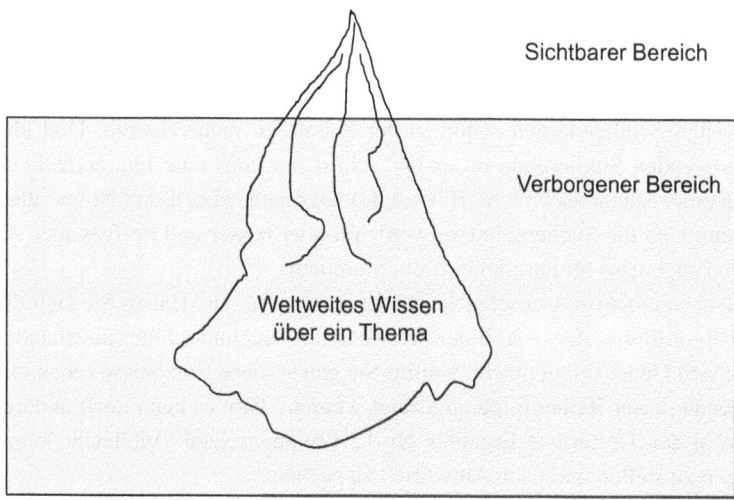

Abb. 2.9 Eisbergmodell der Informationssuche

Mit dem Fernglas können Sie zwar den Eisberg erkennen, Sie können ihn orten, seine Position bestimmen, die äußerlich sichtbare Form beschreiben, die wahrscheinliche Entfernung abschätzen. Das wahre Ausmaß (auch das, was sich unter der Wasseroberfläche verbirgt), die Herkunft, die Zusammensetzung des Eises, welche chemischen Elemente das Eis enthält, das Alter des Eisberges usw. können Sie jedoch damit nicht bestimmen.

Für eine genauere Untersuchung müssen Sie andere Methoden anwenden als nur die Verwendung Ihres Fernglases. Sie müssen genauer nachforschen. Nur dann können Sie herausfinden, woher das Eis stammt, wie alt es ist, welchen PH-Wert es hat usw. Dazu müssen Sie z. B. den Eisberg besteigen, Proben nehmen und diese dann im Labor weiter und genauer untersuchen. Auch im Labor können dann verschiedene Methoden zum Einsatz kommen, optische (z. B. Mikroskop), chemische, elektronische usw. Möglicherweise ist es jedoch auch unmöglich bzw. unsinnig, den ganzen Eisberg (das ganze Thema) gründlich zu untersuchen.

So verhält es sich auch bei der Bearbeitung eines Themas. Routinierte Eisforscher (Professoren oder Dozenten) kennen noch andere Methoden (und wenden diese selbst auch regelmäßig an), um Eisberge (Wissensgebiete) zu untersuchen und zu ergründen. Deshalb erwarten sie auch von Ihnen, dass Sie diese Methoden kennenlernen und anwenden lernen oder zumindest ausprobieren. Zumindest so lange, bis es neue Ferngläser gibt, die auch Gegenstände unter Wasser anzeigen können.

Im nächsten Schritt wird deshalb beschrieben, welche Arten von Quellen (Untersuchungsmethoden) es gibt und wie diese wissenschaftlich (nach ihrer Aussagekraft) eingeordnet werden können.

2.5.2   Vorgehensweise bei einer Recherche

Recherchearbeiten verlaufen am Anfang meist oberflächlich, teilweise zufallsgesteuert. Zunehmender technischer Fortschritt auf diesem Gebiet führt außerdem zu einer schnellen Alterung des Wissens, sodass erworbene Fähigkeiten und Kenntnisse in wenigen Monaten obsolet werden können.

Der Rechercheprozess findet dabei in mehreren Schritten statt: Die anfängliche Recherche führt zu neuen Informationen und Erkenntnissen, diese bilden dann den Ausgangspunkt für weitere Rechercheschritte. Der Themenbereich wird zunehmend eingegrenzt, und die Ergebnisse werden immer detailreicher. Fleiß ist bei dieser Tätigkeit eine hilfreiche persönliche Eigenschaft (die allerdings bei Menschen unterschiedlich ausgeprägt ist, was ein Grund ist, dass es unterschiedliche Ergebnisse gibt).

Für eine zunehmende Detaillierung bei der Suche kann folgender Ablauf einer Recherche empfohlen werden (vgl. Rost, 2018, S. 151 ff.):

1. **Allgemeine Recherche im Internet:** Sie führt zu ersten Informationen, dient der Ein- und Abgrenzung des Themas, ergibt auch neue Informationen, Stich- und Schlagwörter und neue Ausgangspunkte für die weitere Suche. Sollte es ein bekanntes

Thema sein, kann auch ein Youtube-Clip zum Verständnis des Themas hilfreich sein. Wikipedia liefert über die Verlinkungen Querverweise und Hilfe bei der Einordnung des Themas wie auch weiterführende Literaturquellen. Diese Suche liefert oft schon mehr Informationen, als zunächst verarbeitet werden können.

2. **Überprüfung der Suchergebnisse durch Grundlagenwerke bzw. Standardwerke, ergänzt durch Lexika (auch online), Fachlexika und wissenschaftliche Handbücher:** Dies dient der Aneignung von Grundwissen. Daneben kann das Thema abgegrenzt und eingeordnet werden. Auch hilft dies, den Überblick über das jeweilige Thema zu behalten. (Hilfreich sind z. B. die in den Büchern/Artikeln enthaltenen Übersichtsdarstellungen, diese können bei der Herleitung des Themas gute Dienste leisten). Und ganz wichtig: Dieser Schritt dient zur Überprüfung und Verifizierung der im ersten Schritt gefundenen Ergebnisse. Auch liefern diese weiterführende Informationen über die verwendete Literatur.

3. **Vertiefte und gezieltere Recherche im Internet:** Hier werden neue (und auch naheliegende) Stich- und Schlagwörter aus der vorhergehenden Suche verwendet. Dabei sollten die jeweiligen Suchbegriffe auch in Englisch gesucht werden. Auch der Einsatz von Google Scholar ist hier empfehlenswert. Unter http://www.scholar.google. com kann nach wissenschaftlicher Literatur gesucht werden. Auch Google Scholar gewinnt zunehmend an Bedeutung. Immer mehr wissenschaftliche Artikel werden erfasst und sind online verfügbar. Und es lohnt sich sehr, Dingen oder Behauptungen „auf den Grund zu gehen". So wird nicht nur die Herkunft der Aussagen und Daten überprüft, sondern auch nebenbei noch die wissenschaftliche Methodik aufgenommen, wie diese Erkenntnisse gewonnen wurden und wie eine wissenschaftliche Veröffentlichung aufgebaut ist.

4. **Bibliotheken (virtuell – Buchbestände):** Das bisherige Wissen wird vertieft, und die bisherigen Erkenntnisse und Suchergebnisse werden überprüft und ergänzt. Durch den technischen Fortschritt können auch Studierende häufig von zu Hause aus oder zumindest von einem PC-Arbeitsplatz an der Hochschule diesen Schritt bequem ausführen. Viele Hochschulbibliotheken haben E-Book-Pakete verschiedener Verlage erworben, sodass diese Bücher einfach und schnell zu beschaffen sind. Und die Hochschulbibliotheken geben für deren Nutzung häufig einen nicht unerheblichen Teil ihrer verfügbaren Mittel aus, weshalb es schade wäre, wenn diese Möglichkeit nicht genutzt wird.

5. **Bibliotheken (virtuell – Zeitschriften und Datenbanken):** Diese sind, je nach Hochschule, häufig auch über die Seiten der Bibliotheken innerhalb oder sogar außerhalb des Campus nutzbar. Sie eignen sich für die Suche nach aktuellen Fachartikeln, die z. B. in einer Fachzeitschrift erschienen sind. Sie zeigen Trends und aktuelle Entwicklungen in einem Fachgebiet auf. Fachartikel sind weniger umfangreich, dafür aber oft aktueller als Bücher. Jedes Fachgebiet hat seine eigene Datenbank. Im wirtschaftlichen Bereich ist das z. B. WISO. Diese Möglichkeit zur Recherche besteht seit mehr als 30 Jahren. Anfangs war die Datenbank noch auf CD gespeichert mit halb- bzw. vierteljährlichem Update, und lieferte nur einen Verweis

auf eine Quelle. Die entsprechende Fundstelle musste dann in Büchereien physisch bestellt werden. Heute wird dieser Service von Hochschulbibliotheken online angeboten. Dabei muss oft nicht mehr die Printausgabe einer Zeitschrift herangezogen werden, sondern die Ergebnisse können teilweise direkt als Volltext in der Datenbank angezeigt und gedruckt bzw. im PDF-Format abgespeichert werden. Für eine umfangreiche Recherche ist dieser Schritt (noch) wichtig. Zunehmend kann dieser aber auch über Google Scholar (Schritt 3) erfolgen.

6. **Bibliotheken (physisch):** Auch wenn Bücher zunehmend elektronisch verfügbar sind, so sind noch nicht alle Quellen elektronisch verfügbar bzw. abrufbar. Ein Teil der Bücher ist nur als Printmedium verfügbar, z. B. weil der Autor oder der Verlag kein E-Book herausgeben will. Dasselbe gilt für Bücher, die vor mehreren Jahren erschienen sind. Diese sind teilweise nur in gedruckter Form zu erhalten (und diese Form war seit der Erfindung des Buchdrucks vor mehr als 500 Jahren die primäre Form des Wissenserhalts und der Wissensvermittlung). Gedruckte Bücher und Zeitschriften finden sich sowohl in der Hochschulbibliothek vor Ort wie auch in anderen wissenschaftlichen Bibliotheken. Für die erste Überprüfung (siehe Schritt 2) reicht der Bestand an Literatur der Hochschulbücherei normalerweise aus.

7. **Fernleihe:** Bei weiterer Durchdringung eines Themas stößt dann möglicherweise auch die Hochschulbücherei an ihre Grenzen. Sollten spezielle Bücher gebraucht werden, dann können diese auch über die Fernleihe bezogen werden – auch dies kommt immer mal wieder (aber immer seltener) vor. Die Bibliotheken sind untereinander vernetzt und leihen gegen eine geringe Gebühr Bücher oder Zeitschriften von anderen Büchereien aus. Wenn die angefragte Bibliothek die entsprechende Quelle gerade verliehen hat, kann es allerdings zu längeren Wartezeiten kommen. Hilfreich für die Bestandssuche nach Büchern ist der KVK (Karlsruher Virtueller Katalog). Leicht zu finden: einfach KVK in Google eingeben. Der KVK ist ein Metakatalog, der die Bestände von Bibliotheken durchsucht und anschließend eine Trefferliste anzeigt. Mit dieser Information können Sie Bücher finden und dann z. B. über die Fernleihe oder bei der entsprechenden Bücherei vor Ort direkt ausleihen.

Die Internetrecherche ist ein guter Einstieg. Neben Wikipedia wird auch Youtube immer beliebter und besser. Auch diesem Trend sollten die Informationsbeschaffung und das Lernen Rechnung tragen. Und auch hier wird die Qualität der Beiträge zunehmend besser und seriöser. Egal, ob Tipps gesucht werden, wie der Akku des Smartphones ausgetauscht oder die Gangschaltung am Fahrrad richtig eingestellt werden kann – dank kleiner Filmsequenzen kann jeder sich die Informationen besorgen und die Kenntnisse bedarfsgerecht aneignen, die er benötigt. Und dies gilt auch für die Vermittlung von Lehrinhalten. Wenn in der Schule oder im Kurs etwas verpasst oder nicht verstanden wurde, lässt sich sehr viel nachbereiten (oder auch vorbereiten). Und letztlich zählt m. E. der Kenntnisstand eines Menschen unabhängig vom Weg der Wissensvermittlung.

Die Recherche sollte sich aber nicht nur darauf beschränken, ein Stichwort in Google oder Youtube einzugeben. Das wäre wie bei einer selbstauferlegten Zensur – was ist; wenn Google nicht die richtigen bzw. relevanten Treffer anzeigt? Als die Nutzung des Internets Verbreitung fand, war es üblich, mehrere Suchmaschinen zu nutzen. Es existierten z. B. Yahoo, Lycos, Altavista usw. die jeweils ihre eigenen Stärken und Schwächen hatten. Google hat alle verdrängt und nimmt derzeit eine Monopolstellung unter den Suchmaschinen ein. Würden Sie eine Information finden, wenn Google diese nicht aufführt? Auch eine Metasuchmaschine wie Metager kann hier genutzt werden (vgl. Rost, 2018, S. 153).

Eine Suchmaschine liefert Ihnen nur die Treffer, welche der Suchalgorithmus freigibt. Wenn jeder sich nur auf diese eine Quelle verlässt, ist die Gefahr, andere Quellen, Meinungen oder Standpunkte zu übersehen, sehr groß. Dann „lenkt" die Suchmaschine das „Denken". Aber Wissenschaft und Fortschritt leben vom Diskurs, vom gegenseitigen Austausch. Ein kritischer, aber wesentlicher Aspekt bei der Recherche, insbesondere bei der Internetrecherche, sind die Analyse und Bewertung der Qualität der Quellen. Hier müssen Sie eine persönliche Einschätzung und kritische Analyse vornehmen: Woher kommt die Information? Ist diese wahr, glaubhaft, überhaupt möglich? Ist diese z. B. von einer bekannten Institution oder Person veröffentlicht, passt diese zu den bisherigen Aussagen, sind diese Aussagen und Personen voneinander unabhängig …?

Auch wenn Internetquellen eine immer wichtigere Bedeutung zukommt, können diese nicht immer als sichere, überprüfte und belastbare Quellen angesehen werden. Ebenso muss vor einer unüberlegten Übernahme der Gedanken anderer (auch mit Quellenangabe) gewarnt werden. So ist die Qualität von Beiträgen, insbesondere für Laien, oft nur schwer einschätzbar. Wie im normalen Leben sind auch im Internet manche „Scherzkekse und Spinner", Fanatiker und Wirrköpfe zu finden, die im weltweiten Netz ein Publikum für ihre Meinung suchen. Wie können Sie sicherstellen, dass die Informationen, die Sie verwenden, nicht von diesen kommen? Oder dass mehrere Seiten, die die gleichen Informationen verbreiten, voneinander unabhängig sind? Informationen sollten grundsätzlich überprüft (verifiziert) werden. Prüfen Sie die Informationen und gehen Sie diesen auf den Grund (vgl. Rost, 2018, S. 147 ff.).

Vorsicht ist angebracht, wenn es nicht möglich ist, den Autor bzw. Urheber einer Internetquelle zu identifizieren. Und es gibt keine Regeln, wer was als Meinung, Wissen oder Halbwissen verbreitet. Die Zunahme des Wissens allgemein, kombiniert mit fehlender kritischer Reflexion, führt als Nebeneffekt auch dazu, dass es eine Menge Halbwissen in den unterschiedlichsten Bereichen gibt, das einer genaueren Überprüfung nicht standhält. Letztlich können auch bei der Ausarbeitung Probleme mit den Quellenverweisen auftreten.

Und Fehler bei der Recherche fallen meistens sehr negativ auf. Wenn der Referent unreflektiert und ohne viel nachzudenken und zu überprüfen Informationen aus dem Internet übernimmt, kann dies schon mal zu groben Fehlinformationen führen, die dann nur in einer Blamage enden können, wenn diese Fehlinformationen entlarvt bzw. richtiggestellt werden. Ich erlebe zunehmend, dass Studierende nach dem Motto leben: „Kopieren statt Kapieren" und genau das Umgekehrte wäre richtig!

Die Art bzw. Tiefe der Quellenrecherche für einen Vortrag ist abhängig vom Thema, dem Vortragsziel, der Vortragsdauer und im Studium auch vom Studienabschnitt. So ist es für Studienanfänger möglicherweise ausreichend, nur die Rechercheschritte 1 bis 4 durchzuführen, wobei es bei Studienanfängern auch vorkommt, dass nur Schritt 1 durchgeführt wird. Das führt schließlich dazu, dass diese Personen dann Inhalte vortragen, die fragwürdig sein können, manchmal auch unglaubwürdig bzw. schlichtweg falsch sind. Es werden ungeprüft und ohne Nachdenken Inhalte aus einer Internetquelle (oft nur kopiert und z. T. auch nicht verstanden) vorgetragen. Das spart zwar Zeit bei der Vorbereitung, ist aber aus der Sicht des Lehrenden sowohl ungenügend, wie auch unerwünscht, weil damit das Ziel der Veranstaltung nicht erreicht wird.

Mit zunehmendem Studienfortschritt, wenn Studierende höherer Semester die Präsentationen z. B. im Rahmen eines Vertiefungsfaches oder einer Projektarbeit halten, wird eine ausreichend tiefe und ausführliche inhaltliche Beschäftigung mit dem Thema vorausgesetzt, sodass die Durchführung aller sieben genannten Schritte bei der Literaturrecherche notwendig ist. Deshalb ist es sinnvoll, dies gleich in kleinen Schritten schon bei den ersten Präsentationen in der richtigen Weise einzuüben.

Ergänzend gibt es bei der weiteren Recherche auch folgende bewährte Wege, um weitere Quellen zu finden (deren Verwendung ist aber auch abhängig vom Thema): Das „Schneeballsystem" z. B. basiert darauf, die Literaturverzeichnisse von bereits gefundenen Quellen zu durchsuchen und „auszuschlachten". Es kann aber auch sinnvoll sein, z. B. nach weiteren Veröffentlichungen namhafter Autoren zu suchen, deren Name immer wieder auftaucht, oder es kann wichtig sein, schwerpunktmäßig nach aktuellster Literatur in einer Datenbank zu suchen (vgl. Brauner & Vollmer, 2008, S. 111).

Nicht immer trifft das auf Verständnis bzw. Einsicht bei den Studierenden. In einem Studium sollen aber nicht nur fachliche Informationen vermittelt werden. Durch die rasche Zunahme und auch Alterung des Wissens wird das lebenslange Lernen existenziell notwendig. Ein Studium soll Grundlagen für spätere Tätigkeiten vermitteln. Dazu gehört auch die Fähigkeit, selbständig ein neues Thema zu be- bzw. zu verarbeiten und ggf. vorzustellen, also die Aneignung und Aufbereitung neuen Wissens. In diesem Sinne ist die Anwendung der beschriebenen Kenntnisse notwendig und sinnvoll. Auch wenn der Lernprozess mühevoll und aufwendig ist, lohnt es sich langfristig!

Die Mehrheit der Dozenten, und vor allem der Professoren, hat diesen Prozess durchgemacht. Und dies oft in Zeiten, in denen es noch kein Internet und möglicherweise noch keine PCs gab! Erstaunlicherweise kamen trotzdem Referate, Vorträge und Projektergebnisse heraus. Wenn Sie selbst erlebt haben, wie es ist, stundenlang nach Büchern in (papiergebundenen) Büchereikatalogen zu suchen und bei Zeitschriften die Stichwortlisten jahrgangsweise zu durchforsten, um vielleicht einen Hinweis bzw. einen Artikel zu finden, den Sie verwenden können, dann sehen Sie die Anstrengungen heute mit anderen Augen. Früher suchte man „die Stecknadel im Heuhaufen", heute das „Körnchen Wahrheit". Wenn Ihnen der erste Einstieg ins Thema gelungen ist, werden Sie heute i. d. R. von einer wahren Flut an Informationen erschlagen. Die Herausforderung liegt dann darin, diese vielen Informationen zu filtern, auszuwerten und zu bewerten und letzten Endes die wichtigen und richtigen Ergebnisse daraus abzuleiten. Dies setzt eine gewisse Übung und Erfahrung voraus und kann nur durch das „ständige Tun" erlernt werden.

Die folgenden Ausführungen über die Einschätzung der Qualität von Quellen bzw. Informationen geben Ihnen einen ersten Überblick.

2.5.3 Herkunft von Daten und Informationen

In den meisten Wissenschaftsdisziplinen werden Erkenntnisse aus Daten gewonnen. Diese werden analysiert und nach Bedeutung, Sinn und Zusammenhang erklärt und gedeutet, wodurch nutzbare Informationen entstehen. Zum Beispiel in der Physik die Beobachtung, dass Gegenstände nach unten fallen und nicht nach oben, oder dass Wasser bzw. andere chemische Elemente bei einer bestimmten Temperatur den Aggregatzustand ändern etc.

Die üblichen Methoden der Gewinnung von Daten bzw. Informationen sind: Beobachtung, Befragung und Experiment. Diese Gewinnung neuer Daten wird Primärforschung genannt. Daneben steht die Sekundärforschung. Sie führt zu Erkenntnissen aufgrund der Nutzung bzw. Auswertung schon vorhandener Daten oder Informationen (siehe auch Abb. 2.10).

Ein Studium soll zu wissenschaftlicher Arbeit befähigen. Die einfachste Definition von Wissenschaft ist: „Wissenschaft ist das, was Wissen schafft." Dazu gehört auch, dass die Grundlagen der Forschung gelehrt werden. So ist es möglich, dass in einer

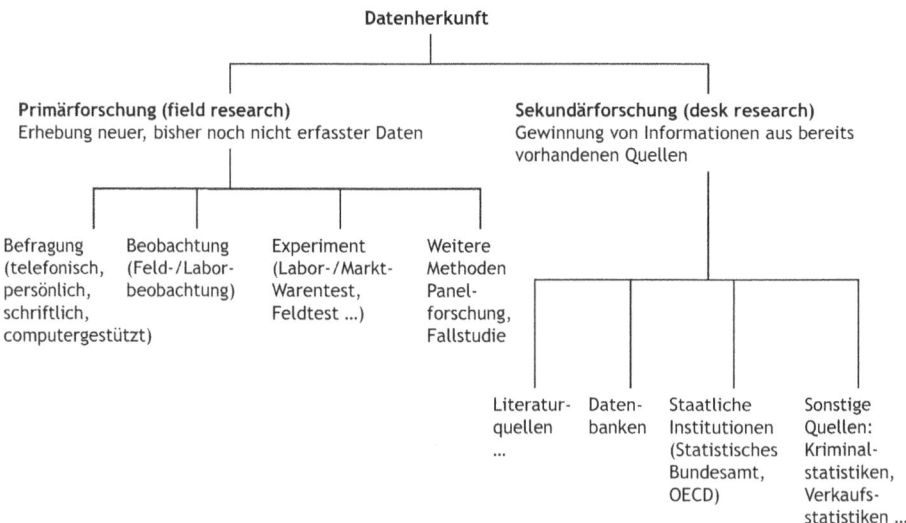

Abb. 2.10 Herkunft von Daten

studentischen Präsentation die Ergebnisse einer eigenen Forschungsarbeit vorgestellt werden. Wenn diese Daten selbst erhoben wurden, kann niemand sonst über diese Informationen verfügen. Es handelt sich um neue Daten, die es bisher nicht gab und deren Zusammenhang untersucht und interpretiert wird. Diese Art von Präsentationen eigener Forschungserkenntnisse ist gegen Ende oder erst nach Abschluss eines Studiums üblich.

Die Mehrheit der Informationen dagegen, die inhaltlich in eine Präsentation einfließen, ist vorher schon bekannt bzw. öffentlich zugänglich gemacht worden. Es handelt sich um Erkenntnisse, die von einer anderen Person zusammengetragen, interpretiert und veröffentlicht wurden. Allerdings sind diese Quellen qualitativ unterschiedlich, wenn sie unter wissenschaftlichen Kriterien betrachtet werden. Wesentliche wissenschaftliche Kriterien sind Objektivität, Nachprüfbarkeit, Verlässlichkeit und Neutralität der Ergebnisse.

Bei der qualitativen Einordnung ist es unerheblich, in welcher Form die Publikation vorliegt, ob digital oder in Papierform. Es wird der Einfachheit halber unterstellt, dass ein E-Book mit der gedruckten Fassung übereinstimmt, ebenso, dass Fachzeitschriften in elektronischer Form und gedruckter Form identisch sind. Und zunehmend werden auch wissenschaftliche Veröffentlichungen elektronisch und gedruckt veröffentlicht oder sind sogar nur noch in digitaler Form erhältlich.

Aber auch digitale Inhalte müssen von irgendjemandem erstellt und in irgendeiner Form finanziert werden. Dieser Aspekt ist deshalb von Bedeutung, weil mit der Veröffentlichung von Informationen unterschiedliche Ziele und Motive verfolgt werden können. Nicht immer ist dabei eine neutrale Meinung zu finden, wie dies in der Wissenschaft angebracht wäre. So kann z. B. vorrangiges Ziel die Beeinflussung der Meinung anderer Menschen sein oder auch schlicht die Erhöhung des Umsatzes einer Publikation. Denken Sie hier nur mal an die Schlagzeilen bestimmter Zeitungen …

Die Neutralität und Objektivität von Daten ist zum Beispiel bei Statistischen Ämtern (Statistische Landesämter, Statistisches Bundesamt, Eurostat) am ehesten gegeben. Ein Beispiel für die Verwendung bereits vorhandener Daten findet sich in Abschn. 4.4 und 4.5. Die für die Zahlendarstellung verwendeten Schülerzahlen aus Baden-Württemberg stammen aus den Statistischen Berichten Baden-Württemberg. Diese sind z. B. zu finden unter https://www.statistik-bw.de/Service/Veroeff/Statistik_AKTUELL/803414010.pdf#search=sch%C3%BClerzahlen (Zugriff am 28.07.2021).

2.5.4 Beurteilung von Quellen aus wissenschaftlicher Sicht

Aus Sicht der Wissenschaftlichkeit lassen sich Publikationen (Veröffentlichungen) grob vereinfachend zwei unterschiedlichen Arten zuordnen: allgemeine (nicht wissenschaftliche) Quellen und wissenschaftliche Quellen. Zur Verdeutlichung werden beide Quellenarten beschrieben und einige Unterschiede kurz erläutert.

2.5.4.1 Allgemeine Informationsquellen

Die Mehrheit an Informationen, die von uns täglich – beabsichtigt oder unbeabsichtigt – aufgenommen wird, ist der Kategorie „nicht wissenschaftliche Quellen" zuzuordnen. Diese Quellen dienen dazu, beispielsweise das Informationsbedürfnis nach Nachrichten zu befriedigen. Wichtigstes Ziel ist, eine breite Leserschaft möglichst schnell mit aktuellen Informationen zu versorgen, und das unter wirtschaftlichen Bedingungen. Es wird nicht angezweifelt, dass Meldungen und Informationen in diesen Medien wahr sind, der Fokus liegt aber auf der Informationsversorgung und weniger auf der Wissensvermittlung bzw. -prüfung. Eine Einteilung dieser Quellen könnte wie in Abb. 2.11 dargestellt aussehen.

Verfasser dieser Veröffentlichungen (die Autoren) sind meist Journalisten, und keine Wissenschaftler. Journalisten haben einen ehrbaren Beruf. Normalerweise haben sie Germanistik studiert, nicht aber Naturwissenschaften, Betriebs- oder Volkswirtschaftslehre oder Ingenieurwissenschaften. Sie sind i. d. R. keine Fachleute auf dem Gebiet, über das sie schreiben, bzw. sie arbeiten unter dem Zeitdruck einer schnellen Veröffentlichung. Sie schreiben Artikel für eine breite Leserschaft, die auf dem jeweiligen Gebiet üblicherweise ebenfalls Laie ist. Aufgrund der Aktualität wird bei dieser Informationsaufbereitung häufig auf die Angabe von Quellen verzichtet. Eine Überprüfung des Inhalts kann nicht bzw. nur oberflächlich erfolgen.

Solche Veröffentlichungen erfolgen z. B. in Zeitungen, Zeitschriften/Magazinen/ Illustrierten, Pressemitteilungen oder Interviews. Beispiele dafür sind:

- Für Zeitungen: FAZ (Frankfurter Allgemeine Zeitung), Süddeutsche Zeitung, Stuttgarter Zeitung, Die Zeit, Handelsblatt oder auch Times bzw. Financial Times etc.
- Für Zeitschriften, Magazine und Illustrierte: z. B. Capital, Impulse, manager magazin, Wirtschaftswoche, Focus, Spiegel, Stern usw.
- Pressemitteilungen: Dies sind Informationen, mit denen Unternehmen die Öffentlichkeit informieren. Dazu gehören z. B. Ad-hoc-Mitteilungen von Unternehmen, die veröffentlicht werden müssen, wenn sie Auswirkungen auf den Börsenkurs

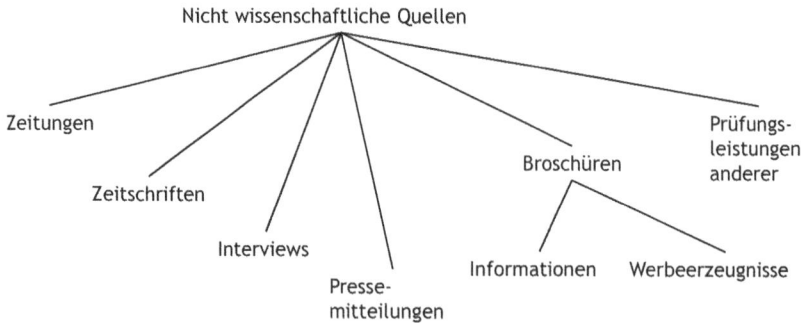

Abb. 2.11 Allgemeine Informationsquellen

haben können. Ebenso fallen darunter Informationen an die Öffentlichkeit, die eher werbenden Maßnahmen zugerechnet werden können, z. B. die Mitteilung über die Einweihung einer neuen Fabrikhalle, die Einführung eines neuen Produktprogramms oder auch die Überschreitung einer Schwelle bei Umsatz- oder Mitarbeiterzahlen …

- Broschüren: dienen der Meinungsbildung oder Werbung, meist von Unternehmen oder Institutionen herausgegeben.

Diese Quellen genügen nicht immer den strengen wissenschaftlichen Ansprüchen bezüglich Objektivität und Neutralität. Deshalb sind sie in wissenschaftlichen Arbeiten nur eingeschränkt verwendbar.

Es findet sich dazu auch der Begriff der „Trivialliteratur". Darunter werden Dokumente verstanden, die oft „anderswo entwickelte Gedanken" zum Inhalt haben (Stickel-Wolf & Wolf, 2019, S. 233). Dazu zählen neben den o. g. Quellen auch „Vorlesungsskripte sowie Seminar- oder Abschlussarbeiten" (Stickel-Wolf & Wolf, 2019, S. 233). Informationen aus diesen Quellen sollten nicht zitiert werden, sie sind nicht zitierfähig (vgl. Berger-Grabner, 2016, S. 97). Wenn Inhalte daraus entnommen werden, sollte nach der jeweiligen Originalquelle gesucht werden und aus dieser dann direkt zitiert werden (vgl. Stickel-Wolf & Wolf, 2019, S. 233). Zusätzlich besteht auch die Gefahr, dass sie Fehler anderer übernehmen. Wer garantiert Ihnen die Fehlerfreiheit bzw. die Qualität der Arbeiten anderer Studierender?

2.5.4.2 Wissenschaftliche Quellen

Wissenschaftliche Quellen stehen den allgemeinen Informationsquellen gegenüber. Wissenschaftliche Veröffentlichungen oder Präsentationen richten sich in erster Linie an andere Wissenschaftler bzw. Spezialisten und Experten. Ziel ist die Veröffentlichung neuer Erkenntnisse. Der Inhalt wurde nach einer wissenschaftlichen Vorgehensweise erstellt: unter Nennung von Vorarbeiten, den Annahmen, den Nebenbedingungen und den Einschränkungen. Deshalb kommt dem Zitieren große Bedeutung zu. Es zeigt die Annahmen wie auch die Leistungen anderer Wissenschaftler und deren Forschungsergebnisse auf, auf die man sich beruft, und grenzt die eigene Leistung von der anderer Wissenschaftler ab. Dadurch wird die wissenschaftliche Diskussion gefördert und möglicherweise der Anstoß für weitere Forschungsarbeiten gegeben.

Wissenschaftliche Publikationen (Veröffentlichungen) lassen sich vereinfacht in zwei Arten einteilen: Veröffentlichungen, die der Verbreitung neuen Wissens dienen (Wissensgenerierung) und Veröffentlichungen, die eher an eine breite Leserschaft gerichtet sind (Wissenstransfer) (vgl. Kollmann et al., 2016, S. 27 f.). Der Übergang zwischen beiden Formen ist allerdings fließend (siehe dazu auch Abb. 2.12).

Um den wissenschaftlichen Ansprüchen an Neutralität, Objektivität und Nachprüfbarkeit zu genügen, gibt es bei diesen Quellen Qualitätskontrollen. So werden z. B. wissenschaftliche Beiträge vor ihrer Veröffentlichung von anderen Wissenschaftlern geprüft. Bei der Veröffentlichung in Fachzeitschriften besteht die Qualitätskontrolle häufig aus Gutachtern, die vor der Veröffentlichung die eingereichten Beiträge begutachten (sog.

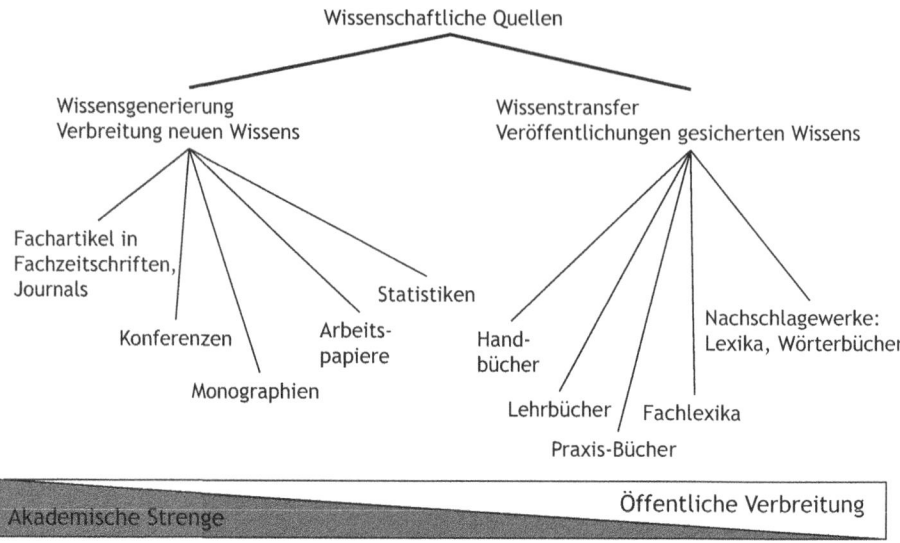

Abb. 2.12 Typen von wissenschaftlichen Quellen. (Quelle: In Anlehnung an Kollmann et al., 2016, S. 27 f.; Heister & Weßler-Poßberg, 2011, S. 89)

Peer-Review). Das Ergebnis der Gutachter kann die Ablehnung, die Annahme oder eine Annahme des Artikels unter Auflagen (also mit Änderungen) sein. Veröffentlichungen von Beiträgen in angesehenen wissenschaftlichen Zeitschriften (Journals) sind für eine wissenschaftliche Karriere bedeutsam und gewinnen zunehmend an Bedeutung.

Für **Fachzeitschriften und Journals** gibt es fachspezifische Ranglisten, mit denen die Bedeutung einer Veröffentlichung in einer jeweiligen Zeitschrift eingeordnet werden kann. Diese sind im wirtschaftswissenschaftlichen Bereich englischsprachig dominiert und in Bedeutungsklassen A/B/C eingeteilt. Zu den bedeutendsten Journals zählen z. B. Science, American Economic Review, Econometrica, Academy of Management Journal (AMJ), Journal of Political Economy, Administrative Science Quarterly (ASQ), Academy of Management Review (AMR) und Management Science. Zu den bekannteren deutschsprachigen Zeitschriften gehören z. B. zfbf Schmalenbachs Zeitschrift für betriebswirtschaftliche Forschung – Schmalenbach Business Review (sbr) oder Journal of Business Economics (JBE) (früher: Zeitschrift für Betriebswirtschaft ZfB). Eine Übersicht dazu finden Sie z. B. auf der Homepage des Verbandes der Hochschullehrer für Betriebswirtschaft (VHB) unter https://vhbonline.org/vhb4you/vhb-jourqual/vhb-jourqual-3 (Zugriff am 27.08.2021).

Konferenzen, Tagungen oder Symposien dienen dem Austausch von Wissen und der Vorstellung neuer Forschungsergebnisse. Die Darbietung erfolgt häufig über Präsentationen, wobei auch Posterpräsentationen denkbar sind. Außerdem können die Forschungsergebnisse zusätzlich in einem Tagungsband oder Journal veröffentlicht werden.

Auch Dissertationen **(eine Form von Monographien)** gehören zu wissenschaftlichen Veröffentlichungen. Sie stellen i. d. R. das Ergebnis längerer Forschungsarbeit dar und werden von mindestens zwei Professoren vor der Veröffentlichung begutachtet.

Arbeitspapiere (Working Papers oder Discussion Papers) sind Veröffentlichungen, die zu einem bestimmten Thema oder Standpunkt verfasst wurden und die die wissenschaftliche Diskussion anregen sollen. Die Veröffentlichung erfolgt oft zeitnah zur Datenauswertung, meist auf der Homepage einer Institution. Dadurch ist es möglich, dass diese Beiträge nicht im Buchhandel erhältlich sind (sog. graue Literatur). Beispiele für Arbeitspapiere im Bereich der Volks- und Betriebswirtschaftslehre kommen vom ZEW (Zentrum für Europäische Wirtschaftsforschung), ifw (Institut für Weltwirtschaft) oder dem Hamburgischen WeltWirtschaftsInstitut (HWWI).

Zu den Herausgebern von **Statistiken** zählen vor allem amtliche und halbamtliche Stellen, wie z. B. das Statistische Amt der Europäischen Union (ec.europa.eu/eurostat), das Statistische Bundesamt (https://www.destatis.de) oder die statistischen Landesämter. Auch Monatsberichte der deutschen Bundesbank oder Forschungsinstitute wie das IfM (Institut für Mittelstandsforschung) in Bonn (www.ifm-bonn.org) oder das IAB (Institut für Arbeitsmarkt und Berufsforschung der Bundesagentur für Arbeit) in Nürnberg (https://www.iab.de) bieten eine Vielzahl an Daten. Auch Krankenkassen und Kammern (Industrie- und Handelskammer, Handwerkskammer, usw.) veröffentlichen regelmäßig Statistiken.

- **Handbücher** werden von einem oder mehreren Herausgebern zu einem bestimmten Fachgebiet veröffentlicht. Sie enthalten i. d. R. Beiträge von mehreren Autoren, die auf diesem Fachgebiet tätig sind, dazu gehört z. B. das „Handbuch Technologie- und Innovationsmanagement" (Albers & Gassmann, 2011) oder das Handbuch „Neue Organisationsformen im Unternehmen" (Bullinger, 2003).
- **Lehrbücher** sind wissenschaftliche Veröffentlichungen, in denen ein Fachgebiet (meist) einführend erklärt wird. Da sie Lehrzwecken dienen, können sie auch vereinfachte Darstellungen enthalten. Zielgruppen sind vorwiegend Lernende und Anfänger. Es gibt aber auch umfangreiche Werke, die über eine einführende Darstellung hinausgehen und einen Überblick über ein ganzes Wissensgebiet geben, z. B. „Einführung in die Allgemeine Betriebswirtschaftslehre" (Wöhe et al., 2020).
- **Praxisbücher** stellen methodisches und theoretisches Wissen nicht oder nur verkürzt dar. Sie basieren auf Beobachtungen, Erkenntnissen und Einsichten der Autoren. Der Schwerpunkt liegt eher auf der Beschreibung oder der Umsetzung dieser Erkenntnisse in der Praxis. Zu den Praxisbüchern zählen auch berühmte Werke, die völlig neue Forschungsrichtungen oder Diskussionen ausgelöst haben, wie z. B. „Die zweite Revolution in der Autoindustrie" (Womack et al., 1992).

Zu den **Fachlexika** zählen Nachschlagewerke für das jeweilige Wissensgebiet, z. B. das „Gabler Wirtschaftslexikon" (wirtschaftslexikon.gabler.de) oder „Vahlens Großes Wirtschaftslexikon".

Nachschlagewerke und Lexika erklären Stichwörter knapp und überblicksartig. Sie sind für einen ersten Einstieg in ein meist fachfremdes Thema gedacht. Bevor es das Online-Lexikon Wikipedia gab, waren z. B. die Brockhaus Enzyklopädie, Meyers Enzyklopädisches Lexikon, Knaurs Lexikon A – Z oder auch das Duden Fremdwörterbuch sehr bekannt.

Diese Einteilung ist gedacht, um einen Überblick über die möglichen Arten von Literaturquellen zu geben. Allerdings ist die Vielfalt an Variationsmöglichkeiten ungeheuer groß. So gibt es Fachzeitschriften, die keinen Begutachtungsprozess haben oder bei denen nur die Redaktion die Artikel begutachtet. Oder es gibt Handbücher, die einen Begutachtungsprozess z. B. durch die Herausgeber oder externe Gutachter haben. Oder es existieren Konferenzen, die jeden Beitrag bzw. jeden Referenten akzeptieren – bei anderen dagegen ist es eine Ehre aufzutreten. Hier haben sich verschiedene Geschäftsmodelle etabliert. Es gibt nicht nur die Konferenzen, bei denen nur die Teilnehmer Beiträge bezahlen, um anderen Wissenschaftlern zuzuhören und sich auszutauschen, sondern auch Konferenzen, bei denen Referenten nach einer Geldzahlung als Vortragende zugelassen werden. Ebenso gibt es die unterschiedlichsten Qualitätsstufen bei Verlagen, von sehr renommierten Verlagen bis zu Verlagen, die alles, auch jede Diplom-, Bachelor- oder Masterarbeit (und völlig unkontrolliert) in ihr Programm aufnehmen und weiterverbreiten. Hier den Überblick zu bekommen und die „Spreu vom Weizen zu trennen", fällt selbst Experten schwer und kann deshalb auch von Studierenden kaum erwartet werden.

Die Schwierigkeit der Qualitätsbeurteilung kann am Beispiel von Festschriften erklärt werden: Festschriften sind Bücher, die zu einem bestimmten Anlass veröffentlicht werden, z. B. zum Geburtstag einer Persönlichkeit (eines berühmten Professors) oder der Jubiläumsfeier einer Institution. Festschriften gibt es in der ganzen wissenschaftlichen Bandbreite: Es gibt Bücher, in denen alle eingereichten Artikel quasi unverändert übernommen werden, aber es gibt auch Festschriften mit einem strengen Begutachtungs- und Auswahlprozess durch die herausgebende Institution.

Die Beurteilung der Wissenschaftlichkeit einer Quelle ist also nicht immer einfach. Für einen Einblick in die Systematik der wissenschaftlichen Literatur ist die genannte Einteilung aber ausreichend.

2.5.5 Quellen angeben: Immer schön zitieren

Die bisherigen Ausführungen zeigen, warum das Zitieren in wissenschaftlichen Arbeiten eine so große Bedeutung hat. Durch die Kenntlichmachung der Herkunft der einzelnen Gedanken wird auf den jeweiligen Urheber verwiesen. Nur so kann die Arbeit anderer von der eigenen Leistung abgegrenzt werden.

Wer nicht korrekt zitiert, läuft Gefahr zu plagiieren. Ein Plagiat ist die Nicht-Kenntlichmachung bzw. Verschleierung der Urheberschaft der jeweiligen Gedanken, wobei die fremden Gedanken als eigene Gedanken ausgegeben werden. Es gehört zu den

Grundsätzen der wissenschaftlichen Redlichkeit, sorgsam und nach bestem Wissen und Gewissen zu arbeiten.

Verfehlungen können, wie an den Karriereverläufen bekannter deutscher Politiker zu sehen ist, auch noch nach Jahren gravierende Auswirkungen haben.

Deshalb sind die Einhaltung und frühe Einübung von Zitierregeln empfehlenswert. Für das Zitieren gelten die folgenden Grundregeln (vgl. Stickel-Wolf & Wolf, 2019, S. 231 ff.):

Grundregeln für das Zitieren

- Bei jeder Verwendung von fremden Gedanken das Zitat und den Autor sowie die Quelle nennen!
- Ein Zitat darf nicht aus dem Zusammenhang gerissen werden und muss seinen vom Autor gegebenen Sinn behalten!
- Die Quellenangaben müssen überprüfbar und leicht nachvollziehbar sein (so dass kein Rechercheaufwand für den Leser entsteht)!
- Alle Quellenangaben in einem Dokument sollten einheitlich sein!

Das ist eigentlich schon alles. Wenn Sie diese Regeln anwenden, werden Sie sicher und sauber die wissenschaftlichen Standards einhalten. Detailliertere Informationen finden Sie in Büchern über das wissenschaftliche Arbeiten, z. B. in Stickel-Wolf und Wolf (2019, S. 231 ff.).

Neben diesen wissenschaftlichen Beurteilungskriterien gibt es auch noch eine juristische Seite bei Zitaten. Das geistige Eigentum sowie die Veröffentlichung, Vervielfältigung und Verbreitung sind in Deutschland durch das Urheberrecht gesetzlich geregelt. Dieses wurde im Jahr 2018 durch das Gesetz zur Angleichung des Urheberrechts an die aktuellen Erfordernisse der Wissensgesellschaft (UrhWissG) ergänzt. Danach dürfen in Präsentationen „Zur Veranschaulichung des Unterrichts und der Lehre an Bildungseinrichtungen [...] zu nicht kommerziellen Zwecken bis zu 15 % eines veröffentlichten Werkes vervielfältigt, verbreitet, öffentlich zugänglich gemacht und in sonstiger Weise öffentlich wiedergegeben werden [...] sowie Abbildungen, einzelne Beiträge aus derselben Fachzeitschrift oder wissenschaftlichen Zeitschrift, sonstige Werke geringen Umfangs und vergriffene Werke [...] vollständig genutzt werden" (§ 60 UrhWissG).

Bei der Umsetzung der Zitierregeln gibt es verschiedene Varianten, sog. Zitierweisen. Das sind unterschiedliche Möglichkeiten, wie eine Quellenangabe erfolgen kann. Häufig hängt die jeweilige Verwendung vom Fachgebiet ab. Einen Überblick über verschiedene Zitierweisen gibt die Übersicht in Abb. 2.13. Obwohl sehr unterschiedlich, sind alle dargestellten Zitierweisen wissenschaftlich sauber und anwendbar.

Grundsätzlich kann zwischen Vollbeleg und Kurzbeleg unterschieden werden (vgl. Brauner & Vollmer, 2008, S. 114). In wissenschaftlichen Präsentationen ist entweder

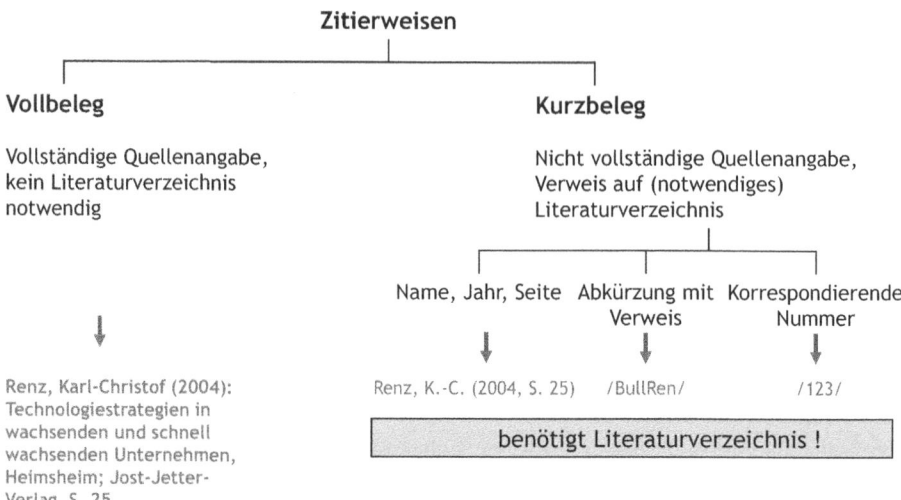

Abb. 2.13 Verschiedene Zitierweisen in Präsentationen

der Kurzbeleg mit dem Namen des Autors, Jahr und Seitenangabe oder der Vollbeleg empfehlenswert. Insbesondere der Vollbeleg bietet sich in Präsentationen an, weil dadurch auf ein Literaturverzeichnis verzichtet werden kann. Die anderen Zitierweisen spielen in Präsentationen nur eine untergeordnete Rolle, sie sind eher in schriftlichen Arbeiten zu finden.

Bei Präsentationen werden die Zitierregeln oft großzügig ausgelegt. Das führt dazu, dass Quellenangaben regelmäßig „vergessen" werden. „Das reicht ja bei einer schriftlichen Ausarbeitung." Im wissenschaftlichen Kontext ist das nicht korrekt. Wie bereits dargestellt wurde, können auch mit Hilfe von Präsentationen wissenschaftliche Erkenntnisse vorgestellt werden, und in diesem Fall ist unbedingt auf eine korrekte Zitierweise zu achten.

2.5.6   Beispiel für eine wissenschaftliche Vorgehensweise

Die beschriebenen Rechercheschritte reichen i. d. R. für eine studentische Präsentation völlig aus. Wenn Sie sich aber tiefer in ein Thema einarbeiten, z. B. im Rahmen Ihrer Abschlussarbeit oder gar einer Promotion, kann es sein, dass Sie auf Elemente, Denk- und Verhaltensmuster stoßen, die Sie schon in einem anderen Zusammenhang („irgendwo") gelesen haben.

An kleinen Beispielen bei der Erstellung dieses Buches kann das dargestellt werden. Bei der Erstellung dieses Buches habe ich selbst die beschriebene wissenschaftliche Vorgehensweise angewandt. Ich habe mir einige Bücher zum Thema besorgt und nach und nach durchgelesen. Als ich mich dem Ende des Schreibprozesses näherte, stieß ich auf der Suche nach einem geeigneten Zitat auf einen Namen (Dale Carnegie). Durch weitere Recherchen zu dieser Person fand ich heraus, dass dieser schon vor mehr als 100 Jahren (!) im Jahr 1913 das Buch „Public Speaking and Influencing Men in Business" veröffentlicht hatte. Meine Neugier war geweckt, und ich versuchte, die älteste verfügbare Ausgabe dieses Buches, die in Deutschland erhältlich ist, zu besorgen. Das war die deutschsprachige Ausgabe „Die Macht der Rede – Ihre Geheimnisse und ihre Methoden" von 1940 (Carnegie, 1940). Ich besorgte mir das Buch über Fernleihe von der Hochschulbücherei.

Mit Interesse und Eifer las ich dieses Buch und war von seiner Aktualität beeindruckt. Gleichzeitig bemerkte ich aber auch, dass einige Bücher und Ratgeber, die ich bis dahin gelesen hatte, eine Menge inhaltliche Parallelen aufwiesen. Dale Carnegie hat ein Praxisbuch verfasst, seine Empfehlungen basieren auf der Beobachtung und Analyse von 150.000 Reden, die er anhörte, um herauszufinden, was erfolgreiche Reden charakterisiert (vgl. Carnegie, 1940, S. 1).

Einige Autoren hätten sich viel Zeit und Mühe sparen können, wenn sie ordentlich recherchiert hätten. Denn vieles, was später veröffentlicht wurde, steht schon in diesem Buch, das 1913 in Englisch veröffentlicht wurde und seit 1940 in deutscher Sprache vorliegt. Der Schwerpunkt des Buches von Dale Carnegie liegt darauf, wie Lampenfieber durch die richtige Einstellung und eine gute Vorbereitung überwunden werden kann. Er beschreibt, wie Menschen lernen, frei – ohne Medien und Notizen – vorzutragen. Dies wird im Stil amerikanischer Literatur lässig und an vielen Beispielen erklärt. Vom ehemaligen amerikanischen Präsidenten Abraham Lincoln wird z. B. beschrieben, wie er sich sorgfältig auf seine Reden vorbereitete, dazu Ideen und Sätze auf Papierstückchen schrieb, diese in seinem Hut (einem Zylinder) verstaute und während dieses Ideen-Brüte-Prozesses das Vortragsthema mehrfach durchdachte und strukturierte, bevor er einen Auftritt hatte (vgl. Carnegie, 1940, S. 40). Diesen und weitere Ausschnitte können Sie im Werk von Dale Carnegie (Carnegie, 1913) nachlesen. Sie finden das Buch unter http://books.google.de. Ein Buch, das auch 100 Jahre nach seinem Erscheinen immer noch aktuell ist. Natürlich kann das Buch noch keine Aussagen zur Nutzung von Medien enthalten, die zur damaligen Zeit noch nicht erfunden waren.

Ähnlich verhält es sich bei dem Buch von Gene Zelazny mit dem Titel: „Wie aus Zahlen Bilder werden. Der Weg zur visuellen Kommunikation, Daten überzeugend präsentieren" (Zelazny, 2015). Der ehemalige McKinsey-Berater Gene Zelazny stellt dabei die in Präsentationen üblicherweise verwendeten Schaubilder vor und zeigt, wie die passende Schaubildform ausgesucht werden kann. Viele andere Autoren übernahmen diese von Zelazny 1986 publizierte Methode. Mal mit, mal ohne Hinweis auf den Autor.

Beiden Büchern ist gemeinsam, dass das Wissen aus gesammelten Beobachtungen und aus eigenen Erfahrungen der Autoren stammt. Obwohl sie auf unterschiedlichen Gebieten arbeiteten – Dale Carnegie auf dem Feld der Redetechnik, Gene Zelazny auf dem Feld der Zahlendarstellung in betriebswirtschaftlichen Präsentationen – veränderten ihre Veröffentlichungen die nachfolgenden Bücher nachhaltig und grundlegend. Erkenntnisquellen dieser Bücher waren also die Praxis, das eigene Wissen und die eigenen Erfahrungen der Verfasser. Damit sind es typische Praxisbücher. Da sie jeweils die ersten sind, die sich mit diesen Ideen beschäftigen, entfällt eine tiefergehende, theoretische Aufarbeitung des Stoffes ebenso wie die Auseinandersetzung mit den Meinungen und Sichtweisen anderer Autoren.

Dies zeigt, wie bei der Bearbeitung eines Themas wissenschaftlich vorgegangen werden kann. Dabei wird versucht, Dingen auf den Grund zu gehen (zumindest bis zu einem bestimmten Punkt).

2.6   Gliedern, Ordnen, Strukturieren

Wenn die wesentlichen Inhalte erarbeitet sind, also der Inhalt der Präsentation weitgehend bekannt und erschlossen ist, gilt es, diesen in eine präsentationsfähige Form zu bringen. Im ersten Schritt muss die bisherige Themensammlung, die in Form einer Mindmap, Stichwortliste oder Gliederung vorliegt, dem Vortragsziel und der Zielgruppe entsprechend angepasst werden, d. h., die Inhalte müssen ausgewählt, gewichtet und sortiert werden (siehe auch Abb. 2.14).

Ist die inhaltliche Bearbeitung des Themas abgeschlossen, kann im nächsten Schritt das Thema den drei Vortragselementen Einleitung, Hauptteil und Schluss zugeordnet werden.

2.6.1   Auswahl und Gewichtung des Inhalts

Jede Präsentation unterliegt zeitlichen Beschränkungen, sowohl bei der Vorbereitung wie auch bei der Präsentation. Auch die Aufnahmefähigkeit der Zuhörer ist beschränkt. Deshalb ist es notwendig, die bisher erarbeiteten Inhalte auf wenige, ausgewählte Kernaussagen zu beschränken.

Gliedern, Ordnen, Strukturieren

Abb. 2.14 Gliedern, Ordnen, Strukturieren

Hier erfolgt die eigentliche inhaltliche Bearbeitung und geistige Verarbeitung des Themas. Folgende geistige Tätigkeiten fallen in diesem Schritt an: Lesen und Verstehen, Schreiben, Zeichnen, Einschätzen und Bewerten, Reduzieren, Denken und das Thema einordnen, neues an vorhandenes Wissen anknüpfen – dies ist also die eigentliche inhaltliche Auseinandersetzung mit dem Thema (vgl. Lehner, 2020, S. 105 f.).

Und diese Tätigkeiten kosten Zeit. Das wird von vielen Studierenden unterschätzt. Hier findet die intellektuelle Arbeit statt, und diese ist aktiv. In den ersten Semestern und bei den ersten Referaten wird diese Zeit deshalb häufig unterschätzt, auch weil diese schwer planbar und einschätzbar ist. Aber dies ist der grundlegende Schritt, bei einem Thema voranzukommen und auch selber was zu lernen, indem man sich aktiv mit dem Thema auseinandersetzt. Und dies sollte in einem Studium gelernt werden. Wenn dieser Schritt unterbleibt, ist das Ergebnis nur eine Aneinanderreihung und Wiedergabe verschiedener Gedanken anderer Menschen. Der eigene Erkenntnisgewinn bleibt dann aus. Die aktive geistige Tätigkeit und die mehrmalige Beschäftigung mit dem Thema sind essentiell für eine fundierte, inhaltliche Vorbereitung.

Die folgende Methode hilft, das Ziel und den Inhalt des Vortrags noch einmal kritisch zu hinterfragen, die Struktur zu ordnen und sich über die wesentlichen Elemente des Themas klar zu werden. So behalten Sie den Überblick (vgl. Hey, 2019, S. 56 f.):

- Konzentrieren Sie sich auf die zentrale Aussage und die Kernaussagen des Themas. Überlegen Sie dazu: Was würden Sie vortragen, wenn Sie nur eine Minute Zeit hätten?
- Bringen Sie die bisher erarbeiteten Inhalte in eine Reihenfolge und ordnen Sie diese nach deren Wichtigkeit für das Vortragsziel (Priorisierung). Was ist die Kernbotschaft, was sind die wichtigsten Informationen, was sind weitere Erläuterungen (Vertiefungsinformationen oder Detailinformationen)?

Dieser Schritt gibt Ihnen während des Vortrags zusätzlich Sicherheit, da Sie wissen, welche Themen bzw. Aussagen oder Erläuterungen Sie weglassen können, falls Sie in Zeitdruck geraten (siehe auch Abb. 2.15). Empfehlenswert ist es, die Kernbotschaft (1) als zentrale Botschaft an den Anfang der Präsentation zu setzen – damit bleibt die Aussage im Kopf des Empfängers „hängen". Die Botschaft der Präsentation wird damit deutlich und kann durch die weiteren Kernaussagen (2) begründet werden, weitere Erläuterungen folgen dann (3) – dies ist verkürzt der pyramidale Aufbau einer Präsentation (vgl. Schoof & Binder, 2013).

Eine andere Methode ist, die Stichworte jeweils auf einzelne Kärtchen bzw. ein Blatt Papier zu schreiben und so hierarchisch zu ordnen bzw. zu sortieren. Dazu benötigen Sie weiße Blätter und ein paar Stifte mit unterschiedlichen Farben oder alternativ Kärtchen in verschiedenen Farben. Die Kernbotschaft (1) wird z. B. in schwarzer Farbe geschrieben (oder in Gold oder Weiß auf schwarzem/dunklem Papier), die wichtigsten Kernaussagen erhalten alle die gleiche Farbe (Schriftfarbe oder Kärtchenfarbe), z. B. Rot. Die weiteren Aussagen erhalten z. B. die Farbe Blau, Beispiele können wieder mit

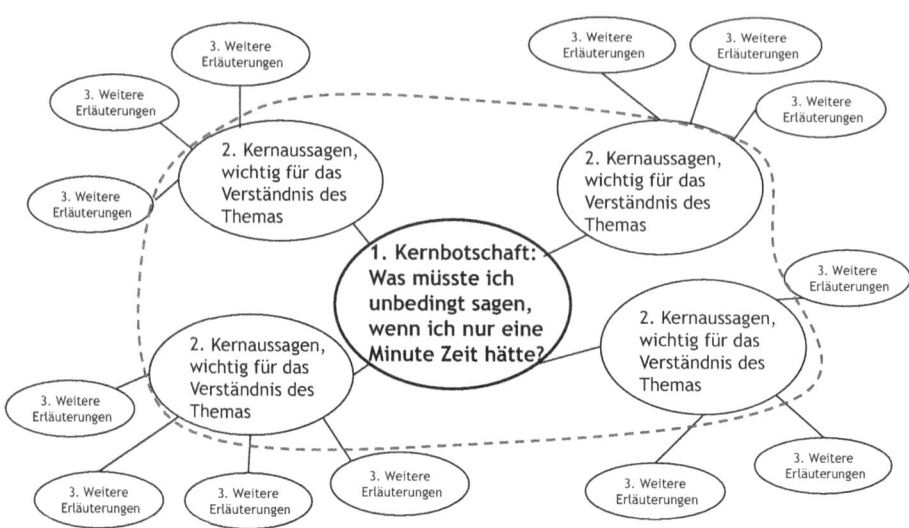

Abb. 2.15 Vortrag planen: Zeit ist immer ein kostbares, knappes Gut!

einer anderen Farbe geschrieben werden, z. B. Grün, Aufgaben/Fragen/Übungen/Inter-
aktionen wieder in einer anderen Farbe (z. B. Orange). Anschließend können Sie diese
anordnen und auch noch umgruppieren bzw. positionieren, bis die Struktur des Vortrags
passt.

Sie werden dabei merken, es gilt: „Weniger ist mehr." Nur wenn Sie einen Überblick
über das Thema haben, können Sie Schwerpunkte setzen. Oder anders ausgedrückt:
Wenn Sie keine Schwerpunkte setzen, ist alles gleich wichtig. Dann ist es für die Zuhörer
noch schwieriger, das Thema nachzuvollziehen und das Wesentliche herauszufiltern.

Es ist nicht immer möglich, alles zu erklären. Wenn Sie das Thema überblicksartig
erfasst haben, müssen Sie Schwerpunkte setzen und an diesen Punkten stellenweise
(„punktuell") tief bohren, also bestimmte, wesentliche Sachverhalte ausführlich erklären.
Dieses Konzept wird auch professionell Lehrenden, Dozenten und Lehrern empfohlen
(vgl. Lehner, 2020, S. 38 f.).

In der Wissenschaft wird leider oft nach der Devise gehandelt: „Komplizierte Sachverhalte können auch nur kompliziert vermittelt werden." Für eine Präsentation ist dies
eine schädliche Einstellung. Die Herausforderung lautet vielmehr: „Kompliziertes einfach zu erklären, ist eine Kunst." Für die Studierenden muss aber ergänzt werden: „Aber
auch nicht (noch) einfacher!" sonst werden Themen zu sehr, zu stark vereinfacht, und es
ist nicht das Ziel, alles in vereinfachte Schemata zu pressen, sodass alles nur noch banal
dargestellt wird.

Grundlage sind also die vorhandenen bzw. zusammengetragenen Informationen.
Wenn genug Wissen über das Thema vorhanden ist und das Thema auch geistig durchdrungen ist, dann können gezielt Schwerpunkte gesetzt werden, sodass die Stoffmenge

Abb. 2.16 Der Zusammenhang von Inhalt und Behalten. (Quelle: In Anlehnung an Lehner, 2020, S. 34)

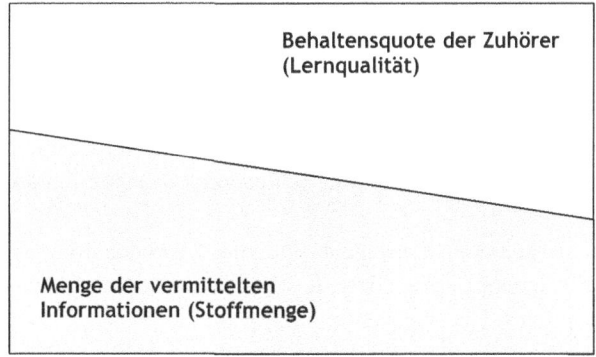

sinnvoll reduziert werden kann. Und dann ist dies auch eine gute Voraussetzung, den roten Faden deutlich zu machen.

Zu beachten gilt dabei: Je mehr Wissen und Fakten in einer gegebenen Zeit vermittelt werden, an desto weniger kann sich ein Zuhörer anschließend erinnern. Diese These über den Zusammenhang von Stoffmenge und Lernqualität von Martin Lehner ist in Abb. 2.16 sinngemäß dargestellt (vgl. Lehner, 2020, S. 34).

2.6.2   Anordnung des Inhalts: der rote Faden

Bei der Anordnung der einzelnen Punkte des Themas, den Kernaussagen, ist das Augenmerk auf eine klare, logische und verständliche Struktur zu richten. Der rote Faden sollte für alle Zuhörer sichtbar und nachvollziehbar sein (vgl. Abb. 2.17).

Abb. 2.17 Der rote Faden sollte für jeden gut sichtbar sein

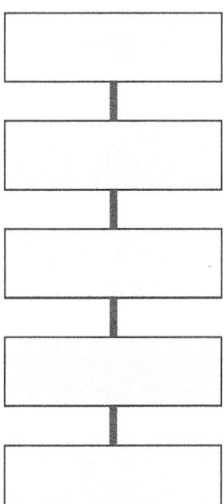

Der rote Faden ist wichtig, damit unser Gehirn die Informationen systematisch einordnen sowie sortieren und an vorhandene Informationen anknüpfen kann. Die Gliederung weist auch auf die Struktur der eigenen Gedanken hin.

Bewährte Anordnungen und Aufzählungsmöglichkeiten entsprechen den Erwartungen der Zuhörer und führen zu einem leichteren Verständnis. Experimente bei der Anordnung der einzelnen Punkte in der Gliederung dagegen führen dazu, dass die Zuhörer verwirrt werden.

Grundsätzlich geeignet sind die folgenden Möglichkeiten für die Anordnung von Gliederungspunkten bzw. der Kernaussagen (vgl. Landau, 2002, S. 34):

- vom Alten zum Neuen (nach zeitlichem Ablauf, chronologisch),
- vom Bekannten (bisher) zum Neuen (Zukunft),
- vom Allgemeinen zum Besonderen (deduktiv- von der Regel zum Einzelfall),
- vom Besonderen zum Allgemeinen (induktiv – von Einzelfällen zur Regel),
- vom Leichten zum Schweren,
- vom Einfachen zum Komplexen,
- vom Problem zur Lösung,
- vom Nutzen zum technischen Detail oder
- vom Konkreten zum Abstrakten.

Machen Sie sich und den Zuhörern den roten Faden mehrfach klar. Damit geben Sie den Zuhörern bei nachlassender Aufmerksamkeit die Möglichkeit, den Gedankengang später nochmals aufzunehmen und wieder ins Thema einzusteigen. Wenn ein Zuhörer in diesem Fall den roten Faden nicht sieht bzw. nicht findet, kann er die Aussagen gedanklich nicht einordnen, damit versteht er von den weiteren Ausführungen nichts mehr, selbst wenn er sich bemüht, Ihnen zu folgen.

2.6.3   Bestandteile eines Vortrags: Einleitung, Hauptteil, Schluss

Nach der Auswahl, Strukturierung und Gewichtung der inhaltlichen Teile des Themas (Was gehört zum Thema, was wird vorgestellt?) erfolgt die Zuordnung bzw. Transformation des Inhalts zu den drei Bestandteilen eines Vortrags: Einleitung, Hauptteil und Schluss (Was wird **wann** vorgestellt?) (siehe Abb. 2.18).

Diese Zuordnung setzt voraus, dass bekannt ist, was die jeweiligen Bestandteile einer Präsentation enthalten. Diese Kenntnisse sind basal (grundlegend), werden aber trotzdem nicht immer beachtet. So gibt es immer wieder Referenten, die direkt mit dem Hauptteil beginnen, ohne persönliche Vorstellung, ohne Begrüßung. Es gibt keine Einleitung und keine Übersicht.

An den meisten Hochschulen sind die Studierenden den Lehrenden i. d. R. nicht namentlich bekannt. Stellen Sie sich vor, Sie haben jedes halbe Jahr (jedes Semester) 60, 70 oder mehr unbekannte Menschen (an Universitäten oft mehrere hundert) vor sich,

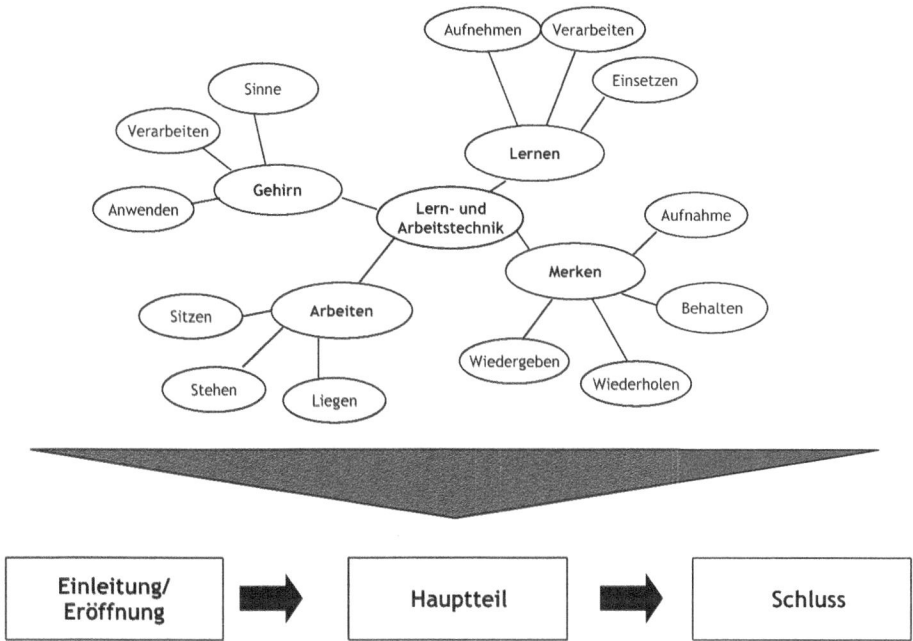

Abb. 2.18   Strukturieren in die drei Elemente eines Vortrags

die anonym (ohne Nennung ihres Namens) und meistens passiv in einem großen Saal vor Ihnen sitzen. Selbst bei regelmäßig stattfindenden Veranstaltungen ist es systembedingt nicht möglich, die Namen der Teilnehmer zu kennen. Aber auch in kleineren Gruppen, z. B. Seminaren, wird oft wenig Wert darauf gelegt (fehlende Namensschilder, ungünstige Sitzordnung, Unleserlichkeit). Zudem überfordert die Zahl der Zuhörer (jedes Semester 60, 70 neue Namen) die meisten Dozenten. Dies hat zwar den aus Sicht der Studierenden geäußerten Vorteil, dass auch bei fehlender Anwesenheit oder anstehenden Prüfungsaufgaben die Anonymität weitgehend gewahrt ist. Für eine Präsentation an der Hochschule folgt also die Konsequenz: Sie müssen sich vorstellen. Sie müssen Ihren Namen nennen oder sicherstellen, dass dieser bekannt ist. Wem soll der Beurteiler die Leistung zurechnen, wenn er Ihren Namen nicht kennt? Dazu ist eine Titelfolie, die den Namen des Vortragenden enthält, gut geeignet. Allerdings gehört die Anfertigung einer Anfangs- bzw. Titelfolie leider nicht mehr zu den Selbstverständlichkeiten bei einer Präsentation. So erlebe ich immer wieder Studierende, die großzügig darauf verzichten.

Ebenso fatal ist das Fehlen einer Gliederung. Ich habe schon Vorträge erlebt, während denen ich mich inhaltlich allein gelassen fühlte, als ob ich mich in einem unbekannten Gebiet, bei dichtem Nebel ohne Karte, Kompass oder Orientierungspunkte befinde. Eine Gliederung kann solche Orientierungspunkte bieten.

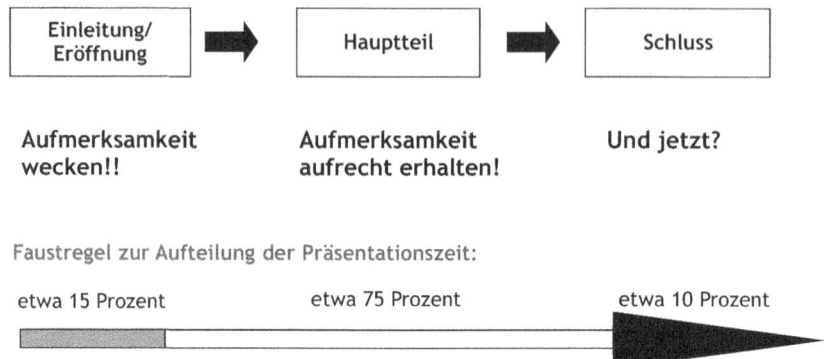

Abb. 2.19 Die drei Elemente eines Vortrags. (Quelle: In Anlehnung an Thiele, 2010, S. 85 f.)

Auch vom plötzlichen und für mich völlig unerwarteten Ende eines Vortrags wurde ich schon überrascht – ebenso wie der ratlose Referent selbst. Außer mir war auch den anderen Zuhörern nicht klar, ob der Vortrag tatsächlich vorbei war oder ob noch eine Schlussformel fehlt oder alles gesagt wurde bzw. was der Vortragende von den Zuhörern jetzt erwartete: Applaus, Fragen, Diskussionen, Kommentare – eine seltsame und für alle Anwesenden ungewohnte und für manche auch unangenehme Situation.

Dem kann entgegengewirkt werden. Die meisten Zuhörer erwarten die Aufteilung eines Vortrags in die drei bekannten Elemente: Einleitung, Hauptteil und Schluss (vgl. Abb. 2.19). Wenn Sie dies berücksichtigen, kommen Sie der Erwartungshaltung der Zuhörer entgegen. Wenn nicht, führt dies zu Irritationen.

Jeder Bestandteil eines Vortrags hat dabei seine eigene Funktion. Dem Anfang eines Vortrags kommt neben der Eröffnung und Vorstellung die Funktion zu, die Zuhörer anzu-sprechen und ihre Aufmerksamkeit zu gewinnen. Der Hauptteil sollte den größten zeit-lichen Umfang der Präsentation einnehmen und das inhaltliche Thema zum Gegenstand haben. Die Herausforderung besteht darin, die Zuhörer durch das Thema zu führen, sie gedanklich mitzunehmen und die Aufmerksamkeit aufrechtzuerhalten. Am Schluss der Präsentation sollte nicht nur dem Vortragenden, sondern auch den Zuhörern klar sein, was zu tun ist und warum sie Zeit und Aufmerksamkeit investiert haben, um zuzuhören.

2.6.4 Didaktik: Wie präsentiere ich spannend?

Die Aufmerksamkeit von Zuhörern bei einem Vortrag ist nicht immer gleich hoch. Jeder kann sich wahrscheinlich an Unterrichtsstunden, Reden, Vorträge oder Predigten erinnern, bei denen es im mittleren Teil ein „schwarzes Loch" in der Erinnerung gab. Der Anfang, die Eröffnung, der erste Eindruck wurde noch wahrgenommen, möglicherweise mit Spannung verfolgt, danach hat die Aufmerksamkeit rapide abgenommen. Erst als das

Ende des Vortrags in Sicht kam, wurde wieder zugehört. In der Zeit dazwischen waren Sie zwar körperlich anwesend, konnten sich aber selbst unmittelbar nach dem Vortrag nur an wenige oder gar keine inhaltlichen Details erinnern.

Rhetorik ist die Kunst, Menschen zum Zuhören zu bewegen. (Lubbers, 2002, S. 79).

Wenn die Behaltensleistung des Menschen betrachtet wird, zeigt sich, dass Menschen sich besonders an das erinnern, das (vgl. Buzan & Buzan, 2013, S. 35):

- am Anfang eines Lernabschnitts stand (Primacy-Effekt),
- am Ende eines Lernabschnitts stand (Recency-Effekt),
- mit bereits vorhandenen Informationen, Daten, Mustern verknüpft oder assoziiert werden kann,
- herausragend oder einzigartig war,
- mindestens einen der Sinne besonders stark anspricht und
- für die Person von besonderem Interesse ist.

Den typischen Verlauf der Aufmerksamkeit von Zuhörern während einer Präsentation beschreibt Abb. 2.20.

Danach bleiben der erste und der letzte Eindruck stärker im Gedächtnis hängen als die unmittelbar nach- oder vorgelagerten Informationen.

Der erste Eindruck ist entscheidend, der letzte bleibt in Erinnerung (Matschnig, 2011, S. 148).

Diese beiden Effekte werden als psychologische Gedächtnisphänomene bezeichnet.

Der Primäreffekt und der Rezenzeffekt basieren auf der Beobachtung, dass Menschen sich an die ersten und letzten Informationen besser erinnern können als an Informationen in der Mitte. Diese Informationen können Worte, Bilder oder auch persönliche Eindrücke

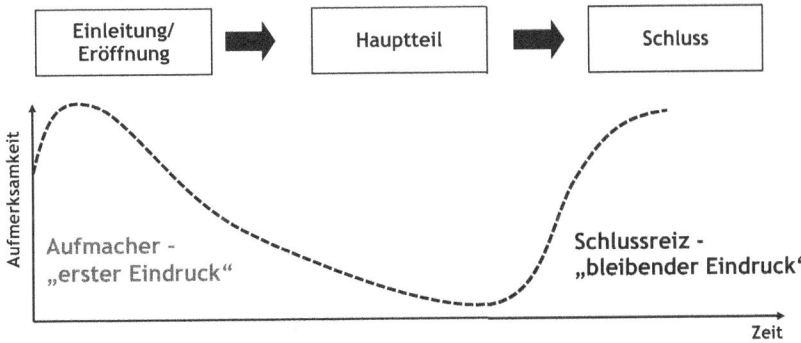

Abb. 2.20 Typischer Verlauf der Aufmerksamkeit in einem Vortrag. (Quelle: In Anlehnung an Lubbers, 2002, S. 72)

sein. Begründet wird der Primäreffekt damit, dass das Gehirn am Anfang noch nicht mit anderen Informationen beschäftigt ist und deshalb diese Informationen eine gute Chance haben, im Gedächtnis gespeichert zu werden.

Der Rezenzeffekt besagt, dass zuletzt wahrgenommene Informationen stärker im Gedächtnis bleiben als vorherige Informationen. Grund: Die Informationen können vom Kurzzeit- in das Langzeitgedächtnis gelangen, weil sie nicht durch andere Informationen „überschrieben" werden. „Die letzten Worte, die man sagt, klingen in den Ohren Ihrer Hörer nach – an sie erinnert man sich am längsten" (Carnegie, 1940, S. 194).

Primär- und Rezenzeffekt basieren auf einem Artikel von John McCrary und Walter Hunter, welchen diese 1953 veröffentlichten. Sie beobachteten, dass, wenn eine Liste sinnloser Silben („nonsense Syllables") gelernt wird, die Silben in der Mitte einer Liste langsamer gelernt werden als die Silben, die am Anfang oder am Ende einer Liste stehen (vgl. McCrary & Hunter, 1953, S. 131).

Für eine Präsentation bedeutet dies, dass es eine Herausforderung ist, die Zuhörer auch während der Präsentation aufmerksam und wach, also „bei der Stange" zu halten. Die Aufmerksamkeit nimmt nach Vortragsbeginn stetig ab und erreicht nach ca. 25 min einen Tiefpunkt. Spätestens dann müssen Sie die Teilnehmer (Zuhörer) aktivieren. Dies kann über verschiedene Möglichkeiten, sog. Zwischenreize erfolgen (vgl. Abb. 2.21). Zwischenreize halten die Zuhörer wach und verlängern die Aufmerksamkeitsspanne (vgl. Lubbers, 2002, S. 78).

Dadurch erreichen Sie, dass Ihre Präsentation spannend, abwechslungsreich und unterhaltsam wird. Zwischenreize sind sehr vielseitig und fördern auch bei Ihnen als Präsentierendem die Freude am Vortragen, wenn Sie gelernt haben, diese zu nutzen.

Diese Erkenntnisse kommen nicht nur aus praktischen Empfehlungen und rhetorischen Ratgebern, sondern basieren auch auf didaktischen Erkenntnissen. Didaktik

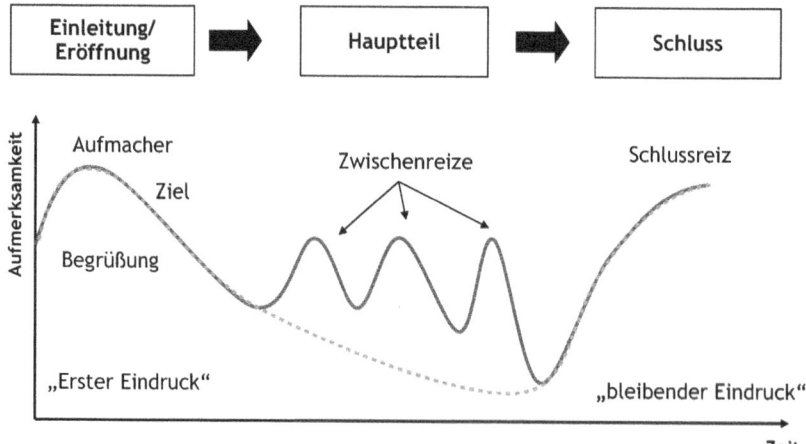

Abb. 2.21 Die Spannung halten – Zwischenreize. (Quelle: Lubbers, 2002, S. 72)

ist die Lehre vom Lehren bzw. die Lehre des Lernens. Insbesondere Vorschläge zur Inter-
aktion mit dem Publikum und zur Aktivierung des Publikums sind Elemente aus der
Didaktik, die sich auch in manchen Präsentationen gut einsetzen lassen. Beispiele für
Zwischenreize finden Sie in Abschn. 2.6.6.

In der Lehr-Lernforschung ist der aktuelle Wissensstand: Je mehr die Zuhörer aktiv
eingebunden werden und je abwechslungsreicher die Wissensvermittlung, desto höher
ist das Erinnerungsvermögen an den behandelten Stoff. Durch den Einsatz aktiver
Methoden wird die Behaltensleistung der Zuhörer also deutlich verbessert. Einen Überblick über Lehrmethoden und Behaltensquoten gibt Abb. 2.22.

Obwohl diese Darstellung der Lernmethoden und der Behaltensquoten sehr oft in der
Literatur zu finden ist, konnte ich die eigentliche Originalquelle nicht finden. Auch gibt
es Meinungen, die sich dazu differenziert äußern und eher die Verwendung unterschiedlicher Zeichensysteme (Codierungen) als Grund für eine bessere Behaltensleistung sehen
(vgl. Lehner, 2018, S. 33).

Die Aktivierung der Zuhörer kann z. B. auch über einen Wechsel der Arbeitsform
erreicht werden. Die meisten kennen diese Methoden aus Sicht der Teilnehmer z. B.
im Schulunterricht. Abb. 2.23 gibt einen Überblick. Möglicherweise sehen Sie manche
schulische Erlebnisse und Unterrichtsformen dadurch aus einer anderen Perspektive.

Natürlich können diese Methoden nicht bei jedem Anlass und Vortragsthema eingesetzt werden. Aber überlegen Sie einmal, ob Sie diese Methoden nicht auch anwenden
und ausprobieren können. Warum sollten Sie auf diese Erkenntnisse verzichten?

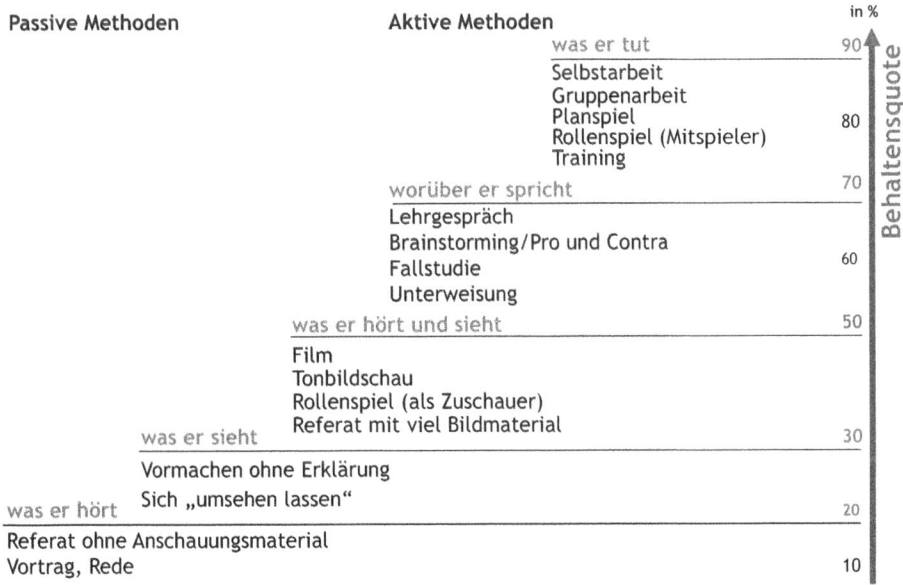

Abb. 2.22 Behaltensquoten bei aktiven und passiven Lehrmethoden. (Quelle: Witzenbacher,
1994, S. 133)

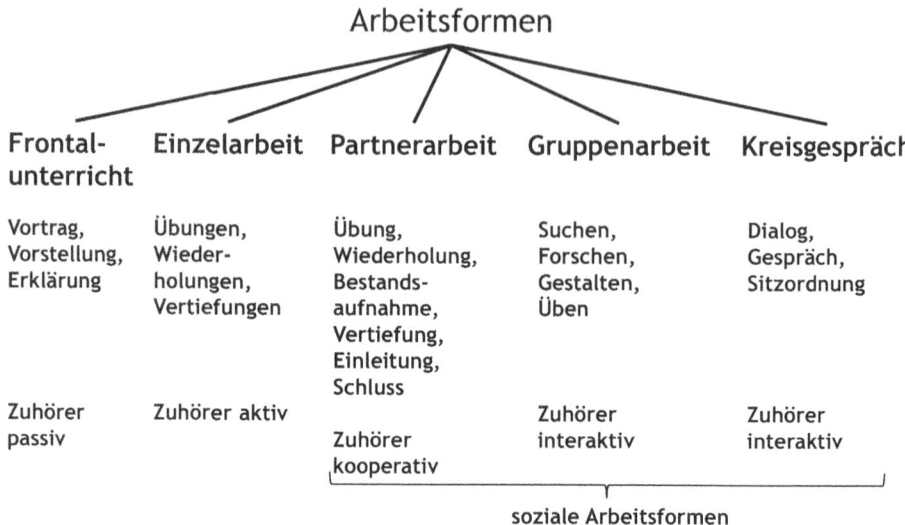

Abb. 2.23 Didaktik: Behalten verbessern durch Wechsel der Arbeitsformen. (Quelle: In Anlehnung an Witzenbacher, 1994, S. 96 f.)

2.6.5 Einleitung: Auf den ersten Eindruck kommt es an

Das Wichtigste ist, den richtigen Anfang zu finden, d. h. etwas zu sagen, was den Zuhörer sofort gefangen nimmt. (Carnegie, 1940, S. 155 ff.).

Bei einer Einleitung können zwei Möglichkeiten infrage kommen (vgl. Abb. 2.24). Je nach Vortragsthema, Zielgruppe und Erfahrung des Vortragenden bzw. Stellung des Vortragenden zum Publikum ist die eine oder andere Möglichkeit besser geeignet. Beide Einstiegsmöglichkeiten können auch miteinander kombiniert werden.

Grundsätzlich gilt: Der Einstieg sollte kurz (schnell) sein. Beginnen Sie die Präsentation wie bei einem Raketenstart, mit einem kleineren oder größeren Feuerwerk.

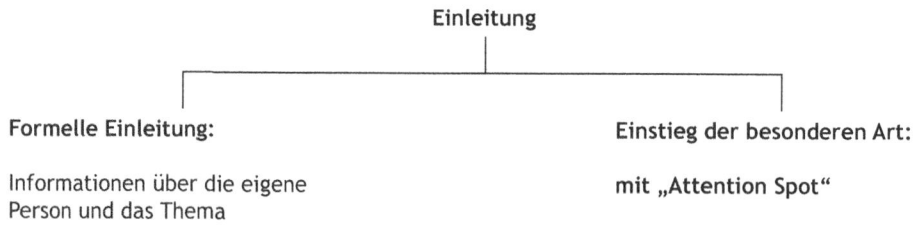

Abb. 2.24 Grundsätzliche Möglichkeiten der Einleitung

2.6.5.1 Standarderöffnung: Formeller Einstieg

Diese Eröffnung wird in den meisten Präsentationen gewählt. Es scheint auf dem Gebot der Höflichkeit zu beruhen, sich kurz vorzustellen, damit die Zuhörer wissen, mit wem sie es zu tun haben. Bei einer Präsentation, die benotet wird, muss außerdem gewährleistet sein, dass die Benotung der richtigen Person zugeordnet werden kann (siehe auch Abschn. 2.6.3).

Zu einer solchen Eröffnung gehören (vgl. Müller-Schwarz & Weyer, 2006, S. 38; Nöllke & Schmettkamp, 2020, S. 23):

- Begrüßung der Zuhörer, evtl. mit namentlicher Anrede,
- Vorstellung der eigenen Person,
- Vorstellung des Themas,
- Vorstellung der Gliederung/Agenda: Überblick über Inhalt und Ablauf des Vortrags,
- evtl. zeitlicher Rahmen,
- evtl. Nennung der Ziele, der Notwendigkeit oder des Nutzens und
- Überleitung zur eigentlichen Präsentation.

Diese Reihenfolge muss nicht starr eingehalten werden und hängt auch von den Rahmenbedingungen des Vortrags ab.

Vortragende mit wenig Erfahrung und Experimentierfreude wählen i. d. R. diese bewährte Eröffnung und stellen nach der Begrüßung zuerst sich selbst, die Gliederung und das Thema vor. Diese standardisierte Eröffnung gibt Sicherheit, reduziert aber die Möglichkeit, vom Primäreffekt zu profitieren.

Hilfreich ist, sich die ersten Worte beim Vortragen vorher zu überlegen und diese für sich selbst aufzuschreiben. Wie wollen Sie das Publikum anreden? Mit „Hallo"? „Sehr geehrte Damen und Herren"? „Schön, dass Sie da sind"? „Herzlich willkommen"? „Guten Tag/Guten Abend"? „Ich wünsche Ihnen einen schönen Nachmittag"? Oder beginnen Sie ohne Begrüßung mit „Mein Name ist …, und ich werde Ihnen heute das Thema … vorstellen"? Sie sehen: Bei der Konkretisierung kann es schon die ersten Schwierigkeiten geben. Überlegen Sie sich die Worte vorher, das reduziert Ihre Aufregung und damit das Lampenfieber. Und bemühen Sie sich, das Publikum bei der Begrüßung anzuschauen.

2.6.5.2 Einstieg der besonderen Art: Attention Spot

Rhetorik-Ratgeber empfehlen eine andere Art des Vortragsbeginns. Am Beginn könnte auch ein attraktiver Einleitungsgedanke – ein sog. „Attention Spot" – stehen, der die Aufmerksamkeit weckt, die Zuhörer neugierig macht, Interesse hervorruft oder die Zuhörer aufrüttelt. Wichtig dabei ist, dass Sie einen Einstieg wählen, für den sich das Publikum interessiert (vgl. Carnegie, 1940, S. 166). Besonders eignen sich dazu Themen, die alle Menschen interessieren, z. B. Gesundheit, längeres Leben, Wohlbefinden, Glück, erfülltes Leben, größere Zufriedenheit, Wohlstand, Erfolg, leichter Geld verdienen, leichteres Arbeiten, unkomplizierte Problemlösung, zukünftige Entwicklungen etc.

Dabei können verschiedene Möglichkeiten zum Einsatz kommen. Folgende Aufzählung zeigt einige Beispiele, wie Ihr Auftritt mit einer Eröffnung der besonderen Art beginnen kann, wenn Sie das Rednerpult bzw. Ihren Start-Standpunkt eingenommen haben – also vor Beginn des eigentlichen, inhaltlichen Teil des Vortrags (vgl. Carnegie, 1940, S. 155 ff.; Müller-Schwarz & Weyer, 2006, S. 49; Thiele, 2010, S. 59 ff.; Vogt, 2010, S. 136; Sarnoff, 1992, S. 23 f.; Franck, 2003, S. 35 f., 2011, S. 133; Birkenbihl, 2019, S. 23 f.; Flume & Mentzel, 2019, S. 28 ff.; Franck & Stary, 2013, S. 218 ff.):

1. Erfahrungsbericht, Story oder persönliches Erlebnis,
2. rhetorische oder provozierende oder aktivierende Frage bzw. These,
3. aktuelles Ereignis aus den Medien,
4. historischer Aufhänger – Was ist heute vor 100 Jahren passiert?
5. Zielgruppe lobend ansprechen,
6. passendes Zitat,
7. Statistiken, die ein Problem deutlich machen,
8. Vorstellungskraft anregen: „Stellen Sie sich vor …",
9. bewegendes Bild, Filmausschnitt, Ton, Produkt oder Beispiel,
10. widersprüchliche Aussage,
11. Provokation, Schock,
12. Gedanken des Vorredners aufgreifen/fortführen oder
13. Humor, Selbstironie, Selbstkritik,
14. aktivierende Aufgabe: Collage aus Bildern oder Wörtern oder Schlagzeilen,
15. überraschend, anders als erwartet, aaa = anders als andere).

Wenn Sie so beginnen, vergessen Sie aber trotzdem nicht, anschließend die Erwartungshaltung der Zuhörer zu erfüllen und Ihre Person sowie eine Gliederung Ihres Themas vorzustellen.

Nachfolgend jeweils Beispiele für eine Eröffnung, die ein Student zum Thema „Lern- und Arbeitstechnik" verwenden könnte, wobei teilweise mehrere Methoden eines attraktiven Einleitungsgedankens kombiniert wurden:

1. **Erfahrungsbericht, Story oder persönliches Erlebnis:** „Als ich gerade auf dem Parkplatz mein Auto abstellte, sah ich einen Studierenden, der verzweifelt sein Auto suchte, weil er nicht wusste, wo er es abgestellt hatte. Wenn Sie eine solche Situation auch schon einmal erlebt haben, ist mein Vortrag genau das Richtige für Sie: Es geht um das Thema Merk- und Lerntechniken."
2. **Rhetorische oder provozierende oder aktivierende Frage bzw. These:** „‚Merk-, Lern-und Arbeitstechniken sind nur für Doofe, die sich Dinge nicht merken können', dachte ich, als ich mein Thema bekam – oder?<Pause>Dann begann ich, mich intensiv mit dem Thema auseinanderzusetzen, und stellte fest, dass jeder davon profitieren kann." Oder „Was fällt Ihnen spontan zu diesem Thema ein? / Was verbinden Sie mit dem Thema?" Oder „Standen Sie auch schon einmal vor dem Regal im Supermarkt und wussten nicht mehr genau, was Sie eigentlich aus diesem Regal holen wollten – da war doch was?"

3. **Aktuelles Ereignis aus den Medien:** „Studierende leiden zunehmend am Burnout-Syndrom – das ist die Überschrift eines Artikels in der aktuellen Ausgabe der Zeitschrift ‚Der Spiegel‘. Stress wird darin als Begleiterscheinung eines Studiums beschrieben. Mit den richtigen Merk-, Arbeits- und Lerntechniken gelingt es, Stress im Studium zu reduzieren." Oder „Die aktuelle Leo-Studie – Leo steht für Level-One – ergab, dass 6,2 Mio. Menschen in Deutschland kaum lesen und schreiben können, d. h., ihre Lese- und Schreibkompetenzen reichen nicht für ein „normales" berufliches, gesellschaftliches Leben. 6,2 Mio. Menschen in Deutschland können keine zusammenhängenden Texte lesen oder schreiben. Zwar waren es 2011 noch 7,5 Mio., also etwa 1,3 Mio. mehr, aber 6,2 Mio. Menschen! Das sind fast doppelt so viele Menschen, wie in Deutschland arbeitslos sind (ca. 3,6 Mio.). Glücklicherweise sind Sie an der Hochschule davon normalerweise nicht betroffen. Lesen und Schreiben gehört zu den Fähigkeiten, welche Sie in Ihrer bisherigen schulischen Ausbildung erlernt haben. Aber haben Sie auch gelernt, zu lernen?"

4. **Historischer Aufhänger:** „Wissen Sie, was heute vor 100 Jahren passiert ist?" Oder „Vor 50 Jahren war an diesem Platz, an dem wir heute sitzen, noch eine grüne Wiese. Vor genau 50 Jahren, am 05. Oktober 1963, begannen an der Hochschule Aalen die ersten Studierenden mit ihrem Studium. Genau wie Sie waren auch diese Studierenden in einem provisorischen Gebäude untergebracht. Allerdings waren die Bedingungen damals anders …" Oder „Vor fast 300 Jahren wurde im damaligen Königreich Preußen durch König Friedrich Wilhelm I. die Schulpflicht eingeführt. Seit dieser Zeit haben junge Menschen damit zu kämpfen, sich Lernstoff zu merken – die beste Gelegenheit, sich heute darüber Gedanken zu machen …"

5. **Zielgruppe (lobend) ansprechen:**

   - Wenn Sie Teil der Gruppe sind: „Wir als Akademiker/Betriebswirtschaftler stehen häufig vor dem Problem, dass wir uns Inhalte merken und einprägen müssen, die sehr abstrakt sind …" Oder „Schön, dass Sie zu dieser frühen Stunde da sind! Betriebswirtschaftler sind ja als Frühaufsteher bekannt. Herzlich willkommen zur Vorlesung Merk-, Lern- und Arbeitstechnik."
   - Wenn Sie nicht Teil der Gruppe sind: „Was ich an Ingenieuren/Architekten/Psychologen/Soziologen immer bewundert habe, ist …" oder „Was ich an den Studierenden von heute toll finde, ist dass diese so zielstrebig, lernbereit und ehrgeizig sind. Selbst, bei bestem Wetter wie heute, bei strahlendem Freibadwetter, beschäftigen Sie sich mit akademischen Problemen wie der Lern- und Arbeitstechnik."

6. **Passendes Zitat:** „Lernen ist wie Rudern gegen den Strom. Hört man damit auf, treibt man zurück. (sagt ein chinesisches Sprichwort). Diese Erkenntnis gilt auch im Studium."

7. **Statistiken, die ein Problem deutlich machen:** „76 % aller Inhalte, die wir uns einprägen, wissen wir nach einem Tag nicht mehr." Oder „Rund 35 % aller Studierenden in Bachelorstudiengängen an Universitäten – das ist mehr als ein

Drittel! brechen ihr Studium ab. Wenn Lernen systematisch gelehrt werden würde, könnte diese Quote merklich reduziert werden."

8. **Vorstellungskraft anregen:** „Stellen Sie sich vor, Sie könnten im Schlaf lernen! – Was für tolle Dinge könnten Sie dann in der Ihnen verbleibenden Freizeit machen?<Pause>Ich dachte jetzt mehr an sinnvolle Dinge!" Oder eine plastische bzw. optische Vorstellung verbalisieren: „Wenn Sie alle Informationen, die Sie jemals gelesen haben auf DIN-A4-Blätter ausdrucken und diese Seiten flach aufeinanderstapeln, dann wäre dieser Stapel höher als der Kölner Dom, und der ist 157 m hoch." Oder „Auch wenn Sie es nicht glauben: Nach dem Ende meines Referates werden Ihnen das Einprägen und das Behalten von Inhalten viel leichter fallen als bisher – Sie profitieren direkt davon: Es geht um das Thema Merk-, Lern- und Arbeitstechniken."

9. **Bewegendes Bild, Filmausschnitt, Ton, Produkt oder Beispiel:** „Mein Haus, mein Boot, mein Auto, meine Ferienwohnung – Nicht alle von uns werden sich diese materiellen Wünsche erfüllen können. Der erfolgreiche Abschluss eines Studiums hilft aber ungemein, auf dem Weg dahin." Oder negativ formuliert: „So sieht ein Student aus, der sein Studium abgebrochen und jetzt kein Geld hat. Er hat keine Arbeit, keine Familie, keinen Wohnsitz und schläft unter einer Brücke. Hätte er sich nur rechtzeitig und ernsthaft mit dem Thema Lernen beschäftigt, so wäre ihm dieses Schicksal wahrscheinlich erspart geblieben. Von allen Gruppen haben die Akademiker die geringste Arbeitslosenquote." Oder auf ein Exponat bzw. Beispiel zeigen: „Dieser kleine Chip hier stellt die neueste Generation von Computerprozessoren dar. Er bewältigt … Rechenoperationen pro Sekunde. Und trotz dieser Leistungsfähigkeit erreicht diese Maschine nie die Kreativität, die einem menschlichen Gehirn entspricht."

10. **Widersprüchliche Aussage:** „Je mehr wir wissen, desto dümmer werden wir", oder: „Wir dürsten nach Wissen, aber ertrinken in Informationen." Zumindest bei vielen Personen in meinem Umfeld lässt sich dies beobachten.

11. **Provokation, Schock:** „Nur wenige Anwesende werden das Studium, das sie gerade begonnen haben, erfolgreich abschließen, wenn sie ihr Lernverhalten nicht grundlegend ändern!" Oder „Haben Sie schon einmal Ihr Gehirn von innen gesehen?- Wenn Sie Ihren Schädel öffnen, finden Sie eine weißlich-rosa Substanz, die sich weich anfühlt, ungefähr so wie Pudding." Oder „Dies ist das Modell eines Gehirns – auch wenn es bei allen Anwesenden ähnlich aussieht, kann daraus nicht geschlossen werden, dass es bei allen gleich gut funktioniert. Möglicherweise haben manche schon in den Standby-Modus geschaltet."

12. **Gedanken des Vorredners aufgreifen/fortführen:** „Wie Sie im vorherigen Vortrag gehört haben, können wir uns an 76 % aller Lerninhalte am nächsten Tag nicht mehr erinnern. Ich werde jetzt ein paar Methoden mit Ihnen betrachten, mit denen Sie Ihre Behaltensleistung deutlich steigern können."

13. **Humor, Selbstironie, Selbstkritik:** Erzählen Sie etwas von sich selbst, von Ihren Schwächen oder eine komische oder peinliche Situation, in der Sie waren, z. B.:

„Die Vorstellung von einem zerstreuten Professor hält sich hartnäckig. Dabei kenne ich an dieser Hochschule doch gar keine Exemplare dieser Spezies! – Was wollte ich noch sagen?" oder „Sie können ruhig weiter laut reden- ich bin schon über 40, da lässt das Hörvermögen nach." Oder „Ich werde meine letzte mündliche Prüfung nie vergessen. Es war frühmorgens um 7:30 Uhr, als ich den Prüfungsraum betrat. Der fragende Professor war blitzwach, dem protokollführenden Assistenten fielen aber immer wieder die Augen zu. Er hatte sichtlich Mühe, sich wach zu halten, und offensichtlich zu wenig Schlaf gehabt. Nachdem der Professor einige Fragen gestellt hatte, wurde der Assistent immer ruhiger, seine Schreibtätigkeit hatte er schon eingestellt. Auf einmal ging aber ein Ruck durch seinen Körper, als hätte jemand den Einstellknopf gedrückt, und er fragte plötzlich: ,Warum fliegt ein Flugzeug?' Die Frage war durchaus berechtigt, allerdings ging es in der Prüfung eigentlich um Betriebswirtschaftslehre – und der Assistent war ich."

14. **Aktivierende Aufgabe:** Collage aus Bildern oder Wörtern oder Schlagzeilen erstellen oder vorstellen: Damit beantworten Sie die Frage, die Sie sich vielleicht selbst bei der Erstellung Ihrer Präsentation gestellt haben. „Wenn Sie an das Thema wissenschaftliches Arbeiten denken, was fällt Ihnen dazu ein?" Dies können Sie als Aufgabe durchführen und dann notieren. Oder zeigen Sie Bilder, einzelne Stichworte oder Zeitungsüberschriften, die Ihnen eingefallen sind. Passend wäre z. B. „Buch", „Abschlussarbeit", „Masterarbeit", „Bibliothek", „Zitieren", „Plagiat", „Guttenberg", „Rücktritt", „Skandal" o. Ä. – schon haben Sie die Zuhörer angesprochen, angeregt nachzudenken und eine gemeinsame Basis hergestellt. Oder lassen Sie abstimmen, wer an was dachte, und ergänzen und kommentieren Sie neue Schlagworte, die aus dem Publikum kommen mit „daran habe ich auch gedacht", „so sehe ich das auch", „sehr interessanter Aspekt" …

15. **Überraschend, anders als erwartet:** Setzen Sie einen Akzent, dies kann z. B. ein akustischer Reiz sein. Bei Tischreden wird mit einem Besteck an ein leeres Glas geschlagen. Auch ein Gong oder ein Glöckchen wie in einem alten Gerichtsaal wäre denkbar. In amerikanischen Filmen sehen Sie, wie ein Richter immer mit einem kleinen Holzhammer auf seinen Richtertisch schlägt, wenn er etwas zu sagen hat oder zur Ordnung ruft. Ich habe auch schon eine Trillerpfeife mitgenommen. Bei sportlichen Ereignissen ertönt beim Einlaufen der Sportler eine Hymne. Töne aus dem Rechner sind denkbar. Allerdings müssen dazu die Situation und der Rahmen passen. Getrauen Sie sich was! Eine Studentin begann mal mit einer akrobatischen Einlage und schlug ein Rad, um dann mitten im Raum stehend zu sagen: „Das, was Sie hier sehen, ist das Beispiel für einen bestimmten Lerntyp, den motorischen Typ."

Was Sie nicht machen sollten, ist, einen alten, bekannten Witz zu erzählen, insbesondere, wenn Sie auch noch ein eher ernster Mensch sind. Ebenso sollten Sie sich nicht künstlich klein- oder schlechtmachen und mit einer Entschuldigung beginnen: „Ich bin es nicht gewohnt, vor Menschen zu stehen …", „Eigentlich kann ich gar nicht vortragen …", „Leider habe ich mich nicht vorbereitet …" – dies alles wird das Publikum schon selbst merken, dann brauchen Sie es nicht auch noch ausdrücklich zu sagen, denn damit machen Sie sich selbst schlecht und schwächen Ihre Position (vgl. Carnegie, 1940, S. 155 ff.).

2.6.6   Hauptteil: Zwischenreize sorgen für Spannung und Unterhaltung

Ohne den Einsatz und die Nutzung spannender Zwischenreize nimmt die Aufmerksamkeit der Zuhörer rasch ab. Der Erfolg beim Einsatz von Zwischenreizen ist von den Rahmenbedingungen des Vortrags, von Zweck, Ziel, Zielgruppe und Zeit abhängig. Nicht alle Zwischenreize eignen sich für jede Art der Präsentation und für jeden Redner. So kommt ein Witz bei einer Trauerrede meist nicht gut an. Und eine traurige Botschaft bei einer Hochzeit oder Geburtstagsfeier ebenso wenig. Deshalb müssen insbesondere das Ziel und die Zielgruppe beim Einsatz von Zwischenreizen beachtet werden. Zwischenreize hängen vom Redner und vom Publikum ab. Abwechslung ist das zentrale Element beim Einsatz von Zwischenreizen und verhindert Eintönigkeit und Langeweile. Zwischenreize helfen beim Aufbau einer Beziehung zum Publikum. Für Zwischenreize bieten sich verschiedene Möglichkeiten an (vgl. Lubbers, 2002, S. 72 ff.; Heister et al., 2007, S. 113; Sarnoff, 1992, S. 19; siehe Abb. 2.25).

Wählen Sie aus den verschiedenen Möglichkeiten in jedem Vortrag zwei bis drei neue aus, die Sie einsetzen und üben, bzw. probieren Sie diese einfach aus. So schaffen Sie sich mit der Zeit ein ganzes Repertoire an Möglichkeiten, die Sie spielend einsetzen können.

2.6.6.1 Attention Spots

Der wichtigste Punkt für Zwischenreize sind die im Abschn. 2.6.5.2 dargestellten „Attention Spots". Diese eignen sich nicht nur für die Einleitung, sondern sind auch als Zwischenreize sehr gut geeignet und machen eine Präsentation für Zuhörer wie Redner interessant, spannend, unterhaltsam und amüsant. Dies steigert die Lust am Zuhören. Zudem wird das Publikum emotional angesprochen.

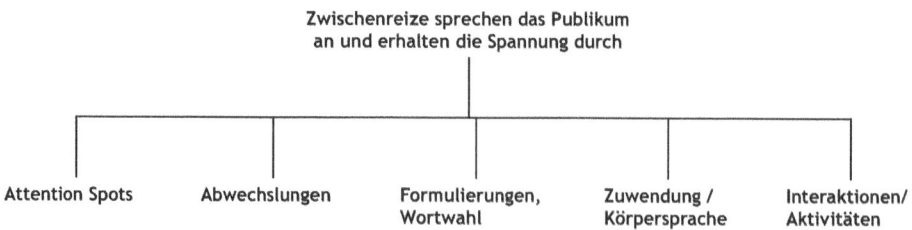

Abb. 2.25 Zuhörer fesseln – Aufmerksamkeit sichern durch Zwischenreize

Nicht immer können die Zwischenreize exakt einer Kategorie zugeordnet werden – hier steht nicht die Kategorisierung im Vordergrund, sondern dass Sie Zwischenreize kennen und einsetzen.

2.6.6.2 Abwechslungen

Abwechslungen wirken Wunder! Zu den wirkungsvollsten Abwechslungen gehören:

- **Medienwechsel:** Setzen Sie gezielt unterschiedliche Medien ein (siehe Abschn. 3.1): Damit werden unterschiedliche Sinne der Zuhörer angesprochen und es wird eine höhere Behaltensquote erreicht.
- **Beispiele:** Setzen Sie gezielt Beispiele ein! Suchen Sie nach konkreten Beispielen, die Ihre Aussagen unterstreichen.

Der gute Redner wird Vergleiche anwenden und Beispiele vorbringen. (Zitat von Marcus Tullius Cicero, 106 – 43 v. Chr., römischer Politiker, Anwalt und Philosoph, zitate.de, 2015a).

- **Wiederholungen:** Wiederholen Sie wichtige Botschaften, diese können Sie auch mehrmals wiederholen. Mit jeder Wiederholung steigt die Wahrscheinlichkeit, dass sich die Zuhörer später daran erinnern können.
- **Höhepunkte:** Wenn Sie etwas Wichtiges oder Bedeutendes sagen wollen: Kündigen Sie dies an: „Jetzt kommen wir zum Höhepunkt." Oder „Der zentrale Punkt bei diesem Thema ist …" Evtl. können Sie kurz vor Schluss auch in Aussicht stellen „Wenn wir diesen Punkt behandelt haben, kommen wir zu einem leichteren Thema/ist der Schluss in Sicht."
- **Einbindung anderer Redner:** Auch z. B. Gastredner führen zur Abwechslung.

2.6.6.3 Formulierungen, Wortwahl, Storytelling, mentale Kniffe (Barnum-Statements)

Formulierungen können mit anregenden Zusätzen geschmückt werden. Dazu gehören: Ausrufe, wörtliche Rede, rhetorische Fragen und richtige Fragen, direkte Ansprache des Publikums oder einzelner Zuhörer, witzige, geistreiche Formulierungen oder das Erzählen kleiner Geschichten (vgl. Langer et al., 2019, S. 21 ff.).

Rhetorische Fragen, die der Vortragende selbst beantwortet, sind eine beliebte Möglichkeit, das Publikum aktiv einzubinden und an den eigenen Gedanken teilhaben zu lassen.

Wenn **inhaltliche Fragen** gestellt werden, z. B. „Was wissen Sie über …?" „Was versteht man unter …?" erlebe ich in letzter Zeit immer häufiger, dass Zuhörer zum Smartphone greifen, tippen, im Internet recherchieren und die Antworten oder Antwortfetzen dann vorlesen. Wenn ihre Antwort nicht zu 100 % mit den im Internet verfügbaren bzw. bereitgestellten Informationen übereinstimmt, müssen evtl. die Unterschiede erklärt sowie die Ursachen dafür gesucht werden. Das kann dazu führen, dass eine einfache Frage ausufert und in einer Diskussion endet.

Anekdoten, Erfahrungsberichte oder persönliche Erlebnisse: Wenn Sie „aus dem Nähkästchen plaudern", wird der Vortrag eher zu einem Gespräch mit dem Publikum.

> Zuhörer (sind) ganz außerordentlich interessiert an den persönlichen Erlebnissen, die ihnen die Redner erzählen. Sie sind das sicherste Mittel, ihre Aufmerksamkeit zu fesseln.

> (Zitat von Dale Carnegie, 1888–1955, amerikanischer Rhetoriklehrer und Autor, zitate.de, 2015b)

Bildhafte, blumige Sprache, geistreiche Formulierungen: Damit sprechen Sie das „innere Auge" der Zuhörer an. Ihre Ausführungen werden plastischer und bunter, dadurch gewinnen sie an Ausdruckskraft. Hierzu eignen sich besonders:

- **Metaphern:** Umschreibungen eines Wortes mit einem bildlichen Vergleich z. B. „Lebensabend" statt „Alter", „zur Ruhe kommen" statt „aufhören", „Rushhour des Lebens" statt „Lebensmitte".
- **Gleichnisse, Vergleiche, Parabeln:** Vergleiche auf unterschiedlichen Ebenen, die der Zuhörer übertragen muss, z. B. „Ich bin der Weinstock, ihr seid die Reben" (Johannes-Evangelium 15,5).
- **Wortspiele, paradoxe Formulierungen, Kontratechnik:** Damit können Aussagen verniedlicht, humoristisch oder ironisch werden. Beispiele: „Rennschnecke", „Riesenfloh", „buntes Schwarz-Weiß", „rosaroter Elefant", „Monsterzwerg", „Kuschel-Kampfhund" „eine kleine Maschine – ungefähr in der Größe eines Zweifamilienhauses" „Ich habe schon seit Langem ein Drei-Liter-Auto – es hat drei Liter Hubraum."
- **Provokationen:** „Wenn Sie keine geeigneten Testpersonen finden, nehmen Sie einfach Studierende aus diesem Studiengang, die merken nicht mal, dass sie an einem Test teilnehmen."
- **Humor, Selbstironie, Selbstkritik:** Wenn Sie sich selbst nicht so ernst nehmen, macht Sie das sympathisch. Aber bitte: Keine Witze über andere oder gar Anwesende! Wenn Beamte über Beamte Witze machen, ist das in Ordnung; ebenso, wenn Professoren über Professoren Witze machen, z. B. „Wer's kann, soll's tun, wer's nicht kann, soll's lehren." Auf keinen Fall aber sollten Studierende vor Professoren über Professoren Witze machen. **Und besonders nicht, wenn der Professor für die Benotung zuständig ist. Sie können den Humor einer solchen Person nur sehr schwer einschätzen!**

Gute Ideen und zeitgenössische Ideen liefern Ihnen dazu Kabarettisten, Kleinkunstdarsteller oder auch humorige Altmeister wie Heinz Erhardt oder Wilhelm Busch. Achten Sie mal auf deren Äußerungen und Wortspiele, Sie können viel davon lernen oder diese auch übernehmen.

Storytelling ist die verbale Visualisierung. Unser Gehirn nimmt Bilder viel leichter auf als Wörter: „Storys schaffen Bilder, Bilder schaffen Emotionen und Emotionen schaffen Veränderungen" (Etzold, 2017, S. 5).

Veit Etzold erklärt die Grundlagen des Storytellings so: „Storys sind die Art und Weise, wie wir uns die Realität erklären. Die ganz wichtigen Dinge werden in unserem Gehirn von der Amygdala (auch genannt ‚Angstzentrum') verarbeitet. Dies ist sozusagen der ‚Vorstandschef' des Gehirns. Klar ist, dass dort alle hinwollen. Klar ist auch, dass dort, wie bei einem richtigen CEO, nicht alle hinkönnen. Darum hat die Amygdala nicht nur eine Vorzimmerdame, sondern gleich einen beinharten Türsteher, den Hypothalamus. Und der winkt lieber Storys durch als faktenschwangere und trockene Datenwüsten. PowerPoint, Charts und Zahlenkolonnen gehören zu diesen unerwünschten Gästen. Erzählen Sie hingegen eine gute Story, kommen Sie am Türsteher im Gehirn vorbei und haben die volle Aufmerksamkeit des ‚CEOs' des Gehirns. Ist die Story langweilig, ist das Unternehmen langweilig und der Kunde macht das, was er auch im Kino oder beim Lesen eines schlechten Buches macht: Er verlässt das Kino oder schließt das Buch." (Etzold, 2017, S. 6).

Auch im Marketing ist die „Story" das zentrale Element in der Kommunikation. Storytelling ist die Fähigkeit, Botschaften anhand von Geschichten zu erzählen und somit Emotionen zu transportieren, um beim Empfänger eine nachhaltige Wirkung zu erzielen. Wenn es jemanden gelingt, die Botschaft mithilfe einer kurzen Geschichte aus dem Alltag zu vermitteln, ist dies nicht nur unterhaltsam, sondern kann ein bestimmtes Lebensgefühl erzeugen. Wenn sich der Zuhörer mit dem Sender oder der Situation identifiziert, dann kann sich der Empfänger auch mit der Botschaft identifizieren und behält diese nachhaltig im Gedächtnis. Für Werbetreibende ist es deshalb wichtig, bei der Entwicklung ihrer Kampagne eine Story aufzubauen. Denn unterhaltsame, spannende oder berührende Geschichten schaffen Gemeinsamkeiten und motivieren zum Kauf (vgl. Perrey, 2020, S. 136).

Mentale Kniffe bei der Formulierung: mit den Barnum-Statements Gemeinsamkeiten mit den Zuhörern herstellen (oder der Forer-Effekt).
Barnum-Statements sind Beschreibungen allgemeingültiger Charaktereigenschaften, die viele Menschen sich selbst zuschreiben und mit denen sie sich identifizieren können. Durch die Verwendung dieser oft zutreffenden Beschreibung der menschlichen Charaktereigenschaften kann eine Verbindung zu den meisten Menschen aufgebaut werden, da diese die Aussagen als überraschend und besonders auf sich zutreffend erleben (vgl. Stangl, 2021).

Die Barnum-Statements sind benannt nach dem Gründer des gleichnamigen Kuriositätenkabinetts und Zirkusses, Phineas Taylor Barnum, der damit geworben hat, dass er für jeden Geschmack etwas bieten konnte („a little something for everybody") (Stangl, 2021). Wissenschaftlich bekannt wurden sie durch den Psychologen Bertram Forer, der den nach ihm benannten Forer-Effekt entdeckte. Forer bemerkte, dass „Persönlichkeitsbewertungen oft so allgemein formuliert sind, dass sie im Hinblick auf die Bestimmbarkeit des Verhaltens nicht zu beanstanden sind" (Forer, 1949, S. 118). Oder mit anderen Worten ausgedrückt: Viele Personen tendieren dazu, „vage und allgemein gültige positive Aussagen über die eigene Person als zutreffend zu akzeptieren" (Hossiep, 2019). Der Forer-Effekt dient auch dazu, „Täuschung durch persönliche Validierung" zu demonstrieren (Krause, 2020, S. 23).

Forer führte folgendes Experiment mit seinen Studierenden im Fach „Einführung in die Psychologie" durch: Als er das Thema Persönlichkeit behandelte, erklärte er, dass die Persönlichkeit jedes Menschen mit einem psychologischen Test zutreffend beschrieben werden kann. Die Studierenden baten darum, den Test zu machen und anschließend ihre Persönlichkeitsbewertung zu erhalten (vgl. Forer, 1949, S. 120). Daraufhin gab er seinen 39 Studierenden einen Persönlichkeitstest („Diagnostic Interest Blank"), anschließend sammelte er diesen wieder ein, um eine Woche später die Auswertungen auszuteilen (Forer, 1949, S. 119). Jeder Student las seine Auswertung durch und sollte dann auf einer Skala von null (= schlecht) bis fünf (= perfekt) angeben, wie zutreffend das Testergebnis seine Persönlichkeit beschrieb. Dann sammelte er die Auswertungen und die dazugehörenden Bewertungen wieder ein und wertete diese erneut aus. 41 % der Studierenden gaben eine „fünf", 46 % der Studierenden geben eine „vier" an, d. h., die überwiegende Mehrheit (87 %) fand die Persönlichkeitsbeschreibung für sie zutreffend bzw. fast perfekt. (vgl. Forer, 1949, S. 121).

Anschließend ließ er die Studierenden offen abstimmen, ob sie den Test für geeignet hielten, und fast alle hoben die Hand. Dann las er die erste Beschreibung vor und fragte, wer diese Charaktermerkmale bei sich zutreffend finde, und alle Studierenden streckten die Hände nach oben, sahen sich um und begannen anschließend zu lachen (vgl. Forer, 1949, S. 120). Jeder Student hatte die gleiche Auswertung erhalten und die Aussagen hatte Forer aus folgenden 13 allgemeingültigen Aussagen zusammengesetzt (vgl. Forer, 1949, S. 120):

1. Sie haben ein großes Bedürfnis, dass andere Sie mögen und bewundern.
2. Sie neigen dazu, sich selbst kritisch zu sehen.
3. Sie haben viele ungenutzte Kapazitäten, die Sie nicht zu Ihrem Vorteil genutzt haben.
4. Sie haben Schwächen in Ihrer Persönlichkeit, die Sie im Allgemeinen kompensieren können.
5. Ihre sexuelle Entwicklung hat Ihnen Probleme bereitet.
6. Äußerlich zeigen Sie sich diszipliniert und selbstbeherrscht, auch wenn Sie innerlich beunruhigt und unsicher sind.
7. Sie haben manchmal ernsthafte Zweifel, ob Sie die richtige Entscheidung getroffen haben oder das Richtige getan haben.
8. Sie bevorzugen ein gewisses Maß an Veränderung und Variabilität, werden aber unzufrieden, wenn Sie von Regeln und Einschränkungen gehemmt werden.
9. Sie sind stolz darauf, ein unabhängiger Denker zu sein, und akzeptieren keine anderen Aussagen ohne zufriedenstellende Beweise.
10. Sie haben es unklug gefunden, sich anderen gegenüber offen zu offenbaren.
11. Manchmal sind Sie extrovertiert, umgänglich, gesellig, während Sie zu anderen Zeiten introvertiert, vorsichtig, zurückhaltend sind.
12. Einige Ihrer Vorstellungen neigen dazu, unrealistisch zu sein.
13. Sicherheit ist eines Ihrer wichtigsten Lebensziele.

Prüfen Sie selbst, ob Sie sich mit diesen Aussagen gut beschrieben finden. Wie wirken diese Beschreibungen auf sie selbst? Versuchen Sie zunächst mal, diese im Gespräch mit Freunden zu verwenden – und dann versuchen Sie mal, diese im Gespräch mit neuen Bekannten anzuwenden, erst dann probieren sie diese mit dem Publikum aus. Experimentieren und lernen Sie!

Wenn Sie diese Aussagen in Ihren Ausführungen verwenden, können Sie eine gemeinsame Basis mit dem Publikum herstellen und damit eine Verbindung mit den Menschen, da diese sich verstanden und persönlich angesprochen fühlen. Wenn solche zutreffende Aussagen über Menschen getroffen werden, erkennen sie sich wieder und fühlen sich verstanden und sind bereit, sich weiter einem Gesprächspartner zu öffnen (vgl. Krause, 2020, S. 36). Dies bietet eine gute Grundlage auch in einer Präsentation, da damit das Interesse der Zuhörer geweckt werden kann und diese sich individuell angesprochen fühlen. Allerdings können Menschen damit auch manipuliert werden (vgl. Stangl, 2021).

2.6.6.4 Zuwendung/Körpersprache

Nicht nur verbal, sondern auch über die Körpersprache nehmen wir Beziehungen zu anderen Menschen auf. Eine Beziehung zu einem anderen Menschen können Sie nur aufbauen, wenn Sie **Blickkontakt** aufnehmen. Nehmen Sie Blickkontakt mit dem Publikum auf und erwidern Sie diesen freundlich, auch ein **Lächeln** hilft hierbei ungemein.

Die **Veränderung des Standortes** schafft auch Abwechslung. Wechseln Sie den Standort gezielt, sodass Sie das Publikum aus verschiedenen Perspektiven sehen können. Wenden Sie sich mit Ihrem Körper den Zuhörern zu.

Spannung kann auch durch eine **Variation der Sprechweise** erzeugt werden. Verändern Sie die Stimme, werden Sie mal lauter und mal leiser, langsamer und schneller. Dies erzeugt Spannung und Dynamik.

Pausen sind ein beliebtes Mittel, um die Aufmerksamkeit zu steigern, aber nur, wenn diese an den richtigen Stellen gemacht werden. Durch Pausen wird das schon Gesagte oder das unmittelbar Kommende betont. Versuchen Sie einmal, zwei Sekunden Pause zu machen – es wird Ihnen beim ersten Mal ewig vorkommen, und die Aufmerksamkeit ganz auf Sie lenken. Weitere Anregungen hierzu finden Sie im Abschn. 5.2.

2.6.6.5 Interaktionen/Aktivitäten

Diese Zwischenreize eignen sich bei Vorträgen in Unterrichtsform hervorragend, um die Zuhörer anzusprechen. Und diese Aktivitäten werden auch in Vorträgen und Präsentationen immer beliebter und werden immer häufiger eingesetzt. Die Zuhörer werden aktiviert, in den Vortrag eingebunden und an der Präsentation beteiligt. Sie verlassen die passive Rolle. Aus Zuhörern werden Beteiligte, es entsteht ein Wir-Gefühl. Dazu gehören folgende Aktivitäten:

Direkte (namentliche) **Ansprache einzelner Zuhörer:** Das sehen Sie auch immer in Fernsehshows. Einzelne Zuhörer werden z. B. von einem Kabarettisten in den Auftritt eingebunden: „Die Frau in dem weißen Pulli – was meinen Sie dazu?" „Da lachen Sie aber, Sie da vorne in der ersten Reihe!"

Ansprache der Zielgruppe: Aufbau eines **„Wir"-Gefühls.** „Wir als Akademiker",
„Als deutscher Staatsbürger denkt man sogleich an …" „Es ist doch bei uns Menschen
alle gleich …" „Kennen Sie das auch...?" – Denken Sie an die Barnum-Statements!

Wenn Sie Textpassagen haben, die die Zuhörer lesen können oder die evtl. auch als
Handout vorliegen, können Sie einzelne Zuhörer kurz vorlesen lassen: „Wären Sie bitte
so freundlich, uns diesen Abschnitt kurz laut vorzulesen?" Manche Lehrende setzen dies
gezielt ein und fragen die Person, die gerade unaufmerksam scheint. Oder denken Sie
zurück an den Schulunterricht – wenn Schüler Abschnitte aus Büchern bzw. Texten vorlesen durften – jeder kennt das.

Abstimmung: Auch ein **Meinungsbild** dient der Einbindung und Aktivierung der
Zuhörer. Stellen Sie eine Frage oder These auf und bitten Sie bei Zustimmung oder
Ablehnung um ein Zeichen (Handzeichen oder aufstehen).

Wechsel der Arbeitsform: Überlegen Sie sich kleine Aufgaben, die das Publikum
bearbeiten kann. Dies können Einzelaufgaben, Partnerarbeiten oder Gruppenarbeiten
sein. Damit kann das vorgetragene Wissen vertieft und gefestigt werden. Auch ein
kleiner Test oder ein kleiner Wettbewerb eignen sich dazu. Sie können die Zuhörer zu
kleinen Handlungen auffordern und dann das Ergebnis abwarten: „Wer kann am längsten
seinen Arm ausgestreckt halten?", „Wer kann am längsten die Augen geschlossen
halten?" etc. Oder fordern Sie die Zuhörer zu einer Aktivität auf. Legen Sie einen Block
und einen Stift bereit und geben Sie den Zuhörern kurz (eine oder zwei Minuten) Zeit,
sich über eine Aufgabe Gedanken zu machen. Was ist an dem Thema schlecht/gut./
welche Kritik finden Sie daran? … Dann lassen Sie alle Zettel mit Kritik zusammen-
knüllen und nach vorne werfen. Oder fordern Sie Ihre Zuhörer zu einer menschlichen
Verhaltensweise auf: Bitte Sie darum, den Sitznachbarn anzuschauen und anzulächeln.

Auch **Rollenspiele** können sich eignen, wenn Sie einzelne Personen aus dem Publikum
bitten, Ihnen zu assistieren. In einer Vorlesung Arbeitswissenschaft, bei der es um die Vorstellung der Körpermaße und ihrer Verteilung in der Bevölkerung geht, habe ich regelmäßig
die kleinste und die größte Person im Raum aufgefordert, nach vorne zu kommen. So
konnten alle anderen die unterschiedlichen Längen bei der Körperhöhe, der Armreichweite
usw. sehen. Dies lockert den Unterricht auf und trägt meist zur Erheiterung bei.

Diese Aufzählung stellt verschiedenste Möglichkeiten für Zwischenreize dar. Nicht
jede Möglichkeit eignet sich für jeden Vortragszweck und jeden Vortragenden. Die
Anwendung mancher Zwischenreize ist durchaus auch riskant, z. B. Provokationen.
Auch sind die Zwischenreize unterschiedlich umfangreich. Manche können spontan,
ohne Vorbereitung, angewandt werden, andere erfordern eine längere Vorbereitung.
Einige fallen Ihnen leicht, andere sind für Sie unvorstellbar. Probieren Sie es aus!

2.6.7   Schluss: Und jetzt?

Der Schluss rundet den Vortrag ab. Alle Informationen müssen im Hauptteil untergebracht werden, der Schlussteil hat eine andere Funktion. Der Schlussteil schließt das

Thema gedanklich ab, er stellt das Ende der Präsentation dar. Dem Schlussteil können dabei verschiedene Aufgaben zukommen. Diese sind abhängig vom Ziel des Vortrags.

Häufig wird am Ende ein Fazit gezogen und die Folgen der vorangegangenen Ausführungen werden betrachtet (z. B. Ausblick, noch zu lösende Aufgaben). Auch ein Resümee, eine kurze Zusammenfassung des bisher Dargestellten kann gegeben werden. Das Ende der Präsentation kann auch der Beginn der Fragerunde oder einer Diskussion sein. Wichtig ist, sich im Vorfeld klar zu machen, was am Schluss erwartet bzw. gesagt werden soll.

Folgende Möglichkeiten eignen sich für den Schlussteil einer Präsentation (vgl. Landau, 2002, S. 342; Carnegie, 1940, S. 200):

1. Message to take home: Vortrag auf den Punkt bringen (Wiederholung, Zusammenfassung)
2. Visualisierung: Motto, Leitgedanke, einprägsames Bild
3. Kleine humorvolle Geschichte (mit Bezug zum Thema!)
4. Schlussfolgerung/Nutzen für den Zuhörer
5. Appell/Empfehlung/Handlungsaufforderung
6. Ausblick/Zukunftsaussichten, evtl. auch Vergleich mit der Vergangenheit
7. „Danke" für die Aufmerksamkeit/fürs Zuhören
8. Zeit für Fragen
9. Überleitung in die Diskussion

Der Schluss einer Präsentation ist deshalb wichtig, weil die Erinnerung an das, was zuletzt gesagt wird, häufig am nachhaltigsten ist (Rezenzeffekt). Hier haben Sie die Möglichkeit, die wichtigsten Botschaften Ihres Vortrags den Zuhörern nochmals ins Gedächtnis zu rufen. Was war wichtig? Was sollen sie mitnehmen? Was kommt jetzt? Nur wenn Sie selbst eine klare Vorstellung von dem haben, was Sie wollen, können Sie klare Anweisungen geben. Den Schlussteil müssen Sie deshalb vorher planen. Kurz vor dem Ende einer Vorlesung sagte ich mal spontan, als ich bemerkte, dass die Studierenden einpacken wollten: „Ich bin noch nicht fertig! – Na ja, fertig bin ich eigentlich schon, aber ich bin noch nicht am Ende. Ok, ich bin eigentlich auch am Ende, aber noch nicht zu Ende." Dabei musste ich über meine Aussagen selbst lachen und dies sorgte für so viel Erheiterung, dass alle die restlichen paar Minuten wieder aufmerksam waren und freiwillig ein paar Minuten länger blieben.

2.7   Zusammenfassung inhaltliche Vorbereitung

Bei der inhaltlichen Vorbereitung einer Präsentation fällt der Hauptteil der geistigen Arbeit an. Die Rahmenbedingungen, der Zweck, das Ziel, die Zuhörer als Zielgruppe und der zeitliche Umfang einer Präsentation sind oft vorgegeben, sie können vom Referenten nicht beeinflusst werden. Allerdings beeinflussen diese Rahmenbedingungen die Präsentation.

Deshalb ist es empfehlenswert, die Rahmenbedingungen einer Analyse zu unterziehen und die sich daraus ergebenden Resultate bei der Aufbereitung des Inhalts zu berücksichtigen. Vor weiteren Arbeiten sollten die folgenden Fragen beantwortet sein: Wer hört zu? Wie viele Personen werden es sein? Wo und wann findet die Präsentation statt? Wie lange dauert diese? Wie viel Zeit habe ich?

Auch die Analyse der eigenen Person mit ihren jeweiligen Stärken und Schwächen ist empfehlenswert. Am Ende dieser Phase sollte zumindest ein grober Zeitplan für die Vorbereitung einer Präsentation stehen.

Dann beginnt die eigentliche Vorbereitung der Präsentation, die Beschäftigung mit dem Inhalt. Es empfiehlt sich, zunächst den eigenen Wissensstand und die eigene Kreativität zu nutzen. Erst nach diesem Schritt kommt die Recherche, also die Suche nach weiteren Informationen. Hier kommt es zu einem zyklischen Prozess: Neue Informationen führen zu neuen Aspekten und neuen Erkenntnissen über das Thema, welche wiederum Einfluss auf die Struktur und Gliederung des Themas haben können. Der Recherche kommt im wissenschaftlichen Bereich eine grundlegende Bedeutung zu. Außerdem ist die korrekte Nennung der Quellen unabdingbar.

Das ganze gesammelte Material muss schließlich geordnet und strukturiert werden. Schwerpunkte, Kern- und Randthemen werden voneinander abgegrenzt und mit den zeitlichen Bedingungen abgestimmt. Am Ende dieses Auswahl- und Gewichtungsprozesses müssen die einzelnen Themenfelder in eine Reihenfolge gebracht werden, die auch von Zuhörern schnell erfasst und nachvollzogen werden kann.

Dann erfolgt die Aufbereitung der klassischen Bestandteile einer Präsentation: Einleitung, Hauptteil und Schluss. Jeder Bestandteil hat seine Besonderheiten und seinen eigenen Zweck innerhalb der Präsentation. Da die Aufmerksamkeit der Zuhörer schon nach kurzer Zeit nachlässt, ist es empfehlenswert, sich auch Gedanken zu machen, wie dem entgegengewirkt werden kann. Der Einsatz von Zwischenreizen hält die Zuhörer „bei der Stange" und gibt einer Präsentation die „richtige Würze". Zwischenreize machen einen Vortrag spannend, unterhaltsam und abwechslungsreich.

Die korrekte und fundierte sachliche Vorbereitung einer Präsentation kombiniert mit spannungsgebenden Zwischenreizen bildet eine gute Basis für eine erfolgreiche Präsentation. Im nächsten Schritt kann dann überlegt werden, welche Medien möglich und geeignet sind.

Literatur

Albers, S., & Gassmann, O. (Hrsg.). (2011). *Handbuch Technologie- und Innovationsmanagement.* Gabler.

Berger-Grabner, D. (2016). *Wissenschaftliches Arbeiten in den Wirtschafts- und Sozialwissenschaften.* Gabler.

Birkenbihl, V. F. (2019). *Rhetorik. Redetraining für jeden Anlaß.* MVG.

Brauner, D. J., & Vollmer, H.-U. (2008). *Erfolgreiches wissenschaftliches Arbeiten.* Wissenschaft & Praxis.

Brunner, A. (2008). *Kreativer denken*. Oldenbourg.

Bullinger, H.-J. (Hrsg.). (2003). *Neue Organisationsformen*. Springer.

Buzan, T., & Buzan, B. (2013). *Das Mind-Map-Buch. Die beste Methode zur Steigerung Ihres geistigen Potenzials*. mvg.

Carnegie, D. (1913). *Public speaking and influencing men in business*. Surrey.

Carnegie, D. (1940). *Die Macht der Rede. Ihre Geheimnisse und ihre Methoden*. Scientia.

Dale Carnegie Training. (Hrsg.). (2012). *Besser sprechen – überzeugend auftreten. Strategien für erfolgreiche Präsentationen*. Scherz.

Etzold, V. (2017). Storytelling. Wenn Sie nicht anders sind, dann seien Sie besser billig – Wie sich Unternehmen mit einer guten Story in einer überkommunizierten Welt differenzieren. In A. Schach (Hrsg.), *Storytelling. Geschichten in Text, Bild und Film* (S. 3–11). Springer Gabler.

Flume, P., & Mentzel, W. (2019). *Rhetorik*. Haufe.

Forer, B. R. (1949). The fallacy of personal validation: A classroom demonstration of gullibility. *The Journal of Abnormal and Social Psychology, 44*(1), 118–123. https://doi.org/10.1037/h0059240.

Franck, N. (2003). *Fit für den Auftritt. Selbstbewusst reden, souverän diskutieren, überzeugend präsentieren*. dtv.

Franck, N. (2011). *Fit fürs Studium. Erfolgreich reden, lesen, schreiben*. dtv.

Franck, N., & Stary, J. (2013). *Die Technik des wissenschaftlichen Arbeitens*. Schöningh-UTB.

Heister, W., & Weßler-Poßberg, D. (2011). *Studieren mit Erfolg. Wissenschaftliches Arbeiten für Wirtschaftswissenschaftler*. Schäffer-Poeschel.

Heister, W., Wälte, D., Weßler-Poßberg, D., & Finke, M. (2007). *Studieren mit Erfolg: Prüfungen meistern*. Schäffer-Poeschel.

Hermann-Ruess, A. (2010). *Highlight-Rhetorik. Anleitung zur emotionalen Rhetorik mit 70 Highlights*. Gabal.

Hey, B. (2019). *Präsentieren in Wissenschaft und Forschung*. Springer.

Hierhold, E. (2008). *Sicher präsentieren – wirksamer vortragen*. Redline.

Hossiep, R. (2019). Forer-Effekt. In Wirtz, M. A. (Hrsg.), Dorsch – Lexikon der Psychologie. https://dorsch.hogrefe.com/stichwort/forer-effekt. Zugegriffen: 8 Aug. 2021.

Kollmann, T., Kuckertz, A., & Voege, S. (2016). *Das 1x1 des wissenschaftlichen Arbeitens*. Springer Gabler.

Krause, T. (2020). *Kennen wir uns? eine Anleitung zur Menschenkenntnis*. Campus.

Kunert, K., & Knill, M. (2000). *Team und Kommunikation, Theorie und Praxis*. Sauerländer.

Landau, K. (2002). *Arbeitstechniken für Studierende der Ingenieurwissenschaften*. Ergonomia.

Langer, I., von Thun, F., & Tausch, R. (2019). *Sich verständlich ausdrücken*. Ernst Reinhardt.

Lehner, M. (2020). *Viel Stoff – wenig Zeit. Wege aus der Vollständigkeitsfalle*. Haupt.

Lehner, M. (2018). *Viel Stoff – schnell gelernt. Prüfungen optimal vorbereiten*. Haupt.

Lubbers, B.-W. (2002). *Das etwas andere Rhetorik-Training oder „Frösche können nicht fliegen"*. Gabler.

Matschnig, M. (2011). *Körpersprache. Verräterische Gesten und wirkungsvolle Signale*. Gräfe & Unzer.

McCrary, J. W., & Hunter, W. S. (1953). Serial position curves in verbal learning. *Science, 117*(3032), 131–134.

Müller-Schwarz, U., & Weyer, B. (2006). *Präsentationstechniken Wie Sie Ihre Ideen wirkungsvoll verkaufen*. adlibri.

Nöllke, C., & Schmettkamp, M. (2020). *Präsentieren*. Haufe-Lexware.

Perrey, J. (2020). Marketing in neuer Dimension. In M. Bruhn, C. Burmann, & M. Kirchgeorg (Hrsg.), *Marketing Weiterdenken. Zukunftspfade für eine marktorientierte Unternehmensführung* (S. 131–149). Gabler.

Rost, F. (2018). *Lern- und Arbeitstechniken für das Studium*. Springer VS.

Sarnoff, D. (1992). *Auftreten ohne Lampenfieber. Reden, Interviews, Fernsehauftritte, Konferenzen, Präsentationen*. Campus.

Schulz von Thun, F., Ruppel, J., & Stratmann, R. (2019). *Miteinander Reden: Kommunikationspsychologie für Führungskräfte*. Rowohlt.

Schoof, A., & Binder, K. (2013). *Auf den Punkt: Präsentationen pyramidal strukturieren: Erfolgreicher kommunizieren mit klaren Botschaften und ergebnisorientierter Struktur*. Springer Gabler.

Stangl, W. (2021). Stichwort: ,Barnum-Effekt – Online Lexikon für Psychologie und Pädagogik'. Online Lexikon für Psychologie und Pädagogik. www: https://lexikon.stangl.eu/531/barnumeffekt. Zugegriffen: 10 Aug. 2021.

Stickel-Wolf, C., & Wolf, J. (2019). *Wissenschaftliches Arbeiten und Lerntechniken. Erfolgreich studieren – gewusst wie!* Springer Gabler.

Thiele, A. (2010). *Präsentieren ohne Stress Wie Sie Lampenfieber in Auftrittsfreude verwandeln*. Frankfurter Allgemeine Buch.

Twain, M. (1876). *Die Abenteuer Tom Sawyers*. Grunow.

Vogt, G. (2010). *Erfolgreiche Rhetorik: Faire und unfaire Verhaltensweisen in Rede und Gespräch*. Oldenbourg.

Witzenbacher, K. (1994). *Praxis der Unterrichtsplanung, Unterrichtsvorbereitung und Unterrichtsgestaltung*. Oldenbourg.

Wöhe, G., Döring, U., & Brösel, G. (2020). *Einführung in die Allgemeine Betriebswirtschaftslehre*. Vahlen.

Womack, J. P., Jones, D. T., & Roos, D. (1992). *Die zweite Revolution in der Autoindustrie*. Heyne.

Zelazny, G. (2015). *Wie aus Zahlen Bilder warden. Der Weg zur visuellen Kommunikation. Daten überzeugend präsentieren*. Springer Gabler.

Zitate.de. (2015a). http://www.zitate.de/autor/Cicero%2C+Marcus+Tullius. Zugegriffen: 10. Sept. 2015a.

Zitate.de. (2015b). http://www.zitate.de/autor/Carnegie%2C+Dale?page=3. Zugegriffen: 10. Sept. 2015b.

Die mediale Vorbereitung einer Präsentation

3

Wenn die bisherigen Schritte durchgeführt wurden und Zweck, Ziel und Zielgruppe bekannt sind sowie die Inhalte und auch die Gliederung der Präsentation zumindest grob feststehen, ist es an der Zeit, sich Gedanken über die einzusetzenden Medien zu machen (siehe auch Abb. 3.1).

Vor der endgültigen medialen Aufbereitung und dem Einsatz der Technik ist es sinnvoll und zeitsparend, die inhaltliche Vorbereitung abzuschließen. Inhaltlich falsche, dürftige bzw. schlechte Informationen „aufzupeppen", führt zu aufwendigen Doppelarbeiten und ist Zeitverschwendung!

3.1 Medieneinsatz

Für eine Präsentation kommen grundsätzlich unterschiedliche Medien infrage. Nicht immer können alle Medien genutzt werden, z. B. weil sie nicht zur Verfügung stehen. Oder es existieren bestimmte Erwartungen der Veranstalter oder der Zuhörer bezüglich der Nutzung einzelner Medien, z. B. bei einer Online-Präsentation. So können Medien durch den Rahmen bzw. den Anlass der Präsentation vorgegeben sein. Für eine Festrede vor mehreren hundert Personen ist der Einsatz einer Tafel oder einer Metaplanwand zumindest ungewöhnlich. Je nach Stoffgebiet kann es schwierig oder unmöglich sein, ein bestimmtes Medium einzusetzen. Manche Medien sind nur bis zu einer bestimmten Teilnehmerzahl sinnvoll.

Eine Vielzahl von Faktoren hat Auswirkungen auf die Wahl der Medien. Elementare Entscheidungskriterien für die Wahl der Medien sind:

- Ziel/Art der Veranstaltung (Vortrag, Workshop …)
- Online- oder Präsenzveranstaltung

© Springer Fachmedien Wiesbaden GmbH, ein Teil von Springer Nature 2022   81
K.-C. Renz, *Das 1 x 1 der Präsentation*, https://doi.org/10.1007/978-3-658-37025-1_3

Medienwahl, Veranschaulichen, Visualisieren

Präsentation:
➢ Inhalt
➢ Struktur
➢ Medien
➢ Gestaltung

Abb. 3.1 Medienwahl

- Teilnehmerzahl
- Art der Teilnehmer und Erwartungshaltung
- Dauer der Veranstaltung (Medieneinsatz und -wechsel möglich?)
- Thema/Stoffgebiet (Medieneinsatz, Veranschaulichung möglich?)
- Raumgröße (bei Präsenzveranstaltung)
- Technische Ausstattung
- Interaktionen: Zuhörer nur passiv und nur vorbereitete Medien möglich oder auch aktivierbar, z. B. durch Aufschriebe, Mitarbeit …?
- Reaktionsfähigkeit/Spontanität: Muss notiert bzw. aufgeschrieben werden?
- Wiederholbarkeit: Wird die Veranstaltung mehrmals durchgeführt?
- Persönlichkeit des Referenten (Erfahrung, Präferenzen, Experimentierfreude, Leserlichkeit der Handschrift …)
- Rückmeldung/Feedback bzw. Blickkontakt zu den Teilnehmern möglich?

In den letzten Jahren hat das Microsoft-Programm PowerPoint sich zum „Quasi-Standard" bei Präsenzvorträgen entwickelt. Andere Programme wie „Prezi" oder Google Slides kommen bisher nur vereinzelt zum Einsatz, sind jedoch auf jeden Fall einen „Blick wert". Durch PowerPoint wurde aus einem „Vortrag" eine „Präsentation". Dies hängt mit der Entwicklung der PCs wie auch mit der Verbreitung von Projektionsgeräten (Beamer) zusammen, die inzwischen in eigentlich jedem Besprechungsraum, üblicherweise aber in allen Vortragsräumen, zu finden sind. Dabei wird übersehen, dass es auch noch andere, manchmal geeignetere Medien bzw. Techniken gibt. PowerPoint bzw. Präsentationsprogramme sind nicht für jeden Einsatzzweck sinnvoll. Bei einem Workshop mit hohen interaktiven Anteilen können z. B. Metaplan-Techniken viel sinnvoller sein. So kommen in der Erwachsenenbildung in kleinen Gruppen (bei

Professoren-Fortbildungen oder Mitarbeiterschulungen) beispielsweise eher Metaplan-Methoden und Flip-Chart oder Whiteboard/Smartboard oder mehrere verschiedene Medien abwechselnd zum Einsatz.

Es bleibt spannend, wie die weiteren technischen Entwicklungen auf diesem Gebiet aussehen werden. Durch die Digitalisierung verschmelzen die Grenzen der ursprünglichen Medien zusehends bzw. sind diese immer schwerer voneinander abzugrenzen. Bewegte Bilder können Filmsequenzen oder Animationen sein, Ein- und Ausgabegeräte entwickeln sich immer weiter, es gibt Kombinationen von Whiteboards mit Projektionsflächen, interaktive Whiteboards/Smartboard oder Kamerasysteme (Visualizer).

Ich erlebte den Siegeszug von PowerPoint während meiner Lehrtätigkeit als junger Assistent an der Universität mit. Die elektronisch vorhandenen Folien wurden einzeln auf einer Floppy-Disk in das PowerPoint-Format überführt. Oft mussten dabei vorhandene Folien, die zur Präsentation auf einem Overhead-Projektor mit speziellen Grafikprogrammen erstellt waren, auf mehrere PowerPoint-Slides aufgeteilt werden, weil die Informationsdichte in PowerPoint geringer war. Zudem wurden bei der Übertragung viele Grafiken zerstört bzw. verzerrt, sodass diese zeitaufwendig von Hand nachbearbeitet oder neu erstellt werden mussten. Alle handgeschriebenen Texte mussten manuell erfasst werden, damit diese ebenfalls elektronisch vorlagen. Es war eine Herkules-Aufgabe.

Dabei waren die ersten Versionen von PowerPoint nicht so perfekt und umfangreich wie heute. Anfangs war mit PowerPoint nur die Darstellung unbewegter Folien mit einem Beamer statt mit einem Overheadprojektor möglich. Da die Technik außerdem unzuverlässig war und ich einige Schlüsselerlebnisse damit hatte, hatte ich in der Anfangszeit als Backup immer einen Foliensatz dabei, falls der PC nicht funktionierte, der Beamer defekt war oder die Abstimmung zwischen Beamer und PC nicht funktionierte. Den meisten Menschen reichen die jeweiligen Erfahrungen einmal im Leben und sie werden nie wieder ohne eine Sicherungsversion zu einer Präsentation gehen.

Ähnliche Erfahrungen machten viele Menschen ab dem Jahr 2020 mit Online-Konferenzen. Für viele Mitarbeiter, Studierende und Schüler war es der erste Einsatz virtueller Lehre bzw. von virtuellen Treffen. Ich hatte den Vorteil, dass ich schon mehrere Jahre Erfahrungen mit virtuellen Konferenzen und Webinaren hatte, da ich schon vorher als Dozent in virtuellen Online-Studiengängen mitgearbeitet habe. Allerdings hatten meine ersten Lehreinheiten auch teilweise experimentellen Charakter und es war oft für Dozenten und Teilnehmer die erste große Hürde, die Konferenz überhaupt zu starten bzw. dieser beizutreten und die Programme stabil zu halten. Der flächendeckende Einsatz während der Corona-Zeit hat hier sehr viel bewegt und Online-Konferenzen nachhaltig zum Durchbruch verholfen. Viele Online-Konferenzsysteme können inzwischen virtuelle Räume ähnlich abbilden, wie dies auch in einer Präsenzveranstaltung möglich ist. Ob es die Möglichkeit ist, Gruppenarbeiten (Breakout-Sessions) durchzuführen, oder die Darstellung mit verschiedenen Medien (Kamera, Whiteboard, Visualizer,

Präsentationen oder andere Bildschirminhalte, die geteilt werden können) – die Abbildung einer Situation wie bei einem realen Treffen wird in den virtuellen Systemen immer realitätsnäher. Und der Umgang mit Online-Systemen immer vertrauter und selbstverständlicher. Aus meiner Sicht gelten deshalb bei Online-Konferenzen die gleichen Grundbedingungen und Voraussetzungen wie bei einer Präsenzveranstaltung.

Die verschiedenen Medien, die bei einer Präsentation zum Einsatz kommen können, scheinen nicht immer allen bekannt zu sein. Von jungen Studierenden werde ich nach der Aufzählung der verschiedenen Medien regelmäßig gefragt, was ein Flipchart bzw. eine Metplanwand/Pinnwand ist. Auch dass eine klassische, herkömmliche Tafel oder ein Whiteboard in einer Präsentation eingesetzt werden kann, wird oft völlig übersehen (selbst wenn diese an der Wand hängt und jedem aus der Schule bekannt ist).

Die Mediennutzung kann in drei unterschiedliche Kategorien eingeteilt werden (vgl. Abb. 3.2). Auch wenn eine PowerPoint-Präsentation in einem Vortrag das Hauptmedium ist, kann es sinnvoll sein, verschiedene andere Medien ergänzend bzw. abwechselnd einzusetzen.

Mit dem Hauptmedium wird der wesentliche Teil der Informationen präsentiert. Davon unterschieden werden Spontanmedien, die sich für den kurzfristigen, spontanen Einsatz eignen, und Dauermedien, die während der gesamten Präsentationszeit für die Zuhörer sichtbar sind. Spontanmedien haben neben der Möglichkeit, Interaktionen durchzuführen, auch den Vorteil, die Geschwindigkeit der Wissensvermittlung in einer Präsentation zu reduzieren, weil sie oft auf die Schreibgeschwindigkeit von Vortragendem und/oder Zuhörer begrenzt sind.

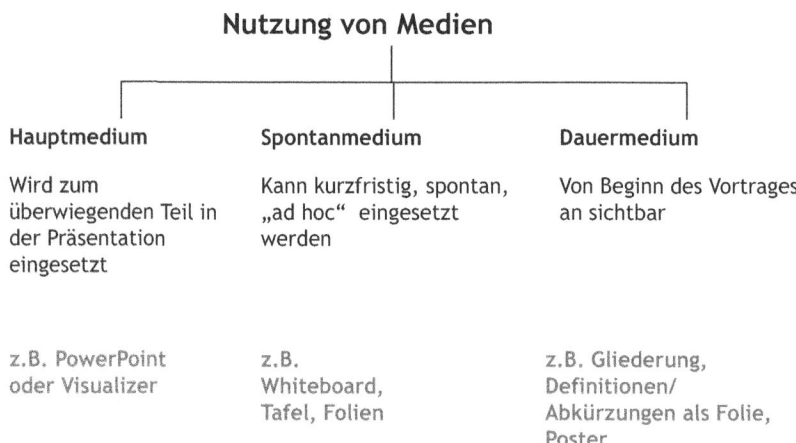

Nutzung von Medien

Hauptmedium	**Spontanmedium**	**Dauermedium**
Wird zum überwiegenden Teil in der Präsentation eingesetzt	Kann kurzfristig, spontan, „ad hoc" eingesetzt werden	Von Beginn des Vortrages an sichtbar
z.B. PowerPoint oder Visualizer	z.B. Whiteboard, Tafel, Folien	z.B. Gliederung, Definitionen/ Abkürzungen als Folie, Poster

Ziel: Immer von jedem aus Platz lesbar!

Abb. 3.2 Medienwahl: Zeitliche Nutzung von Medien. (Quelle: In Anlehnung an Hey, 2019, S. 63 f.)

3.2 Medienwirkungen und Medienwechsel

Über die Sinnesorgane nimmt der Mensch unterschiedliche Informationen aus seiner Umwelt auf. Für die Informationsaufnahme stehen einem Menschen verschiedene Sinnesorgane wie Augen, Ohren, Nase, Zunge usw. zur Verfügung. Die Wahrnehmung ist die erste Phase der Informationsaufnahme über die Sinnesorgane.

Jedes Sinnesorgan ist auf eine ganz bestimmte Wahrnehmungsart – die sog. Modalität – spezialisiert, kann aber evtl. auch andere Reize aufnehmen (vgl. Abb. 3.3). Das Ohr z. B. kann besonders akustische Signale aufnehmen, enthält aber auch den Gleichgewichtssinn im Innenohr und kann zusätzlich Wärme wahrnehmen (vgl. Schlick et al., 2018, S. 224 f.). Oder die Zunge ist auf die Wahrnehmung des Geschmacks spezialisiert, verfügt aber auch über einen Wärme- und Tastsinn.

Sinnesorgane reagieren auf unterschiedliche Reize und haben unterschiedliche Informationskapazitäten. Die meisten Informationen werden über die Gesichtssinne wahrgenommen.

Nach der Wahrnehmung der Reize über die Sinnesorgane erfolgt die Verarbeitung zu Informationen im Gehirn. Die Geschwindigkeit der Informationsverarbeitung im Gehirn ist viel geringer als die der Reizaufnahme über die Sinne. Deshalb filtert das Gehirn die Reize, bevor Informationen ins Ultra-Kurzzeit-Gedächtnis kommen. Im Ultra-Kurzzeit-Gedächtnis werden die Informationen wieder gefiltert, bevor sie ins Kurzzeit-Gedächtnis und nach abermaliger Filterung ins Langzeit-Gedächtnis gelangen (vgl. Landau, 2002, S. 257). Da unser Kurzzeitgedächtnis (auch Arbeitsgedächtnis genannt) nur über eine begrenzte Kapazität bei der Informationsverarbeitung verfügt, stellt dies eine Engpassstelle dar (vgl. Lehner, 2018, S. 24; siehe auch Abb. 3.4).

Die Geschwindigkeit der Informationsverarbeitung und die Kapazität des Arbeitsgedächtnisses hängen zusammen (vgl. Ferreira, 2020, S. 151). Menschen mit höherer Intelligenz sind in der Lage, Informationen schneller aufzunehmen und zu verarbeiten. Allerdings ist noch offen, ob eine größere Kapazität des Arbeitsgedächtnisses oder eine höhere Geschwindigkeit in der Informationsverarbeitung den Unterschied bei der Intelligenz erklärt (vgl. Borkenau et al., 2005, S. 276 f.).

Organ	Empfindung	Haupt-Wahrnehmungssystem
Auge	Farbe, Helligkeit	Visuell
Ohr	Tonhöhe, Lautstärke	Auditiv
Haut (Tastsinn)	Druck, Berührung	Taktil
Haut (Wärmesinn)	Warm, Kalt	Thermisch
Nase	Geruch	Olfaktorisch
Zunge	Geschmack	Gustatorisch

Abb. 3.3 Sinnesorgane, Empfindungen und Wahrnehmungssystem. (Quelle: In Anlehnung an Schreiber, 2009, S. 1039)

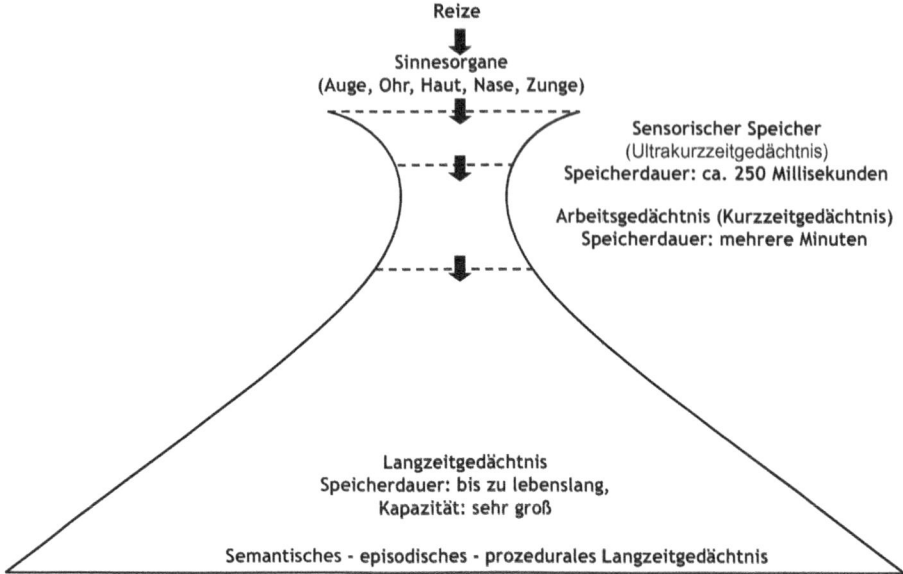

Abb. 3.4 Flaschenhals des Gedächtnisses. (Quelle: in Anlehnung an Lehner, 2018, S. 24; Hofman & Löhle, 2016, S. 16)

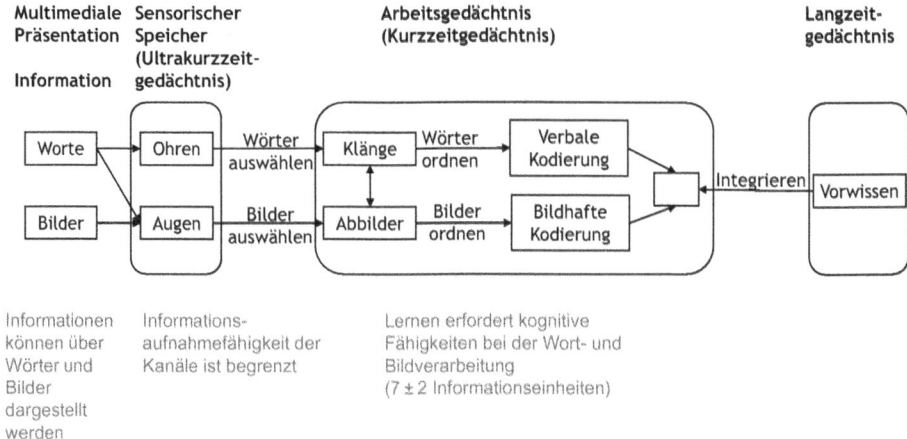

Abb. 3.5 Modell des multimedialen Lernens. (Quelle: nach Mayer & Moreno, 2003, S. 44)

Im Langzeitgedächtnis haben Menschen eine Speicherkapazität von ca. 210 Mrd. Informationen durch die verschiedenen Verbindungsmöglichkeiten der zwischen 10 und 100 Mrd. Gehirnzellen (vgl. Amberger, 2005, S. 117). Beim Langzeitgedächtnis lassen sich mindestens die drei Bestandteile semantisches, episodisches und prozedurales Gedächtnis unterscheiden. Im semantischen Gedächtnis werden „Fakten, Konzepte, Prinzipien und Regeln" sowie das meist in der Schule erworbene Wissen gespeichert (Hasselhorn & Gold, 2017, S. 50). Im episodischen Gedächtnis werden persönliche Erfahrungen gespeichert, die wie in einer Art „mentale[m] Film über Dinge, die wir gesehen und gehört haben", abgelegt sind (Hasselhorn & Gold, 2017, S. 50). Das prozedurale Gedächtnis speichert Abläufe, wie etwas gemacht wird, z. B. komplexe motorische Fertigkeiten wie Schwimmen, Tanzen, Laufen oder Ski- oder Radfahren (vgl. Hasselhorn & Gold, 2017, S. 50).

Untersuchungen in der Arbeitswissenschaft haben ergeben, dass „wenn dieselbe Information zur gleichen Zeit mehrfach dargeboten wird, die Wahrscheinlichkeit größer ist, dass sie richtig interpretiert wird. Dies gilt besonders, wenn die Information in alternativen Signalformen dargeboten wird (z. B. Tonhöhe und Lautstärke, Farbe und Form usw.)" – dies wird „Gewinn durch Redundanz" genannt (Schlick et al., 2018, S. 435).

Durch die Nutzung verschiedener Sinnesorgane werden Informationen also besser aufgenommen und auch besser behalten. Die Ansprache verschiedener Sinnesorgane und die Nutzung verschiedener Informationskanäle können durch den Einsatz unterschiedlicher Medien erreicht werden. Aus der Pädagogik ist zu erfahren, dass Inhalte besser gelernt werden, wenn Informationen als Text und Bild gleichzeitig präsentiert werden (sog. Multimediaeffekt) (vgl. Hasselhorn & Gold, 2017, S. 410). Das heißt: Was auf mehreren Sinneskanälen dargestellt und von den Zuhörern mit mehreren Sinnen wahrgenommen wird, kann besser gespeichert werden, weil es mehrfach in das Gedächtnis Eingang findet (Wiederholungseffekt). Außerdem sind auch die Verarbeitungskapazitäten im sensorischen Speicher (Ultrakurzzeitgedächtnis) begrenzt. Wenn sowohl Wörter wie auch Bilder dargestellt werden, können beide Informationskanäle gleichzeitig verwendet werden, was die Informationsaufnahme erleichtert (vgl. Hasselhorn & Gold, 2017, S. 100).

Die Aufnahmefähigkeit des Arbeitsgedächtnisses ist relativ stabil. Es kann zwischen zwei und neun Informationseinheiten gleichzeitig verarbeiten (vgl. Lehner, 2018, S. 24). Dies ist z. B. abhängig von individuellen Voraussetzungen oder der Lernsituation.

Diese Erkenntnis basiert auf einer Untersuchung von George A. Miller aus dem Jahr 1956. Miller fand die „magische Zahl sieben plus minus 2" als Kapazitätsgrenze für das Arbeitsgedächtnis. Er hat dabei seinen Probanden kurz verschiedene Reize („single stimulus") gezeigt und anschließend gefragt, an welche sie sich erinnern konnten. Dabei hat er festgestellt, dass sich die Untersuchungsteilnehmer an fünf bis neun sogenannte „chunks" (ein Chunk entspricht ungefähr einer Informationseinheit) erinnern konnten (Miller, 1956, S. 81 ff.).

Während Sie diese Zeilen lesen, entsteht in ihrem Arbeitsgedächtnis ein textbasiertes mentales Modell des Inhalts. Wenn Sie zusätzlich ein Bild anschauen, entsteht auch ein mentales visuelles Abbild im Arbeitsgedächtnis. Über wechselseitige Prozesse entstehen dabei immer korrespondierende Abbildungen. Wörter können bildhafte Abbildungen entstehen lassen und Bilder können sprachliche Abbildungen entstehen lassen (vgl. Hasselhorn & Gold, 2017, S. 410).

Bei der multimedialen Vermittlung von Informationen kann es an mehreren Stellen zu einer Informationsüberladung kommen, welche die Informationsaufnahme oder -verarbeitung hemmt. Was bei der Darbietung von Bildern und Wörtern in einer Präsentation beachtet werden sollte, wurde wissenschaftlich untersucht.

Die Psychologen Richard E. Mayer und Roxana Moreno haben Multimedia-Präsentationen untersucht, bei denen Wörter (gesprochen oder gelesen) wie auch Bilder (Graphiken, Abbildungen, Fotos, Animationen und Videos) eingesetzt wurden, und getestet, wie die Inhalte am besten gelernt bzw. behalten werden können (vgl. Mayer & Moreno, 2003, S. 46 ff.). Wenn z. B. eine Animation oder ein Film erscheint und die Erklärung dazu gleichzeitig in Textform dargestellt wird, ist der textuelle Informationskanal überlastet und kann sich nur auf die Text-Darstellung konzentrieren (siehe Abb. 3.5). Sie kennen eine solche Darstellung von Filmen, die mit Untertitel angeboten werden. Die einfachste Lösung wäre dann, die Wörter nicht in Textform, sondern verbal zu präsentieren (vgl. Mayer & Moreno, 2003, S. 46). Ebenso kann eine kognitive Überlastung daraus resultieren, wenn Informationen in Text und Bildform schneller dargestellt werden, als der Zuhörer „folgen" kann. Ein Mensch braucht Zeit, um die Informationen zu verarbeiten bzw. intern zu ordnen. Hier helfen mehr Zeit und eine gute Segmentierung der Präsentation bzw. „Entzerrung" der dargestellten Inhalte (vgl. Mayer & Moreno, 2003, S. 46). Wenn neben den eigentlichen, wichtigen Informationen zu viele unwichtige „Nebeninformationen" gegeben werden, verliert der Zuhörer den Überblick. Deshalb ist es wichtig, sich auf das Wesentliche zu fokussieren und vielleicht unterhaltsame, aber unnötige Ablenkungen wegzulassen und dem Zuhörer klar mitzuteilen, was wichtig ist (vgl. Mayer & Moreno, 2003, S. 48). Auch die Verwirrung von Zuhörern, wenn z. B. auf einer Präsentationsfläche eine bildliche Darstellung erfolgt, die von einer nicht passenden textlichen Erklärung begleitet wird, führt zu einer Überlastung der kognitiven Fähigkeiten des Zuhörers – die richtige Anordnung und Ausrichtung verhindert dies. Auch die gleichzeitige Darstellung von Erklärung und Animationen entlastet die kognitive Beanspruchung der Zuhörer. Wenn zuerst eine Erklärung erfolgt und die visuelle Darstellung erst später, muss der Zuhörer die Wörter in seinem Arbeitsgedächtnis behalten, was die Informationsaufnahme durch die bildliche Darstellung behindert (vgl. Mayer & Moreno, 2003, S. 50). Ebenso verringert das redundante Senden auf zwei Kanälen die Aufmerksamkeit und die Behaltensleistung, wenn genau dieselben Wörter vorgetragen werden, wie zu lesen sind („redundant presentation") (vgl. Mayer & Moreno, 2003, S. 49).

Die in Kap. 2 dargestellte Methode des „Storytellings" lässt durch die Wörter im Kopf innere Bilder entstehen (vgl. Abschn. 2.6.6.3). Da durch die Verarbeitung von Bildern und Wörtern zwei kognitive Verarbeitungsmechanismen im Gehirn gleichzeitig angesprochen werden, muss das Arbeitsgedächtnis Bilder und Wörter ordnen, womit die Botschaft länger im Gedächtnis bleibt.

Diesen Effekt, dass Informationen über Bilder im Kopf einprägsamer sind, wird auch bei der Gesprächstherapie in der Psychotherapie genutzt. Wenn Menschen (zu behandelnde Patienten) nur noch schwer ansprechbar sind, z. B. weil sie depressiv sind, eine bipolare Störung aufweisen oder unter Burnout leiden, sind ihre Wahrnehmung und das Verständnis von Wörtern oft sehr eingeschränkt. Das kann so weit gehen, dass sie zwar die Wörter hören, die zu ihnen gesagt werden (die Ohren und das Hörsystem sind physiologisch intakt), die Aufmerksamkeit aber so weit reduziert ist, dass sie die Wörter vergessen haben, bevor der Satz zu Ende ist. Das gleiche Phänomen ist beim Lesen zu beobachten: Depressiv Erkrankte können selbst einfach formulierte Zeitungs- oder Zeitschriftenartikel unmittelbar nach dem Ende des Lesens inhaltlich nicht wiedergeben. Über die Darstellung oder Sprechweise mit Bildern werden die Informationen für Menschen in solchen Ausnahmesituationen eingängiger und verständlicher und können damit überhaupt erst aufgenommen werden – weil auch in dieser Situation gilt: Bilder sind einprägsamer, als es Wörter sein können.

An einem Beispiel können die begrenzte Speichermöglichkeit des Arbeitsgedächtnisses (d. h. 7 ± 2 Informationseinheiten) und die Zusammenfassung von Informationen zu „sinnvollen Informationseinheiten", die dann weniger bzw. nur einen Speicherplatz im Arbeitsgedächtnis benötigen, verdeutlicht werden (vgl. Metzig & Schuster, 2020, S. 12; Hofmann & Löhle, 2016, S. 18).

Bei der Betrachtung der ersten Zeile in Abb. 3.6 werden zehn Linien erkannt, die bedeutungslos und wie zufällig dastehen. Zu deren Speicherung wären zehn Speicherplätze notwendig, und damit wäre die Kapazität des Arbeitsgedächtnisses erschöpft. Werden die Linien zusammengezogen, ergibt sich daraus eine Information, die aber nur dann auch sinnvoll decodierbar ist, wenn jemand die lateinische Schrift kennt. In diesem Fall würden für das Behalten vier Speicherplätze (einer pro Buchstabe) benötigt. Erst wenn jemand auch die deutsche Sprache kennt, kann er die Buchstaben als Wort erfassen und benötigt dazu einen Speicherplatz.

An diesem Beispiel kann zudem auch die Bedeutung von Vorwissen für die Aneignung von neuem Wissen dargestellt werden. Je mehr Vorwissen vorhanden ist (Schrifterkennung, Sprachkenntnisse), desto bedeutungsvoller wird die Information und desto leichter kann diese gespeichert werden (vgl. Metzig & Schuster, 2020, S. 12; Hofmann & Löhle, 2016, S. 18).

Abb. 3.6 Informationen und Speicherkapazität im Arbeitsgedächtnis. (Quelle: In Anlehnung an Metzig & Schuster, 2020, S. 12; Hofmann & Löhle, 2016, S. 18)

Aber es zeigt auch Grenzen auf: Je mehr Informationen auf einen Menschen ein-strömen, z. B. über multimediale Angebote, desto weniger Aufmerksamkeit entfällt auf jede einzelne Information und desto schwieriger ist es, die eigentlich wichtigen Informationen zu erkennen.

Die Reizüberflutung kann aus der Präsentation selbst stammen, wenn zu viele Informationen und zusätzlich Animationen, Filmsequenzen, Bilder und dann auch noch Töne in kurzer Zeit auf eine Person einwirken (siehe auch Abschn. 4.8). Hier ist weniger oft mehr.

Diese Informationen müssen aber gar nicht von der Präsentation selbst stammen, sie können auch von externen Sendern auf die Zuhörer einwirken und deren Aufmerksam-keit in Anspruch nehmen, diese ablenkend damit die Informationsaufnahme durch die Präsentation verhindern.

In Vorlesungen und Vorträgen erlebe ich immer wieder, dass Zuhörer durch externe Reize überflutet werden. Die ständige Erreichbarkeit über Smartphones führt zu einer Dauer-Ablenkung, was eine konzentrierte Informationsaufnahme behindert. Und dies ist nicht nur im Studium, sondern auch im späteren Berufsleben der Fall. Ich habe schon öfter beobachtet, wie Berufstätige sich weder einem Vortrag noch einem Gesprächs-partner voll und ganz widmen können, weil sie ständig auf neue Nachrichten warten. Waren Sie auch schon mal essen mit Freunden/Freundinnen/Kollegen, die immer WhatsApp oder E-Mails checken mussten? Und wie fühlten Sie sich dabei? Ich finde das echt nervig. Dies drückt auch wenig Wertschätzung dem jeweiligen Gesprächspartner gegenüber aus und erfordert ein gutes Fingerspitzengefühl, wenn es angesprochen wird. Studierenden hilft oft schon diese Erklärung, um eine Verhaltensänderung zu erreichen. Bei Gesprächspartnern im geschäftlichen Umfeld ist das entsprechend schwieriger.

Die Speicherung von Informationen im Arbeitsgedächtnis hängt nicht nur von der Wahrnehmung der Information ab, sondern wesentlich auch von der Aufmerk-samkeit und der Motivation der Zuhörer. „Aufmerksamkeit ist ein Zustand erhöhter Wahrnehmung" (Roth, 2011, S. 129). Obwohl wir viele Informationen gleichzeitig wahr-nehmen, selektiert unser Gehirn nur wenige Informationen, auf die wir uns konzentrieren können, auf die wir aufmerksam werden und die dann im Gedächtnis weiterverarbeitet bzw. gespeichert werden (vgl. Roth, 2011, S. 128). Für die Informationsaufnahme einer Präsentation sollte sowohl eine Unterforderung wie auch eine Überforderung vermieden werden (siehe auch Abb. 3.7).

- Unterforderung ist dann gegeben, wenn zu wenige Reize und Sinneseindrücke und Informationen geboten werden (Monotonie, Langeweile).
- Überlastung oder Überforderung führt dazu, dass nicht mehr alle dargebotenen Reize, Sinneseindrücke und Informationen wahrgenommen werden.

Bei Präsentationen kommt es überwiegend zur Nutzung der beiden Sinnesorgane Auge und Ohr. Die Nutzung der anderen Organe ist seltener. Die Aufteilung von Informationen auf verschiedene Informationskanäle verhindert die Überlastung eines Kanals bzw. die Überbeanspruchung eines Sinnesorgans. Die Nutzung verschiedener

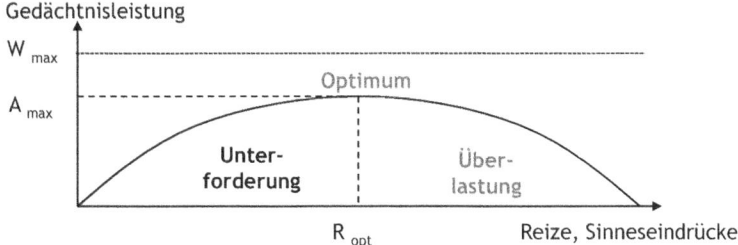

W $_{max}$: Wahrnehmung, begrenzt durch Kapazität Arbeitsspeicher

A $_{max}$: Aufmerksamkeit

Abb. 3.7 Reizüberflutung und Reizarmut

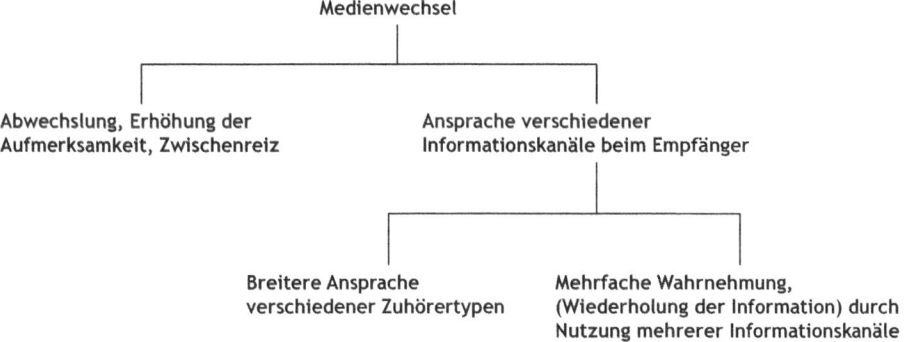

Abb. 3.8 Wirkungen eines Medienwechsels

Informationskanäle führt auch zu einer breiteren Ansprache des Publikums, d. h., es werden unterschiedliche Typen von Zuhörern angesprochen (vgl. Abb. 3.8). An das, was sie nur gehört **oder** gesehen haben, können sich Menschen allerdings weniger gut erinnern als an das, was sie gehört **und** gesehen haben, oder an das, was sie getan haben (vgl. Witzenbacher, 1994, S. 131 und Abb. 2.22). Dies spricht für die Nutzung verschiedener Informationskanäle und Medien, sowie aktiver Lernformen.

3.3 Präsentationsmedien

3.3.1 Handout, Buch, Kopie, Arbeitsblatt

Üblicherweise gehört zu einer Präsentation auch die Anfertigung von Unterlagen für die Teilnehmer (siehe auch Abb. 3.9). Skripte und Arbeitsblätter werden als Medien für Präsentationen häufig unterschätzt und oft auch vernachlässigt. Dabei wird übersehen,

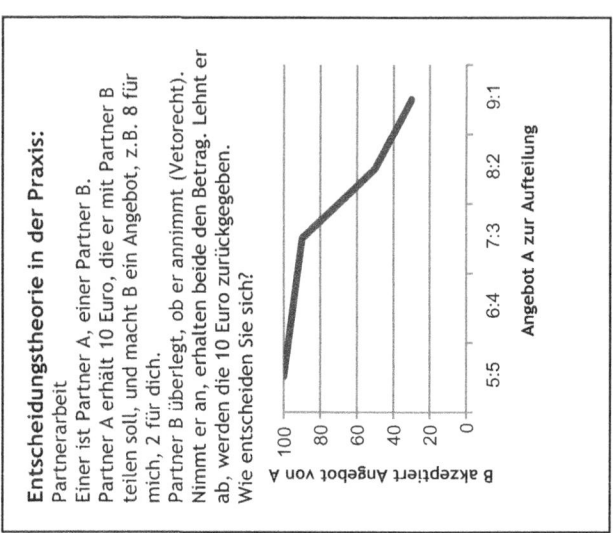

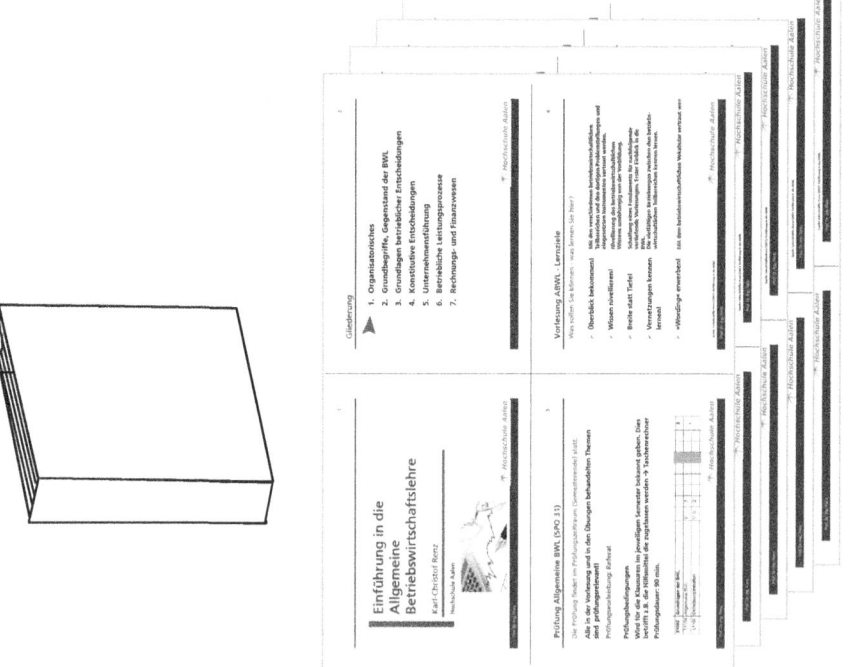

Abb. 3.9 Medium Handout, Buch, Kopie, Arbeitsblatt

dass auch diese zum Gesamteindruck einer Präsentation beitragen (vgl. Müller-Schwarz & Weyer, 2006, S. 187).

Die ausgegebenen Teilnehmerunterlagen können als eigenständiges Medium angesehen werden und sollten auch so behandelt werden. Das bedeutet, dass Sie sich über den Zweck der Unterlagen klar werden sollten. Dienen diese nur als „Give-away", damit die Zuhörer etwas mit nach Hause nehmen können, oder haben diese auch eine Funktion in Ihrer Präsentation?

Sie können z. B. dazu dienen, den Inhalt der Präsentation zu verfolgen, sich Notizen zu machen, das Präsentierte nachzubereiten, oder sie können weiterführende Informationen enthalten, mit denen das Vorgetragene vertieft werden kann.

Aus Zeitnot und Bequemlichkeit werden meist die präsentierten Folien eins zu eins ausgedruckt und vervielfältigt. Dabei treten insbesondere die folgenden Fehler auf:

- Der Informationsgehalt der ausgegebenen Unterlagen ist dürftig bzw. bruchstückhaft und unvollständig, da Präsentationsfolien nur wenige, stichworthafte Sätze enthalten. Der Leser kann die Informationen nicht nachvollziehen und hat so nur eine ausführliche Gliederung.
- Folien sind im Original farbig, die Unterlagen sind i. d. R. eine Schwarz-weiß-Kopie, sodass manche Farben, Linien und Schriften nicht mehr erkennbar und unterscheidbar sind.
- Gliederung/Anordnung oder Layout der Präsentationsfolien wird kurz vor der Präsentation geändert und stimmt nicht mehr mit den ausgegebenen Unterlagen überein.

Als Minimallösung bietet sich deshalb an, die Vortragsfolien in eine Skript-Form zu überführen. Dies geht in einer überschaubaren Zeit. Diese Unterlagen können dann die gezeigten, ausgearbeiteten Folien oder nicht gezeigte, ergänzende, weiterführende Folien enthalten (z. B. bei einem Tagungsbeitrag). Auch eine lückentexthafte Form ist z. B. für Lehrzwecke oder bei Aufgaben möglich. Die Vortragsunterlagen werden dadurch zu Arbeitsblättern. Es können dann auch zwei oder vier Folien auf eine Seite gedruckt werden. Jeder kennt dieses Medium, weil es im schulischen Bereich ein Standard-Arbeitsmittel ist und insbesondere bei Aufgaben (z. B. Rechenaufgaben in Mathematik, Physik oder als Lückentext bei Fremdsprachen) eingesetzt wird. Für die Anfertigung von Arbeitsblättern gibt es die vielfältigsten Möglichkeiten. Denkbar ist z. B. auch, das vermittelte Wissen in Form eines Tests oder eines Spiels (z. B. Wettbewerb mit Lösungswort) abzurufen und somit das Präsentierte zu wiederholen bzw. zu vertiefen (siehe hierzu auch Kap. 4). Eine Übersicht über Vor- und Nachteile dieser Medien gibt (Tab. 3.1).

Ich erinnere mich an eine Situation zu Beginn meiner Tätigkeit als wissenschaftlicher Assistent an der Universität. Wir hatten eine Vorlesung mit PowerPoint geplant und vorbereitet. Kurz vor der Vorlesung ließ sich die Präsentationsdatei nicht mehr öffnen, und

Tab. 3.1 Vor- und Nachteile von Buch, Kopie und Arbeitsblatt. (Quelle: In Anlehnung an Stangl, 2021)

Vorteile	Nachteile
Entlastung der Zuhörer, kein Mitschreiben erforderlich	Zuhörer neigen zur Passivität (kann ich ja irgendwann später nachlesen)
Überblick und roter Faden, falls Zuhörer (kurz) unaufmerksam	Zeitaufwand für die Erstellung
Verlässlichkeit, gibt Sicherheit (Backup-Funktion, funktioniert immer, auch bei Stromausfall)	Unterlagen müssen einige Zeit vor der Präsentation fertig sein, keine kurzfristigen Änderungen möglich
Interaktionen, Aktivierung der Teilnehmer durch Beschäftigung (Denken, Rechnen, Schreiben) möglich	Unterlagen müssen den Teilnehmern zur Verfügung gestellt werden (z. B. Kopien, Download)
Erhöht die Spannung, weil Zuhörer nicht alles sehen, was kommt	Beim Lesen/Bearbeiten kein Blickkontakt zum Referenten
Hohe Behaltensquote bei Bearbeitung von Aufgaben	Geringe Behaltensquote, wenn nur gelesen wird
Teilnehmeranzahl unbegrenzt	

wir hatten kein Bild auf dem PC-Monitor. Da die ca. 250 anwesenden Studierenden unruhig wurden, begannen wir trotzdem mit der Vorlesung. Die Studierenden nutzten nur ihre Teilnehmerunterlagen. Es dauerte länger als 40 min., bis wir einen Ersatzrechner beschafft und einsatzbereit hatten. Das war eine spannende und lehrreiche Erfahrung, und es waren sehr lange 40 min. Seitdem achte ich immer darauf, dass die Teilnehmer Unterlagen haben. Das funktioniert notfalls immer. Außerdem habe ich immer einen oder mehrere Sicherungsmechanismen dabei oder in Reichweite (z. B. zweites Notebook, zweiten Beamer und die Folien auf einem USB-Stick am Schlüsselbund oder auf einem Server in der Cloud abrufbar).

3.3.2   Folien mit Tageslicht- bzw. Overheadprojektor

Bis zum Siegeszug von PowerPoint waren bedruckte Folien lange Jahre „das Standardarbeitsmittel für Präsentationen" (Ferreira, 2007, S. 1000). Folien wurden als Standardmedium auf Tagungen oder Lehrveranstaltungen in Räumen mit mehreren hundert Personen verwendet (siehe auch Abb. 3.10). Dies hat sich in den letzten Jahren stark verändert. Heute finden Folien kaum mehr Verwendung, können aber als Spontanmedium und mit Einschränkungen als Dauermedium eingesetzt werden. Da Folien kaum mehr eingesetzt werden, sind eher Tafel und Flipchart zum Spontanmedium geworden (vgl. Hey, 2019, S. 64).

Einer der größten Schwachpunkte von PowerPoint ist, dass die erstellte Präsentation fast unveränderbar ist und damit wenig flexibel. Auch für Interaktionen ist die

Abb. 3.10 Medium
Tageslicht- bzw.
Overheadprojektor

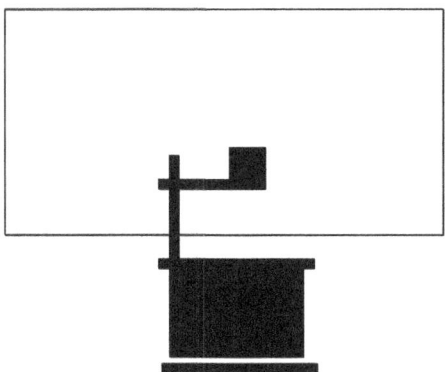

Verwendung von PowerPoint nicht immer optimal bzw. in der Gestaltung etwas aufwendig. Dies hängt davon ab, wie schnell sie tippen bzw. die Zahlen oder Texte in
PowerPoint eingeben können bzw. mit dem elektronischen Stift umgehen können. Hier
ist die Nutzung beschreibbarer Folien und eines Overheadprojektors auch für eine große
Teilnehmerzahl eine Alternative. Ich habe immer ein paar leere Folien und Folien-
stifte bei einer Präsentation dabei. Wenn ein Overheadprojektor vorhanden ist, kann ich
flexibel auf Fragen reagieren und z. B. spontan mit der Hand kurze Skizzen machen.
Auch können Punkte – z. B. Aufzählungen oder Fragen – gesammelt werden, die dann
eine gewisse Zeit sichtbar sind. Wenn Sie einen Tageslichtprojektor einsetzen wollen,
sollten Sie eine Folie zum Schreiben verwenden. Insbesondere wasserunlösliche Folien-
stifte lassen sich nur schwer wieder vom Glas des Projektors entfernen. Und wenn die
Lampe Betriebstemperatur hat, trocknet die Farbe der Stifte sehr schnell. Ich habe schon
erlebt, dass eine Studentin im Übereifer vergessen hat, auf eine Folie zu schreiben, und
direkt auf das Glas malte. Nagellackentferner ist in diesem Fall noch die am ehesten hilfreiche Lösung.

Sehr gut eignen sich Folien auch, um die Gliederung oder Agenda darzustellen, die
dann neben dem Hauptmedium PowerPoint eine Zeit lang stehen bleiben kann. Tab. 3.2
gibt einen Überblick über die Vor- und Nachteile von Tageslichtprojektoren und Folien.

3.3.3 Klassische Tafel oder Whiteboard

Dieses Medium ist allen aus der Schulzeit bekannt und viele werden dabei auch an die
Schule erinnert: eine klassische Tafel mit Kreide (siehe auch Abb. 3.11). Die Rollenver-
teilung bei Nutzung der Tafel ist vorgegeben: Der Lehrende schreibt vor, die Zuhörer
schreiben ab.

Lange Zeit dominierte die Tafel auch die akademische Ausbildung in der Vorlesung.
Die Nutzung einer Tafel führt durch die Begrenzung auf die Schreibgeschwindigkeit des
Vortragenden meist zu einem mäßigen Vortragstempo und damit zu einer eher langsamen

Tab. 3.2 Vor- und Nachteile von Tageslichtprojektor und Folien. (Quelle: In Anlehnung an Seifert, 2020, S. 17; Feuerbacher, 1998, S. 42; Müller-Schwarz & Weyer, 2006, S. 166; Hey, 2019, S. 63; Stangl, 2021)

Vorteile	Nachteile
Gute Vorbereitung möglich	Folien und Stifte müssen gekauft werden
Beschreibbar, spontane Äußerungen können aufgenommen werden	Bei vorbereiteten Folien: bedruckbare Folien und Drucker nötig
Stabil und leicht zu transportieren	Druck von Folien kostet Geld (Toner bzw. ggfs. Kopierkosten)
Einfach zu bedienen	Beschreibbare Folien: leserliche Handschrift notwendig
Flexibel: Reihenfolge kurzfristig änderbar, Sprünge, Verweise möglich (kein „Blättern" durch alle Animationseffekte notwendig)	Folienhandhabung klären: Entnahme, Ablage, wiederherstellbare Ordnung, möglichst mit Foliennummer
Bilder/Diagramme können auf Folien kopiert werden	Blendgefahr, wenn auf die Folien (Projektorglas) geschaut bzw. am Projektor gearbeitet wird
Keine bzw. wenig ablenkende technische Möglichkeiten	Schlechte Sicht auf den Referenten, weil er vom Projektor verdeckt ist
Wiederverwendbar	Technisches Versagen möglich (z. B. Birne defekt, kein geeignetes Verlängerungskabel da)
Blickkontakt mit den Zuhörern kann gehalten werden	Gebläse: Luftstrom kann abgelegte Blätter und Folien wegblasen und verursacht Nebengeräusche
Für große und kleinere Gruppen anwendbar	

Abb. 3.11 Medium Tafel oder Whiteboard

Aufnahme der Informationen. Die Tafel eignet sich – ebenso wie beschreibbare Overheadfolien – für die schrittweise Informationsvermittlung in mathematischen und naturwissenschaftlichen Fächern besonders gut. Für die schnelle Informationsvermittlung ist sie eher weniger geeignet.

Aus meinem eigenen Studium kenne ich jedoch Situationen, in denen die Sprech- und Schreibgeschwindigkeit des Dozenten so hoch war, dass mehrere Hundert Studierende im Hörsaal Mühe hatten, alle Informationen mitzuschreiben. Und wehe, man war nicht fertig, wenn der Dozent zum Schwamm griff …

Die Tafel kann als Spontan- und Dauermedium auch in Präsentationen zum Einsatz kommen, als Hauptmedium eignet sie sich zur Wissensvermittlung in genannten Fächern ebenfalls hervorragend, kommt aber immer seltener zum Einsatz.

Heute gilt die Nutzung einer Tafel nicht gerade als modern. Klassische Tafeln finden sich zwar regelmäßig in Lehrräumen und an Bildungsstätten wie Schulen, Hochschulen und Universitäten, darüber hinaus sind sie aber eher selten zu finden.

In Lehrräumen wie auch in Besprechungsräumen finden sich immer mehr „Whiteboards". Das sind Wandtafeln, meist aus weißem Stahlblech, die mit dicken Filzstiften, sog. „Board-Markern", beschrieben werden können, wie eine Tafel. Zum Wegwischen werden spezielle Tücher verwendet. Whiteboards finden sich meist in kleineren Räumen und sind in der Nutzung auf ca. 25 Personen beschränkt. Sie sind aber auch in modernen Hörsälen mit mehr als 100 Plätzen zu finden. Whiteboards können auch als Magnettafel eingesetzt werden (dies trifft auch auf viele klassische Wandtafeln in den Hochschulen zu).

In Tab. 3.3 werden zusammenfassend die Vor- und Nachteile von Tafeln und Whiteboards dargestellt.

3.3.4 Pinnwand und Metaplantafel

Pinnwände (auch Metaplantafeln genannt) sind viereckige Tafeln, die mit einem textilen Überzug (z. B. Filz) versehen sind und dazu dienen, Kärtchen mit Nadeln daran zu befestigen (siehe auch Abb. 3.12). Meist werden diese mit einem braunen Papier (Packpapier, „Brown Paper") überzogen, um die Wände zu schützen und evtl. Beschriftungen direkt auf dem Papier zu ermöglichen.

Die Einsatzmöglichkeit von Pinnwänden in größeren Auditorien ist begrenzt, sie ist für die Anwendung bei Gruppen mit weniger als 20 Personen geeignet (vgl. Seifert, 2020, S. 15).

Mit der Pinnwand können vorbereitete Darstellungen präsentiert, aber auch Darstellungen entwickelt werden (vgl. Seifert, 2020, S. 15). Die Pinnwand ist ein sehr interaktives Medium, wobei der Einsatz eher Moderations- als Präsentationsfähigkeiten erfordert. Die Pinnwand ermöglicht die Visualisierung eines Gesprächsverlaufs oder eines Entscheidungsprozesses unter Einbindung aller Teilnehmenden, bei der die Ergebnisse und Entscheidungsprozesse für alle Teilnehmenden transparent sind (vgl. Müller-Schwarz & Weyer, 2006, S. 176).

Tab. 3.3 Vor- und Nachteile von Tafel und Whiteboard. (Quelle: In Anlehnung an Feuerbacher, 1998, S. 42; Müller-Schwarz & Weyer, 2006, S. 160; Stangl, 2021; Franck & Stary, 2013, S. 257)

Vorteile	Nachteile
Einfache Handhabung	Kreidestaub und Quietschgeräusche
Schrittweises Entwickeln von Sachverhalten (z. B. mathematische Ableitungen) möglich	Vorbereitung ist aufwendig
Dozent muss sich selbst intensiv mit dem Inhalt auseinandergesetzt und den Stoff selbst erfasst bzw. durchdacht haben	Lesbarkeit vom Schreibstil abhängig
Eigenes Skript muss erarbeitet werden	Gefahr, zur Tafel zu sprechen (Abwendung vom Publikum), wird akustisch schwer verständlich
Gut für langsame Vermittlung komplizierter Sachverhalte	Platz ist begrenzt, vollgeschriebene Tafeln müssen abgewischt werden, wenn Schrift weg, ist kein Zurückholen („Zurückblättern") mehr möglich, Tafelbilder können nicht aufbewahrt werden
Schreibgeschwindigkeit führt zu mäßigem Vortragstempo	Vortrag ist auf Schreibgeschwindigkeit beschränkt
Durch Mitschreiben Aktivierung der Zuhörer	Schulische Rollenverteilung: Lehrer-Schüler-Effekt
Spontan einsetzbar	Kreide hinterlässt „Kreidefinger" und es besteht Gefahr, die Kleidung schmutzig zu machen, auch Boardmarker können bei entsprechendem Umgang zu farbigen Fingern führen
Flexibel: z. B., um Themen und Vorschläge zu sammeln und zu notieren	Tafeln sind nicht immer vorhanden und kaum zu transportieren

Der typische Einsatz von Pinnwänden läuft in den folgenden Schritten ab:

- **Ideensammlung, Kartenabfrage:** Jeder Teilnehmer bekommt Karten und einen Filzstift, allen Teilnehmern wird die gleiche Frage bzw. Aufgabe gestellt. Die Teilnehmer notieren ihre Antworten auf den Karten. Diese werden anschließend – für alle sichtbar – an die Pinnwand gehängt.
- **Strukturierung, Ordnung:** Die gegebenen Antworten werden zu Themengruppen mit ähnlichen Antworten, sog. „Clustern", zusammengefasst (gruppiert und umgehängt), so werden Dopplungen/Mehrfachnennungen sichtbar.
- **Bewertung:** z. B. mit einer Punktabfrage. Die Teilnehmer haben dabei die Möglichkeit, Alternativen zu bewerten, indem sie z. B. eine bestimmte Anzahl von Klebepunkten verteilen. Die wichtigsten Alternativen werden priorisiert, und so wird eine Rangfolge der Alternativen gebildet.

Abb. 3.12 Medium Pinnwand
und Metaplantafel

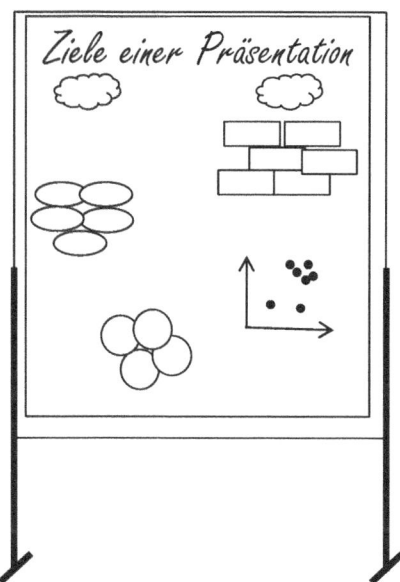

Die Pinnwand kann als Haupt-, Spontan- und Dauermedium zum Einsatz kommen. Vor-
und Nachteile von Pinnwand und Metaplan sind in Tab. 3.4 zu sehen.

3.3.5 Flipchart

Das Flipchart gleicht einem überdimensionierten Notizblock (siehe auch Abb. 3.13).
Es ist eine freistehende Metalltafel, welche am oberen Rand eine Halterung hat, um
spezielles Flipchart-Papier zu befestigen. Geschrieben wird mit speziellen, dicken Filzstiften. Die Papiergröße bestimmt die Schreibfläche: 100 × 70 cm. Die Schreibfläche und
die Schriftgröße begrenzen die Zuhörerzahl auf ca. zehn Personen (vgl. Seifert, 2020,
S. 16). Flipcharts „können vorbereitet sein oder situativ entwickelt werden" (Seifert,
2020, S. 16).

   Beschriebene Flipchart-Blätter können wie bei einem Kalender nach oben
umgeblättert oder abgerissen und an der Wand für alle sichtbar aufgehängt werden.
Damit kann ein Flipchart als Spontan-, Haupt- und Dauermedium zum Einsatz kommen.
Tab. 3.5 zeigt die Vor- und Nachteile von Flipcharts im Überblick.

3.3.6 Bilder: Dias/Fotos und Video/Film

Für die Darstellung komplexer Sachverhalte oder für Realitätsdarstellungen unbewegter
Informationen sind Fotos bestens geeignet (Abb. 3.14). Diese können zur Veranschaulichung

Tab. 3.4 Vor- und Nachteile von Pinnwand und Metaplan. (Quelle: In Anlehnung an Feuerbacher, 1998, S. 42; Müller-Schwarz & Weyer, 2006, S. 160; Stangl, 2021)

Vorteile	Nachteile
Sehr interaktives Medium	Teilnehmerzahl begrenzt, maximale Gruppengröße ca. 20 Personen
Hohe Aufnahmebereitschaft, starke Aktivierung der Teilnehmer	Transport von Pinnwänden umständlich
Einbindung aller Teilnehmenden möglich	Moderationsmaterial notwendig: Pinnwände, Packpapier, Karten, Stifte
Sukzessiver Aufbau von Informationen möglich	Protokollierung ist aufwendig (Fotoprotokoll, ansonsten „Abtippen")
Gruppe kann Bild selbst erarbeiten	Nur beschränkt wiederverwendbar
Flexibles Umhängen der Karten möglich (wichtig beim Clustern der Beiträge)	Erfordert eher Moderations- als Präsentations-fähigkeiten
Thema/Information für alle (dauerhaft) sichtbar und bearbeitbar	
Sowohl vorbereitet als auch spontan einsetzbar	

Abb. 3.13 Medium Flipchart

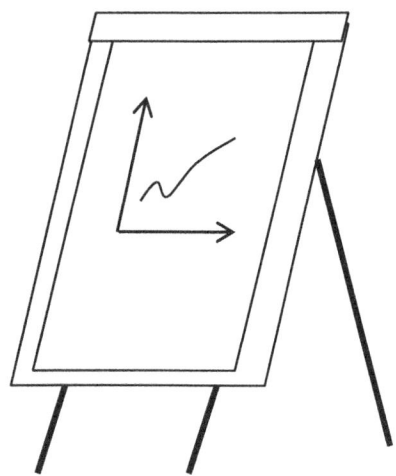

von Objekten, Gegenständen, Situationen oder Augenblicken (z. B. Arbeitsumgebungen, Maschinen, Momentaufnahmen) eingesetzt werden (vgl. Stangl, 2021). Die Betrachtung eines detailreichen Bildes kostet aber Zeit (vgl. Hierhold, 2008, S. 203).

Die Verwendung von Dias ist aus der Mode gekommen. Früher waren noch „Multi-visions-Shows" bekannt, bei denen viele Dias hintereinander gezeigt wurden, dazu wurden erklärende Kommentare gesprochen bzw. Ton eingespielt. Bekannte Bergsteiger wie z. B. Reinhold Messner oder der Polarforscher Arved Fuchs präsentierten so ihre Erlebnisse in großen Sälen. Viele junge Menschen kennen diese Technik nicht mehr.

Tab. 3.5 Vor- und Nachteile eines Flipcharts. (Quelle: In Anlehnung an Müller-Schwarz & Weyer, 2006, S. 160; Stangl, 2021; Franck & Stary, 2013, S. 258)

Vorteile	Nachteile
Unterstützung eines Vortrags durch Notizen	Relativ kleine Fläche zum Beschriften (nicht für sehr große Räume und größere Gruppen geeignet)
Interaktives Medium, aktive Einbindung der Teilnehmer möglich	Blickkontakt zum Zuhörer leidet
Sukzessiver Aufbau von Informationen möglich	Saubere Handschrift notwendig
Elemente vorbereitet oder spontan, auch vorgefertigte Flipchart-Blätter möglich	Beschränkt wiederverwendbar, wenn vorgefertigte Blätter beschrieben werden
Geschwindigkeit variabel, durch vorgefertigte Blätter nicht nur auf Schreibgeschwindigkeit begrenzt	Protokollierung oft aufwendig
Vortrag wirkt aktuell und aktiv, nicht wie „aus der Konserve"	Vergleichsweise teures Papier und Stifte
Darstellungen und Informationen können gemeinsam erarbeitet und anschließend an die Wand geheftet werden, sodass sie präsent bleiben	Wegen Lesbarkeit nur für kleine Gruppen einsetzbar
Informationen gehen nicht verloren, „Zurückblättern" ist möglich	
Geringe Gefahr technischer Pannen: keine Abhängigkeit von Strom, Kabeln etc.	
Einfache Handhabung, geringer Platzbedarf	
Transportierbar	
Sauberes Arbeiten, keine „schmutzigen" Finger	

Die Verwendung von Filmen bzw. Filmclips erfreut sich dagegen steigender Beliebtheit. Insbesondere in natur- und ingenieurwissenschaftlichen Fächern können durch die Darstellung von Prozessen, Experimenten oder Simulationen komplizierte Abläufe anschaulich präsentiert werden. Dies stellt eine gute Abwechslung zum eher sprach- und textlastigen Vortrag dar (vgl. Hey, 2019, S. 113).

Durch das Internet (z. B. auf YouTube) stehen unzählige kurze Filmausschnitte zur Verfügung, die ohne großen Aufwand in eine PowerPoint-Präsentation eingebunden werden können. Allerdings sollte auf die Sinnhaftigkeit und die Länge der Filmsequenzen geachtet werden. So habe ich schon erlebt, dass Filme verwendet wurden, die nicht genau zum Thema des Referats passten, wodurch unbeabsichtigterweise ein eher humoristischer Effekt eintrat, der allerdings der Glaubwürdigkeit des ganzen Vortrags bzw. des Vortragenden schadet.

Abb. 3.14   Medium Bilder: Dias/Fotos und Video/Film

Die Darstellung von bewegten Bildern ist nicht nur auf vorhandene Filmsequenzen beschränkt Die eigene Produktion einer guten, aussagestarken Filmsequenz ist allerdings anspruchsvoll und sehr aufwendig. Bei der Vorführung selbsterstellter Filmsequenzen kann es manchmal sinnvoll sein, diese als „Stummfilm", also ohne Ton zu präsentieren und die dargestellten Bilder selbst zu erklären. Durch entsprechende Klänge/Musik kann die Aussage verstärkt werden, indem die passende Stimmung erzeugt wird.

Die technische Entwicklung und der Medienkonsum junger Menschen führen dazu, dass die Einbindung von Filmen und Filmclips im Unterricht immer selbstverständlicher wird – hier ändert sich die Erwartungshaltung durch die Verbreitung von YouTube. Verbesserte Animationen von PowerPoint führen dazu, dass diese der Darstellung von Filmen immer ähnlicher werden. Filme werden nicht nur immer beliebter, sondern sie können auch immer leichter selbst erstellt werden. Sehr gut sind m. E. z. B. „Erklärvideos", die mit Programmen wie Simpleshow, Poowton oder Doodly selbst erstellt werden können. Die Programme bieten hierzu auch gute Anleitungen, um Schritt für Schritt vom Inhalt über das Drehbuch (die Story) bis zur Auswahl der passenden Visualisierungselemente zum Video zu kommen. Es gibt aber eine ganze Reihe von Möglichkeiten, die genutzt werden können. Suchen Sie einfach mal im Internet nach „Erklärvideos" und suchen sie sich die passende Lösung aus.

Die Länge des Films sollte in Relation zur restlichen Vortragsdauer stehen. Eine Präsentation sollte nicht zur Kinovorführung werden. So sind Filmsequenzen mit einer Dauer von zwei Minuten bei einer Vortragsdauer von 20 min. in Ordnung, nicht aber eine 15-minütige Filmdauer bei einer 20-minütigen Vortragsdauer. Dies erweckt sonst stark den Eindruck, als wolle der Referent sich vor der persönlichen Präsentation drücken und hinter dem Film verstecken. Auch für die Zuhörer stellt sich die Frage, warum sie zu dieser Präsentation gekommen sind, wenn sie das Video auch alleine zu Hause hätten anschauen können.

Vor- und Nachteile des Einsatzes von Bildern sind in Tab. 3.6 dargestellt.

3.3.7 Tonbandgerät, Kassettenspieler, CD-Player, MP3-Player

Der Einsatz von Tönen (Abb. 3.15) in Präsentationen klingt zunächst ungewöhnlich. Töne und die Nutzung der entsprechenden Geräte dienen der auditiven Unterstützung eines Vortrags, Referats oder Lehrgesprächs (vgl. Stangl, 2021).

Fast jeder hat dieses Medium schon einmal im Einsatz erlebt. Denken Sie an den Unterricht von Fremdsprachen, bei denen Ihnen Sätze der neuen, unbekannten Sprache vorgespielt wurden. Oder an den Biologieunterricht, in dem Sie unterschiedliche Vogelstimmen oder unterschiedliche Arten von Tiergeräuschen gehört haben. Oder denken Sie

Tab. 3.6 Vor- und Nachteile von Bildern bzw. Video und Film. (Quelle: In Anlehnung an Müller-Schwarz & Weyer, 2006, S. 160; Stangl, 2021)

Vorteile	Nachteile
Darstellung komplexer Abläufe und Prozesse möglich	Nur sparsam und kurz einsetzbar
Anschaulich und einprägsam	Fördert Konsumhaltung
Wirkt authentisch und real	Wenig Kontakt zu den Teilnehmern
Zuschauer wird „Zeuge"	Nicht spontan
Macht die Präsentation „lebendig" und unterhaltsam	Zuhörer können sich abgefertigt fühlen
Auch in großen Räumen und für große Gruppen geeignet	Aufwendige und teure Erstellung bei eigenen Filmen und Bildern
Möglichkeit der Darstellung auch größerer Objekte	Suche nach sinn- und gehaltvollen Filmen/Bildern zeitaufwendig
Vorführung auch von selbst produzierten Videos bzw. Videoausschnitten möglich	Keine kurzfristige Änderung/Anpassung möglich
100 % vorbereitet und fertig	Teilnehmer fühlen sich manipuliert, z. B. bei gefühlvollen oder schockierenden Bildern
Immer beliebter, fast nicht mehr wegzudenken	Urheberrecht ist zu beachten

Abb. 3.15 Ton als Medium

an den Geschichtsunterricht, in dem Sie Aufzeichnungen von Reden im O-Ton zugehört haben. Oder an den Musikunterricht, in dem einzelne Töne, Passagen oder ganze Werke abgespielt wurden.

Die Wirkung und das Erinnerungsvermögen von auditiven Elementen können Sie an sich selbst beobachten: Denken Sie an Radiowerbung und überlegen Sie, welcher Spruch oder welche Melodie Ihnen spontan einfällt. Oft hat sich ein Werbeslogan einschließlich einer speziellen Melodie in Ihr Gedächtnis eingebrannt, und wenn es nur der Werbespruch des Radiosenders selbst ist.

Mit zunehmender Professionalisierung werden Töne auch bei der Eröffnung von Veranstaltungen eingesetzt. Wie die Hymne, die abgespielt wird, wenn ein Boxkämpfer den Ring betritt (oder ein Professor den Hörsaal), auch Studierende haben mich hier schon mit ihrer Kreativität überrascht.

Der Einsatz auditiver Elemente eignet sich in Vorträgen besonders als Unterstützung des Hauptmediums. In einem großen Raum können Sie bei entsprechender Ausstattung die vorhandene Lautsprecher- und Verstärkeranlage nutzen (Anschlusskabel nicht vergessen). Die eingebauten Lautsprecher in einem Notebook oder Mini-Lautsprecher, die sonst an einen MP3-Player angeschlossen werden, sind aber i. d. R. in einem Raum mit 60 oder mehr Personen nicht ausreichend.

Immer wieder kommt es hier zu vermeidbaren Pannen, wenn Töne oder Filme mit Ton eingesetzt werden, die Vortragenden aber nicht an die entsprechenden Ausgabegeräte (Lautsprecher mit Verstärker) gedacht haben. Dann sind die Töne vielleicht noch vom Referenten und in der ersten Zuhörerreihe hörbar, der Rest des Publikums fühlt sich aber ausgeschlossen. Es wird von diesen Zuhörern erwartet, dass sie still und ruhig sitzen bleiben, bis der Ton vorbei ist. Das ist eine angespannte Situation für alle Anwesenden und hinterlässt den Eindruck, dass der Referent nicht gut vorbereitet ist.

Die gesammelten Vor- und Nachteile zeigt Tab. 3.7.

3.3.8 Haptische Medien (Beispiele/Anschauungsobjekte/Muster)

Als Anschauungsobjekte eigenen sich Gegenstände, welche die Zuhörer nicht nur sehen, sondern auch „begreifen" können (siehe auch Abb. 3.16). Es sind also Gegenstände, welche die Zuhörer in die Hand nehmen (anfassen) können. Dadurch wird zusätzlich der Tastsinn angesprochen, d. h., ein weiterer Sinneskanal wird verwendet, wodurch die Erinnerungswahrscheinlichkeit steigt.

Tab. 3.7 Vor- und Nachteile von Tönen als Medium. (Quelle: In Anlehnung an Stangl, 2021)

Vorteile	Nachteile
Authentische auditive Darstellung (z. B. O-Ton, exakte Aussprache, Geräusche, Vogelstimmen)	Klangqualität von Raum (-Größe) abhängig
Zur Unterstreichung von Aussagen	Verstärkeranlage, Boxen und Kabel nötig
Zum Selbstlernen, z. B. im Fremdsprachenunterricht	Nur zeitlich begrenzt einsetzbar
Zur Auflockerung von schwierigem Stoff	
Zum Erzeugen von Emotionen oder zur Entspannung	
Eigene und kommerzielle Aufnahmen abspielbar	

Abb. 3.16 Haptische Medien

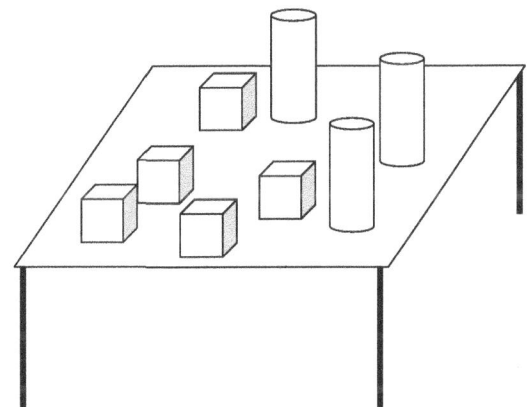

In der Praxis können hierzu Produkte bzw. Produktmodelle (Prototypen) verwendet werden. Im Unterricht eignen sich Anatomiemodelle in der Medizin, Modellbauten bei Architekten, Maschinenteile oder Oberflächen bei Ingenieuren, Produktmodelle bei Betriebswirten u. v. m.

Dabei sind haptische Medien nicht auf Produkte oder auf Prototypen beschränkt. Es können auch andere Hilfsmittel zum Einsatz kommen. Zu seiner Präsentation mit dem Thema „Lernen und Lerntypen" brachte ein Student das Modell eines menschlichen Gehirns und eines Auges mit, anhand dessen er die einzelnen Bestandteile und die Funktionsweise dieser menschlichen Organe beschrieb. Zum Referatsthema „Arbeitsplatz als Lernort" habe ich schon erlebt, dass ein Student einen neuen Bürodrehstuhl im Hörsaal aufbaute und diesen mit den im Hörsaal vorhandenen Sitzmöbeln verglich, um Unterschiede eindrucksvoll zu demonstrieren und „richtiges Sitzen" zu erklären – ein einprägsames Beispiel für die gelungene Präsentation mit einem haptischen Medium. „Die dreidimensionale Realität schlägt jedes zweidimensionale Bild." (Hierhold, 2008, S. 205)

Wenn Anschauungsobjekte für ein Thema möglich und vorhanden sind, gehören diese zu den bestmöglichen Medien. Ich habe Verkäufer in der Praxis erlebt, die eine überzeugende Präsentation nur mithilfe ihres Produktes halten können. So sagte mir einmal ein erfolgreicher Außendienstmitarbeiter: „PC und PowerPoint habe ich zwar immer dabei, aber wenn ich die Kunden vor die Wahl stelle, wählen sie immer die Präsentation mit dem Produkt."

Haptische Medien haben allerdings ein Problem, und zwar das Schwundproblem. Mit zunehmender Zuhörerzahl und abnehmender Produktgröße steigt das Verlustrisiko. Während meiner Zeit an der Universität hatten wir einmal einen Gastredner der Firma IBM eingeladen, der über die Leistungsfähigkeit und Speichermöglichkeit zukünftiger Computersysteme referierte. Als Anschauungsobjekt hatte er – damals revolutionär – USB-Memorysticks dabei (zu der Zeit, als man noch auf Disketten speicherte). Davon gab er drei USB-Sticks in den Umlauf in einen Hörsaal, der mit ca. 300 Personen besetzt war. Keiner kam zum Referenten zurück.

Wenn Sie Gegenstände in den Umlauf geben, sollten Sie sicherstellen, dass möglichst alle Menschen im Raum diesen Gegenstand „in die Hände bekommen", d. h., Sie sollten eine Reihenfolge festlegen und es sollte möglich sein, dass diese auch wieder zurückkommen. Dies ist ab einer bestimmten Personenzahl und Sitzordnung nicht mehr systematisch planbar und wird chaotisch verlaufen.

Außerdem sind die Zuhörer abgelenkt, während sie sich mit dem Gegenstand beschäftigen. Sie begreifen mit ihren Händen, sind aber auf diese Tätigkeit konzentriert, wenn sie den Gegenstand weiterreichen, und müssen anschließend den roten Faden wiederfinden. Währenddessen ist möglicherweise die Präsentation schon so weit, dass den Zuhörern die Verbindung zwischen Gegenstand und gesprochenem Wort nicht mehr unmittelbar klar ist.

Der optimale Fall ist natürlich, wenn jeder Zuhörer „sein" Muster erhält, und dann alle gleichzeitig dieses „begreifen" und damit „spielen" können, sodass sich danach die Aufmerksamkeit wieder auf den Vortragenden richtet (vgl. Hierhold, 2008, S. 207). Tab. 3.8 bietet einen Überblick über die Vor- und Nachteile des Einsatzes haptischer Medien.

3.3.9   Poster bzw. Plakat

Poster erfreuen sich als Medium zunehmender Beliebtheit. Ein Poster ist eine vorbereitete, übersichtliche und verdichtete Darstellung eines Themas auf einem großen Stück Papier (in Plakatform, vgl. Abb. 3.17). Mit Postern können komplexe Zusammenhänge übersichtlich und knapp dargestellt werden (vgl. Hey, 2019, S. 28). Poster werden an Wänden bzw. Stellwänden befestigt. Meist enthalten sie als Blickfang („Eyecatcher") eine oder wenige groß dargestellte Abbildungen und dafür wenig Text. Der wesentliche Inhalt sollte auf einen Blick erfassbar sein.

Poster können als Haupt- oder als Dauermedium eingesetzt werden. Als Dauermedium dienen Poster der visuellen Unterstützung eines Vortrags oder Referats, auch können sie bei Ausstellungen (an Messeständen) zum Einsatz kommen.

Tab. 3.8 Vor- und Nachteile haptischer Medien. (Quelle: In Anlehnung an Stangl, 2021)

Vorteile	Nachteile
Reales Objekt wirkt wahr und überzeugend	Verlustrisiko – Abhandenkommen möglich
Vorstellung für den Zuschauer nachvollziehbar („begreifbar")	Stabilität des Objektes notwendig, sonst Beschädigung möglich
Ansprache des Tastsinns als Eingangskanal	Nur auf wenige Objekte beschränkt
Einprägsam	Geordneter Verlauf für das Herumreichen nur bis zu ca. 50 Personen möglich (abhängig von der Sitzordnung)
Hohes Erinnerungsvermögen, steigt zusätzlich, wenn Gegenstand außergewöhnlich, selten, begehrlich ist	Lenkt vom Vortrag kurz ab, Gegenstand passt nicht mehr zum gesprochenen Wort, wenn er Zuhörer erreicht
Abwechslung, Erhöhung der Aufmerksamkeit	Transport der Gegenstände (wenn für jeden Teilnehmer: hohe Stückzahlen nötig, bei großvolumigen Gegenständen Raumbedarf, bei schweren Gegenständen Gewicht)

Abb. 3.17 Medium Poster

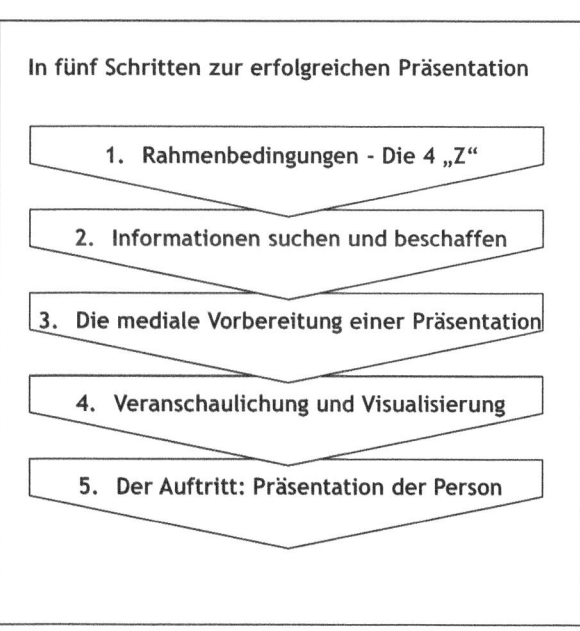

Besonders geeignet sind sie während einer Präsentation z. B. für die strukturierte Darstellung des Themas oder eines Themenbereichs sowie zur Darstellung der Gliederung/ des Ablaufplans. Ein spezieller Aspekt oder Themenbereich kann während der Präsentation durch die Verwendung eines Posters hervorgehoben werden. Insbesondere eignet sich dies für Inhalte, die während der Präsentation öfters behandelt werden, z. B. eine spezifische Bilddarstellung oder eine spezielle Übersicht. Während der Präsentation kann dann auf das Poster verwiesen werden. Nach Ende des Vortrags können sich die Referenten vor ihrem Poster platzieren, um für Fragen und Diskussionen zur Verfügung zu stehen. Wenn mehrere Vorträge hintereinander stattfinden und zwischen den Vorträgen keine Diskussions- bzw. Fragemöglichkeiten bestehen, bietet sich die Gelegenheit, die Diskussion nach den Vorträgen in einer kleineren Gruppe am Posterstand durchzuführen, z. B. bei Tagungen und Konferenzen.

Poster können auch als Hauptmedium in kleineren Gruppen zum Einsatz kommen, wobei die Referenten die Präsentation am Poster vorstellen und den Inhalt des Posters erklären. Nach den einzelnen Posterpräsentationen werden die Poster dann als Ausstellung verwendet. Vermehrt kommen Poster auch z. B. bei Tagungen (sog. Postersessions) zum Einsatz. Bei einer Tagung werden z. B. in der Vorhalle des Plenarsaals oder auch im Plenum verschiedene Themen mit Hilfe von Postern vorgestellt. Oft sind es Forschungsthemen bzw. Forschungsergebnisse junger Forscher, die dann während einer Tagung einen „Stand" haben, an dem sie zu bestimmten Zeiten persönlich anwesend sind und für Fragen zur Verfügung stehen. Da die Stände nicht immer besetzt sind, müssen Poster während der übrigen Zeit selbsterklärend sein. Hierdurch entsteht auch ein Wettbewerb mit den Kollegen um die Aufmerksamkeit des Publikums, was die Postergestaltung anregt. Manche Tagungen sehen auch einen Preis für die besten Poster vor, die dann auf der Tagung von den Teilnehmern oder einer Jury ausgewählt und prämiert werden. Ebenso gibt es auf Konferenzen auch die Kombination eines Vortrags mit ergänzender Posterpräsentation (vor- oder nach dem Vortrag).

Die Postersessions stellen eine aufgelockerte Vortragsform dar, die dem Publikum einen schnellen Überblick über die einzelnen Vorträge verschafft. Die Teilnehmer können sich dann zielgerichtet die Posterstände aussuchen, die für sie von besonderem Interesse sind (vgl. Hey, 2019, S. 28), Wenn einige Posterstände zusammenkommen, ergibt dies einen „messeartigen" Charakter. Das Poster übernimmt dann die Funktion einer „Werbeanzeige" und führt dann zu ausführlicheren Präsentationen, Diskussionen und intensivem Austausch in kleiner Runde.

Poster können auch als interaktives Element zum Einsatz kommen, wenn Teilnehmer eine Aufgabe erhalten, bei der sie ein Poster alleine oder in einer kleinen Gruppe selbst erstellen und dieses anschließend präsentieren sollen. Welche Vor- und Nachteile die Verwendung von Postern hat, ist in Tab. 3.9 zu sehen.

3.3.10 Computer und Beamer

Durch den Einsatz eines Computers und eines Projektors (Beamer, siehe Abb. 3.18) ist es möglich, multimediale Präsentationen zu erstellen und dabei verschiedene (traditionelle) Medien zu integrieren, wie z. B. Bilder/Videos, Animationen, Ton usw. Durch die Verwendung eines Beamers „haben die Bilder für eine Präsentation laufen gelernt" (Seifert,

Tab. 3.9 Vor- und Nachteile von Postern. (Quelle: In Anlehnung an Feuerbacher, 1998, S. 40 f.)

Vorteile	Nachteile
Reduktion auf die wesentlichsten Elemente der Präsentation	Platz für die Darstellung ist begrenzt
Abwechslungsreiche und vielseitige Darstellungen möglich	Wegen Blickfang und Selbsterklärung wird auf vereinfachte Darstellung großen Wert gelegt
Persönlicher Kontakt und direkte Kommunikation möglich	Visualisierung dominiert Inhalt
Parallele Präsentation unterschiedlicher Arbeiten zugleich möglich (Zeiteinsparung)	Zeitaufwendige Erstellung
Vertiefte Ansprache und Diskussionsmöglichkeit nur für interessierte Zuhörer am „Stand"	Teuer durch Ausdruck (Papier, Farbe/Druck)
Poster kann mehrmals verwendet und gezeigt werden	Nur für begrenzte Personenzahl, bis zu ca. 20 Personen
Bei selbsterklärendem Inhalt: Präsenz von Autor/in nicht notwendig	Evtl. Schwierigkeit beim Transport bzw. beim Aufhängen (Wände, Stellwände nötig)
Als Ergänzungsmedium und als Hauptmedium geeignet	

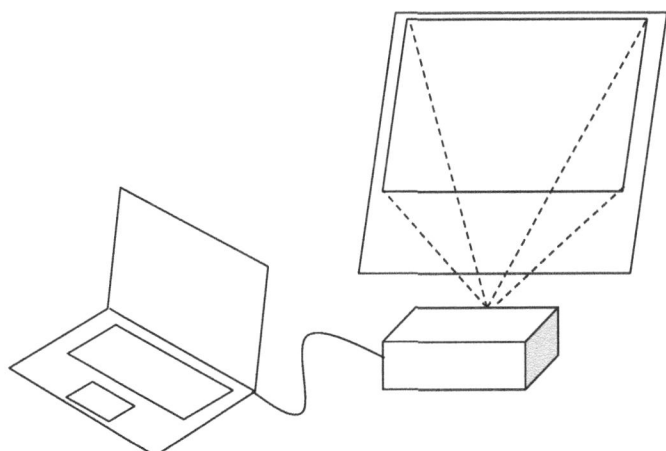

Abb. 3.18 Medium Computer und Beamer

2020, S. 18). Wichtige Inhalte können betont und hervorgehoben werden. Der Einsatz dieser Effekte bietet viele Abwechslungsmöglichkeiten, was eine längere Aufmerksamkeit der Zuhörer ermöglicht (vgl. Ferreira, 2007, S. 1000). PC und Beamer sowie die Nutzung von Präsentationsprogrammen wie z. B. PowerPoint haben sich in den letzten Jahren als Standardmedium etabliert und den Tageslichtprojektor abgelöst (vgl. Hey, 2019, S. 63).

Auch die entsprechenden Projektoren (Beamer) gehören heute zur Standardausstattung eines Vortragsraumes, was für Tageslichtprojektoren nicht mehr gilt. Mit einem Beamer sind Präsentationen vor großen Gruppen möglich.

Insbesondere beim erstmaligen Einsatz dieses Mediums, wenn zusätzlich noch Software-Kenntnisse erworben werden müssen, wird der zeitliche Aufwand unterschätzt und führt zu einem erheblichen Zeitdruck in der Vorbereitungsphase. Durch eine Zunahme von Präsentationen in der Schule ist dieser Effekt an der Hochschule nur noch selten zu beobachten.

Die Gestaltung der Inhalte und der Folien (PowerPoint-Slides werden auch „Folien" genannt) ist vergleichbar mit der Folienerstellung für einen Tageslichtprojektor. Zusätzlich verfügen Präsentationsprogramme über eine Vielzahl an Variationsmöglichkeiten und technischen Effekten. Dadurch entsteht allerdings das Risiko des unkontrollierten, sinnlosen Einsatzes dieser Effekte. So besteht die Gefahr der Überbewertung der Darstellung zu Lasten des Inhalts (viel Show, wenig Inhalt).

Die Begeisterung beim Einsatz von PowerPoint kann ich gut nachvollziehen, da ich im Anfangsstadium meiner Erfahrungen mit PowerPoint dieser auch erlegen bin. Wie haben die Zuhörer über Bewegungen auf Folien, über Animationen und Folienübergänge gestaunt, insbesondere, als diese Effekte noch kaum jemand gesehen hatte! Obwohl diese Effekte ihren Neuigkeitswert verloren haben, scheint die Begeisterung sich auf manche Studierende so zu übertragen wie auf mich vor 25 Jahren: An allen Ecken der Folie blinkt es, Texte werden – wie mit der Schreibmaschine eingetippt – eingeblendet, und Männchen oder andere Elemente bewegen sich unruhig oder hüpfend über die Folie hin und her. Es scheint, als ob Erwachsene die spielerischen Elemente wiederentdeckt haben und dies allen anderen mitteilen wollen.

Im Laufe meiner Erfahrungen habe ich bemerkt, dass diese Effekte – und mögen sie noch so toll und fesselnd wirken – die Zuhörer vom eigentlichen Inhalt der Präsentation und vom Redner ablenken. Sie ziehen die Aufmerksamkeit der Zuhörer auf sich und bewirken damit das Gegenteil. Ich habe dann diese „Spielereien" drastisch eingeschränkt und nutze diese nur noch, wenn sie didaktisch sinnvoll sind.

Der Einsatz von Technik ist zudem störanfällig. In jedem Semester erlebe ich immer noch, dass studentische Referenten es nicht schaffen, die Präsentation bzw. die Bildschirmanzeige des Monitors über den Beamer an der Wand darzustellen. Häufig liegt dies nur an der Einstellung des PCs, aber auch fehlende oder fehlerhafte Kabel und Zubehör sowie defekte oder verstellte Beamer kommen als Fehlerquelle infrage. Die Referenten geraten regelmäßig so sehr in Aufregung, wenn das Bild nicht dargestellt wird, dass sie voller Hektik die nächsten Fehler machen, sodass im schlimmsten Fall der PC nicht mehr hochfährt (z. B. weil sie das Passwort nicht richtig eingeben) oder der Beamer nur mithilfe eines Technikers wieder in einen funktionsbereiten Zustand versetzt werden kann. Eine Zusammenfassung der Vor- und Nachteile können Sie Tab. 3.10 entnehmen. Weitere Probleme und Lösungsmöglichkeiten sind in Abschn. 7.2 aufgeführt.

Tab. 3.10 Vor- und Nachteile von PC und Beamer. (Quelle: In Anlehnung an Seifert, 2020, S. 18; Müller-Schwarz & Weyer, 2006, S. 160; Stangl, 2021; Hey, 2019, S. 65 f.; Ferreira, 2007, S. 999)

Vorteile	Nachteile
Integratives Medium: Viele andere Medien wie Fotos, Videos oder Soundeffekte können integriert und dargestellt werden	Hoher Vorbereitungsaufwand, insbesondere bei Perfektionisten
Etablierung als zeitgemäßes Medium in vielen Disziplinen wie z. B. in wirtschafts-, ingenieur- und naturwissenschaftlichen Fächern	Gefahr der Vernachlässigung des Inhalts: tolle Show, wenig Inhalt, (Effekte ersetzen die Botschaft)
Wird als Präsentationsmedium teilweise erwartet	„Perfekte Show" wirkt mechanistisch-steril, automatisiert und unpersönlich
Technisch perfekte Show möglich	Interaktion teilweise schwierig, unterbleibt im schlimmsten Fall
Animationen und bewegte Elemente unterstützen den Redefluss und bei sinnvoller Nutzung auch die Aufmerksamkeit	Fördert die Konsumhaltung bei den Zuhörern
Einheitliches Layout leicht herstellbar	Unterschiedlichste technische Probleme möglich, Technikabhängigkeit
Wichtige Inhalte können gut hervorgehoben werden z. B. Daten, Diagramme	Verwendung sollte vorher geprobt bzw. geübt werden
Fernsteuerung einsetzbar	
Fakultative Zusatzinformationen über Hyperlinks möglich	
Für große Gruppen geeignet	

3.3.11 Visualizer/Dokumentenkamera

Ein Visualizer ist eine Dokumentenkamera, mit deren Hilfe „Bücher, Fotos, Grafiken und Texte", aber auch physikalische oder chemische Experimente präsentiert werden können (Bühler & Schlaich, 2013, S. 156). Voraussetzung ist das Vorhandensein eines Projektors (Beamers) in dem entsprechenden Raum, womit die entsprechende Vorlage an der Wand dargestellt werden kann (siehe Abb. 3.19). Ein Visualizer hat die gleichen Funktionen wie ein Overhead-Projektor, wenn auf der darzustellenden Fläche ein Papier abgebildet wird – dann kann damit handschriftlich geschrieben oder gezeichnet werden. Allerdings kann mit der Dokumentenkamera deutlich mehr dargestellt werden als nur lichtdurchlässige Folien wie beim Tageslichtprojektor. Alle auf der Aufnahmefläche liegenden Gegenstände können an die Wand projiziert werden. So können z. B. Beispiel Bücher, Ausdrucke, Arbeitsblätter oder Gegenstände wie auch Displays von Tablet oder Smartphones dargestellt werden. Diese Vielseitigkeit hat zur Verbreitung der Visualizer beigetragen.

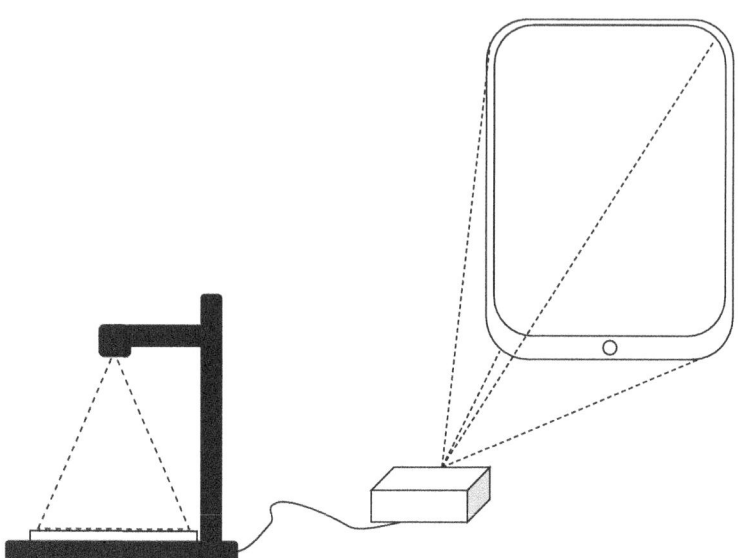

Abb. 3.19 Visualizer

Während in meiner Schulzeit die Darstellung von Abbildungen aus Büchern oder Buchseiten noch mit einem Episkop (ein Auflichtprojektor) sehr aufwendig war und die Geräte sehr schwer und selten waren, werden Visualizer immer häufiger in der Wissensvermittlung eingesetzt. Nicht nur in Räumen fest installierte Geräte, sondern auch portable Geräte, die so zusammengefaltet werden können. dass sie locker in einen Aktenkoffer passen, haben neben erschwinglicheren Preisen dazu beigetragen.

Ein weiterer Verbreitungsgrund ist die Online-Lehre. Eine Dokumentenkamera ersetzt Unterrichtsmaterial, welches bisher handschriftlich an der Tafel oder an einem Tages-lichtprojektor dargestellt wurde, sodass dieses elektronisch visualisiert wird. Damit kann der Visualizer eine technologische Brücke darstellen, um Wissen bzw. Lehrmittel ohne großen zeitlichen Aufwand   für virtuelle Veranstaltungen verfügbar zu machen.

Wie jedes technische Gerät birgt auch ein Visualizer die Gefahr der menschlichen Fehlbedienung. Als ich das erste Mal in einem Hörsaal eine Vorlesung hatte, in dem ein Visualizer installiert war, ging die Medientechnik nur auf den Visualizer als Medien-quelle und die vorhandenen HDMI-Anschlüsse des Rechners konnten nicht angesteuert werden. Erst durch den Neustart der Anlage durch einen Medientechniker konnte dieses Problem behoben werden (Tab. 3.11).

3.3.12 Smartboard/interaktives Whiteboard

Neben klassischen Whiteboards kommen vermehrt auch elektronische Whiteboards zum Einsatz (auch Smartboards genannt). Ein Whiteboard ist eine weiße berührungssensitive

Tab. 3.11 Vor- und Nachteile von Visualizern

Vorteile	Nachteile
Vielseitig einsetzbar	Benötigt ein Ausgabegerät (Projektor oder Bildschirm)
Darstellung vieler unterschiedlicher Gegenstände möglich (Folien, Objekte, Bildschirmflächen)	Aufnahmefläche muss beleuchtet werden, das Licht kann stören, insbesondere, wenn Umgebung eher dunkel ist
Transportabel	Muss mit anderen Medien Projektor/PC abgestimmt werden
Darstellende Inhalte elektronisch verfügbar	Schnelle Bewegungen werden verschwommen dargestellt
Treiber der Digitalisierung, indem vorhandenes Lehr- und Lernmaterial einfach virtuell verfügbar wird	Teilweise werden Farben am Projektor anders dargestellt als im Original
Keine Folienverbrauch (wie bei Tageslichtprojektor)	

Tafel, die mit einem Projektor und einem PC gekoppelt ist (siehe Abb. 3.20). Smartboard bzw. interaktives Whiteboard ergänzen das Medium Computer und Beamer nur mit einer anderen Form von Aus- und Eingabegerät und stellen einen Ersatz für die klassische Tafel dar. An der Tafelfläche kann mit einem virtuellen Stift oder der Hand gezeichnet und geschrieben werden. Die Formen auf der Tafel werden erkannt und über den eingebauten Projektor dargestellt, wobei die Schreib-/ Zeichenfläche gleichzeitig Projektionsfläche ist. Die Eingabe an der Schreibfläche kann über die Finger bzw. über Spezialstifte erfolgen, die als virtuelle Stifte fungieren. Neben Stiften in verschiedenen Farben und Größen sind auch Radierer (Löschfunktion), Schere (Ausschneidefunktion) und Lineal etc. möglich. Smartboards werden am ehesten zu Lehrzwecken und im Unterricht eingesetzt, da sie in der Anschaffung nicht ganz billig sind (Tab. 3.12).

3.4 Zusammenfassung Medienwahl

Auch wenn Präsentationsprogramme wie Microsoft PowerPoint einen Siegeszug erlebt haben und in vielen Präsentationen als Hauptmedium eingesetzt werden, sollte die Nutzung anderer Medien nicht aus den Augen verloren werden. Diese können oft sinnvoll ergänzend zum Einsatz kommen.

„Moderner ist nicht gleich besser" kann treffend über die Nutzung von PowerPoint gesagt werden (Franck, 2012, S. 78).

Ein Medienwechsel durch den Einsatz mehrerer Medien macht die Präsentation vielfältiger, abwechslungsreicher und lockert sie auf. Ein Medienwechsel ist auch ein Zwischenreiz und kann die Aufmerksamkeit des Publikums erhöhen. Die Rolle des Vortragenden wird aktiver.

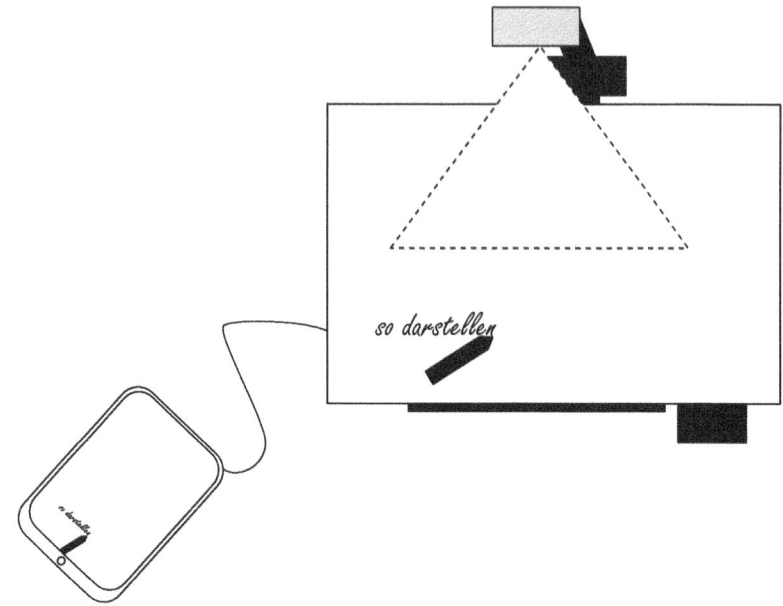

Abb. 3.20 Smartboard

Tab. 3.12 Vor- und Nachteile von Smartboards

Vorteile	Nachteile
Moderner Ersatz für klassische Tafel	Anschaffung teuer
Interaktion mit dem Publikum möglich, kein vorgefertigtes Bild	Darstellungsfläche auf die Tafel begrenzt und diese ist auf die (Arm-)Reichweite des Dozenten beschränkt
Kann schrittweise entwickelt werden	Konkurrierende Technik (Tableteingabe, Dokumentenkamera und Projektor sind preisgünstiger)
Zuhörer können beteiligt werden	Muss ein- und ausgeschaltet werden – bei spontanen Notizen ungünstig
Tafelbild speicherbar und wiederverwendbar	Wartungsintensiv: Lampe etc.
Tafelbild als Handout möglich	Störanfällig

Dadurch treten die Persönlichkeit und die Aussagen des Vortragenden mehr in den Vordergrund und nicht eine leblose, automatisierte PowerPoint-Präsentation (vgl. Thiele, 2010, S. 90 ff.). „Technik kann niemals Ihre Persönlichkeit ersetzen." (Hierhold, 2008, S. 15)

Der technische Fortschritt schreitet unaufhörlich voran, die verwendete Technik wird immer aufwendiger, komplexer aber auch vielseitiger. So verfügen große Konferenzräume über Kameras, bzw. diese werden bei Bedarf installiert, sodass der Redner auf der Bühne zusätzlich auf einer Leinwand in Großaufnahme zu sehen ist (wie bei Fernsehauftritten oder Konzerten). Dadurch können zusammen mit Mikrofon und Lautsprechern auch Medien genutzt werden, die bisher nur für eine geringe Teilnehmerzahl geeignet waren, z. B. Flipchart, Pinnwand oder Whiteboard.

Die technologischen Entwicklungen gehen immer weiter und es entstehen neue Einsatzmöglichkeiten, neue Anwendungsfelder, neue Software und Geräte. Wenn ein Tablet mit der entsprechenden Software als Präsentationsmedium genutzt wird, kann es z. B. auch als Schreibfläche für handschriftliche Eingaben dienen. Die Darstellung kann dann über einen Projektor (Beamer) erfolgen. Oder bei Online-Konferenzen ist ein Whiteboard als Schreibmedium in der Software vorhanden. Dieses Whiteboard kann z. B. mit der Maus bzw. einem Graphik-Tablet bedient werden, wobei die Maus als Eingabegerät ergänzt oder ersetzt wird und so auch handschriftliche Eingaben ermöglicht.

Technischer Fortschritt erleichtert auch zunehmend den Medienwechsel, da bisher isoliert genutzte Medien integriert und zusammengeführt werden. Dies zeigt sich z. B. bei Tablet-PCs, mit denen Handschriften dargestellt werden können, welche dann direkt präsentiert werden. Oder bei modernen Tafeln in Form digitaler Whiteboards, welche verschiedene Moderationsmedien vereinen und auch interaktiv genutzt werden können.

Die Technisierung bei Präsentationen hat mit PowerPoint Einzug gehalten, wird aber weiter voranschreiten. Und sie hat durch die Online-Lehre im Zuge der Corona-Pandemie einen weiteren technologischen Schub bekommen und auch einen gesellschaftlich akzeptierten Fortschritt gemacht. Mit den Möglichkeiten steigen auch die Ansprüche des Publikums immer mehr. Trotzdem wird der Mensch bei Präsentationen auch weiterhin im Mittelpunkt stehen und das wichtigste Medium bleiben.

3.5 Virtuelle Veranstaltungen, Online-Präsentationen

3.5.1 Virtuelle Veranstaltungen

Die Zukunft des virtuellen Wissensaustauschs kam schneller als erwartet oder erhofft. Virtuelle Veranstaltungen wurden zum gängigen Mittel des Informationsaustauschs und der Kommunikation. Im Jahr 2020 führten die Covid-19-Pandemie und der damit einhergehende Lockdown und das „Social Distancing" zu einer globalen Verbreitung von virtuellen Veranstaltungen, Online-Meetings, Webkonferenzen, Online-Präsentationen und auch Online-Vorlesungen. Diese ermöglichen „virtuelle" Treffen von Menschen so, dass die geographischen Entfernungen zwischen den Teilnehmern quasi keine Rolle mehr spielen. Durch das „Social Distancing" entstanden neue Formen des menschlichen Austauschs, die regelmäßig mehr oder weniger gut auch persönliche Treffen ersetzen.

Viele Formen und Formate der menschlichen Kommunikation sind auch virtuell denkbar und machbar. Wer hätte sich zuvor vorstellen können, an einer virtuellen Bierprobe, virtuellen Weinverkostung oder virtuellen Käsetestung teilzunehmen? Das staatliche Verbot persönlicher Zusammenkünfte setzte auch Kreativitätspotenzial frei, das sich im virtuellen Raum „austoben" kann. Inzwischen haben sich Online-Gymnastikkurse oder Online-Yoga genauso etabliert wie Online-Unterricht, Online-Besprechungen oder Online-Konferenzen. Durch die mehrere Monate andauernde Zeit des „Social Distancing" wurden auch anfänglich zurückhaltende oder skeptische Menschen gezwungen, sich anzupassen, weil dies die einzige Form der Kommunikation außerhalb des eigenen Haushalts war. Diese Zeit war ein Beschleuniger und Katalysator für virtuelle Veranstaltungen.

Neben der Kommunikation in Echtzeit („Live") hat auch die Darstellung zeitlich asynchron erstellter und gespeicherter Inhalte über das Internet z. B. in Form von Lernvideos eine enorme Verbreitung erfahren.

3.5.2   Was sind virtuelle Veranstaltungen?

Statt persönlich zusammen in einem Raum zu sitzen, sitzt bei einer virtuellen Veranstaltung jeder Teilnehmer an einem anderen Ort, z. B. zu Hause, im Büro oder in einem Café vor seinem Kommunikationsgerät (Smartphone, PC, Tablet …), und die Zusammenkunft erfolgt in einem virtuellen Raum. Alle sind über das Internet verbunden. Statt auf die gleiche Wand zu schauen, wird der Bildschirm geteilt und ist für alle Teilnehmer sichtbar. Dies kann eine Präsentation, ein Whiteboard, eine Dokumentenkamera oder sonst ein Bildschirmfenster sein (siehe Abb. 3.21).

Abb. 3.21 Virtuelle
Veranstaltungen

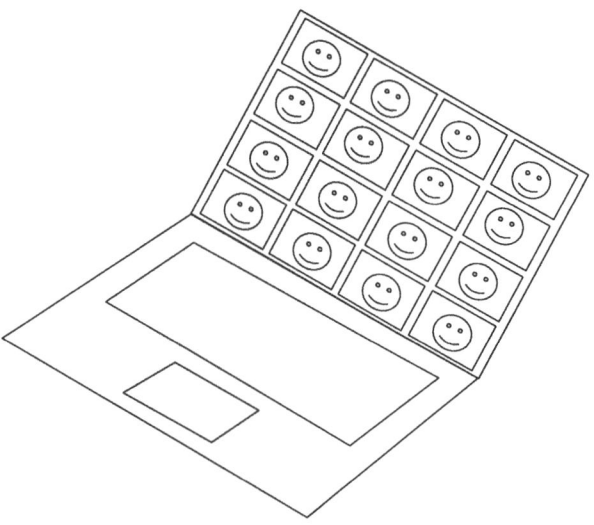

Softwareprogramme wie z. B. Zoom, Microsoft Teams, Skype, Google Meet, WhatsApp, Adobe Connect, Vitero oder BigBlueButton erlebten einen Boom und wurden zu einem neuen Standard – weil quasi alternativlos in dieser distanzverordneten Zeit.

Virtuelle Veranstaltungen haben sich etabliert und neue Wege geöffnet. Dies betrifft nicht nur die Kommunikation in und zwischen den Unternehmen, sondern auch den Informationsaustausch und die Wissensvermittlung in der Schule und Hochschule. Im Lehrbereich gab es sowohl begeisterte Kollegen wie auch völlig ablehnende Kollegen – auch bei den Zuhörern (Studierende).

Fazit nach fast vier Semestern Online-Lehre: Vieles funktioniert. Manches funktioniert gut und wird dabei immer besser, einiges funktioniert besser als erwartet, manches funktioniert leidig (oder noch nicht) und weist noch Optimierungspotenzial auf – anderes funktioniert gar nicht. Persönliche menschliche Treffen sind in vielem gleich und trotzdem anders (Tab. 3.13).

Oder: Das Faktische funktioniert, das Persönliche fehlt.

3.5.3   Teilnahme und Technik bei virtuellen Veranstaltungen

Ein Teil der Studierenden aus den ersten Semestern hat es nicht geschafft, sich in die virtuelle Lehre **einzuloggen.** Bei manchen war offensichtlich die technische Hürde zu hoch, obwohl auch Schüler diese im Unterricht bewältigen mussten. Allerdings hatten viele Schüler den Vorteil, dass sie auf vorhandene Kontakte und bewährte Kommunikationsstrukturen zurückgreifen konnten, was bei Studierenden oder Schülern, die neu an eine Hochschule, einen neuen Studiengang oder eine neue Schule kamen, nicht der Fall war. Diese mussten sich alleine „durchkämpfen" und fühlten sich teilweise auch allein gelassen. Wenn schon persönliche Kontakte vorhanden waren und sich die Teilnehmer persönlich kannten, kamen die Menschen deutlich besser mit dem virtuellen Umgang klar.

In den ersten Corona-Semestern haben wir Studienanfänger verloren, die wir vermutlich mit Präsenzlehre besser hätten erreichen können. Ob dies an technischer Ausstattung, Software-Kenntnissen, räumlicher Situation, sozialer Schicht, ungünstigen Lernmöglichkeiten zu Hause, der Motivation oder anderem lag, werden Untersuchungen zeigen.

Bei virtuellen Veranstaltungen sind Menschen, die ein eigenes Zimmer und einen eigenen PC haben, begünstigt im Vergleich zu Menschen, die in einer prekären Situation wohnen und möglicherweise über kein modernes **technisches Gerät** verfügen oder deren Internetverbindung nur eine geringe Bandbreite aufweist. Dies ist in der Schule allerdings eher problematisch als bei Studierenden an der Hochschule, da eigentlich jeder Student über einen PC/ein Tablet und über ein eigenes Smartphone verfügt. Für die minimalsten technischen Voraussetzungen genügt ein Smartphone als Endgerät für die Teilnehmer an einer Vorlesung bzw. Unterrichtseinheit. Für die menschengerechte

Tab. 3.13 Vor- und Nachteile virtueller Veranstaltungen auf einen Blick

Vorteile	Nachteile
Arbeiten unabhängig vom Aufenthaltsort	Anschaffung von Kommunikationsgeräten/ technische Ausstattung notwendig Dazu gehören: Passende Endgeräte, inkl. Kamera, Mikrofon, Lautsprecher (oder Headset) Internetverbindung mit entsprechender Bandbreite
Viele Menschen über weite Entfernungen erreichbar	Software-Kenntnisse und technische Kenntnisse notwendig
Größere zeitliche Flexibilität	Aufmerksamkeitsspanne kürzer, Schnellere Ermüdung, Konzentrationsschwierigkeiten
Geographische Distanzen (fast) unwichtig – (Zeitzonen)	Große Gefahr von Ablenkungen: Andere Tätigkeiten werden nebenher erledigt, z. B. Social Media, Spiele oder TV schauen
Entfall von Fahrtzeiten und Kosten	Ungestörter Raum nötig
Entfall von Übernachtungskosten	Technische Störungen möglich
Niedrigere Hürden, höhere Teilnahmequote: auch bei (leichter) Krankheit, zeitweilige Anwesenheit	Mögliche Störungen: Partner, Familienangehörige, Haustiere
Keine Ansteckungsgefahr	Nicht alle gesendeten Botschaften werden übertragen
Sozialer/menschlicher Austausch möglich, aber reduziert	Kommunikative Missverständnisse wegen fehlender körpersprachlicher Signale oder Informationen
Kurzfristige Besprechungen möglich	Gefahr der Überforderung
Aufmerksamkeit vom Dozenten teilweise wahrnehmbar	Selbstorganisation und Selbstmanagement wichtig
Stimmschonend für den Dozenten	Gefahr sozialer Isolation/Verarmung, Vereinsamung
Aufzeichnung möglich	Unerlaubte Verbreitung von Inhalten
Umgangsformen lockerer	Blamiereffekt vor unbekannten: Niemand ist perfekt, peinliche Momente/Situationen werden für viele sichtbar

Bedienung sind die Bild- und Tondarstellung über den Bildschirm derzeitiger Smartphones (im Jahr 2021) und die eingebauten Lautsprecher i. d. R. nicht optimal und auch nicht dafür gemacht, einer Vorlesung bzw. einer Veranstaltung mehrere Stunden lang aufmerksam zu folgen. Neben kurz- und langfristigen negativen Folgen für die Augen führt dies auch zu noch **schnellerer Ermüdung und körperlicher Erschöpfung.**

Allerdings hat es auch Vorteile, mit einem Smartphone auch unterwegs an einer Vorlesung oder an einer virtuellen Veranstaltung teilnehmen zu können – egal, ob man auf einer Bank im Grünen sitzt, beim Essen, sich im Zug befindet, bei Freunden ist oder gar im Urlaub an einem fernen Ort – die virtuelle Teilnahme ist immer möglich, wenn ein Endgerät und die entsprechende Bandbreite vorhanden sind. Bei kürzeren virtuellen Veranstaltungen kann ein Smartphone völlig ausreichen, bei längeren Veranstaltungen und insbesondere, wenn aktive Beiträge erwartet werden, ist ein Tablet oder PC oder eine noch bessere technische Ausstattung notwendig.

Dies gilt nicht nur für die Teilnehmer, sondern auch für die Dozenten. Ein Headset und ein Mikrofon sind die Grundvoraussetzung, damit die Stimme gut hörbar übertragen wird. Wer häufiger virtuell präsentiert, für den ist ein Studiomikrofon oder ein tragbares, kabelloses Headset empfehlenswert. Damit bleibt der Bewegungsspielraum auch am Schreibtisch erhalten und ggf. kann auch in einer anderen Körperhaltung, z. B. stehend oder auch gehend, vorgetragen werden. Das trägt zu einem natürlichen Redefluss und Auftritt bei und ist stimmschonend im Vergleich zu einem Hörsaal, in dem bis zu 70 Studierende ohne Mikrofon und Lautsprecher angesprochen werden sollen.

Virtuelle Veranstaltungen können auch größere geographische Distanzen überbrücken. Ich hatte als Gastdozent Aufenthalte an ausländischen Hochschulen geplant und zugesagt, die genau in der Zeit stattfinden sollten, als Reisen coronabedingt quasi nicht mehr möglich waren. Virtuelle Konferenzsysteme ermöglichten in dieser Zeit, die Lehrveranstaltungen und Vorträge zu halten, obwohl die ursprünglich geplanten Präsenztermine entfallen sind. Auch die in den verschiedenen Ländern lehrenden Kollegen und Kolleginnen hatten die gleichen Voraussetzungen und Herausforderungen zu bewältigen. Ob es um die Bedienung der Technik oder die Abwesenheit oder Ablenkung von Studierenden bei der Online-Lehre ging – Lehrende wie Studierende reagierten international ähnlich und machten ähnliche Erfahrungen.

Neben der fehlenden Alternative der Onlinewissensvermittlung in Zeiten des Social Distancings werden damit auch die Vorteile virtueller Wissensvermittlung deutlich: Beschleunigung der Wissensvermittlung und Überwindung von geographischen Distanzen bei Vermeidung von Reisekosten und direkten sowie indirekten Reisezeiten (Jetlag, Erholung, Reisekostenabrechnung). Ein Dozent kann in Deutschland sein und (live) morgens einen Vortrag oder eine Vorlesung z. B. in Indien oder in der Türkei halten, anschließend in Deutschland und nachmittags dann in Spanien oder abends in den USA. Dies wäre in Präsenz nicht möglich. Außerdem besteht die Option, die Vorträge aufzuzeichnen, zu speichern und später nochmals anzuhören oder wiederholt zu verwenden. Es bleibt spannend, wie diese Technologien die Wissensvermittlung damit auch langfristig verändern werden. Das neue Motto könnte sein:

▶   Lerne wann, wo, was und von wem du willst.

Virtuelle Veranstaltungen beschleunigen den Wissensaustausch und in die Wissensvermittlung, die globaler, digitaler und selbstbestimmter werden. Es war noch nie so leicht, sich Kompetenzen und Wissen anzueignen. Selbst akademische Ausbildungen werden weltweit angeboten und können von fast allen Orten der Erde abgerufen und absolviert werden.

Auch für Konferenzen oder Messen ergeben sich neue Herausforderungen. Die bisher präsenzbasierten Geschäftsmodelle müssen angepasst werden, wenn die Veranstaltungen (auch oder ausschließlich) virtuell durchgeführt werden. Die Veranstalter stehen vor dem Problem, dass auch bei Online-Konferenzen Gebühren notwendig sind. Und auch für Konferenzen und Messen gilt, was im virtuellen Unterricht gilt: Virtuelle Veranstaltungen funktionieren oft, sind aber anders, als wenn ein persönlicher Kontakt besteht. Welche Veranstaltungsformen sich langfristig durchsetzen (Präsenz/hybrid/virtuell) und welche Veränderungen sich ergeben, ist ungewiss. Gleichzeitig war der Tenor bei virtuellen Messen und Ausstellungen meist der gleiche wie in der Lehre: Virtuelle Veranstaltungen funktionieren oft, sind aber anders, als wenn ein persönlicher Kontakt besteht.

3.5.4 Menschliche Ansichten bei virtuellen Veranstaltungen: Kamera, Kleidung und Hintergrund

Je nach Einstellung sind die Zuhörer nicht, nur teilweise oder vollständig über ihre Kamera sichtbar. Um einen Kontakt und einen Austausch zu ermöglichen und eine Beziehung unter den Teilnehmern herzustellen, bitte ich die Teilnehmer meist in der ersten Veranstaltung – nachdem ich mich selbst vorgestellt habe – sich ebenfalls kurz vorzustellen, und zwar der Reihe nach. Und damit beginnt schon die erste Herausforderung: Was ist der Reihe nach, wenn alle sich in einem virtuellen Raum befinden und nicht sehen, wer (auf meinem Bildschirm) neben ihnen sitzt? Ich war darauf vorbereitet, weil ich mir eine Namensliste beschafft hatte, auf der alle Teilnehmer vermerkt waren, die ich dann in alphabetischer Reihenfolge aufgerufen habe.

In den ersten Vorlesungen hatten zwischen einem Drittel und der Hälfte der Teilnehmer keine Kamera bzw. die Videofunktion ausgeschaltet. Wie fühlen Sie sich, wenn sich Ihnen eine fremde Person vorstellt, ein paar Worte über sich sagt, und Sie sehen diese Person nicht? Für mich war die Situation befremdlich und es machte für mich einen großen Unterschied, ob ich nur die Stimme einer fremden Person höre oder auch noch ein Bild dazu habe. Wie wirkt das auf Sie? Probieren Sie es mal aus!

Die **persönliche Vorstellungsrunde** in der ersten Vorlesung ist immer wieder ein Erlebnis. Auch wenn sie in Präsenz stattfindet, gibt es immer wieder unterhaltsame und witzige Momente. Ebenso ist dies auch bei einer virtuellen Vorstellung, allerdings mit zusätzlichen unvorhersehbaren Störfaktoren: Bei einer Studentin läuft während ihrer Vorstellung eine Katze vor die Kamera, oder Eltern oder kleine Geschwister schauen neugierig genau dann in die Kamera, als der Student zu reden beginnt. Handys klingeln mit einem Klingelton, bei dem alle anderen Teilnehmer lachen müssen, im Hintergrund brüllt jemand oder es ist Straßenlärm oder es sind sonstige Geräusche zu hören, die (unfreiwillig) mitgesendet werden und durch die Situationskomik immer wieder zu Lachern führen. Während eines virtuellen Vortrages an der Universität in Istanbul aus meinem Homeoffice kam von der dortigen Kollegin die Anmerkung: „Es war nicht nur sehr spannend und lehrreich, Kirchenglocken im Hintergrund sind bei uns nie zu hören."

Manche Studierende trifft die Vorstellungsrunde offensichtlich völlig unvorbereitet. Sie scheinen entweder nicht damit zu rechnen oder es ist ihnen egal, dass sie jetzt von 70 Personen beobachtet und gemustert werden. Einige sitzen vor dem Rechner, als ob sie gerade aufgestanden oder aus dem Bett gefallen sind, manche sitzen auch noch im Bett. Die Teilnehmer bekommen Einblicke, wie Männer unrasiert und mit verstrubbelten Haaren aussehen oder Frauen ungeschminkt und mit wilder Mähne wirken. Auch die Kleiderordnung ist durch virtuelle Veranstaltungen sehr großzügig geworden. Trainingsanzug oder Jogginganzug erfuhren in Online-Zeiten große Beliebtheit.

Ich und viele meiner Kollegen sind bei Online-Veranstaltungen auch deutlich legerer gekleidet als bei Präsenzveranstaltungen. Nur noch selten habe ich ein Hemd an, in der Regel genügt ein T-Shirt oder ein Poloshirt und manchmal auch eine kurze Hose, wenn es entsprechend warm ist. Ich muss ja meine Wohnung nicht verlassen und habe dann dort die entsprechende Wohlfühltemperatur.

Allerdings ist es schon etwas peinlich, wenn Studierende im Schlafanzug sind oder nur halb bekleidet vor ihrer Kamera sitzen. Wenn Damen sich im ausgeschnittenen und halbdurchsichtigen Negligé zur Schau stellen oder Männer selbstbewusst auf T-Shirts verzichten und mit entblößtem Oberkörper ihre Brusthaare präsentieren. Ich empfehle, ein Mindestmaß an Etikette und Stil zu wahren. Gerne können Sie sich am Strand, im Urlaub oder im Bett anders kleiden – sie gewähren damit einen Einblick in Ihre Privatsphäre, aber ein bisschen Privatheit tut jedem gut. Denken Sie an die Signale, die Sie damit senden.

Aus diesem Grund ist es gut, darauf vorbereitet zu sein, dass bei virtuellen Veranstaltungen die Kamera eingeschaltet wird (z. B. weil ein Dozent darum bittet oder der dies Chef verlangt), um eine peinliche Situation zu vermeiden.

In virtuellen Gesprächsrunden mit nicht mehr als zehn bis zwölf Teilnehmern hat es sich fast als selbstverständlich etabliert, dass alle Teilnehmer ihre Kamera einschalten. Damit wird die Gesprächssituation menschlicher und realistischer. Bei einer größeren Zahl an Teilnehmern kann es dem Präsentierenden genügen, wenn sechs, acht oder zehn Studierende in einem kleinen Fenster neben der Präsentation zu sehen sind – das ist m. E. besser, als gar keinen Teilnehmer zu sehen. Ich finde dies allerdings nicht ideal und habe mir deshalb einen zweiten Monitor angeschafft. Auf einem Bildschirm sehe ich meine Präsentationsunterlagen (die Ansicht, die mit den Teilnehmern geteilt wird), auf dem anderen Bildschirm sehe ich meine Zuhörer. Und die Ansicht der Teilnehmer ist der wichtigere Monitor für mich. Bei der virtuellen Konferenzsoftware Zoom können derzeit $7 \times 7 = 49$ Teilnehmer bzw. deren Kameras gleichzeitig dargestellt werden. Dies ist für mich hilfreich. Viel mehr Menschen könnte ich im Hörsaal auch nicht anschauen. Und wenn es mehr als 50 Teilnehmer sind, kann zwischen den Ansichten von jeweils 49 Menschen über Pfeile geblättert werden.

Wenn die Teilnehmer sichtbar sind, kommt dem **Hintergrund** des jeweiligen Teilnehmers eine Bedeutung zu. Dies kann die reale Situation des Raumes sein, in dem der Teilnehmer sitzt, oder auch eine fiktive Darstellung eines Fotos oder Videos (Büro, Hörsaal, Klassenzimmer, Urlaubsstrand, Regenwald …).

Wie bei den Studierenden ging auch bei den Dozenten und Professorenkollegen die Spielerei, Träumerei und Phantasie los, und die Überlegungen, ob sie nicht lieber am Strand, von Bali, aus Mexiko oder einer Karibikinsel aus unterrichten und sich unterhalten könnten oder ihr Ferienhaus im Tessin oder der Toskana nutzten könnten, wenn die persönliche Anwesenheit vor Ort nicht mehr erforderlich ist und geographische Distanzen unbedeutend werden. Und auch der heimische Balkon, die Terrasse oder der Garten bieten eine verlockende Abwechslung zum Büroarbeitsplatz.

Auch für die Teilnehmer ist der Ort egal, an dem sie die Vorlesung verfolgen. Studierende können sich z. B. bei ihren Eltern aufhalten oder bei ihrem Lebenspartner, auch wenn sie ein paar hundert Kilometer vom Hochschulort entfernt sind. Nur die Internet-Bandbreite und das Endgerät müssen vorrätig sein, dann bietet die Flexibilisierung des Arbeitsorts auch in der Lehre neue Freiheiten – wie bei den Arbeitnehmern im Homeoffice ebenfalls.

Jeder Teilnehmer kann sich im Vorfeld überlegen, welcher Hintergrund zu ihm passt. Ein sichtbarer Hintergrund, der das direkte Umfeld zeigt, wirkt seriös, ehrlich und vertrauensvoll, gibt allerdings Einblicke in die Privatsphäre. Ein virtueller Hintergrund schützt vor zu viel Preisgabe, allerdings kann die Darstellung der Konturen des Gesichts bzw. des Körpers je nach Kamera unscharf werden. Bewegtbilder und Animationen im Hintergrund oder ständiges Wechseln des Hintergrunds lenken ab, da die Aufmerksamkeit anderer Teilnehmer auf Nebensächlichkeiten gelenkt wird. Fast jeder, der virtuelle Konferenzen kennenlernt, hat mit einem animierten Strandbild experimentiert, das suggeriert, vor bewegten Palmen zu stehen und den Wellen zuzusehen oder vor irgendeinem weltberühmten Bauwerk zu sitzen oder im All zu schweben. Wenn das andere machen, wird schnell deutlich, wie sehr diese Effekte vom Zuhörer und vom eigentlichen Inhalt ablenken. Ein statisches Bild, möglicherweise aus einem Büro, einem Hörsaal bzw. Klassenzimmer oder vor einem entsprechenden Gebäude der Hochschule oder eines Unternehmens wirkt professioneller, seriös und unaufgeregt.

3.5.5 Anwesenheit und Aufmerksamkeit bei virtuellen Veranstaltungen

Virtuelle Veranstaltungen haben nicht nur in der Lehre bei Professoren und Studierenden, sondern auch in Unternehmen bei Mitarbeitern, die im Homeoffice arbeiten konnten (oder mussten) und die ihre Tätigkeiten von **völlig anderen Orten** ausüben konnten, zu neuen und ungewohnten Freiheiten geführt. Durch den Entfall der Anwesenheit im Büro können sie auch dann ihrer Arbeit nachgehen, wenn sie nicht in ihrem Homeoffice sind, sondern z. B. in der Wohnung ihres Partners, in einer Ferienwohnung an der Küste oder in einem Hotel. Und die Flexibilisierung beim Arbeitsort führte auch zu einer Flexibilisierung der Arbeitszeit. Wer seine Termine einhält, kann länger schlafen und später arbeiten oder die entfallende Fahrzeit zum Arbeitsplatz produktiv nutzen. Die Entwicklung der Mitarbeiter hin zu „digitalen Nomaden" wurde beschleunigt. Damit kommt der **Selbstorganisation** und Selbstverantwortung ein höherer Stellenwert zu. Auch für Unternehmen und Führungskräfte, die ihren Mitarbeitern mehr Vertrauen entgegenbringen müssen, ist dies eine Herausforderung. Damit Missbrauch der Arbeitszeit verhindert wird, haben Führungskräfte unterschiedlich reagiert – von täglicher Kontrolle der Anwesenheit über einen „Morgen-Appell" oder die Kontrolle der Log-in- bzw. Online-Zeiten oder eine strengere Vorgabe und Kontrolle der zu erbringenden Ergebnisse und Ziele bis zu völligem Verlust der Kontrolle und Vertrauen ohne Kontrolle.

Die völlige Freiheit, ob man an einer virtuellen Vorlesung teilnimmt oder nicht oder eine Ablenkung findet, und eine Vermeidungsstrategie verfolgt, ist bei Studienanfängern in virtuellen Unterrichtszeiten stark angestiegen. Während man sich bei Präsenzveranstaltungen aus dem Bett quälte und die vertraute Wohnung verließ, um eine Veranstaltung zu besuchen und seine Kommilitonen zu treffen, sind manche Studierende den Annehmlichkeiten des langen Liegenbleibens erlegen. Sie können sich auch später noch einloggen und einfach locker und unverbindlich vorbeischauen. Dies hat dazu geführt, dass mehr Studierende in den ersten Semestern ihr Studium abgebrochen haben. Nicht alle Studierenden sind in der Lage, sich selbst zu organisieren und zu motivieren. Regeln und Absprachen führen zu Verbindlichkeit, geben Grenzen vor und fördern Disziplin und Selbstorganisation. Auch das Studierendenleben zu lernen, das im Gegensatz zur Schule viel mehr Freiheiten hat und größere Selbstverantwortung erfordert, ist gemeinsam mit anderen Studierenden am Campus leichter, als alleine zu Hause im gewohnten Umfeld zu bleiben. Dass Präsenzveranstaltungen auch eine soziale Unterstützung geben, wurde in Zeiten des Social Distancing erkannt und wird neue Konzepte erfordern, welche eine solche Unterstützung ebenfalls ermöglichen.

Bei dem Punkt „Sichtbarkeit der Zuhörer" haben sich unterschiedliche Möglichkeiten etabliert. Es gibt virtuelle Konferenzen, bei denen keine oder nur vereinzelte Zuhörer sichtbar sind und alle anderen sitzen für den Dozenten und die übrigen Teilnehmer im Dunkeln, haben die Kamera ausgeschaltet oder zeigen nur ihr Profilbild. Für mich ist es unangenehm, gegen eine „schwarze Wand" zu reden und die Zuhörer nicht zu sehen – es ist, als ob man mit sich selbst redet. Eine solche Situation gibt es dann, wenn Lehreinheiten aufgezeichnet werden, die später abgerufen werden können. Mir jedoch fehlen die Rückmeldung und der Blickkontakt mit den Studierenden sehr. Diese sind für mich notwendig, denn am Gesichtsausdruck und am Verhalten kann ich erkennen, ob die Aufmerksamkeit noch da ist, wann ich Pause machen sollte, wann ein Zwischenreiz gesetzt werden muss oder ob etwas unklar ist. Und damit zeigen Zuhörer auch die entsprechende Wertschätzung dem Vortragenden gegenüber, da sie zum Ausdruck bringen, dass sie „dabei" sind und nicht nebenher hauptsächlich einer anderen Beschäftigung nachgehen und sich nur zur „Berieselung" eingeloggt haben.

Egal, ob man während einer virtuellen Konferenz zum Mittagessen im Restaurant ist, auf dem Heimtrainer oder Laufband zuhause trainiert, gerade im Auto mitfährt, auf der

Terrasse nebenher einen Kaffee trinkt und mit den Kindern oder Ehepartnern redet oder nebenher telefoniert oder Text- bzw. Sprachnachrichten austauscht – die Aufmerksamkeit leidet. Der Mensch ist ein kommunikatives Wesen, und diese Eigenschaft wird durch die Nutzung der Vielzahl an technischen Kanälen während einer virtuellen Konferenz unterstützt – aber das Vorgetragene gerät in den Hintergrund.

Und dafür gibt es einen guten Grund: Menschen haben eine beschränkte Aufnahmefähigkeit (siehe auch Abschn. 3.2). Nur ganz wenige Menschen können ihre **Aufmerksamkeit** so teilen, dass sie mehreren Kanälen und Informationen gleichzeitig folgen können. Die Lernforschung hat das klar bewiesen. Und die Praxis zeigt es ebenso: Wenn in diesen virtuellen Konferenzen, bei denen die Kameras ausgeschaltet sind, z. B. eine Frage gestellt wird, meldet sich oft niemand. Noch offensichtlicher ist es, wenn eine Abstimmung vorgenommen wird, die verlangt, dass jeder Teilnehmer eine Eingabe an seinem Endgerät vornimmt und innerhalb von 60 oder auch 120 s nur 75 % der (eigentlich) Anwesenden ihre Stimme abgeben. Wo sind die fehlenden 25 %?

Ich habe Regeln für Online-Vorlesungen aufgestellt und erkläre diese den Zuhörern am Anfang. Die meisten Zuhörer sind einsichtig und kommen der Bitte nach, ihre Kamera einzuschalten oder sich eine Kamera zu besorgen. Dies ist z. B. auch bei Gruppenarbeiten wichtig, wenn in einer Gruppe Aufgabenstellungen zu bearbeiten sind. Die Studierenden haben das menschliche Bedürfnis, die Mitglieder ihrer Gruppe zu sehen, mit denen sie sich austauschen, diskutieren und eine Aufgabe bearbeiten,

Die Teilnehmer, die die Kamera ausgeschaltet haben qualifizieren sich bei mir besonders, um Aufgaben zu lösen oder Fragen zu beantworten. Es ist das gleiche Spiel wie im realen Hörsaal. Wer unaufmerksam scheint oder die Aufmerksamkeit erregt, wird am ehesten gezielt angesprochen. Ebenfalls ist die Androhung des Ausschlusses einzelner Teilnehmer von der Vorlesung als disziplinarische Maßnahme möglich.

Empfehlungen, um virtuelle Veranstaltungen bzw. Online-Vorlesungen zu organisieren

- Jeder Teilnehmer sollte sich eine entsprechende technische Ausstattung besorgen (Kamera, Mikro/Headset …), nur dann ist eine realitätsnahe und lernförderliche Unterrichtssituation möglich
- Um Interaktionen (auch untereinander) zu ermöglichen, müssen die Kameras eingeschaltet sein
- Mikrofon ausschalten, nur bei Bedarf aktivieren
- Bei Fragen oder Wortmeldungen: Hand heben, elektronisches Handzeichen geben oder im Chat schreiben
- Ab nächster Vorlesung behalte ich mir vor, Teilnehmer welche dies nicht beachten, auszuschließen

Aus meiner Sicht sind diese Regeln weitgehend ausreichend und stellen eine konstruktive Basis für die virtuelle Zusammenarbeit dar.

In Unternehmen dagegen gibt es die Gefahr multipler Meetings – wenn Personen in Unternehmen an drei Meetings gleichzeitig teilnehmen (sollten) und alle wichtig sind. Dies passiert z. B. dann, wenn Sie eine Teambesprechung an einem Termin geplant haben, von einem Kunden oder einem Kollegen zusätzlich zu einer gleichzeitig stattfindenden Projektbesprechung gerufen werden und dann kurzfristig der Vorstand eine noch dringlichere Besprechung an dem Termin ansetzt. Selbst beste Multi-Tasker sind überfordert. Ich bin gespannt, welche Ergebnisse uns die Forschung zur Produktivität dieser Fälle liefert. Gleichzeitig stattfindende Veranstaltungen sind beim geplanten Unterricht, der nach einem Stundenplan stattfindet, nicht der Fall. Wenn jedoch mehrere Kollegen zeitliche Freiheiten für sich in Anspruch nehmen und die Pläne obsolet werden, sind Konflikte vorprogrammiert. Damit die Studierenden ein stabiles und verlässliches Zeitgerüst haben und ihre Lerneinheiten in der Woche verteilen, ist es empfehlenswert, die Unterrichtseinheiten an den ursprünglich vorgesehenen Terminen zu halten. Nicht alle Kollegen haben das so gemacht, sondern sind zu Blockunterricht übergegangen. In manchen Fächern ist das meines Erachtens möglich, in anderen Fächern nur schlecht oder bedingt geeignet. Es spart zwar Zeit und konzentriert die Arbeit auf weniger Tage, geht m. E. aber zulasten der Aufmerksamkeit und des Lerneffekts der Studierenden.

3.5.6 Planung virtueller Veranstaltungen

Viele Punkte sind in virtuellen Veranstaltungen gleich wie bei Präsenzveranstaltungen. Für Dozenten kann eine virtuelle Veranstaltung aber Besonderheiten mitbringen, denen in Präsenzveranstaltungen weniger oder keine Bedeutung zukommt.

Wenn eine virtuelle Veranstaltung geplant wird, müssen vorher folgende Aspekte bedacht und geplant werden:

Wer wird in den (virtuellen) Raum gelassen? Müssen die Teilnehmer im Warteraum warten, gibt es „Zugangskontrollen" oder kann jeder an der Veranstaltung teilnehmen, der über die entsprechenden Zugangsdaten verfügt?

Wie ist sichergestellt, dass alle berechtigten Personen wissen, wie sie den (virtuellen) Raum finden? Wie kommt jemand zu dem Link bzw. den Zugangsdaten? Hier gab es insbesondere im ersten coronabedingten Onlinesemester einige Probleme, da nicht alle Studierenden ihre Zugangsdaten hatten und nicht mit der Technik und dem Lernsystem vertraut waren. Wir hatten Studierende, die sich an der Hochschule beworben haben, zugelassen wurden und einen Studienplatz hatten, sich allerdings nie ein irgendeiner virtuellen Lehrveranstaltung angemeldet haben. Diesen Effekt, dass Studierende den Unterricht nicht besuchen, gibt es auch bei Präsenzveranstaltungen, nur war der Teil von „Nicht-Teilnehmern" im April 2020 signifikant höher (ca. 25 %).

Verhalten und Pünktlichkeit: Die Zeiten des Social Distancing haben zu lockereren Umgangsformen geführt. Damit verknüpfen manche Personen eine größere Freiheit und auch eine größere Unverbindlichkeit, die möglicherweise gar nicht besteht. Deshalb helfen Regeln und Vereinbarungen, Unsicherheiten und Ungewissheiten zu reduzieren.

Was ist, wenn jemand zu spät kommt? Wird einfach weitergemacht, so wie wenn jemand auch in der Vorlesung zu spät erscheint? Ich finde es sinnvoll, sich dies vorher zu überlegen. Da das technische Ausfallrisiko bei virtuellen Konferenzen hinzukommt, sind die meisten Dozenten hier sehr entgegenkommend. Leider verwechseln manche Teilnehmer dies mit einer zunehmenden Unverbindlichkeit, die nicht besteht. Wenn Personen ständig und dauernd zu spät kommen, stört dies den geplanten Ablauf einer Veranstaltung. Über die Zugangskontrollen können Dozenten leicht festlegen, dass sie verspäteten Zuhörern nicht oder nach einer gewissen Zeit keinen Zugang mehr gewähren. Wer nach Beginn einer Veranstaltung in einen virtuellen Raum eingelassen werden will, fällt dem Veranstalter genauso auf, wie ein Teilnehmer, der in einem realen Raum zu spät kommt, um sich dann an allen anderen Teilnehmern vorbeigehend in die erste Reihe zu setzen. Natürlich bekommt die Person damit die Aufmerksamkeit des Dozenten, wobei sich jeder selbst fragen kann, ob dies einen positiven oder eher negativen Eindruck hinterlässt.

Einloggen mit Namen: Es ist in einer Vorlesung oder in einer Veranstaltung sehr hilfreich, wenn man die Teilnehmer mit Namen anreden kann, wenn diese sich also nicht nur mit einer Nummer oder mit einem Pseudonym angemeldet haben. Sie treten damit der Anonymität entgegen. Schwierig wird die Ansprache, wenn sie sich nur mit einem Teil ihres Namens angemeldet haben und z. B. nur „iPad von Chris" zu lesen ist – hier musste ich dann die Anrede mit dem Vornamen wählen. Natürlich können Sie sich auch mit den Namen Paulinchen, Hotboy, Brischitt o. Ä. anmelden. Ich empfehle aber, sich zu überlegen, ob das sinnvoll ist und welches Licht das auf Sie wirft. Wenn sich in einem Hörsaal 70 oder mehr Personen vor mir befinden, kenne ich quasi kaum jemanden mit dem Namen – im virtuellen Raum sieht das anders aus. Und mit dem Namen kommunizieren Sie auch mit den anderen Teilnehmern, werden damit angesprochen und identifiziert.

So hilfreich das Einloggen mit dem eigenen Namen ist, kann dies auch Probleme bereiten: Bei einem meiner Kollegen hat ein Teilnehmer während der Vorlesung begonnen, eine Shisha zu rauchen und den Rauch genüsslich in Richtung seiner Laptop-Kamera zu blasen. Diese Szene wurde von einem anderen Teilnehmer aufgenommen. Anschließend wurde diese Szene in den sozialen Medien geteilt und hat sich viral verbreitet. Was aus einer Laune heraus lustig gemeint war, „Schau mal, wie es hier in der Vorlesung an der Hochschule chillig zugeht", entwickelte sich zu einer Lawine. Die Szene wurde immer wieder weiterverbreitet und von den unterschiedlichsten Personen mit weiteren Äußerungen versehen, die nicht nur Nettigkeiten, sondern auch wüste Beschimpfungen und Beleidigungen umfassten, was einen Shitstorm an der Hochschule auslöste. Außerdem waren neben dem Kollegen auch 48 Studierende mit ihren Namen in ihren (Arbeits-)zimmern zu sehen (und das in teilweise unpassender Kleidung). Und plötzlich wird das ganze juristisch. Die Frage des Urheberrechts und des Rechts am eigenen Bild, ob die Vorlesung aufgezeichnet werden darf und was damit passiert, ist nicht ganz trivial.

In diesem Zusammenhang hatte der Kollege vorher sogar auf das UrhG sowie das Strafgesetzbuch (StGB) verwiesen, wonach die in der Vorlesung besprochenen Inhalte nicht aufgenommen und später wieder abgespielt werden dürfen. In § 201a StGB steht: „Mit Freiheitsstrafe bis zu zwei Jahren oder mit Geldstrafe wird bestraft, wer von einer anderen Person, die sich in einer Wohnung oder einem gegen Einblick besonders geschützten Raum befindet, unbefugt eine Bildaufnahme herstellt oder überträgt und dadurch den höchstpersönlichen Lebensbereich der abgebildeten Person verletzt."

Wie wollen Sie verhindern, dass jemand kurzfristig mit dem Smartphone z. B. die Vorlesung aufzeichnet, egal ob als Video oder als Audio? Oder wie wollen Sie verhindern, dass jemand einen Screenshot macht, abspeichert und dann weiterverbreitet? Wenn **ich** das leicht machen könnte, können dies auch andere machen.

Virtuelle Konferenzsysteme verfügen über eine Aufnahmefunktion, mit der die Veranstaltung aufgezeichnet und dann auf dem Rechner oder in der Cloud gespeichert werden kann. Unter Lehrgesichtspunkten hätte dies den Vorteil, dass den Studierenden die Vorlesungen zur Nachbereitung bzw. zur Prüfungsvorbereitung zusätzlich zur Verfügung gestellt werden kann. Damit kann die Lehre asynchron gehalten werden. Bedenklich wird das unter den erwähnten juristischen Bedingungen. Und die Weitergabe an andere, nicht teilnehmende Studierende könnte möglicherweise strafrechtliche Folgen haben. Unter organisatorischen und didaktischen Gesichtspunkten ist zu beachten, dass, wenn Lehreinheiten aus der Konserve verfügbar sind, manche Studierende nicht mehr die regelmäßigen Vorlesungstermine wahrnehmen (weil sie ja alles kurz vor der Prüfung lernen und besuchen können). Dies führt dann zu Zeitnot und Schwierigkeiten kurz vor der Prüfung. Aus diesen Gründen habe ich bisher davon abgesehen, Vorlesungen aufzuzeichnen und anschließend zur Verfügung zu stellen. Dagegen bietet die Aufnahmefunktion eine gute Möglichkeit zur Dokumentation einer mündlichen Prüfung, die über ein virtuelles Konferenzsystem durchgeführt wird, wenn die Hochschule dies zulässt.

Eine weitere Möglichkeit besteht in Formen von hybrider Lehre. Dabei kommen wechselnd oder zusätzlich zur Online-Lehreinheit Präsenzzeiten dazu. Entweder, indem ein Teil der Lehre in Präsenz und ein anderer Teil virtuell stattfindet oder indem in Präsenz gelehrt wird und quasi „live" die Vorlesung gleichzeitig virtuell übertragen wird („Streaming") oder indem die Vorlesung aufgezeichnet und dann später (nur einem definierten Nutzerkreis) zur Verfügung gestellt wird. Hier bleibt es spannend, welche Formen sich in Zukunft als hilfreich und sinnvoll erweisen werden und sich durchsetzen.

Geeigneten Ort wählen und produktive Arbeitsbedingungen schaffen. Wenn für die Teilnehmer gilt, dass sie sich einen Ort suchen sollten, an dem sie ungestört zuhören können, gilt dies in besonderem Maß auch für die Dozenten bei virtuellen Veranstaltungen. Wenn jemand im Homeoffice arbeitet, ist es (derzeit noch) nicht immer für andere Haushaltsmitglieder verständlich, dass bei dieser Tätigkeit gearbeitet wird und auch die entsprechenden Zeiten möglichst störungsfrei verlaufen sollten. Hier kann ein Stopp-Schild oder „Nicht stören"-Schild an der Tür zum Arbeitszimmer bzw. Homeoffice oder auch an der Wohnungstür hilfreich sein. Anderenfalls kann es vorkommen, dass Partner, Kinder oder sonstige Personen sich als Störfaktoren entpuppen – teilweise ohne dies zu merken. Ich hatte den Effekt mit meinem Sohn, der sich immerhin ertappt fühlte, als mehr als 60 Menschen zusahen, wie er verschlafenim Schlafanzug durch mein Arbeitszimmer schlich. Lustig ist es auch mit neugierigen Menschen, die mit virtuellen Konferenzen nicht vertraut sind. Mein über 85-jähriger Vater kam unangemeldet zu Besuch und mein Sohn öffnete ihm die Türe, während ich eine Grundlagen-Vorlesung in meinem Arbeitszimmer hielt. Ohne dass ich es bemerkte, stand er plötzlich unvermittelt hinter mir und schaute eine Zeit lang geduldig zu, wie ich immer in den Rechner bzw. die Kamera sprach. Dann fragte er mit Blick auf den Bildschirm und die eingeschalteten Kameras meiner Studierenden:

„Und die alle können dich sehen und hören dir zu?"

„Ja, und dir jetzt auch!" antwortete ich.

Es ist in manchen Situationen schwierig, für das Verhalten anderer Menschen Verständnis aufzubringen, auch wenn man weiß, dass sowohl ganz junge wie auch alte Menschen noch nie Kontakt mit virtuellen Konferenzen hatten und nur davon gehört oder gelesen haben.

Zeitplanung in virtuellen Konferenzen: Hier gibt es unterschiedliche Empfehlungen und Meinungen. Hey und Bodenstein-Dresler (2021, S. 16) schreiben, dass bei virtuellen Vorlesungen ein Zeitzuschlag von 20 % im Vergleich zu einer Präsenzvorlesung geplant werden sollte. Dies ist m. E. nicht allgemein zutreffend. Ich habe Kollegen, die bei virtuellen Vorlesungen bis zu 25 % Zeit mehr brauchen, aber auch Professoren-Kollegen, die ihre virtuellen Vorlesungen in nur zwei Drittel der Zeit abhalten, die sie in der realen Vorlesung brauchen würden. Ich selbst brauche in der virtuellen Vorlesung fast exakt die gleiche Zeit, wie ich sie in den realen Vorlesungen benötige – das heißt, es ist offensichtlich individuell unterschiedlich. Es hängt m. E. eher von den Methoden bzw. den zugrunde liegenden didaktischen Konzepten ab, die angewendet werden (virtuell vs. real) und den Fähigkeiten im Umgang mit den jeweiligen Medien.

Technik testen und üben: Wie mit jedem Medium muss auch der Umgang mit virtuellen Konferenzen geübt werden, wobei die meisten Programme in den Grundzügen fast intuitiv bedienbar sind. Als im März 2020 während des Lockdowns die Entscheidung bekanntgegeben wurde, dass möglichst alle Lehrveranstaltungen an Hochschulen und Universitäten online stattfinden sollten, haben sich die Kollegen und Dozenten untereinander ausgetauscht, experimentiert und probiert – und genau das können alle anderen Teilnehmer auch im Freundes-, Bekannten- oder Kollegenkreis. Somit haben sich virtuelle Konferenzsysteme schnell etabliert und die Kommunikation verändert.

Während in den ersten Veranstaltungen noch klassische Präsentationen über PowerPoint und Diskussionsrunden eingesetzt wurden, haben die Lehrenden schnell erkannt, dass auch weitere Medien und Techniken in virtuellen Konferenzsystemen zum Einsatz kommen können und somit eine immer realistischere Lehrsituation wie in einem Hörsaal abgebildet werden kann. Sehr hilfreich ist z. B. ein **Whiteboard,** eine weiße Projektionsfläche, die beschrieben und auch als Mal- oder Zeichenfläche verwendet werden kann. Allerdings ist hier ein Tablet oder ein Schreibtablet als Eingabegerät notwendig, weil die Bedienung mit einer Computermaus schwierig ist. Hier bietet sich auch die Möglichkeit an, sich als Dozent mit einem zweiten Gerät (z. B. Tablet) in die virtuelle Konferenz einzuwählen und dieses dann als Schreibhilfe bzw. elektronische Schreibunterlage zu benutzen. Ich habe mir zusätzlich ein Grafik- bzw. Schreibtablet besorgt, welches ich als Spontanmedium verwenden kann. Ergänzende technische Geräte wie eine **Dokumentenkamera** sind außerdem sehr nützlich. Damit kann die Nutzung von Tafel/Whiteboard oder Overhead-Projektor als Medium schnell und ohne große Hindernisse ersetzt werden. So kann das bisherige didaktische Konzept auch im virtuellen Unterricht eingesetzt werden. Und die Dokumentenkamera bietet dabei noch mehr Einsatzmöglichkeiten (siehe Abschn. 3.3.11).

Internetverbindung: Bei den ersten virtuellen Konferenzen kam der Netzinfrastruktur eine große Bedeutung zu. So ist eine robuste und ausreichende Bandbreite für Sender und Empfänger Voraussetzung. Ansonsten droht der Totalausfall, kein Bild oder ein stehendes Bild oder keine bzw. verzerrte oder lückenhafte Audiowiedergabe. Und manche Teilnehmer mussten die Videofunktion bzw. Kamera ausschalten, weil sie nur eine unzureichende Internetverbindung haben. Wenn dies bei einem einzelnen Teilnehmer passiert, kann dieser nicht teilnehmen – wenn dies einem Dozent passiert, schauen alle Teilnehmer „in die Röhre". Mit fortschreitender Technik und Netzausbau wird diese Herausforderung sicher gelöst – in den ersten Veranstaltungen war dies kritisch. So war beim Start des virtuellen Unterrichts in den Schulen in Baden-Württemberg landesweit der Schulserver zusammengebrochen und nicht erreichbar (vgl. Link, 2020).

Und auch ich persönlich war trotz schnellen Internetanschlusses mehrfach während der Lockdowns von einem Netzausfall betroffen. Was tun, wenn Telefon und Internet nicht mehr funktionieren? Die einfachste Empfehlung ist: Bauen Sie Redundanzen auf und überlegen Sie sich eine Alternative! Beispielsweise ein alternatives Mobilfunknetz. Am naheliegendsten wäre es, sich in ein Hotel, ein Café oder ein Restaurant zu begeben und deren Internetanschluss zu nutzen – was aber leider nicht möglich ist, wenn ein Lockdown ist und diese aufgrund von Social Distancing geschlossen sind. Eine weitere Möglichkeit wäre der Parkplatz der nächstliegenden Fastfood-Kette, die über einen Lieferservice bzw. Drive-in verfügt und deshalb geöffnet hat und deren WLAN auch außerhalb des Restaurants genutzt werden kann. Aber es wird im Winter im Auto irgendwann kalt und auch die Akkulaufzeit der Geräte ist begrenzt. Alternative Kommunikationskanäle sind z. B. Mobilfunk und Social-Media-Kanäle wie WhatsApp, über die Sie dann wenigstens die Teilnehmer vom Ausfall der Veranstaltung unterrichten können – ebenso wie klassische E-Mail, sofern mobil erreichbar. Ich habe nach den Ausfällen die Bandbreite meiner Smartphones erhöht und mir einen mobilen WLAN-Router besorgt, der in einem anderen Telefonnetz funktioniert. Wenn aber der Strom in der Region großflächig ausfällt, hilft auch das nicht mehr. Übertriebener Perfektionismus muss nicht sein. Das Denken in Alternativen und das Bewusstsein über deren Vorhandensein tragen jedoch zur Beruhigung bei und reduzieren auch das Lampenfieber (vgl. Abschn. 5.1).

3.5.7   Unterschiede zwischen virtuellen Veranstaltungen und realen Veranstaltungen

Öfter Pause machen: Hey und Bodenstein-Dresler (2021, S. 17) raten dazu, nach zehn, maximal 15 min für eine Abwechslung in einer virtuellen Vorlesung zu sorgen. Sie begründen dies mit den Äußerungen des US-amerikanischen Molekularbiologen John Medina, der behauptet, dass Menschen über eine Aufmerksamkeitsspanne von lediglich zehn Minuten verfügen (vgl. Gallo, 2018). Nachdem ich seit einigen Jahren sowohl die Unterrichtsmethoden an anderen Hochschulen, insbesondere auch an US-amerikanischen Universitäten, wie auch viele Fortbildungen besucht habe, habe ich meine Lehreinheiten auch in Präsenz schon länger in 20- bis 25-min-Blöcke eingeteilt. Ich plane gezielt, spätestens nach etwa 20 oder 25 min Unterricht, Abwechslungen ein, z. B. eine Aufgabe, eine Gruppenarbeit oder auch eine kurze Pause. Bei Unterrichtseinheiten (Regelzeit 2×90 Min.) kann m. E. die erste Pause oder Abwechslung auch etwas später erfolgen, dafür die anschließenden Abwechslungen bzw. Pausen dann aber regelmäßig und in kürzeren Intervallen. Der virtuelle Raum bietet hier die unkomplizierte Möglichkeit öfters, dafür aber kürzere Pausen zu machen. Während in einer realen Vorlesung viele Personen gleichzeitig den Raum verlassen, um dann bei den Sanitärräumen in der nächsten Schlange zu stehen, fallen die Wartezeiten und Wegezeiten im Homeoffice quasi weg. Meist genügt eine fünf- bis siebenminütige Pause, je nachdem, ob Raucher dabei sind oder nicht.

Auch wenn die Teilnehmer in der Pause ihre Kameras ausschalten, bleiben viele nur vor dem Rechner sitzen oder nutzen dann ihre Social-Media-Kanäle. Dies ermöglicht aber keine ausreichende Erholung. Ich habe mir selbst deshalb angewöhnt, kurz an die frische Luft zu gehen, auf den Balkon, in den Garten oder auch nur Treppen rauf- und runter zu steigen, um den Kreislauf anzuregen. Außerdem haben sich „Aktivpausen" sehr bewährt. Diese können kurzfristig und auch spontan während des Unterrichts eingesetzt werden. Alle Teilnehmer werden aufgefordert, die Kameras einzuschalten, und dann beginne ich mit leichten Stretching- oder Bewegungsübungen und ermuntere die Teilnehmer, diese mit mir zu machen. Nicht alle beteiligen sich, aber die Teilnahmequote liegt zwischen 65 und 90 %. Egal, ob es Liegestütze, einfache Kniebeugen, Sit-ups oder was auch immer sind: Bewegungen wirken Wunder und sind sehr gut geeignet, die Aufmerksamkeit wiederherzustellen, der Eintönigkeit der Wissensvermittlung entgegenzuwirken und den Blutkreislauf in Schwung zu bringen. Wenn auch nur virtuell, sind solche Übungen auch ideal, um Gemeinsamkeiten zu schaffen.

Interaktionsmöglichkeiten: Auch in einer virtuellen Veranstaltung ist es problemlos möglich, sich zu beteiligen. Wortmeldungen können virtuell (z. B. über Symbole), körpersprachlich (Hand heben) oder im Chat erfolgen. Genauso ist es möglich, das Mikrofon einzuschalten und sich akustisch bemerkbar zu machen. Falls von einzelnen Lehrenden bestimmte Möglichkeiten bevorzugt werden, wird deren Nutzung zu einer verbesserten Kommunikation beitragen.

Der Chat kann sowohl an einzelne wie auch an alle Teilnehmer adressiert sein. Das Gute am Chat ist, dass damit z. B. auch Verlinkungen zu Internetseiten, Skripte, aktuelle Gesetzestexte, Normen oder Rechtsprechungen geteilt werden können. So haben dann alle den gleichen Text über die gleiche Verlinkung vor sich und können diesen lesen. Das geht im virtuellen Raum schneller als im realen Hörsaal (natürlich kann auch im realen Hörsaal ein Link angeklickt werden und dann der Text entsprechend auf dem Beamer projiziert werden).

Allerdings kann die intensive Benutzung des Chats auch zu einer Informationsüberladung und Reizüberflutung führen, wenn zu viele Informationen auf verschiedenen Kanälen angeboten werden. Wenn ein Student eine Frage stellt, der Dozent diese zeitverzögert bemerkt und dann beantwortet und über das Mikrofon die nächste Bemerkung kommt, während ein weiterer Teilnehmer mit einer anderen Informationsverarbeitungskapazität die vorherige Frage im Chat zu beantworten versucht, während schon die übernächste Frage kommt. Je nach Interaktionsfreude bzw. Diskussionsfreude sind hier kommunikative Verwirrungen möglich. Ein Vorteil ist, dass Fragen, die von Teilnehmern gestellt werden, auch von anderen Teilnehmern beantwortet werden können, bevor der Lehrende dies macht. Dies kann auch zu einer Beschleunigung des Ablaufs beitragen.

Um kommunikative Verwirrungen zu verringern, ist die Einhaltung einer Reihenfolge empfehlenswert – wie in realen Situationen auch.

Grundsätzlich werden bei virtuellen Konferenzen über Ton und Bild auch nonverbale Signale übertragen. Aber stellen Sie sich mal vor, Sie hören eine Person nur reden und sehen diese nicht. Wenn die Person engagiert spricht, kann es sein, dass diese Äußerungen mit Handbewegungen oder Mimik unterstrichen werden – oder ironische Bemerkungen enthalten, die erst durch das Bild oder die Körpersprache deutlich werden (z. B. Anführungszeichen mit Ring- und Mittelfingern). Oder es kommt zu kurzfristigen technischen Störungen, kleinen Aussetzern, einem stehenden Bild oder einer unterbrochenen Tonwiedergabe, sodass ein oder mehrere Teilnehmer nicht alles mitbekommen. In diesen Fällen werden körpersprachliche Signale nicht oder weniger klar und deutlich übertragen, obwohl diese für das Verständnis der Information beim Empfänger notwendig sind. In einer realen Situation unter physisch anwesenden Personen würden die Signale eindeutiger gesendet und empfangen.

Deshalb ist es bei virtuellen Konferenzen wichtig, dass die Informationen klar und eindeutig formuliert werden. Und zwar noch klarer und noch eindeutiger als unter Anwesenden. Botschaften, die in einem persönlichen Gespräch gesendet werden, können im virtuellen Raum anders ankommen. Meines Erachtens sind dies nur vereinzelte Botschaften – denn 90 % oder mehr der gesendeten Signale werden auch im virtuellen Raum zutreffend übertragen, wenn Bild und Ton funktionieren. Aber schon einzelne Aussagen, die missverständlich waren, können desaströse kommunikative Folgen nach sich ziehen. Deshalb ist es empfehlenswert, wichtige Botschaften zu wiederholen und die Empfänger dazu aufzufordern, bei möglichen Missverständnissen nachzufragen. Oder an besonders wichtigen Stellen nachzufragen und sich das Gesagte wiederholen zu lassen, um zu prüfen, ob es korrekt angekommen ist.

Beispiel: Wenn das Wort „Geheim!" gesendet wird. Dies kann bedeuten, es ist etwas versteckt oder vertraulich oder sie hören den Appell: „Geh heim!"

Was ist bei virtuellen Veranstaltungen bzw. Online-Vorträgen wichtig?

- Die Persönlichkeit wirkt auch hier (Präsenz)
- Im Sitzen ist Körpersprache schwerer sichtbar → Kamera etwas wegstellen, damit Oberkörper & Hände gut sichtbar sind
- Technik (Software, Ton, Präsentation, Kamera, Hintergrund, Blickkontakt, Augenbewegungen, Publikum)
- Evtl. Backup überlegen (Netzwerk, Dateien, Raum)
- Nicht-Stören-Schild anbringen
- Vorher üben und testen
- Aufmerksamkeitsspanne ist kürzer (öfter Pausen machen)
- an Aufzeichnungs- und Verbreitungsgefahr denken
- Verhaltenscodex vereinbaren und einhalten

▶   Lernen Sie aus Fehlern und versuchen Sie, diese zukünftig zu vermeiden!

3.5.8 Fazit virtuelle Veranstaltungen

Die Menge der übermittelten Botschaften würde ich nach meinen bisherigen Erfahrungen in den ersten Online-Vorlesungen auf 75 bis 80 % dessen einschätzen, was in einer Präsenzvorlesung vermittelt werden kann. Je genauer eine virtuelle Konferenz eine Präsenzsituation abbildet, desto realistischer und wirkungsvoller ist diese für Lehrende und Zuhörer. Bei den ersten „Gehversuchen" wurde nicht immer alles so vermittelt und übermittelt, wie dies bei einer persönlichen Zusammenkunft gewesen wäre. Mit der Zunahme der virtuellen Konferenzen kam es sowohl auf Studierenden/Zuhörer-Seite wie auch auf Dozenten-Seite zu einer besseren Akzeptanz und Erreichbarkeit sowie höherer Geschicklichkeit im Umgang mit Technik und Medien und zu einer Anpassung der Methoden, sodass ich nach fast vier virtuellen Semestern die Übermittlung der Lehrinhalte auf 85 bis 90 % einer Präsenzveranstaltung schätzen würde, bei steigender Tendenz. Insbesondere angepasste Methoden, die auf den Erfahrungen mit der Technik basieren, aber auch das kollektive Teilen, die Weitergabe und Weiterentwicklung des Wissens der Lehrenden untereinander tragen dazu bei.

Lehrformate, die in Form von Projektarbeiten durchgeführt werden, welche die Betreuung von Studierenden erfordern, können im virtuellen Raum fast genauso durchgeführt werden wie bei einem persönlichen Treffen. Auch die Studierenden haben gelernt, sich über virtuelle Konferenzen auszutauschen, ihre kollaborative Zusammenarbeit zu bewältigen und sich damit zu arrangieren. Dies kann dazu führen, dass erfahrene Studierende höherer Semester, wenn sie vor die Wahl gestellt werden, sich mehrheitlich für virtuellen statt Präsenzunterricht entscheiden.

Auch wenn virtuelle Konferenzen „anders" sind als persönliche Treffen, bieten sie Vorteile, wie z. B. eine unkomplizierte und schnell arrangierte Zusammenkunft im virtuellen Raum, die auch zu ungewöhnlichen Zeiten stattfinden kann. Ob freitagabends um 21 Uhr oder samstagmorgens um 9 Uhr, wenn üblicherweise wenige Studierende und auch nur wenige Professoren an der Hochschule zu finden waren. Diese führt zu einer weiteren Aufhebung der Grenzen zwischen Arbeit und Freizeit und einer zunehmenden Bedeutung des Selbstmanagements.

Literatur

Amberger, W. (2005). Neurologische Probleme im Alter. In R. Likar, G. Bernatzky, W. Pipam, H. Janig, & A. Sadjak (Hrsg.), *Lebensqualität im Alter* (S. 117–123). Springer. https://doi.org/10.1007/3-211-27182-1_9.

Borkenau, P., Egloff, B., Eid, M., Hennug, J., Neubauer, A. C., & Spinath, F. M. (2005). Persönlichkeitspsychologie. Stand und Perspektiven. *Psychologische Rundschau, 54*(4), 271–290.

Bühler, P., & Schlaich, P. (2013). *Präsentieren in Schule, Studium und Beruf.* Springer-Vieweg.

Ferreira, Y. (2007). Präsentationstechnik. In K. Landau (Hrsg.), *Lexikon Arbeitsgestaltung* (S. 998–1001). Gentner.

Ferreira, Y. (2020). *Arbeitszufriedenheit.* Kohlhammer.

Feuerbacher, B. (1998). *Professionell präsentieren mit und ohne Computer. Moderne Vortragstechnik für Manager, Wissenschaftler und Ingenieure.* Sauer.

Franck, N. (2012). *Gekonnt referieren. Überzeugend präsentieren. Ein Leitfaden für die Geistes – und Sozialwissenschaften.* Springer VS.

Franck, N., & Stary, J. (2013). *Die Technik des wissenschaftlichen Arbeitens.* Schöningh-UTB.

Gallo, C. (2018). You Have 9 Minutes and 59 Seconds to Hook Your Audience. Here's How to Do it In 3 Steps. https://www.inc.com/carmine-gallo/you-have-9-minutes-59-seconds-to-hook-your-audience-heres-how-to-do-it-in-3-steps.html. Zugegriffen: 20. Sept. 2021.

Hasselhorn, M., & Gold, A. (2017). *Pädagogische Psychologie. Erfolgreiches Lernen und Lehren.* Kohlhammer.

Hey, B. (2019). *Präsentieren in Wissenschaft und Forschung.* Springer.

Hey, B., &. Bodenstein-Dresler, F. (2021). *Virtuelle Veranstaltungen in Wissenschaft und Lehre, Eine praxisorientierte Einführung.* Springer Gabler. https://doi.org/10.1007/978-3-658-33194-8_1.

Hierhold, E. (2008). *Sicher präsentieren – wirksamer vortragen.* Redline.

Hofmann, E., & Löhle, M. (2016). *Erfolgreich Lernen. Effiziente Lern- und Arbeitsstrategien für Schule, Studium und Beruf.* Hogrefe.

Landau, K. (2002). *Arbeitstechniken für Studierende der Ingenieurwissenschaften.* Ergonomia.

Lehner, M. (2018). *Viel Stoff – schnell gelernt. Prüfungen optimal vorbereiten.* Haupt.

Link, C. (2020). Der Start in die Zwangsferien verläuft holperig. https://www.stuttgarter-zeitung.de/inhalt.schulschliessung-in-baden-wuerttemberg-der-start-in-die-zwangsferien-verlaeuft-holperig.d4069237-3d53-45db-9995-1f146f195572.html. Zugegriffen: 22. Sept. 2021.

Mayer, R. E., & Moreno, R. (2003). Nine ways to reduce cognitive load in multimedia learning. *Educational Psychologist, 38*(1), 43–52. https://doi.org/10.1207/S15326985EP3801_6

Metzig, W., & Schuster, M. (2020). *Lernen zu lernen.* Springer.

Miller, G. A. (1956). The magic number 7 plus or minus two: Some limits on our capacity for processing information. *American Psychological Association: Psychological review, 63*, 81–97.

Müller-Schwarz, U., & Weyer, B. (2006). *Präsentationstechniken. Wie Sie Ihre Ideen wirkungsvoll verkaufen*. adlibri.

Roth, G. (2011). *Bildung braucht Persönlichkeit. Wie Lernen gelingt*. Klett-Cotta.

Schlick, C., Bruder, R., & Luczak, H. (2018). *Arbeitswissenschaft*. Springer.

Schreiber, S. (2009). Wahrnehmung. In K. Landau & G. Pressel (Hrsg.), *Medizinisches Lexikon der beruflichen Belastungen und Gefährdungen* (S. 1093–1042). Gentner.

Seifert, J. W. (2020). *Visualisieren – Präsentieren – Moderieren. Der Klassiker*. Gabal.

Stangl, W. (2021). Präsentations- und Vortragstechnik: Medieneinsatz. http://arbeitsblaetter.stangl-taller.at/PRAESENTATION/medieneinsatz.shtml#Entstanden%20unter%20Verwendung. Zugegriffen: 15. Juni 2021.

Thiele, A. (2010). *Präsentieren ohne Stress. Wie Sie Lampenfieber in Auftrittsfreude verwandeln*. Frankfurter Allgemeine Buch.

Witzenbacher, K. (1994). *Praxis der Unterrichtsplanung, Unterrichtsvorbereitung und Unterrichtsgestaltung*. Oldenbourg.

Die mediale Aufbereitung einer Präsentation: Veranschaulichung und Visualisierung

4

Visualisieren bedeutet etwas „bildhaft darstellen" (Seifert, 2020, S. 11). Weil Menschen auch als „Augentiere" bezeichnet werden, kommt ihnen eine bildhafte Darstellung entgegen. (Seifert, 2020; S. 11; Müller-Schwarz & Weyer, 2006, S. 125).

Visualisierung = Veranschaulichung = bildhafte oder graphische Darstellung
Visualisierung hat den Leitspruch: „Reden ist Silber, Zeigen ist Gold."

Durch Visualisierung werden Informationen von Menschen schneller wahrgenommen und besser gespeichert. Zu auditiven Signalen – der Stimme des Vortragenden – kommen visuelle Signale, die mit dem Auge erfasst werden. Die Informationskapazität der Augen ist um ein Vielfaches höher als die der anderen Wahrnehmungssinne. Außerdem steigt die Behaltensleistung durch die Nutzung mehrerer Sinne.

Visualisierung durch Farben, Bilder oder Karikaturen dienen auch der Aktivierung der Zuhörer (vgl. Müller-Schwarz & Weyer, 2006, S. 169). Wenn darüber hinaus Wörter durch Bilder ersetzt bzw. ergänzt werden, steigt die Behaltensleistung zusätzlich (vgl. Landau, 2002, S. 344). Menschen können sich Bilder nicht nur sehr gut merken, Menschen denken primär in Bildern und Assoziationen (vgl. Buzan & Buzan, 2013, S. 75). Dabei scheint die Kapazität für die Wiedererkennung von Bildern fast unbegrenzt zu sein (vgl. Haber, 1970, S. 104). Bilder rufen „häufig mehr hervor als Wörter, sind genauer und kraftvoller" und „steigern so das kreative Denken und das Gedächtnis" (Buzan & Buzan, 2013, S. 77).

Der Wiedererkennungseffekt von Bildern fußt auf unterschiedlichen Untersuchungen, die schon in den 1960er Jahren stattfanden. Dabei wurde die Wiedererkennungsrate von Bildern, welche Probanden eine kurze Zeit gezeigt wurden, untersucht, indem geprüft wurde, inwieweit sich diese später an die Inhalte der Bilder erinnern konnten. Die ersten Versuche gingen auf Roger N. Shepard zurück, der diese 1967 veröffentlichte. Er zeigte den Versuchspersonen (das waren Studierende der Harvard Universität sowie

K.-C. Renz, *Das 1 x 1 der Präsentation,* https://doi.org/10.1007/978-3-658-37025-1_4

Mitarbeiter der Bell Telephone Laboratories) mehr als 600 verschiedene Darstellungen („Visual stimuli", die „Words", „Sentences" oder „Pictures" enthielten) und testete dann, ob die Versuchspersonen sich später an diese erinnern konnten. Dazu wählte er zufällig 68 der ursprünglich gezeigten 612 Darstellungen aus und zeigte den Probanden diese anschließend zusammen mit einem neuen, bisher nicht gezeigten Bild. Die Versuchsteilnehmer mussten entscheiden, welches Bild sie schon mal gesehen hatten. Die (richtige) Wiedererkennung lag nach einer Woche durchschnittlich bei 87 % (vgl. Shepard, 1967, S. 156 ff.). Ähnliche Versuche wurden daraufhin von anderen Forschern ebenfalls durchgeführt. Haber zeigte seinen Testpersonen 2.560 Fotos („photographic slides") jeweils 10 s lang. Eine Stunde später wurden den Probanden 280 Bilderpaare gezeigt, von denen sie jeweils ein Bild kannten und das andere nicht. Die richtige Wiedererkennung lag bei über 85 % (vgl. Haber, 1970, S. 104). Diese Versuche wurden dann variiert und mit verschiedenen Versuchsanordnungen durchgeführt. Standing, Conezio und Haber führten z. B. Tests mit 21 Studierenden der Universität von Rochester nach dem gleichen Versuchsaufbau durch. Sie zeigten den Testteilnehmern 120 zufällig ausgewählte Bilder für 1 s und prüften dann nach 30 min., ob die Probanden diese wiedererkennen, wenn sie paarweise mit einem neuen Bild kombiniert wurden („Each of 120 pictures was paired with an unfamiliar one"). Auch hier betrug die Rate der richtigen Zuordnung mehr als 88 % (Standing et al., 1970, S. 73).

Diese Tests zeigen also, dass Menschen eine sehr ausgeprägte Fähigkeit haben, Bilder wiederzuerkennen. Daraus folgt die Erkenntnis, dass bildhafte oder visuelle Informationen einen sehr hohen Behaltenseffekt aufweisen, auch weil der visuelle Wahrnehmungskanal der ausgeprägteste ist. Dies mündet in der Empfehlung, Visualisierungen als Merkhilfe zu verwenden, da sich Bilder gut in das Gedächtnis einprägen und merken lassen.

Die Visualisierung oder Veranschaulichung in einer Präsentation hilft,

- die wesentlichen Inhalte (Kernbotschaften) hervorzuheben,
- den Überblick zu behalten,
- die Komplexität zu reduzieren,
- Zusammenhänge und Strukturen leichter zu erkennen,
- in kurzer Zeit viele Informationen zu vermitteln,
- verschiedene Sinne anzusprechen, um die Behaltensleistung zu erhöhen, und
- die Präsentation abwechslungsreicher, bunter und aufgelockerter zu gestalten, was die Aufmerksamkeit und das Interesse der Zuhörer steigert.

Visualisierung ist die Gestaltung der Medien, wobei die grundsätzlichen Gestaltungsregeln für alle Medien gelten, egal, ob es PowerPoint-Slides, Folien für den Overhead-Projektor, Poster oder Flipchart-Blätter sind. Grundsätzliche Elemente der Visualisierung sind:

- Texte,
- Farben,
- Zahlen, Daten (Tabellen, Diagramme),
- Strukturen, Übersichten und Zusammenhänge,
- Bilder (Fotos, Zeichnungen) und
- Animationen

Zu den Medien zählen nicht nur die eigentlichen Präsentationsmedien, sondern auch schriftliche Unterlagen bzw. Handouts (siehe Abschn. 3.2). Dies kann z. B. bei einem Vortrag über ein Projekt der entsprechende Projektbericht sein, bei einem Vortrag über eine Bachelorarbeit die schriftliche Abschlussarbeit oder bei einer Konferenz die Veröffentlichung als Beitrag in einem Tagungsband. Es wird schnell klar, dass diese schriftlichen Unterlagen anders aussehen werden als die in der Präsentation direkt verwendeten Folien. Warum sollte es mit den Unterlagen, die Sie als Handout ausgeben, anders sein?

Wenn Sie ein Handout verwenden, ist es sinnvoll, eine Unterscheidung zwischen Vortragsfolien und Unterlagen (Handout) zu treffen (vgl. Abb. 4.1). Häufig wird aus Zeit- oder Bequemlichkeitsgründen diese Unterscheidung nicht beachtet. Dabei sind die Anforderungen an Folien, die zur Präsentation eingesetzt werden, anders als die an die Unterlagen, welche als Handout dienen. Die Folien einer Präsentation dienen der Unterstützung des Redeflusses des Vortragenden. Deshalb sollten diese nur einfache, „abgespeckte" Folien sein, welche die wesentlichen Informationen zuzüglich evtl. graphischer Elemente enthalten. Bei Präsentationen von professionell Vortragenden werden die Botschaften auf den Folien oft nur mit einem ganzflächigen Bild dargestellt und enthalten als Aussage einen prägnanten Satz. Musterbeispiel dafür waren z. B. Präsentationen des Apple-Gründers Steve Jobs. Für Lehrzwecke ist das jedoch nur bedingt geeignet. Außerdem setzt dies voraus, dass der Vortragende frei redet und sicher ist.

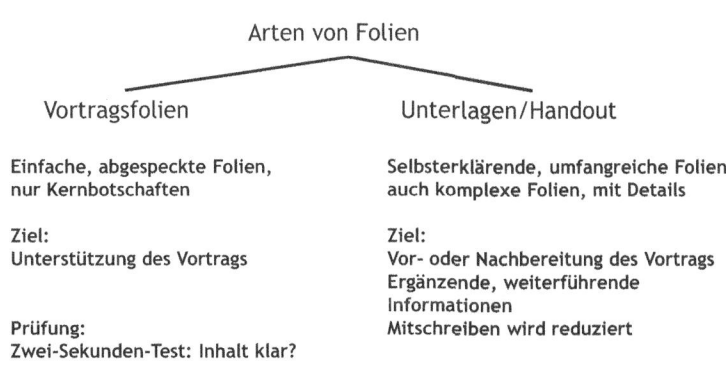

Abb. 4.1 Grundsätzliche Unterschiede zwischen Präsentationsfolien und Unterlagen. (Quelle: In Anlehnung an Thiele, 2010, S. 91)

Handouts dagegen dienen in erster Linie der Nachbereitung des Vortrags und der Reduzierung des Schreibaufwands während einer Präsentation. Somit sollten diese Unterlagen selbsterklärend und ausführlich sein, sie können komplex und detailreich sein. Ein Skript kann auch weiterführende, ergänzende und vertiefende Informationen enthalten (vgl. Thiele, 2010, S. 90 ff.).

Dieser Unterscheidung wird meist wenig Beachtung geschenkt. Wenn im Vorfeld daran gedacht wird, ist die Erstellung einer eigenständigen Skriptform fast ein Kinderspiel. Dazu müssen nur bei der Erarbeitung des Präsentationsinhalts möglichst viele Informationen zusammengetragen und notiert werden. Wenn die Recherche dann abgeschlossen ist und der Inhalt feststeht, werden aus diesem unfertigen Rohmaterial die Präsentations- und Skriptinhalte erstellt. Dabei wird die eigentliche Präsentationsunterlage erst zu einem möglichst späten Zeitpunkt aus dem Rohmaterial erstellt. Die erste Version ist die ausführliche Version, sie dient als schriftliche Teilnehmerunterlage und enthält auch Randinformationen. Die darin enthaltenen Aussagen können mit erklärenden Halbsätzen ergänzt werden. Aus dieser wird eine zweite, gekürzte Version erstellt, die Präsentationsversion. Sie enthält nur die wesentlichen Kernaussagen und Texte in Stichwörtern, evtl. ergänzt um Visualisierungselemente. Dabei gilt: „Weniger ist oft mehr!" (Hierhold, 2008, S. 216).

Die Ausgabe oder zumindest die Bereitstellung von Unterlagen ist im akademischen Umfeld inzwischen fast zur Selbstverständlichkeit geworden. Aber nicht immer. An der Hochschule gibt es (und gab es auch früher) Dozenten, die ihre Unterlagen nicht zur Verfügung stellen. Sie sind der Ansicht, dass die Zuhörer in den Unterricht kommen sollen, um dort ihre Notizen entsprechend ihrem individuellen Kenntnisstand selbst anzufertigen. Wenn Teile des Stoffes nicht verstanden oder nicht mitgeschrieben werden konnten, ist es Aufgabe der Studierenden, diesen Stoff eigenverantwortlich nachzubereiten.

Dozenten mit dieser Einstellung führen im Wesentlichen folgende Gründe für ihre Haltung an: Erstens sollen die Studierenden zu mehr Eigenverantwortung und Selbständigkeit erzogen werden. Das sind Erfahrungen und Fähigkeiten, die auch nach dem Studium im Hinblick auf lebenslanges Lernen notwendig sind. Die Studierenden werden mit sanftem Druck gezwungen, sich eine entsprechende Arbeitsweise anzueignen, die über die reine Vermittlung von Fachkenntnissen hinausgeht. Der zweite Grund ist, die Studierenden in die Veranstaltung zu bekommen, um nicht eine Lehrveranstaltung vor einem halbleeren Vortragssaal bestreiten zu müssen. Beide Gründe sind m. E. durchaus ernstzunehmende Argumente. Und nicht allen Teilnehmern gefällt das. Konterkariert wird dieser Ansatz, wenn Teilnehmer die Technik nutzen, um die Veranstaltung aufzuzeichnen. Auf den Aufnahmebutton des Smartphones zu drücken, um den Redebeitrag aufzuzeichnen, kann unbemerkt geschehen, die Aufnahme kleiner Videosequenzen auch, die unbemerkte Aufnahme ganzer Vorträge auf Video setzt eine genügend große Anzahl an Teilnehmern voraus.

Die Umstellung des Studiums auf das Bachelor-Master-System führte zu einer zunehmenden Verschulung der Hochschulen und Universitäten. Studierende und Schüler wurden damit immer ähnlicher. Dies bewirkte, dass die Studierende – wenn überhaupt während des Studiums – erst in höheren Semestern lernen, Selbstverantwortung zu übernehmen, d. h. selbständig zu planen und sich zu organisieren. Wenn sie dagegen im Studium „ins kalte Wasser geworfen werden", lernen sie notgedrungen frühzeitig zu lernen und sich fachliches Wissen selbst, auch außerhalb der Vorlesung, anzueignen. Das ist aufwändig und unbequem und bei den Studierenden meist nicht beliebt. Eine Wertschätzung dessen erfolgt erst nach Ende des Studiums.

4.1 Grundlagen der Visualisierung

4.1.1 Leserichtung und Blickrichtung

Die Wahrnehmung eines Menschen unterliegt unterschiedlichen Einflüssen. Neben persönlichen Merkmalen wie Interesse, Aufmerksamkeit oder Müdigkeit wird die Wahrnehmung eines Menschen auch beeinflusst durch die Kultur, die Erziehung und die Bildung.

Im europäischen bzw. westlichen Kulturkreis ist die Leserichtung von links nach rechts und von oben nach unten (vgl. Bisping et al., 2014, S. 11). Die angelernte Leserichtung beeinflusst auch die Blickrichtung der Augen. Dies hat z. B. Einfluss auf die Wahrnehmung und Interpretation von Anzeigen. Entsprechend sollte die Schrift bzw. Gestaltung angeordnet werden (vgl. Abb. 4.2).

Wenn die Präsentationsfläche in Quadranten aufgeteilt wird, entfällt der größte Teil der Aufmerksamkeit auf den Quadranten oben links, während dem Quadranten unten rechts die geringste Aufmerksamkeit zuteil wird. Die beiden anderen Quadranten oben rechts und unten links erhalten eine mittlere Aufmerksamkeit.

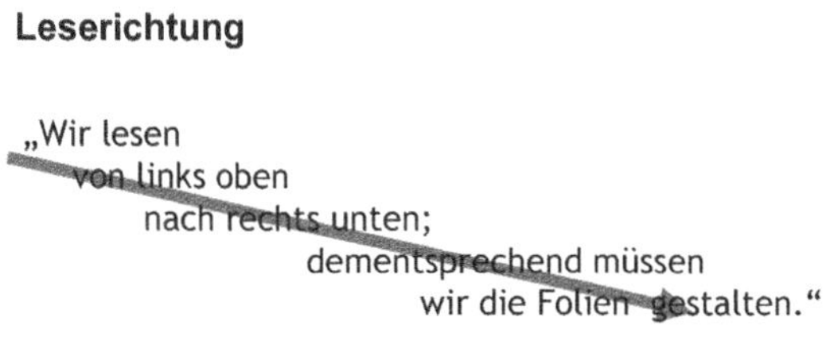

Leserichtung

„Wir lesen
von links oben
nach rechts unten;
dementsprechend müssen
wir die Folien gestalten."

Abb. 4.2 Leserichtung

4.1.2   Kompatibilität

Die Aufnahme von Informationen durch Menschen wird erleichtert, wenn diese sinnfällig dargeboten werden. Kompatibilität oder Sinnfälligkeit liegt vor, wenn bei der Gestaltung der Informationseingabe und Informationsausgabe gewissen Erwartungen des Menschen entsprochen wird (vgl. Bullinger et al., 1994, S. 354).

Der Begriff der Kompatibilität wird nicht nur für PC-Systeme, sondern auch bei der Informationsein- und ausgabe verwendet. Meist ist dies eine sog. Mensch-Maschinen-Schnittstelle, an der Informationen ausgetauscht werden. Systeme sind dann kompatibel, wenn sie sich so verhalten, wie der Mensch es erwartet, wenn sie also eine intuitive Bedienung ermöglichen.

Denken Sie einmal an eine Schraube, die in einen Gegenstand geschraubt werden soll. Wer dies schon einmal gemacht hat, weiß, dass die Schraube nach rechts gedreht werden muss, um angezogen bzw. eingeschraubt zu werden. Um die Schraube zu lösen bzw. zu entfernen, muss diese nach links gedreht werden. Wer diese Erfahrung „begriffen" hat, wird Schrauben in diese Richtungen drehen. Eine Erwartungshaltung hat sich ausgebildet. Dummerweise gibt es aber auch Schrauben, deren Gewinde genau entgegengesetzt funktioniert. An jeder Schnittstelle zwischen Mensch und Maschine ist es ähnlich. Mensch-Maschine-Schnittstellen können Bildschirme, Tasten, Tastaturen, Touchscreens, Computermäuse, Regler (z. B. Drehregler), Schalter, Joysticks usw. sein.

Die kompatible Gestaltung verkürzt die Lern- und Übungsphase, erhöht die qualitative und quantitative Arbeitsleistung und verringert die Fehlergefahr. Sind Informationen kompatibel gestaltet, erleichtert und beschleunigt dies die Aufnahme und Verarbeitung von Informationen (vgl. Bullinger et al., 1994, S. 354).

Bei einer Tagung, die an der Hochschule stattfand, hielten mehrere Redner nacheinander in einem großen Hörsaal Präsentationen. Eine der vortragenden Personen, eine erfahrene Rednerin, die von einem renommierten Forschungsinstitut kam, hatte in ihrer Präsentation über die Vor- und Nachteile verschiedener Unternehmensgrößenklassen und -typen referiert. Auf ihren Präsentationsfolien waren die Vorteile dazu jeweils in roter Schrift und die Nachteile in grüner Schrift abgebildet (Vorteil = Rot, Nachteil = Grün). Die Farbgestaltung war nicht kompatibel, sie entsprach nicht der Erwartungshaltung der Zuhörer. Nach der Präsentation war die Foliengestaltung, welche die Zuhörer völlig unabhängig voneinander verwirrte, das wichtigste Gesprächsthema, der Inhalt des Vortrages war dagegen sekundär.

Die Kompatibilität bzw. Verständlichkeit von Folien kann einfach überprüft werden. Albert Thiele schlägt einen Zwei-Sekunden-Check vor: Legen Sie die Folie einer unbeteiligten Person, die das Thema nicht kennt, zwei Sekunden lang vor. Wenn diese Person den Aufbau treffend erfasst hat, ist Ihre Folie in Ordnung (vgl. Thiele, 2010, S. 97).

Ich halte dies bei wissenschaftlichen Vorträgen für sehr streng. Wissenschaftliche Folien unterscheiden sich in der Tiefe und Darstellung z. B. von Werbevorträgen. Sie haben auch teilweise komplexere Inhalte, die zwar eingängig und schnell erfassbar dargestellt werden sollten, aber nur bis zu einer gewissen Grenze vereinfacht werden können. Der Zwei-Sekunden-Test deutet aber in die richtige Richtung. Deshalb kann m. E. die Zwei-Sekunden-Spanne bei komplexen Folien auf bis zu fünf Sekunden erhöht werden. Wenn dann aber der Inhalt der Folie von Adressaten immer noch nicht erfasst werden kann, muss sie dringend überarbeitet (vereinfacht) werden.

Was manchen Folienerstellern auch nicht immer klar zu sein scheint:

▶   Gute Folien sind selbstverständlich selbsterklärend und haben eine klare Aussage.

Wenn das Publikum die Botschaft einer Folie nicht versteht, ist die Folie entbehrlich. Dann ist es besser, auf diese Folie zu verzichten. Eine selbsterklärende Folie ist auch für den Referenten eine große Hilfe: Sollte er mal den „roten Faden" verlieren, kann er diesen schneller wieder finden.

4.1.3   Gestaltungsempfehlungen

Für die Visualisierung, also die bildliche oder graphische Darstellung des Inhaltes, sind vielfältige Möglichkeiten denkbar. Manche Gestaltungsmöglichkeiten sind auch eher eine Geschmacks- und Ermessenssache (vgl. Hey, 2019, S. 75).

Dies trifft z. B. auf die Anzahl an Textzeilen zu, die auf einer Folie stehen sollen. Je nach Autor und Ansicht variiert diese zwischen vier und neun Textzeilen pro Folie. Ähnliches gilt für die Anzahl der zu verwendenden Farben pro Seite. Empfohlen werden entweder maximal drei oder maximal vier Farben je Seite (vgl. Hey, 2019, S. 93; Thiele, 2010, S. 90 ff.; Heister et al., 2007, S. 100; Feuerbacher, 1998, S. 64).

Diese Empfehlungen sind keine starren Regeln, aber Hinweise, die beachtet werden sollten. Drei oder vier Farben zu verwenden, heißt nicht, dass sechs oder mehr Farben verwendet werden sollten.

Es gibt aber auch Regeln, die bei jeder Visualisierung beachtet werden sollten und die das Ziel haben, die Inhalte in eine gut wahrnehmbare und für die Zuhörer schnell erfassbare Form zu bringen. Abb. 4.3 gibt einen Überblick über die wichtigsten Gestaltungsempfehlungen von Präsentationsfolien.

Dabei ist das Gesamtbild einer Unterlage ausschlaggebend. Es ergibt sich aus vielen einzelnen Details. Ein Beispiel zur Farbgestaltung: Es kommt letzten Endes nicht darauf an, ob drei oder vier Farben auf einer Folie verwendet werden, sondern vielmehr darauf, ob die jeweiligen Farben sinnvoll eingesetzt werden und eine Funktion bzw. Bedeutung haben. Werden Farben zur Betonung einzelner Inhalte eingesetzt und wird alles sehr farbig gestaltet, wirkt nichts mehr hervorgehoben. Deshalb ist die Beschränkung auf wenige Farben sinnvoll. Dies gilt auch für die Lesbarkeit. Sie erfordert einen Mindestkontrast zwischen Text und Hintergrund, damit das menschliche Auge Unterschiede erkennen kann. Eine hellgelbe Schrift auf weißem Hintergrund ist dabei nicht förderlich.

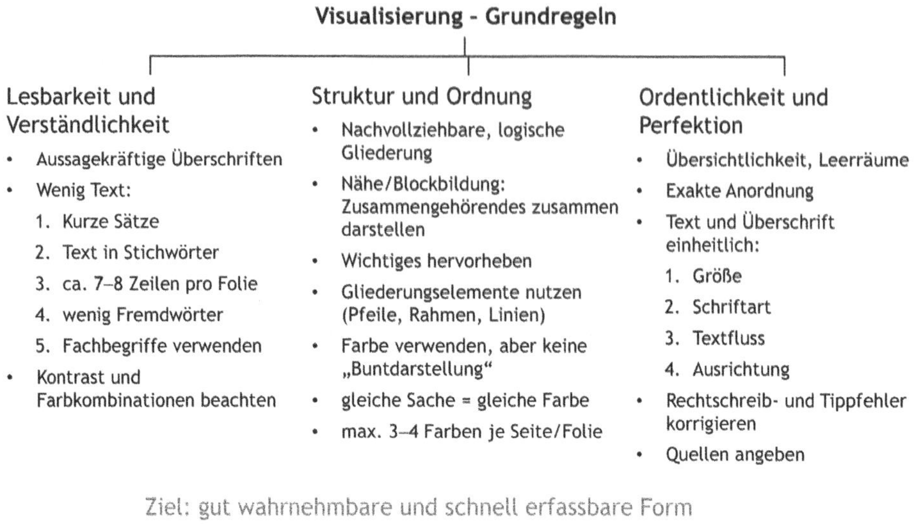

Visualisierung – Grundregeln

Lesbarkeit und Verständlichkeit

- Aussagekräftige Überschriften
- Wenig Text:
  1. Kurze Sätze
  2. Text in Stichwörter
  3. ca. 7–8 Zeilen pro Folie
  4. wenig Fremdwörter
  5. Fachbegriffe verwenden
- Kontrast und Farbkombinationen beachten

Struktur und Ordnung

- Nachvollziehbare, logische Gliederung
- Nähe/Blockbildung: Zusammengehörendes zusammen darstellen
- Wichtiges hervorheben
- Gliederungselemente nutzen (Pfeile, Rahmen, Linien)
- Farbe verwenden, aber keine „Buntdarstellung"
- gleiche Sache = gleiche Farbe
- max. 3–4 Farben je Seite/Folie

Ordentlichkeit und Perfektion

- Übersichtlichkeit, Leerräume
- Exakte Anordnung
- Text und Überschrift einheitlich:
  1. Größe
  2. Schriftart
  3. Textfluss
  4. Ausrichtung
- Rechtschreib- und Tippfehler korrigieren
- Quellen angeben

Ziel: gut wahrnehmbare und schnell erfassbare Form

Abb. 4.3 Gestaltungsregeln bei der Visualisierung. (Quelle: In Anlehnung an Seifert, 2020, S. 25; Landau, 2002, S. 344; Thiele, 2010, S. 97; Müller-Schwarz & Weyer, 2006, S. 154 f.)

Eine solche Missachtung der Gestaltungsregeln kann langfristig zu einer gesundheitlichen Beeinträchtigung führen. „Arbeitsmedizinische Untersuchungen zeigen, dass sich während der Arbeit mit ungünstigen Farbzusammenstellungen die Lidschlagfrequenz des Auges drastisch erhöhte. Das ist ein klares Belastungszeichen. Es findet eine Reizüberflutung statt. Die Leistung der Hals- und Rückenmuskulatur geht zurück, während die Herztätigkeit davon unberührt bleibt. Das zuvor harmonische Zusammenspiel zwischen Muskelaktivitäten des Herzens und des Rückens funktioniert nicht mehr." (Wittig-Goetz, 2013).

Die Vortragsinhalte sollten so gestaltet sein, dass alle Inhalte von jedem Platz aus gut lesbar sind (vgl. Heister et al., 2007, S. 100). Das ist klar? Natürlich ist es das, aber trotzdem wird es häufig nicht beachtet. Insbesondere Studienanfänger sind in diesem Bereich sehr experimentierfreudig, fehleranfällig und unnötig schlampig. Die Gestaltung der Folien sollte so perfekt wie möglich sein, viele Fehler werden von einem geschulten Auge sofort bemerkt, weil sie „ins Auge stechen". Das wirft kein gutes Bild auf die Vorbereitung des Vortrags. Kaum zu glauben, aber ich erlebe immer wieder folgende Fehler bei der Gestaltung von Folien:

- keine Überschrift auf der Folie,
- keine Gliederung im Vortrag, sodass die Struktur nicht nachvollziehbar ist,
- Gliederungspunkte und Überschrift stimmen nicht überein,
- Hierarchie und Schriftgröße bei den Überschriften sind unterschiedlich,
- Folien in der falschen Reihenfolge,
- zu kleine Schrift, sodass der Text nicht lesbar ist,

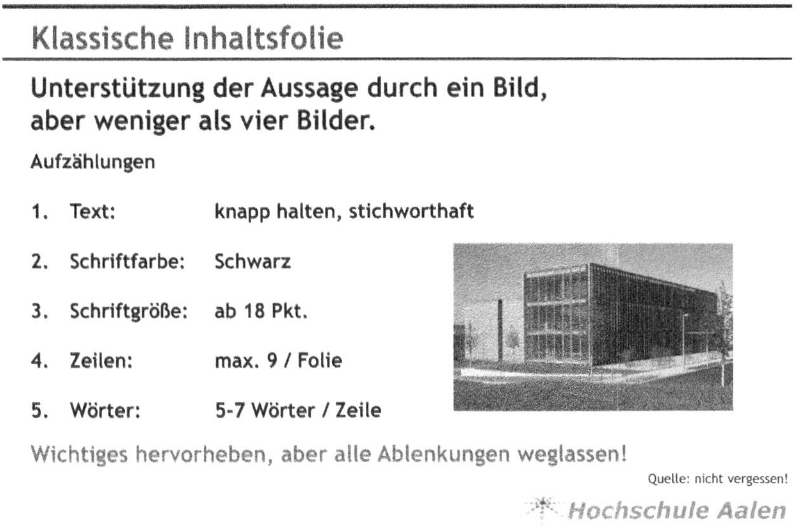

Klassische Inhaltsfolie

**Unterstützung der Aussage durch ein Bild,
aber weniger als vier Bilder.**

Aufzählungen

1. Text: knapp halten, stichworthaft

2. Schriftfarbe: Schwarz

3. Schriftgröße: ab 18 Pkt.

4. Zeilen: max. 9 / Folie

5. Wörter: 5-7 Wörter / Zeile

Wichtiges hervorheben, aber alle Ablenkungen weglassen!

Quelle: nicht vergessen!

Hochschule Aalen

Abb. 4.4 Klassische Standard-Inhaltsfolie. (Quelle: In Anlehnung an Feuerbacher, 2013, S. 71 ff.; Heister et al., 2007, S. 100)

- Farben, die nicht sichtbar sind, z. B. Gelb auf weißem Hintergrund,
- „Buntdarstellung" statt eines sinnvollen Farbeinsatzes,
- Schreibfehler und unterschiedliche Schrifttypen,
- bei Abbildungen fehlende Achsenbezeichnungen, Einheiten oder Legenden,
- keine Quellenangaben,
- Vorlesung wird wörtlich genommen: Ganze Sätze werden auf Folien geschrieben und dann abgelesen (diese sind dann oft auch aus dem Internet kopiert).

Diese Fehler kommen immer häufiger vor, bei gleichzeitig steigender Souveränität der Vortragsweise der Studierenden. Die Präsentationsfähigkeiten (beim persönlichen Auftritt) wurden besser, das Verständnis des Themas geringer.

Deshalb ist es empfehlenswert, mit klassischen, einfachen und übersichtlichen „Standard-Folien" zu arbeiten (vgl. Heister et al., 2007, S. 100). Ein Beispiel zeigt Abb. 4.4.

4.2 Textgestaltung

Mit der Zahl der Veränderungsmöglichkeiten steigt auch die Zahl der Fehlermöglichkeiten. Schauen Sie nochmals in den allgemeinen Gestaltungsempfehlungen der Visualisierung nach (Abschn. 4.1). Sie gelten auch für den Bereich der Textgestaltung. Die Textdarstellung umfasst:

- Schrifttyp (z. B. Arial, Times etc.),
- Schriftart (z. B. kursiv, schattiert, fett, unterstrichen etc.),
- Schriftgröße (14 pt, 16 pt, 18 pt …),
- Schriftfarbe (Schwarz, Gelb, Rot …),
- Textmenge (Zahl der Wörter und Buchstaben) und
- Textausrichtung (linksbündig, Blocksatz, zentriert …).

Die Textgestaltung sollte nicht zum Ort der Selbstdarstellung und Individualisierung werden. Experimente und der Versuch eines persönlichen Ausdrucks sind bei der Textgestaltung fehl am Platz. Bei handschriftlichen Unterlagen ist dies unvermeidbar, deshalb muss hier besonders auf die Lesbarkeit der Schrift geachtet werden.

Empfehlungen zur Gestaltung von Texten

- **Schrifttyp:** Verwenden Sie einen gebräuchlichen Schrifttyp (z. B. Arial, Times etc.). Falls kurzfristig ein anderer PC eingesetzt wird, ist der Schrifttyp dann kein Problem. Außergewöhnliche, spezielle Schriften werden evtl. auf einem anderen PC nicht erkannt und durch eine andere Schrift ersetzt, was weitere Änderungen zur Folge haben kann (Rahmen, Linien, Abbildungen etc. unpassend).
- **Schriftart:** Verwenden Sie eine „normale" Schrift (d. h. kursiv, schattiert, fett, unterstrichen etc. nur für Hervorhebungen).
- **Schriftgröße:** Der Text sollte eine Größe von mindestens 16 pt haben, Überschriften mindestens 20 pt.
- **Schriftfarbe:** Schreiben Sie normalen Text in schwarzer Schriftfarbe, betonen Sie Hervorhebungen farbig.
- **Textmenge:** Halten Sie den Text kurz, begrenzt (Stichwörter, Telegrammstil, keine ganzen Sätze).
- **Textstrukturierung:** Nennen Sie nur einen Gedanken pro Punkt.
- **Einheitlichkeit wahren:** Gestalten Sie gleiche Sachverhalte in gleichen Farben, gleiche Hierarchie = gleiche Schriftgröße usw.

Innerhalb dieser Regeln können Sie über die Textgestaltung der Folien bzw. Unterlagen frei entscheiden, also welche Farbe, welcher Schrifttyp (Times, Arial, Helvetica …) usw. Sie können Ihre eigenen Festlegungen treffen. Achten Sie dabei bitte auf die Strukturierung und die Einheitlichkeit. Abb. 4.5 fasst dies nochmals zusammen und gibt Beispiele dazu.

Regel	Begründung	Mögliche Fehler
Schrifttypen und -arten: einfach, einheitlich	Einfach besser lesbar Helvetica, Times, Arial	Zu viele Schrifttypen *und* **Schriftarten**
Schriftgröße: min. 16 Punkt, max. drei Größen	bessere Gliederung, Einheitlichkeit und Ruhe	Zu viele Schriftgrößen sind verwirrend und unruhig sowie irgendwann auch nicht mehr lesbar
Schriftfarbe: Schwarz, max. 3-4 Farben	Kontrast, Ordnung Gleiche Bedeutung = gleiche Farbe	Wenn alles **bunt** ist, was ist dann hervorgehoben?
Textmenge: so wenig wie möglich	Stichwörter reichen	Wenn ich alles lesen kann, warum sollte ich dann zuhören?
Textstrukturierung: eindeutig und klar	ein Gedanke –ein Punkt Linksbündig	• Unklare Anordnungen und • Bedeutungen führen zu Chaos!
Groß- und Kleinbuchstaben	kann man schneller lesen	GROßBUCHSTABEN SIND SCHWER ZU LESEN
Druckschrift	damit es gelesen wird …	*Die Handschrift als Form des individuellen Ausdrucks*

Abb. 4.5 Empfehlungen zur Textgestaltung. (Quelle: In Anlehnung an Müller-Schwarz & Weyer, 2006, S. 132)

4.3 Farbgestaltung

Farben üben schon lange eine Faszination auf Menschen aus. Früher wurden Farben noch bewusster wahrgenommen als heute. Blicken wir 100 oder mehr Jahre zurück, waren Farben noch etwas Besonderes und Außergewöhnliches; heute haben wir dagegen eine Reizüberflutung durch Farben und Farbsymbolik (vgl. Bartel, 2003, S. 41 f.). Schauen Sie sich beispielsweise das Logo eines Unternehmens oder einer Institution an. Diese Logos sind – in Verbindung mit einem Schriftzug – meist schon zwei- oder drei-farbig.

4.3.1 Ziele bei der Verwendung von Farben

Mit dem Einsatz von Farben in einer Präsentation können unterschiedliche Zielsetzungen verfolgt werden. Farben können z. B. dazu dienen,

- Medieninhalte zu strukturieren, z. B. um auf einer Folie die Gliederung deutlich zu machen oder um Texte, Objekte und Strukturen voneinander unterscheiden zu können sowie Wichtiges hervorzuheben,

- die Informationsaufnahme zu erleichtern, indem Botschaften ins Unterbewusstsein transportiert werden. Die Botschaft wird dadurch eingängiger, das Verstehen erleichtert und die Ansprache des Publikums verbessert,
- Monotonie und Eintönigkeit zu vermeiden, das verwendete Medium interessanter und abwechslungsreicher zu gestalten und damit die Aufmerksamkeit zu wecken.

Bei der Farbauswahl sollten der Zweck bzw. das Ziel der Präsentation und die Zielgruppe nicht aus den Augen verloren werden. In einem Vortrag wirken „kunterbunte" Folien in unserem Kulturkreis nicht seriös und wissenschaftlich.

4.3.2   Farbwirkungen

Farben haben auf Menschen unterschiedliche Wirkungen. Sie wirken auf das vegetative Nervensystem (vgl. Bullinger et al., 1994, S. 109). Somit können Farben Gefühle und Stimmungen erzeugen oder Vorstellungen beeinflussen.

Die Wirkungen von Farben sind von der Person und vom Umfeld (Kontext) abhängig. So ist die Wirkung von Farben auf einen Menschen z. B. von seinen bisherigen Erfahrungen, seinen Lernprozessen, seiner kulturellen Prägung, von symbolischen Bedeutungen, von seiner Erwartungshaltung usw. abhängig. Folgende Wirkungen von Farben können unterschieden werden (vgl. Bartel, 2003, S. 42):

- **Psychologische Wirkung:** automatische und unbewusste Reaktionen und Assoziationen. Sie entstehen durch das Verinnerlichen von oft gemachten Erfahrungen, besonders Alltagserfahrungen. So bleiben wir (hoffentlich) an einer roten Ampel stehen. Oder wir nehmen bestimmte Farbkombinationen als Botschaft wahr. Die Farbkombinationen Rot/Weiß oder Schwarz/Gelb bedeuten z. B. „Achtung" bzw. „Gefahr".
- **Symbolische Wirkung:** Begriffe werden mit Farben verbunden, was überwiegend auf überlieferten Erfahrungen beruht. Dies können auch geschichtliche oder politische Einflüsse sein. In der politischen Landschaft in Deutschland stehen z. B. die Farben Gelb, Rot, Schwarz oder Grün für bestimmte Positionen in der Politik. Auch können Farben Begriffe zugeschrieben werden, wie z. B. Grün für Umwelt. Damit eignen sich Farben auch zur Verstärkung von Wörtern und erhöhen die Veranschaulichung: z. B. Himmelblau", „Sonnengelb" oder, „Giftgrün", „Rosenrot", „Blutrot", „Meerblau", „Schneeweiß", „Kaffeebraun", „Schokoladenbraun", „Bananengelb".
- **Kulturelle bzw. regionale Wirkung:** Traditionen und Lebensweisen, unterschiedliche Kulturen und Religionen führen zu unterschiedlichen Farbwirkungen. So ist zu beobachten, dass früher den Farben, die sehr selten oder schwierig herzustellen bzw. zu beschaffen waren, eine höhere Bedeutung beigemessen wurde. Auch wird oft das als begehrenswert empfunden, was selten ist. Grün hat für Eskimos oder Wüstenvölker eine größere und lebenswichtigere Bedeutung als für uns, da es für Pflanzen,

Nahrung und Leben steht. Wer dagegen in einer „Betonwüste" lebt, empfindet die Farbe Grün wahrscheinlich auch anders als jemand, der auf dem Bauernhof zu Hause ist oder im Wald bzw. in einer Gärtnerei arbeitet.

- **Strukturierende Wirkung:** Farben tragen zur Ordnung und Orientierung bei. Es gibt Farben oder Farbkontraste, die sehr stark wirken (z. B. schwarz – weiß), andere dagegen eher schwach (grau – schwarz). Im Sport werden Farben zur Klassifizierung eingesetzt (beim Skifahren: „schwarze Abfahrt" = sehr steil, „rote Abfahrt" = mittel, „blaue Abfahrt" = leicht. Oder die Gürtelfarben bei Karate (von Weiß = geringster Rang bzw. „Anfänger" über Gelb, Orange, Grün, Blau, Braun, zu Schwarz = höchster Rang bzw. „Experte"). Hier schaffen Farben eine hierarchische Ordnung.

4.3.3 Beispiele für Farbwirkungen

Farben werden auch mit Gefühlen verbunden und lösen bei Menschen unterschiedliche Empfindungen aus. Dieser Effekt wird dadurch verstärkt, dass Farben nicht nur Empfindungen bei Menschen auslösen, sondern körperliche Empfindungen auch durch Farben ausgedrückt werden können, z. B. „grün vor Neid werden", „blass/bleich im Gesicht werden", „erröten", „Zornesröte im Gesicht" oder „rot vor Scham werden".

Das kann an einem Beispiel verdeutlicht werden: Überlegen Sie kurz, an welchen Begriff Sie bei der Farbe „Rot" denken? Was assoziieren Sie mit „Rot"?

Vielleicht denken Sie an „rote Ampeln", was bei uns „Stopp", also „Gefahr" im Straßenverkehr bedeutet. Oder Sie assoziieren damit die Begriffe „Liebe", „Herz", „rote Rosen", wenn Sie gerade empfänglich für derartige Gefühle sind. Oder Sie denken an „Rotstift", wenn Sie sparen müssen oder Prüfungen korrigieren. Oder an eine politische Position, an Blut, Verletzung, Unfall, Operation etc.

Mit der Farbe Rot sind individuell und situativ unterschiedliche Vorstellungen und auch unterschiedlichste Gefühle verbunden. Wenn Sie an „Liebe", „Herz" oder auch einen Sonnenuntergang denken, empfinden Sie es als angenehm. Wenn Sie dagegen an Blut, Verletzungen, Operationen denken, wirkt Rot auf Sie eher unangenehm (vgl. Bartel, 2003, S. 42).

Dieses kleine Beispiel zeigt, wie Erwartungen, Gefühle bzw. Stimmungen und das Umfeld die Wahrnehmung verändern können. Die gleiche Farbe (Rot) kann unterschiedliche, manchmal sogar widersprüchliche Wirkungen erzielen (vgl. Bartel, 2003, S. 42).

Diese Wirkungen sind individuell auch zeitlich unterschiedlich, d. h., nicht jeder Mensch hat zu jeder Zeit die gleichen Assoziationen und Empfindungen aufgrund der Farbwirkung. So kann es sein, dass in einer Gruppe von Zuhörern die meisten mit „Rot" die Begriffe „Stopp" oder „Achtung" verbinden, ein Zuhörer aber bei „Rot" an „Blut" „Verletzungen" und „Unfall" denkt. Wenn dieser eine Zuhörer den identischen Vortrag hört und in einer anderen Gefühls- bzw. Stimmungslage ist, ist es möglich, dass er andere Assoziationen hat und damit der Vortrag anders auf ihn wirkt. Hört er den Vortrag zu einem anderen Zeitpunkt und in einer anderen Stimmungslage, kann es natürlich sein, dass er die Farbe Rot dann ebenfalls mit den Begriffen „Stopp" bzw. „Achtung" oder auch mit wieder etwas anderem verbindet. Die Farbwirkung auf den Betrachter hängt also davon ab, mit welchen Erwartungen bzw. Einstellungen und in welchem Zusammenhang die Farbe wahrgenommen wird. Die gleiche Farbe kann in unterschiedlichen Umgebungen und zu unterschiedlichen Zeitpunkten unterschiedliche Assoziationen hervorrufen (vgl. Bartel, 2003, S. 42).

4.3.4   Empfehlungen für den Farbeinsatz in einer Präsentation

Für den Einsatz von Farben werden folgende Gestaltungsempfehlungen ausgesprochen (vgl. Wittig-Goetz, 2013; Hierhold, 2008, S. 217; Müller-Schwarz & Weyer, 2006, S. 157):

- Wählen Sie gängige Farbkombinationen (klassische Schriftfarben: Schwarz auf weißem Grund oder Blau auf weißem Grund, Hervorhebung mit Rot).
- außer Schwarz (Schrift) und Weiß (Hintergrund) möglichst nicht mehr als drei bis vier unterschiedliche Farben je Seite/Folie verwenden. Farben schaffen Ordnung, Übersicht und Abwechslung. Zu viele Farben können aber verwirren (Farbdarstellung und nicht „Buntdarstellung").
- Achten Sie auf feste Gestaltungsprinzipien/Einheitlichkeit. Eine bestimmte Farbe sollte immer die gleiche Bedeutung haben, das erleichtert die Orientierung.
- Denken Sie an die Verwendung der Farben im Alltag (Kompatibilität). Rot steht für Nachteile oder Negatives, Grün für Vorteile oder Positives.
- Setzen Sie einfache und eindeutige Farben ein, komplexe Farbmuster erschweren die Informationsaufnahme.
- Berücksichtigen Sie einen Mindestkontrast: kein Hell auf Weiß oder Dunkel auf Schwarz, z. B. keine gelbe Schrift auf weißem Hintergrund oder dunkelgraue Schrift auf schwarzem Hintergrund. Ein hoher Kontrast bei der Darstellung von Zeichen (Buchstaben, Ziffern) erleichtert die Lesbarkeit und Erkennbarkeit. Auf hellem Hintergrund ergeben dunkle Zeichen den stärksten Kontrast.
- Stellen Sie große Flächen bzw. Hintergründe mit hellen, wenig gesättigten Farben dar. Dunkle oder stark gesättigte Farben erzeugen bei längerer Betrachtung sog. „Nachbilder". Helle Hintergründe verringern die Anpassungsvorgänge des Auges, wenn zwischen Papiervorlage und Monitor bzw. Projektionsfläche ein Blickwechsel erfolgt.
- Vermeiden Sie Farbkombinationen, die von Menschen mit Farbschwächen schlecht oder gar nicht erkannt werden können. Das gilt vor allem beim Einsatz von Mischfarben. (8 % der männlichen Bevölkerung haben eine Rot-Grün-Sehschwäche (vgl. Rohrschneider et al., 2009, S. 338). Das bedeutet, dass 8 % der männlichen (und ca. 1 % der weiblichen Bevölkerung) bestimmte Farben nicht korrekt wahrnehmen (Farbfehlsichtigkeit). Diese Personen sind aber nicht farbenblind. Bei Farbenblindheit

Tab. 4.1 Wirkung unterschiedlicher Farben – Überblick. (Quelle: In Anlehnung an Bullinger et al., 1994, S. 114; Müller-Schwarz & Weyer, 2006, S. 157; Bartel, 2003, S. 44 f.)

Farbe	Steht für …	Häufige Assoziation	Verwendung, Bemerkung
Schwarz	Eleganz, Trauer, Nacht	Seriös, elegant, pessimistisch	Sehr gute Schriftfarbe, auch für Rahmen und Linien, kontrastvoll. Sonst eher selten anwenden
Weiß	Reinheit, farblos	Friedlich, untadelig, sauber, leer	Als Hintergrundfarbe sehr gut. Schwächt alle übrigen Farbtöne ab, lässt Schriften besser zur Geltung kommen als jede andere Farbe
Gelb	Sonne, Freude, Wärme, Neid	Hell, frech, fröhlich, befreit, anregend, Warnung	Eignet sich gut als Hintergrund, vor allem zusammen mit schwarzer Schrift
Grün	Natur, Go, Hoffnung	Beruhigend, entspannend, frisch, sicher, positiv	Mit dieser Farbe kann Positives betont werden. Dunkles Grün ist meist gut sichtbar
Blau	Wasser, Himmel, Kühle	Kühl, distanziert, ruhig, vernünftig	Lässt sich gut als Schriftfarbe verwenden. Gilt als Lieblingsfarbe der Deutschen
Orange	Feuer, Wonne, Energie	Beschwingt, lebendig, emotional, spornt an	Ist eine gute Füllfarbe für Grafiken, kann in dunklen Räumen aber schmutzig wirken
Rot	Gefahr, Blut, Liebe, Stopp	Dominant, dynamisch, leidenschaftlich, heiß, aggressiv, negativ	Für Betonungen und Hinweise. Wirkt als Warnfarbe: Nur als Akzent verwenden, nicht als Flächenfarbe
Braun	Erde, Möbel, Natur	Behaglich, natürlich, organisch	Farbe wird selten verwendet, da die meisten Menschen diese Farbe nicht mögen, kann auch schmutzig wirken

    werden farbige Informationen nur als Graustufen wahrgenommen (vgl. Schlick et al., 2018, S. 442 f.).

- Beachten Sie Farbwirkungen, allerdings werden diese – wie bereits erläutert – individuell unterschiedlich wahrgenommen (vgl. Tab. 4.1).

4.4   Zahlendarstellung mit Tabellen

Neben Texten gehören auch Zahlen zu den grundlegenden Bestandteilen einer Präsentation. Vor allem in den Wirtschafts- und Ingenieurswissenschaften haben Zahlen eine große Bedeutung, z. B. Verkaufszahlen, Mitarbeiterzahlen, Gewinnzahlen, Verbrauchszahlen, Auslastung, Werkstoffbelastung, Materialzusammensetzung usw.

Zahlen selbst sind neutral und stellen oft die wichtigsten Informationen und Argumente dar. Sie müssen in einer Präsentation für die Zuhörer leicht erfassbar präsentiert werden. Die Zuhörer sollten ein „Gefühl für die Zahlen" bekommen. Für die Darstellung von mehreren Zahlen in Präsentationen kommen vorwiegend Tabellen oder Diagramme (Schaubilder bzw. „Charts") infrage.

Tabellen sind die einfachste Möglichkeit, Zahlen darzustellen (vgl. Müller-Schwarz & Weyer, 2006, S. 134). Als Darstellungsform werden sie aber oft vergessen. Wenn Tabellen verwendet werden, sind diese oft überladen, unübersichtlich und zu detailreich. Dafür gibt es folgende Gründe:

- Die Referenten versuchen, so viele Informationen wie möglich in eine Tabelle zu packen und diese auf einer Folie darzustellen.
- Die präsentierten Tabellen werden weitgehend unbearbeitet aus dem ursprünglich stammenden Datenformat bzw. Programm übernommen.

4.4.1 Visualisierungsgrundsätze und Einsatzbereiche bei Tabellen

Tabellen sollen keine Datenfriedhöfe sein. Bei Tabellen gelten die gleichen Visualisierungsgrundsätze wie bei den anderen Darstellungsmöglichkeiten. Diese können nach dem jeweiligen Einsatzzweck und Ziel unterschieden werden. Es können zwei Einsatzbereiche von Tabellen unterschieden werden:

1. Tabellen in einer Präsentation und
2. Tabellen in einem schriftlichen Bericht.

Beide haben unterschiedliche Ziele. Tabellen in einem Bericht dienen dem Nachschlagen, dem Beweis, der Berichtspflicht. Der Leser hat (zumindest etwas) Zeit, sich diese Tabelle anzuschauen. Er kann nach einzelnen Zahlen suchen und Details vergleichen. Auch Tabellen in einem Bericht sollten übersichtlich und verständlich gestaltet sein.

Für Tabellen, die in einer Präsentation Verwendung finden sollen, gilt dies noch verstärkt. Sie müssen nicht nur lesbar, sondern auch schnell erfassbar sein. Der Zuhörer hat nur kurz Zeit, die wesentlichen Informationen wahrzunehmen. Informationen auf Präsentationsfolien, die nur in kurzer Zeit aufgenommen werden können, müssen deshalb reduziert sein.

Dies liegt daran, dass das menschliche Arbeitsgedächtnis, in dem Informationen kurzzeitig gespeichert und damit verfügbar sind, in seiner Kapazität begrenzt ist. Das Arbeitsgedächtnis kann höchstens ca. sieben (plus/minus zwei) unverbundene Ziffern, sog. Chunks, gleichzeitig speichern. Ein Chunk kann eine Ziffer, ein Buchstabe oder ein Wort sein (vgl. Hellbrück & Schlittmeier, 2007, S. 582). Siehe auch Abschn. 3.1.

Für Tabellen in einer Präsentation gilt: Je weniger Informationen, umso besser! Oder: So wenige Spalten und Zeilen wie möglich!

4.4.2 Beispiel für Zahlendarstellungen in Tabellen

Sie haben für die Darstellung die in Abb. 4.6 gelisteten Daten. Wie könnten diese aussagekräftiger dargestellt werden? Welche Informationen vermissen Sie?

Eine verbesserte Darstellung könnte wie in Abb. 4.7 gezeigt aussehen.

Für die Tabellengestaltung gelten folgende Merksätze

- Keine unübersichtlichen Tabellen: Überschrift, Spalten und Zeilen klar abgegrenzt, Einheiten in Spalten-/Zeilentitel angeben,
- Detailinformationen weglassen, nur die wesentlichen Informationen präsentieren, keine Pseudo-Genauigkeit vorgaukeln,
- Zahlenlesbarkeit beachten: **Zahlen maximal fünfstellig, besser dreistellig.** Deshalb die Zahlen runden, nach drei Ziffern (Tausendereinheit) Punkte oder Leerstellen anbringen, bei Vergleichen: am Komma ausrichten,
- Zahlenvergleich möglichst vertikal (von oben nach unten), der Leserichtung folgend,
- Quelle angeben,
- Hervorhebungen durch Symbole, Farben oder auch Fettschrift vornehmen. Wenn die Entwicklung des Umsatzes hervorgehoben werden soll, wäre z. B. eine Darstellung wie in Abb. 4.8 geeignet.

Damit wird die Aussage „Der Umsatz in den Jahren 2021–2023 ist entscheidend" betont. Wenn Ihnen dagegen wichtig ist, eine bestimmte Situation oder eine Zahl zu betonen, hätten Sie z. B. die in Abb. 4.9 dargestellte Möglichkeit dazu.

Diese Markierung richtet den Blick auf den Gewinn im Jahr 2023. Die Aussage lautet dann: „Der Gewinn im Jahr 2023 ist wichtig." Dann könnten Sie überleiten in eine Analyse bzw. Prognose der Situation im Jahr 2023 und die Gründe dafür anführen.

Entwicklung Verkäufe, Umsatz und Gewinn

	2021	2022	2023
Verkäufe	32425	34296	36259
Gewinn	12,0	18,5	19,6
Umsatz	7454123	7859207	7923008

Abb. 4.6 Tabellendarstellung: ursprüngliche Darstellung

Steigende Verkaufszahlen führen zu höherem Gewinn

	Verkäufe (in 1.000 Stk.)	Umsatz (in Mio. €)	Gewinn (%)
2021	32,4	7,45	12,0
2022	34,3	7,86	18,5
2023	36,3	7,93	19,6

Abb. 4.7 Tabellendarstellung: optimierte Darstellung

Steigende Verkaufszahlen führen zu höherem Gewinn

	Verkäufe (in 1.000 Stk.)	Umsatz (in Mio. €)	Gewinn (%)
2021	32,4	7,45	12,0
2022	34,3	7,86	18,5
2023	36,3	7,93	19,6

Abb. 4.8 Tabellendarstellung: Hervorhebung 1

Steigende Verkaufszahlen führen zu höherem Gewinn

	Verkäufe (in 1.000 Stk.)	Umsatz (in Mio. €)	Gewinn (%)
2021	32,4	7,45	12,0
2022	34,3	7,86	18,5
2023	36,3	7,93	19,6

Abb. 4.9 Tabellendarstellung: Hervorhebung 2

Eine andere Art der Hervorhebung sehen Sie in Abb. 4.10. Die Tabelle und die Anordnung der Zahlen entsprechen der Blickrichtung und der Wahrnehmung. Die Aussage lautet: „Die Gewinne steigen in den kommenden Jahren an."

Steigende Verkaufszahlen führen zu höherem Gewinn

	Verkäufe (in 1.000 Stk.)	Umsatz (in Mio. €)	Gewinn (%)
2021	32,4	7,45	12,0
2022	34,3	7,86	18,5
2023	36,3	7,93	19,6

Abb. 4.10 Tabellendarstellung: inkompatible Hervorhebung

Fällt Ihnen an der Darstellungsweise etwas auf? Wenn das Gehirn die Informationen verarbeitet, passt ein abwärts gerichteter Pfeil nicht zu der Aussage „In den folgenden Jahren steigt der Gewinn an". Bei einem Anstieg würde eher ein aufwärts gerichteter Pfeil erwartet. Der Pfeil führt zu einer inkompatiblen Darstellung, weil er nicht der Erwartungshaltung entspricht und damit Verwirrung auslösen kann (steigender Gewinn versus nach unten gerichteter „fallender" Pfeil).

4.4.3   Übung zur Zahlendarstellung in einer Tabelle

Abb. 4.11 zeigt ein weiteres Beispiel zur Übung (vgl. auch Sauerbier, 2009, S. 24 ff.). Zunächst die Darstellung der Rohdaten. Welche Verbesserungsmöglichkeiten sehen Sie? Warum wirkt diese Tabelle unübersichtlich?

Tabelle:

	Männlich	Weiblich
Werkreal-/ Hauptschule	23680	17826
Realschule	100760	92006
Gymnasium	125144	134682
Sonderschulen	22273	13753
	271857	258267

Zu unübersichtlich - Warum?

Abb. 4.11 Tabellendarstellung: Beispiel Schülerzahlen. (Quelle: Statistisches Landesamt Baden-Württemberg, 2021, in Anlehnung an Sauerbier, 2009, S. 24)

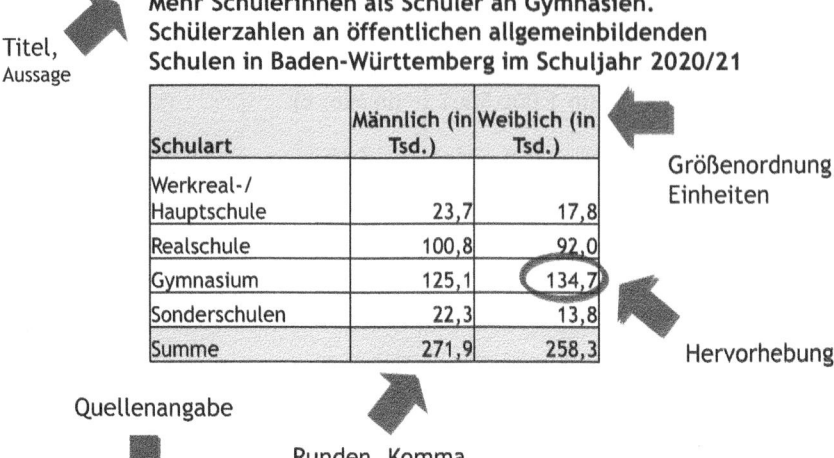

Schulart	Männlich (in Tsd.)	Weiblich (in Tsd.)
Werkreal-/Hauptschule	23,7	17,8
Realschule	100,8	92,0
Gymnasium	125,1	134,7
Sonderschulen	22,3	13,8
Summe	271,9	258,3

Titel, Aussage

Mehr Schülerinnen als Schüler an Gymnasien. Schülerzahlen an öffentlichen allgemeinbildenden Schulen in Baden-Württemberg im Schuljahr 2020/21

Größenordnung, Einheiten

Hervorhebung

Quellenangabe

Runden, Komma

Quelle: Statistisches Landesamt Baden-Württemberg, 2021

Abb. 4.12 Tabellendarstellung: Beispiel Schülerzahlen – Musterlösung. (Quelle: Statistisches Landesamt Baden-Württemberg, 2021)

Es fehlen eindeutige Überschriften bei Spalten und im Titel, die Zahlen sind schlecht erfassbar, sie enthalten zu viele Ziffern und sollten gerundet werden, die Quelle fehlt. Eine überarbeitete Tabelle könnte wie in Abb. 4.12 gezeigt aussehen.

Statt einer nüchternen, sachlichen Überschrift könnte auch die Interpretation der Zahlen der Tabelle plakativ als Aussage formuliert werden, z. B.: „An Baden-Württembergs Gymnasien sind mehr Schülerinnen als Schüler."

Sie sehen also: Zahlen können mit Tabellen gut und verständlich dargestellt werden, wenn einige wenige Gestaltungsempfehlungen beachtet werden.

4.5   Zahlendarstellung mit Diagrammen

Diagramme (Schaubilder) ersetzen die Darstellung von Zahlen in Text- oder Tabellenform. Sie dienen dazu, sich ein deutliches Bild zu machen. Bei einer Grafik können die Informationen schneller und besser wahrgenommen werden, die Zahlendarstellung wird vorstellbarer, anschaulicher und damit leichter erfassbar als in Text- oder Tabellenform. Die Vorstellung von Zahlen wird anfassbar und begreifbar (vgl. Müller-Schwarz & Weyer, 2006, S. 133).

Schaubilder, die nicht gut gestaltet sind, tragen allerdings mehr zur Verwirrung als zum Erkenntnisgewinn bei (vgl. Zelazny, 2015, S. 12). Beim Einsatz von Schaubildern sollten deshalb die folgenden Empfehlungen beachtet werden (vgl. Zelazny, 2015, S. 16 f.):

- Je weniger Schaubilder, desto besser. Denn je mehr Schaubilder Sie zeigen, desto weniger können sich die Zuhörer an ein einzelnes Schaubild erinnern.
- Schaubilder sollten erklären und nicht erklärungsbedürftig sein.
- Schaubilder in einer Präsentation müssen leichter erfassbar und eingängiger sein als Schaubilder, die in einem Bericht verwendet werden sollen.
- Schaubilder müssen zum Inhalt bzw. zum gesprochenen Wort passen.

4.5.1 Einfacher Weg, um Diagramme auszuwählen

Der klassische, einfache Weg der Zahlendarstellung in Präsentationen geht auf den ehemaligen McKinsey-Berater Gene Zelazny zurück, der eine Möglichkeit aufzeigt, wie Zahlen visuell gut wiedergegeben werden können, ohne dass statistische bzw. mathematische Kenntnisse erforderlich sind. Wenn Sie sich streng an die Empfehlungen von Gene Zelazny halten, dürften Ihnen im Bereich der Zahlendarstellung mit Diagrammen zumindest keine größeren Fehler unterlaufen.

Gene Zelazny veröffentlichte seine Methode der Zahlendarstellung erstmals im Jahr 1986 in dem Buch: „Wie aus Zahlen Bilder werden. Der Weg zur visuellen Kommunikation, Daten überzeugend präsentieren". Andere Autoren sind diesen Empfehlungen gefolgt, z. B. Müller-Schwarz & Weyer (2006).

Dies ist zwar der einfachste Weg, zielsicher die richtige und passende Schaubildform auszuwählen, es bleiben dabei aber einige Fragen und Hintergründe unbeantwortet. Im Anschluss an die Darstellung des Auswahlprozesses von Gene Zelazny werden deshalb die Hintergründe für die Wahl einer Schaubildform erklärt. Das dazu erforderliche statistische Grundwissen wird ebenfalls kurz dargestellt.

Nach der Vorstellung dieser beiden Möglichkeiten zur Auswahl der richtigen Schaubildform werden die wichtigsten Grundformen von Schaubildern gezeigt (Abschn. 4.5.3).

Gene Zelazny geht davon aus, dass die Darstellung quantitativer Zusammenhänge mit lediglich fünf verschiedenen Schaubildformen erfolgen kann. Diese Diagramm-Grundformen sind (vgl. Zelazny, 2015, S. 21):

1. das Kreisdiagramm,
2. das Balkendiagramm,
3. das Säulendiagramm,
4. das Kurvendiagramm und
5. das Punktediagramm.

Bevor ein Schaubild erstellt werden kann, müssen die Zahlen erfasst, verarbeitet, analysiert und aufbereitet werden. Die Datengewinnung kann z. B. über Marktforschungsinstrumente mittels Beobachtung, Befragung oder Experiment erfolgen. Oder die Daten liegen schon vor, z. B. aus dem Rechnungswesen eines Unternehmens. Dann werden diese in ein für Analysezwecke sinnvolles Format gebracht (z. B. indem die Daten in Microsoft-Excel oder in IBM SPSS Statistics überführt und entsprechend formatiert werden (ursprünglich stand SPSS für Statistical Package for the Social Sciences)). Bei der Analyse werden diese Daten nach den enthaltenen Informationen selektiert bzw. „durchforstet", um die wichtigen bzw. bedeutsamen Inhalte oder Zusammenhänge zu finden und auszuwählen.

Zur Auswahl der geeigneten Schaubildform schlägt Zelazny drei Schritte vor (vgl. Zelazny, 2015, S. 22; Müller-Schwarz & Weyer, 2006, S. 137):

1. **Aussage definieren:** Was soll mit den vorliegenden Daten ausgesagt werden? Die Aussage eignet sich oft auch als Titel (Überschrift) des Schaubildes.
2. **Vergleich bestimmen:** Welcher „Vergleichstyp" passt zu der vorher festgelegten Aussage?
3. **Form auswählen:** Der Vergleichstyps bestimmt die zu verwendende Schaubildform.

Im Folgenden werden diese Schritte beschrieben.

4.5.1.1 Aussage aus dem Datenmaterial festlegen

Im ersten Schritt werden die Daten analysiert und die möglichen Aussagen aus den Daten definiert. Es hängt von den jeweiligen Daten ab, was Sie damit aussagen können und wollen. Mit den gleichen Daten sind unterschiedliche Interpretationen und Aussagen möglich. Die Frage ist, welchen Zusammenhang der Zahlen Sie betonen bzw. darstellen wollen.

4.5.1.2 Bestimmung des Vergleichstyps

Wenn feststeht, welcher Aspekt der Daten wichtig ist und dargestellt werden soll, wird im zweiten Schritt festgelegt, um welche Art des Vergleichs es sich handelt. Zelazny (2015, S. 35) unterscheidet die folgenden fünf Vergleichstypen:

1. **Strukturvergleich:** Der Strukturvergleich zeigt die relative Wichtigkeit einzelner Teile im Verhältnis zum Ganzen. Welchen Anteil haben einzelne Komponenten an der Gesamtheit? Typische Formulierungen sind: „Anteil", „Prozentsatz", „x Prozent entfallen auf" usw.
2. **Rangfolgevergleich:** Der Rangfolgevergleich zeigt die relative Größe von Objekten zueinander, also wie diese sich in einer Reihe verhalten. Einzelne Objekte werden einander bewertend gegenübergestellt. Typische Ausdrücke sind: „größer als", „kleiner als", „gleich" usw.
3. **Zeitreihenvergleich:** dieser zeigt die Veränderungen über die Zeit. Typische Formulierungen sind: „wachsen", „steigen", „fallen", „sinken", „schwanken", „verändern", usw.

4. **Häufigkeitsvergleich:** Zeigt, wie häufig ein bestimmtes Objekt in bestimmten Größenklassen auftritt. Wenn z. B. dargestellt wird, wie viele Menschen weniger als 10.000 € besitzen, wie viele zwischen 10.000 und 20.000 € besitzen, wie viele zwischen 20.000 und 30.000 € besitzen usw. Indikatoren für einen Häufigkeitsvergleich sind die Wörter: „Bereich von X bis Y", „Häufigkeit", „Verteilung" oder „Konzentration" usw.

5. **Korrelationsvergleich:** Zeigt, ob eine Beziehung zwischen zwei Variablen einem normalen, erwarteten Muster folgt. Beispielsweise, ob steigende Umsätze auch zu steigenden Gewinnen führen oder höhere Mitarbeiterzahlen zu einem höherem Umsatz. Übliche Aussagen bei einem Korrelationsvergleich sind: „verändert sich parallel mit", „fällt mit", „steigt mit", „zeigt keinen Zusammenhang mit", „variiert nicht mit" usw.

4.5.1.3 Auswahl des Schaubilds

Jede Aussage kann i. d. R. einem Vergleichstyp zugeordnet werden. Die Vergleichstypen bestimmen dann, welche Schaubildform verwendet werden kann. Die Mehrheit der Schaubilder sollten Balkendiagramme und Kurvendiagramme sein (vgl. Zelazny, 2015, S. 40). Abb. 4.13 gibt eine Orientierungshilfe, welches Diagramm bei welchem Vergleich am besten geeignet ist.

Bei Zeitreihen- und Häufigkeitsvergleichen sowie Korrelationsvergleichen besteht jeweils die Wahl zwischen zwei Schaubilderformen. Wenn wenige Punkte (bzw. wenige Daten) vorliegen, ist das Säulendiagramm besser geeignet. Wenn viele Daten vorliegen, ist das Kurvendiagramm bzw. das Streu-/Punktdiagramm vorzuziehen.

	Struktur-vergleich	Rangfolge-vergleich	Zeitreihen-vergleich	Häufigkeits-vergleich	Korrelations-vergleich
Kreis-/Torten-diagramm	✓				
Balken-diagramm		✓			✓
Säulen-diagramm			✓	✓	
Kurven-/Linien-diagramm			✓	✓	
Streu-/Punkt-diagramm					✓

Abb. 4.13 Vergleichstypen und geeignete Schaubildformen. (Quelle: Zelazny, 2015, S. 41)

4.5.2   Statistisch-mathematisch korrekter Weg, um Diagramme auszuwählen

Mit den von Gene Zelazny vorgeschlagenen Schritten zur Erstellung eines Schaubildes wurde der Grundstein für die Präsentation von Zahlen dargestellt. Im Bereich der Präsentationen hat sich diese Darstellung aus Vereinfachungsgründen etabliert. Die Zahlendarstellung im Buch von Gene Zelazny ist aber nicht exakt wissenschaftlich, wie er selbst einschränkt (vgl. Zelazny, 2015, S. 42). Die Auswahl der Schaubildform kann auch wissenschaftlich bzw. mathematisch-statistisch fundiert begründet werden.

Die folgenden Ausführungen geben einen kleinen Exkurs in die Welt der Statistik, um die grundlegenden Zusammenhänge zwischen Zahlen bzw. Datenarten und der entsprechenden Darstellung verstehen zu können. Dies geschieht auch vor dem Hintergrund, dass immer mehr Menschen z. B. durch ein Studium über statistische Kenntnisse verfügen. Die zunehmende Verbreitung statistischer Kenntnisse führt auch dazu, dass Ersteller von Statistiken, die diese Kenntnisse nicht besitzen, zunehmend (negativ) auffallen (vgl. Sauerbier, 2009, S. 1).

Auch bei dieser Vorgehensweise wird die Erstellung eines Diagramms in drei Schritte unterteilt (vgl. Sauerbier, 2009, S. 1):

1. Festlegung der zu präsentierenden Informationen. Was will ich aussagen?
2. Welche Daten/Zahlen liegen vor? Die Art der Daten bestimmt die Darstellungsform.
3. Mit welchem Schaubild kann ich die Aussagen am besten veranschaulichen (Kreis-, Balken-, Säulen-, Kurven-, Punktdiagramm)?

Schritt 1

Ausgangspunkt ist die sorgfältige und korrekte Aufbereitung und Analyse der vorliegenden Daten und Zahlen. „Am wichtigsten für die Wahl der Graphik sind die Daten selbst." (Krämer, 1994, S. 13). Aus diesen Daten ergeben sich dann die zu präsentierenden Informationen und die entsprechende Aussage.

Schritt 2

Je nachdem, welche Daten/Zahlen vorliegen, ergeben sich bestimmte Darstellungsformen bzw. Diagrammtypen, andere dagegen fallen weg.

Schritt 3

Die Art der Daten bestimmt die Darstellungsform und legt fest, mit welchem Schaubild die Aussagen am besten veranschaulicht werden können (Kreis-, Balken-, Säulen-, Kurven-, Punktdiagramm). Je nach Diagramm sind auch die jeweiligen Besonderheiten zu beachten. Abweichungen davon können zu inhaltlich oder formal falschen bzw. fehlerhaften Darstellungen führen.

Der wesentliche Unterschied zur Vorgehensweise von Gene Zelazny besteht darin, dass im zweiten Schritt die Auswahl der Schaubilder statistisch begründet wird. Entscheidend dafür ist die Art der Daten, d. h. das Messniveau oder Skalenniveau.

Deshalb werfen wir einen Blick auf die möglichen Datenarten. Grundsätzlich können Daten z. B. als Buchstaben, Ziffern oder sonstige Zeichen vorliegen. Für die Zahlendarstellung kommen i. d. R. nur Ziffern bzw. Zahlen in Frage. Auch diese können in unterschiedlicher Form und mit unterschiedlichem Informationsgehalt vorliegen. Diese unterschiedlichen Arten nennt man Skalen (vgl. Tab. 4.2.).

Die Statistik unterscheidet drei oder vier Skalenarten (Messniveaus). Bei drei Skalenarten: Nominalskala, Ordinalskala, Kardinalskala und bei vier Skalenarten: Nominalskala, Ordinalskala, Intervallskala und Verhältnisskala (vgl. Abb. 4.15 und Tab. 4.2). Je nach Skalenart bzw. Messniveau sind unterschiedliche Aussagen und statistische Berechnungen sowie Darstellungsformen möglich. Am Beispiel wird dies am deutlichsten.

Für die Unterscheidbarkeit dient das folgende Beispiel:

Stellen Sie sich einen Studierenden vor, und überlegen Sie, mit welchen Merkmalen Sie diese Person beschreiben können. Es fällt Ihnen für die Personenbeschreibung z. B. ein: Name, Alter, Körperhöhe, Gewicht, Geschlecht, Körperbau, Schuhgröße, Haarfarbe, Hautfarbe, Augenfarbe, Kleidungsstil, Attraktivität, Intelligenzquotient … (vgl. Abb. 4.14). Sie sehen: Es sind verschiedene Merkmale mit unterschiedlichen Merkmalsausprägungen und unterschiedlichen Skalenarten bzw. Messniveaus.

Für die Visualisierung der jeweiligen Ergebnisse ist es hilfreich, „in Bildern zu denken" und sich zu überlegen, wie Sie die jeweiligen Ergebnisse aussagekräftig darstellen können. Deshalb schauen wir uns die einzelnen Skalenarten bzw. Messniveaus im Einzelnen an (Abb. 4.15).

Tab. 4.2 Die wichtigsten Skalenarten im Überblick (Quelle: In Anlehnung an Bortz & Döring, 2016, S. 233)

Drei Skalenniveaus	Vier Skalenniveaus	Mögliche Aussagen	Beispiele
Nominalskala	Nominalskala	Gleich oder verschieden	Automarken, Familienstand
Ordinalskala	Ordinalskala	Größer, kleiner	Windstärke, Rangordnung beim Militär oder Polizei
Kardinalskala = Metrische Skala	Intervallskala	Größe der Unterschiede	Temperatur, Kalenderzeit
	Verhältnisskala	Alle möglichen Verhältnisse	Länge, Gewicht

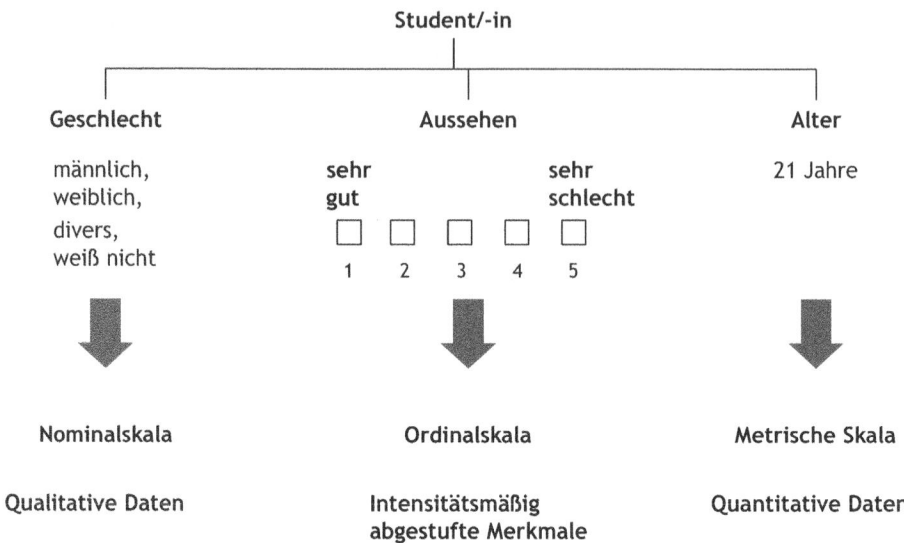

Abb. 4.14 Mögliche Beschreibungsmerkmale eines Studierenden. (Quelle: in Anlehnung an Stiefl, 2018, S. 9 f.; Cleff, 2015, S. 19)

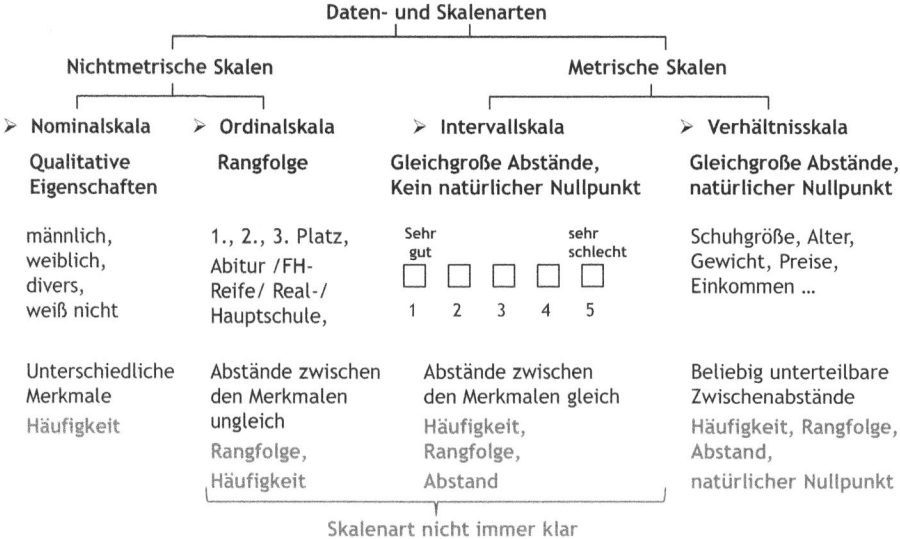

Abb. 4.15 Daten- und Skalenarten. (Quelle: In Anlehnung an Backhaus et al., 2018, S. 10 f.; Döring & Bortz, 2016, S. 233 ff.)

4.5.2.1   Nominalskala

Ein Teil der Daten, die Sie für die Beschreibung des Studierenden verwenden können, sind Daten, die keine natürliche Ordnung bzw. keine nummerischen Beziehungen zueinander haben, z. B. Namen (Adam, Bettina, Christina, Daniel …), Haarfarben (Schwarz, Braun, Blond, Grau …), Augenfarben (Blau, Grün, Grau, Braun …), Geschlecht (männlich, weiblich, divers …, ?), Religion (evangelisch, katholisch …), Nationalität (deutsch, italienisch, griechisch, türkisch …), Geburtsort (Aalen, Berlin, Chemnitz, Dresden …), Blutgruppe (A, B, AB und 0) etc. Wenn es nummerische Zuordnungen gibt, sind diese willkürlich, z. B. Schwarz $=1$, Rot $=2$, Gelb $=3$ oder männlich $=1$, weiblich $=2$, weiß nicht $=3$ …

Bei diesen Merkmalsausprägungen gibt es keine natürliche Reihenfolge, es sind auch keine Rechnungen erlaubt (vgl. Backhaus et al., 2018, S. 11). Denn was wäre beispielsweise die Hälfte einer Farbe? Oder das Dreifache eines Geburtsorts? Qualitative Daten unterscheiden sich nur dadurch, dass sie gleich oder ungleich einer Merkmalsausprägung sein können (Blau $=$ Blau, Blau $\neq$ Gelb oder weiblich $=$ weiblich, weiblich $\neq$ männlich). Diese qualitativen Daten werden auf einer Nominalskala dargestellt.

Bei nominalskalierten Daten werden meist absolute oder relative Häufigkeiten analysiert und dargestellt (vgl. Bortz und Döring, 2016, S. 238). Durch Zählen der verschiedenen Merkmalsausprägungen können die Häufigkeiten dargestellt werden (vgl. Backhaus et al., 2018, S. 11). Also bspw. 20 Menschen haben blonde Haare, 25 haben braune Haare, 15 haben schwarze Haare, fünf haben rote Haare, zwei haben graue Haare usw.

4.5.2.2   Ordinalskala

Ein weiterer Teil der Daten können ordinal skalierte Merkmale sein. Beispiele dafür sind der erste, zweite und der dritte Platz, der Schulabschluss (Abitur, Fachhochschulreife, Realschulabschluss, Werkrealschulabschluss, Hauptschulabschluss), die Schulnoten von 1 bis 6, die Kundenzufriedenheit von Note 1 bis 6, der Ausbildungsstand (Auszubildender, Geselle, Meister) oder der akademische Grad (Bachelor, Master, Promotion) etc. (vgl. Stiefl, 2018, S. 10).

Bei diesen Daten ist die Aufstellung einer Reihenfolge, d. h. einer Rangordnung mit Rangwerten, möglich. Streng genommen handelt es sich bei der Erfassung aber nicht um nummerische Werte, sondern um die Zuordnung von Merkmalsausprägungen (Stufen bzw. Klassen) zu Zahlen. Diese Merkmalsausprägungen können verglichen und in eine Reihenfolge gebracht werden, z. B.: Produkt A wird B vorgezogen, Herr X ist fleißiger als Herr Y, Herr NN ist schöner als Herr MM. Auch wenn die Daten miteinander verglichen und in eine Reihenfolge gebracht werden können, sagen die Rangwerte 1., 2., 3. … nichts über die Abstände dazwischen aus. Herr RR ist der Schönste, aber wie viel schöner als Herr NN oder wie viel schöner ist Herr MM? Es kann nicht bestimmt (berechnet) werden, wie viel besser Produkt A ist als Produkt B (vgl. Backhaus et al., 2018, S. 12).

Rechnungen mit diesen Zahlen sind genau genommen unzulässig. Auch wenn Frau NN hübscher ist als Frau MM, kann nicht gerechnet werden, ob sie doppelt so hübsch ist. Das Schulnotenbeispiel zeigt dies ebenfalls: Zwar kann gesagt werden, dass die Note 1 besser ist als die Note 4 (Reihenfolge), es kann aber nicht behauptet werden, dass die Note 1 viermal so gut ist wie die Note 4. Allerdings werden in der Praxis ordinale Merkmale teilweise wie metrische Merkmale behandelt, was streng statistisch gesehen unzulässig ist (vgl. Stiefl, 2018, S. 10). Bei ordinalen Daten können neben Häufigkeiten z. B. der Median, Quantile oder Perzentile dargestellt werden (vgl. Backhaus et al., 2018, S. 12). Dies sind Streuungsmaße, bei denen die Daten der Größe nach geordnet (in eine Rangfolge gebracht) werden und dann in gleichgroße Abschnitte eingeteilt werden. Quantile sind Schwellenwerte, die aussagen, dass ein bestimmter Anteil der Daten kleiner ist als dieser Wert, während der Rest größer ist. Beim Median liegen 50 % der Werte unter diesem Schwellenwert und 50 % darüber. Oder bei Schulnoten: Die Hälfte ist besser als diese Note, die andere Hälfte schlechter. Bei Terzilen werden die Daten in drei Abschnitte gleichen Umfangs aufgeteilt: unteres, mittleres und oberes Terzil, bei Quartilen in vier Abschnitte, bei Dezilen in zehn Abschnitte, bei Perzentilen in 100 Abschnitte. Das 97. Perzentil sagt aus, das 97 % der Daten unter diesem Wert liegen, z. B. liegt das 97. Perzentil der Körperhöhe bei Männern bei 1,96 m.

4.5.2.3 Intervallskala

Bei einer Intervallskala müssen die Skalenwerte gleichgroße Skalenabstände aufweisen, damit statische Verfahren bei der Auswertung angewendet werden können. Eine Intervallskala hat keinen natürlichen Nullpunkt. Beispiel für Intervallskalen ist die Celsiusskala bei der Temperaturbestimmung oder die Jahreszahlen – hier wurde der Nullpunkt festgelegt.

Intervallskalen werden bei empirischen Umfragen sehr häufig verwendet, z. B. als Ratingskalen bei Selbstauskünften. „Eine Auskunftsperson ordnet einer Eigenschaft eines Objektes einen Zahlenwert auf einer Skala von 1 bis 7 (oder einer kürzeren oder längeren Skala) zu" (Backhaus, 2018, S. 12).

Andere Beispiele für Ratingskalen sind Aussagen zur Häufigkeit: nie/selten/manchmal/oft/immer oder zur Intensität: nicht/ein bisschen/moderat/ziemlich/viel oder zur Qualität: schlecht/unpassend/ordentlich/gut/exzellent (vgl. Döring & Bortz, 2016, S. 244 ff.).

Bei Schulnoten zum Beispiel kann es der Fall sein, dass die Skalenabstände zwischen den Skalenwerten nicht gleich groß sind, also die Abstände zwischen den Notenstufen ungleich. Es ist möglich, dass Notenschlüssel zur Anwendung kommen, die dies nicht sicherstellen. Im Hochschulsystem kommt es oft vor, dass 50 % der erreichbaren Punktzahl die Note ausreichend (4,0) ergibt – allein dieser Schwellenwert kann in anderen Prüfungen höher oder niedriger sein. Er kann bei 66 oder bei 48 % der erreichbaren Punktzahl liegen. Und es ist denkbar, dass die weitere Zuteilung auf die Notenstufen „1" bis „4" nicht linear erfolgt, also dass die Abstände zwischen den Noten nicht gleich groß sind (das gibt der Notenschlüssel vor), dann hätten wir eine Ordinalskala. Nur wenn die

Abstände gleich groß sind, liegt eine Kardinalskala (Intervallskala) vor. Wenn jemand weniger als 50 % der Punkte erreicht, ist mit der Notenskala nicht klar, ob er null, 15 % oder 49,5 % der maximal möglichen Punkte erreicht hat, das Ergebnis 5,0 ist aber immer das selbe auf der Ordinalskala. Die Zahl oder Prozentzahl der erreichten Punkte dagegen wäre aussagekräftiger – diese ist eine Verhältnisskala.

Bei intervallskalierten Daten sind Addition und Subtraktion möglich, damit können neben den Häufigkeiten auch z. B. der Mittelwert und die Standardabweichung als statistische Größen berechnet werden (vgl. Backhaus et al., 2018, S. 12).

Bei Auswertungen kommen immer wieder Skalen zur Anwendung, von denen nur angenommen wird, dass sie intervallskaliert sind. Wenn dies nicht geklärt ist, müssen diese strenggenommen behandelt werden wie eine Ordinalskala (Backhaus et al., 2018, S. 12).

4.5.2.4 Rational-/Verhältnis-Skala

Schließlich gibt es auch Daten, die nummerisch gemessen werden können (mit Zahlen). Beispiele sind: Gewicht, Körpergröße, Alter, Umsatz, Einkommen, Zeit, Geschwindigkeit usw. Diese Daten haben gleiche Abstände bei den einzelnen Ausprägungen und einen absoluten Nullpunkt (vgl. Döring & Bortz, 2016, S. 256 ff.).

Bei ratioskalierten Daten können alle arithmetischen Operationen durchgeführt werden und z. B. neben Häufigkeiten, Mittelwert und Standardabweichung auch der geometrische Mittelwert oder der Variationskoeffizient berechnet werden (vgl. Backhaus et al., 2018, S. 12). Damit sind Aussagen zulässig wie: Wenn Herr HH 120 kg wiegt, ist er doppelt so schwer wie Frau LL, die 60 kg wiegt, oder 1,5-mal so schwer wie Herr ZZ, der 80 kg auf die Waage bringt.

„Je höher das Skalenniveau, desto größer der Informationsgehalt der betreffenden Daten und desto mehr Rechenoperationen und statistische Maße lassen sich auf die Daten anwenden" (Backhaus et al., 2018, S. 12). Außerdem können Daten von einem höheren Skalenniveau auf ein niedrigeres Skalenniveau überführt werden, was allerdings mit einem Informationsverlust verbunden ist (vgl. Döring & Bortz, 2016, S. 257). Einen Überblick über die dargestellten Daten- und Skalenarten gibt Abb. 4.15.

4.5.2.5 Datenart beeinflusst die Darstellungsform

Worin besteht jetzt die Schwierigkeit? Die Art der zugrunde liegenden Daten und ihre Skalenart beeinflussen die Datenauswertung und die Darstellungsmöglichkeit. Nicht jede Art der Darstellung bzw. Auswertung ist mit jeder Skalenart richtig. Der häufigste Fehler entsteht dadurch, dass ein Liniendiagramm mit nicht stetigen Zahlen (die keine Zwischenwerte aufweisen) auf der x-Achse dargestellt wird. Liniendiagramme dürfen also nicht bei nominalen oder ordinalen Merkmalen verwendet werden, wenn die Darstellung statistisch korrekt sein soll (vgl. Sauerbier, 2009, S. 63).

4.5.2.6 Zahl der gleichzeitig betrachteten Daten

Bei der Datenerhebung bzw. Datengewinnung werden von einem Untersuchungsobjekt (z. B. Unternehmen, Menschen …) meist mehrere Daten gleichzeitig erhoben (vgl. Abb. 4.16). Bei Unternehmen kann dies z. B. die Rechtsform, der Umsatz, der Gewinn usw. sein. Bei Menschen das Geschlecht, die Haarfarbe, das Alter, das Gewicht, das Einkommen etc.

Meist wird bei den Auswertungen ein Merkmal über alle Fälle dargestellt, z. B. werden alle Unternehmen nach ihrem Umsatz betrachtet. In der Statistik nennt man dies **univariate oder eindimensionale Verteilung.** Dies ist die einfachste Darstellung und auch gleichzeitig die häufigste Darstellungsart.

Wenn gleichzeitig zwei Daten eines Falles betrachtet werden, z. B. bei Menschen das Alter und das Gewicht oder bei Unternehmen der Marktanteil und der Gewinn, spricht man in der Statistik von einer **bivariaten oder zweidimensionalen Verteilung.**

Wenn mehr als zwei Daten eines Falles gleichzeitig betrachtet werden, nennt man dies **Multivariate Analyse.** Dazu werden spezielle Multivariate Analysemethoden benötigt. Mit diesen können der Zusammenhang mehrerer Daten und ihre Abhängigkeitsstruktur untersucht werden. Sie kommen bei der Darstellung wissenschaftlicher Ergebnisse vor und werden üblicherweise mit den entsprechenden Statistikprogrammen erstellt, die bei der Auswertung der Daten zum Einsatz kommen. Mit steigender Wissenschaftlichkeit und einem Anstieg statistischer Kenntnisse kommt diesen auch eine immer größere Bedeutung zu. In den ersten studentischen Präsentationen spielen diese aber normalerweise keine Rolle.

4.5.2.7 Datenart und Schaubildform

Bei der Beantwortung der Frage, welche Datenart mit diesem statistischen Grundwissen zu welcher Schaubildform führt, spielt auch die Art des Vergleichs eine Rolle (siehe auch Abschn. 4.5.1.2 und Abb. 4.17).

Strukturvergleich

Wenn die Struktur bzw. Gliederung einer Verteilung zu einem bestimmten Zeitpunkt dargestellt werden soll und **alle Teilmengen enthalten sind,** also 100 % der Daten dargestellt werden, stellt ein Kreisdiagramm bei nominalen Daten die erste Wahl dar. Die Antwortkategorie darf in diesem Fall aber keine Mehrfachnennungen umfassen (nur „entweder oder"). Bei nominalen und ordinalen Daten ist auch die Verwendung eines Balken- oder Liniendiagramms möglich. Dabei ist egal, wie viele Antworten möglich sind. Für die Darstellung metrischer Daten in einem Strukturvergleich kommt ein Histogramm, das die metrischen Werte klassiert wiedergibt, zum Einsatz (vgl. Sauerbier, 2009, S. 118).

Sollen Datenreihen dargestellt werden, die keine Struktur aufweisen und bei denen keine Gesamtheit von 100 % gegeben oder diese nicht wichtig ist (z. B. weil Mehrfachnennungen möglich sind), eignen sich das Balken- und das Säulendiagramm (vgl. Sauerbier, 2009, S. 118).

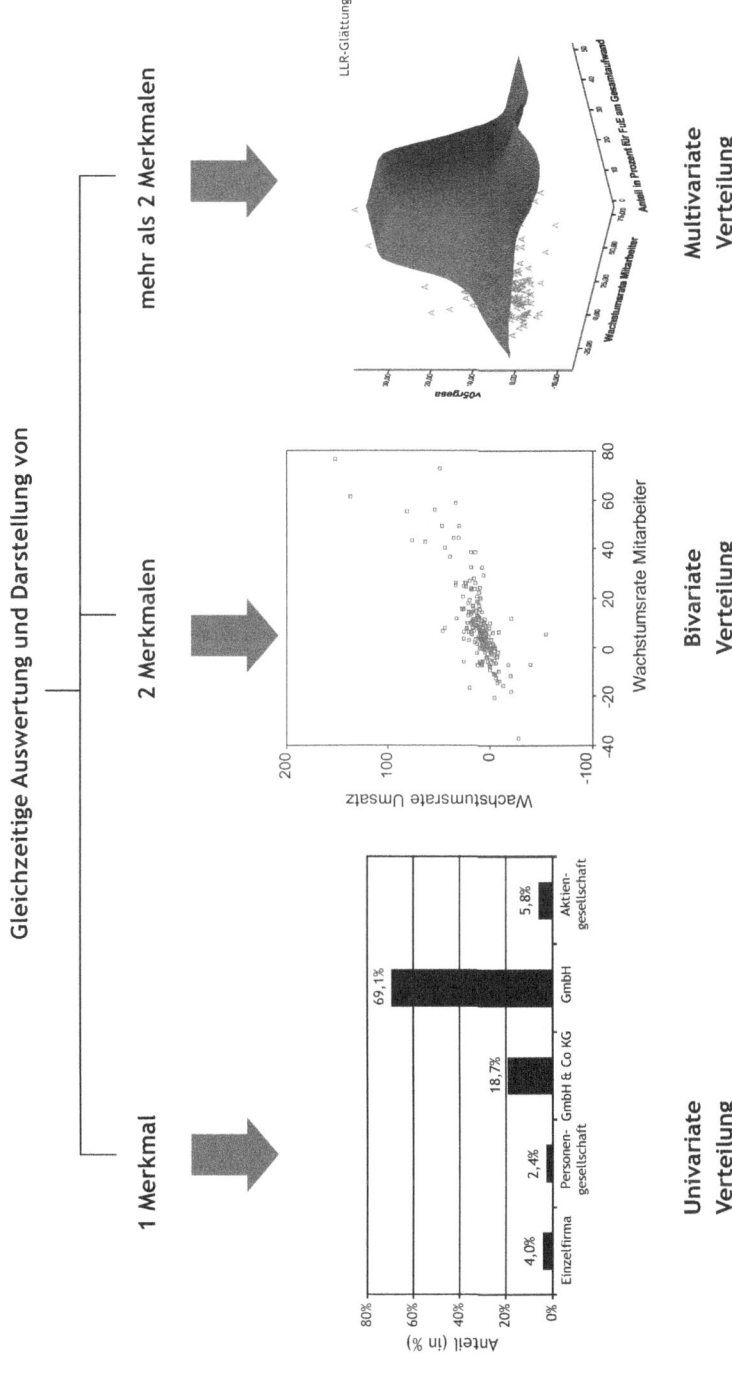

Abb. 4.16 Anzahl gleichzeitig betrachteter Daten und Analysemethoden

Daten- bzw. Skalenart \ Darstellungsmethode	Tabelle	Kreis-/Torten-diagramm	Säulen-/Balken-diagramm	Histogramm	Kurven-/Linien-diagramm	Punkt-/Streu-diagramm
Nominalskala: keine Zahlen, keine Reihenfolge, Textbeschreibung	●	●	●	○	○	○
Ordinalskala: keine Zahlen, aber Reihenfolge, Textbeschreibung	●	◑	●	○	○	○
Intervallskala: Abstände gleich (ganzzahlige Schritte)	●	◑	●	○	◑	◑
Verhältnisskala: Zwischenwerte möglich	◑	○	◑	●	●	●

● geeignet   ◑ weniger bzw. bedingt geeignet   ○ nicht geeignet

Abb. 4.17 Daten- und Skalenarten und die geeignete Darstellungsform. (Quelle: In Anlehnung an Sauerbier, 2009, S. 123 ff.)

Bei einem **Rangfolgevergleich** von nominalen und ordinalen Daten, die keine natürliche Ordnung aufweisen, kommt das Balken- oder Säulendiagramm zum Einsatz. Hier können die Balken bzw. Säulen nach Häufigkeiten sortiert werden, sodass daraus ein Pareto-Diagramm entsteht. Wenn eine natürliche Ordnung (meist bei nummerischen Daten) vorliegt, kann ein Histogramm verwendet werden.

Für die Darstellung der **zeitlichen Entwicklung** kommt das Säulendiagramm zum Einsatz, wenn Einzelwerte betont werden sollen. Wenn der Verlauf der Entwicklung betont werden soll, ist das Liniendiagramm geeigneter. Dabei wird ein stetiger Übergang zwischen den Einzelwerten unterstellt (vgl. Sauerbier, 2009, S. 121).

Bei einer **zweidimensionalen (bivariaten) Verteilung** werden zwei Merkmale gleichzeitig betrachtet. Soll der Zusammenhang zweier metrischer Merkmale gezeigt werden, bietet sich der Einsatz eines Streudiagramms an. Hier wird ein stetiger Übergang zwischen beiden Merkmalen unterstellt (vgl. Sauerbier, 2009, S. 122).

Für die Darstellung des Zusammenhangs eines ordinalen oder nominalen Merkmals mit einem weiteren Merkmal (egal ob dieses ordinal, nominal oder metrisch ist) bietet sich das gruppierte Säulen- oder Balkendiagramm an. Ein nominales oder ordinales Merkmal dient dabei der Gruppeneinteilung, während das andere Merkmal (ordinal, nominal oder metrisch) durch die Säulen- bzw. Balkenlänge darstellt wird. Wenn z. B. der Umsatz von Unternehmen (metrisches Merkmal) nach der Rechtsform (nominales Merkmal) dargestellt werden soll, dann wären die Gruppen die Rechtsformen wie AG, GmbH, KG, OHG usw., die Balkenlänge der durchschnittliche Umsatz aller AGs, GmbHs, KGs usw.

Die grundlegenden Empfehlungen entsprechen i. d. R. den Formen, die auch nach der Anleitung von Gene Zelazny empfohlen werden. Die mathematisch-statistische

Begründung ist fundierter und zeigt mehr Freiheitsgrade bei der Wahl der Abbildungen auf, ist aber auch schwieriger zu verstehen.

4.5.3 Grundlegende Diagrammformen

4.5.3.1 Kreis-/Tortendiagramm

Ein Kreisdiagramm wird am besten für einen Strukturvergleich verwendet (vgl. Zelazny, 2015, S. 43). Mit einem Kreisdiagramm werden die Anteile im Verhältnis zur Gesamtmenge dargestellt. Der Flächenanteil eines Merkmals am Kreis ist proportional zur Merkmalsausprägung (vgl. Sauerbier, 2009, S. 57). Die Gesamtheit der einzelnen Teile, also der vollständige Kreis, muss deshalb immer 100 % ergeben. Üblicherweise werden die einzelnen Anteile in Prozent angegeben (vgl. Abb. 4.18). Die Wertangabe kann innerhalb oder außerhalb der einzelnen Segmente erfolgen. Negative Werte sind nicht darstellbar.

Kreis- bzw. Tortendiagramme werden im Uhrzeigersinn gelesen. Ein Kreisdiagramm benötigt mindestens zwei Elemente, es sollte aber höchstens sieben Elemente umfassen, da es sonst unübersichtlich wird. Wenn Sie mehr als sieben Elemente haben, stellen Sie die größten sechs Elemente in jeweils einem Anteil dar und fassen Sie die übrigen unter „Sonstige" zusammen.

Die Hervorhebung einzelner Segmente ist durch Farbe oder auch durch das „Herausziehen" eines Segments möglich.

Das Kreis- bzw. Tortendiagramm ist insbesondere für die Darstellung nominaler Merkmale geeignet. Für die Darstellung ordinaler und metrischer Merkmale ist es nur

Abb. 4.18 Beispiel
Kreisdiagramm

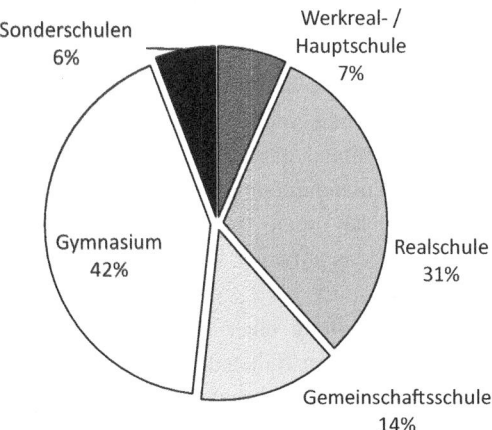

Schüler in Baden-Württemberg im Schuljahr 2021/2022

Sonderschulen 6%

Werkreal- / Hauptschule 7%

Gymnasium 42%

Realschule 31%

Gemeinschaftsschule 14%

bedingt geeignet und nur, wenn diese Daten wenige Ausprägungen bzw. Klassen aufweisen (vgl. Sauerbier, 2009, S. 55 f.).

4.5.3.2 Säulen-/Balkendiagramm

Säulen- und Balkendiagramme stellen die Werte der einzelnen Objekte durch senkrecht
stehende Säulen bzw. waagerecht angeordnete Balken dar. Die Säulenhöhe bzw. Balkenlänge ist proportional zum dargestellten Wert.

Wichtig ist die Eintragung des Nullpunkts, weil sonst Manipulationen in der Darstellung begünstigt werden. Säulen- und Balkendiagramme eignen sich auch zur
Darstellung negativer Werte. Diese werden dann unterhalb bzw. links der Nullachse dargestellt. Die Skala für die Zahlenwerte wird auf der y- (Säulendiagramm) bzw. x-Achse
(Balkendiagramm) dargestellt. Zusätzlich können Zahlenwerte in oder über den Säulen
stehen.

Mit Säulen- und Balkendiagrammen werden vorwiegend nominale und ordinale
Merkmale dargestellt. Da die Daten in gleich breiten Säulen bzw. Balken dargestellt
werden, muss es sich um diskrete oder mindestens klassierte metrische Merkmale
handeln, die nur wenige Ausprägungen haben (vgl. Sauerbier, 2009, S. 37).

Das **Säulendiagramm** ist das Standarddiagramm und für die meisten Fälle geeignet.
Es weist die größte Anwendungsbreite aller klassischen Diagrammformen auf. Ein
Säulendiagramm sollte maximal sieben bis acht Säulen enthalten, da es sonst unübersichtlich wird. Die Säulen sollten die gleiche Breite aufweisen, der Abstand zwischen
den Säulen mindestens eine halbe Balkenbreite betragen (vgl. Abb. 4.19).

Das Säulendiagramm eignet sich auch für die Darstellung von zeitlichen Veränderungen. Wenn mehr als sieben bis acht Daten (Säulen) z. B. bei einer Zeit-
reihe dargestellt werden sollen, ist ein Kurvendiagramm meist besser geeignet (vgl.
Abschn. 4.5.3.4). Ein Kurvendiagramm ist auch dann besser geeignet, wenn die Daten
über verschiedene (zukünftige) Perioden fortgeschrieben werden, während ein Säulendiagramm sich zur Darstellung abgeschlossener Daten empfiehlt (vgl. Zelazny, 2015,
S. 52). Die Hervorhebung einzelner Balken ist durch Farbe oder Rasterung möglich.

Im Grundsatz ist ein **Balkendiagramm** ein um 90 Grad gedrehtes Säulendiagramm
(vgl. Sauerbier, 2009, S. 35 ff.). Es gewinnt jedoch durch die senkrechte Anordnung
mehr Platz für die Beschriftung der einzelnen Balken (vgl. Zelazny, 2015, S. 48 ff.).

Das Balkendiagramm eignet sich besonders zur Darstellung der Rangfolge einzelner
Objekte, während das Säulendiagramm für die Darstellung von Zeitreihen geeigneter
ist. Ein Säulendiagramm wird von links nach rechts gelesen, ein Balkendiagramm
von oben nach unten. Da die senkrechte Achse bei einem Balkendiagramm keine vor-
gegebene Skala aufweist, kann die Reihenfolge der Balken selbst festgelegt werden (vgl.
Abb. 4.20).

Zur Darstellung einer **bivariaten oder zweidimensionalen Verteilung:** Wenn in
einem Säulen-oder Balkendiagramm mehr als ein Merkmal dargestellt werden soll, bietet
sich der Einsatz von gruppierten Säulen oder Balken an. Dies ist nur dann sinnvoll, wenn
für jedes Objekt in einer Grundgesamtheit mindestens zwei Merkmale bekannt sind und

Schüler in Baden-Württemberg nach Schulart
im Schuljahr 2021/2022

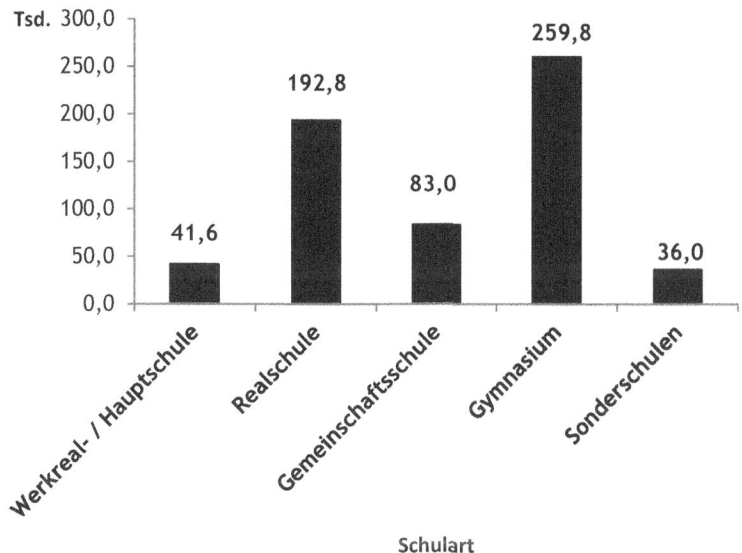

Abb. 4.19   Säulendiagramm

Schüler in Baden-Württemberg nach Schulart
im Schuljahr 2021/2022

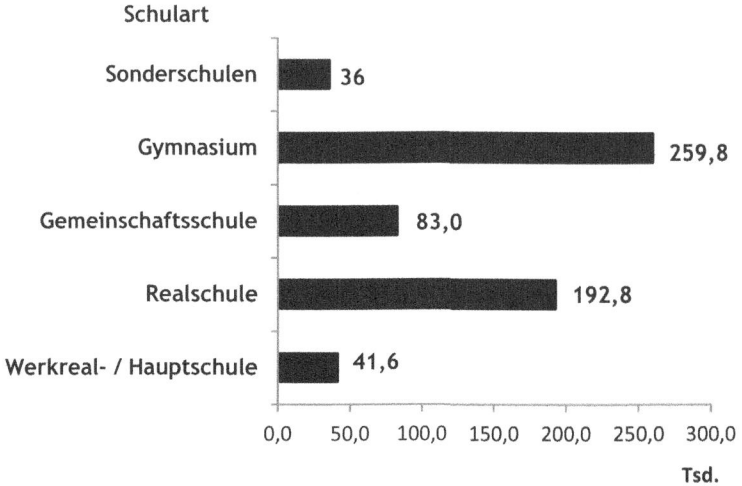

Abb. 4.20   Balkendiagramm

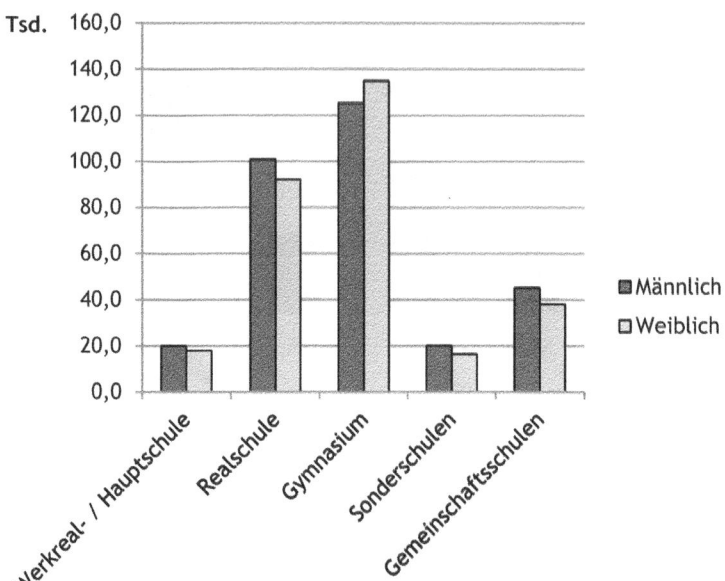

Schüler in Baden-Württemberg nach Schulart im Schuljahr 2020/2021

Abb. 4.21 Gruppiertes Säulendiagramm

vorliegen (z. B. Größe und Gewicht oder Familienstand und Geschlecht oder Alter und Körperhöhe …).

Mit einem gruppierten Säulen- oder Balkendiagramm können zwei Merkmale eines Elements und deren Zusammenhang zu einem Zeitpunkt betrachtet werden (siehe Abb. 4.21). Jedes Merkmal (im Beispiel Geschlecht oder Familienstand) bildet dann quasi ein eigenes Säulen- bzw. Balkendiagramm. Zur Unterscheidung der einzelnen Merkmale werden unterschiedliche Farben oder Raster verwendet, die mithilfe einer Legende am Rande der Abbildung erläutert werden. Die Darstellung ist auf maximal sechs Gruppen beschränkt und sollte idealerweise zwei oder drei Säulen je Gruppe umfassen (vgl. Sauerbier, 2009, S. 76). Insgesamt sollten nicht mehr als ca. 10 Säulen in einem Diagramm abgebildet werden.

4.5.3.3 Histogramm
Ein Histogramm ist eine spezielle Form eines Säulendiagramms, das bei einem Häufigkeitsvergleich zum Einsatz kommt (vgl. Abb. 4.22). Eine Häufigkeitsverteilung zeigt, wie oft ein Objekt in einer Klasse auftritt. Beim Häufigkeitsvergleich werden die zugrunde liegenden Daten zu Gruppen zusammengefasst (klassiert). So kann ein wesentliches Muster sichtbar werden oder auf der Basis von Stichproben können Gesetzmäßigkeiten abgeleitet werden (vgl. Zelazny, 2015, S. 58 ff.).

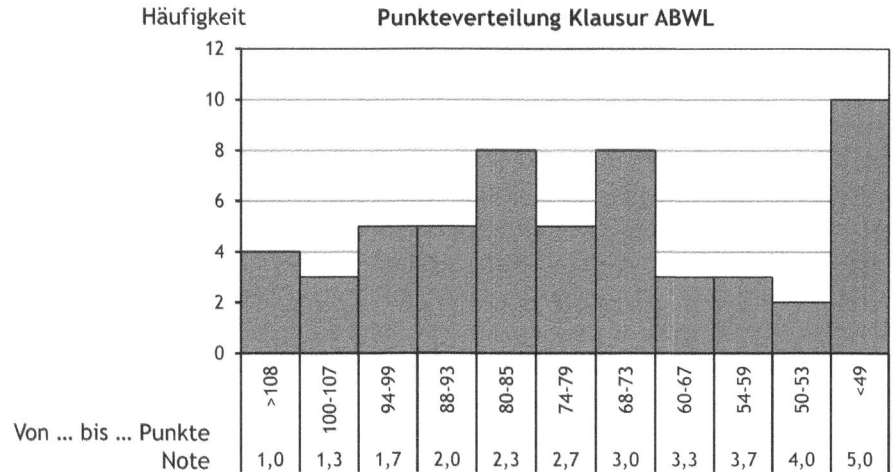

Abb. 4.22 Histogramm

Bei einem Histogramm liegen metrische Daten vor, die eine natürliche Ordnung haben. Diese metrischen Daten werden in einzelne Klassen eingeteilt, und anschließend wird die Besetzung der einzelnen Klassen betrachtet (vgl. Sauerbier, 2009, S. 49). Die Fläche des Rechtecks entspricht der Häufigkeit einer Klasse. Die Klasseneinteilung muss überlappungsfrei sein, also z. B. von 0 bis 9,99, von 10 bis 19,99 und größer als 20. Dabei sollte die natürliche Ordnung berücksichtigt werden. Es wäre unsinnig, z. B. Einkommensklassen von 10.000 bis 20.000 €, dann von 0 bis 9999 € und dann von 20.000 bis 30.000 € anzuordnen (vgl. Sauerbier, 2009, S. 120).

Im Beispiel wurden die Punkte in einer Klausur (maximal 120 Punkte) in Klassen (Noten) eingeteilt. Die ursprünglich metrischen Daten (Punkte) wurden damit in weniger aussagekräftige ordinale Daten überführt.

An diesen Zahlen lassen sich auch die Schwierigkeiten von Rechenoperationen mit ordinalen Daten (hier: Noten) zeigen. Mit metrischen Daten kann gerechnet werden: Wer 53 Punkte in der Klausur hat, hat halb so viele Punkte wie jemand mit 106 Punkten. Auf der ordinalen Skala (Noten) kann nicht gesagt werden, dass die Note 1,3 doppelt so gut ist wie die Note 4,0. Rechnung: $1,3 * 2 = 2,6$. Die Zuordnung der Noten zu den Punkten ist quasi willkürlich und kann in anderen Klausuren anders sein (vgl. Abschn. 4.5.2.2).

4.5.3.4 Kurven-/Liniendiagramm

Ein Kurven- oder Liniendiagramm kommt bei Zeitreihenvergleichen zum Einsatz, wenn der Vergleich mehr als acht Werte umfasst, oder bei einem Häufigkeitsvergleich (vgl. Zelazny, 2015, S. 41). Es ist eigentlich ein Säulendiagramm, bei dem die Säulenwerte durch Punkte dargestellt werden, die anschließend mit einer Linie verbunden werden (vgl. Sauerbier, 2009, S. 64). Wenn die einzelnen Punkte mit einer Linie verbunden werden, wird dabei unterstellt, dass dies aufgrund der Daten auch möglich ist. Streng

betrachtet, weisen nur stetige Daten diese Eigenschaft auf. Somit eignet sich ein Liniendiagramm nicht für die Darstellung nominaler oder ordinaler Daten (vgl. Sauerbier,
2009, S. 63).

Bei einem Liniendiagramm steht die Lesbarkeit der Kurve im Vordergrund, dagegen
rückt die Betrachtung der Achsen und des Gitters in den Hintergrund. Mit einem
Liniendiagram ist es möglich, auch mehr als eine Linie darzustellen. Allerdings sollten
nicht mehr als drei bis vier Linien Verwendung finden, da ansonsten ein „Spaghetti"-
Diagramm entsteht (vgl. Zelazny, 2015, S. 55 f.). In Abb. 4.23 sind durch den neu
geschaffenen Schultyp „Gemeinschaftsschule" fünf Linien enthalten – was nicht ganz
optimal ist. Werden mehrere Linien dargestellt, kann die Legende entfallen, wenn die
Beschriftung direkt an der Linie erfolgt.

Wichtig ist, dass die Kurven unterscheidbar sind. Um die Unterscheidbarkeit zu
gewährleisten, bietet sich die Verwendung verschiedener Farben und/oder die Nutzung
verschiedener Linienarten (gepunktet, gestrichelt, fett …) bzw. verschiedener Punktarten
(Kreuz, Raute, Quadrat, Dreieck …) an (siehe Abb. 4.23).

Um Manipulationen vorzubeugen, sollte das Liniendiagramm einen Nullpunkt enthalten. Zum Verständnis und zur Vollständigkeit gehört auch, dass Achsen und Linien
beschriftet sind und die entsprechenden Einheiten angegeben sind.

Hier werden auch von Studierenden immer wieder die gleichen und typischen
Flüchtigkeitsfehler gemacht. Liniendiagramme werden zum Teil ohne Achsen-
beschriftungen und ohne Einheiten präsentiert, sodass der Sinn der dargestellten Kurve
nicht ersichtlich ist; ein Fehler, der auch in Klausuren immer wieder vorkommt. Dabei

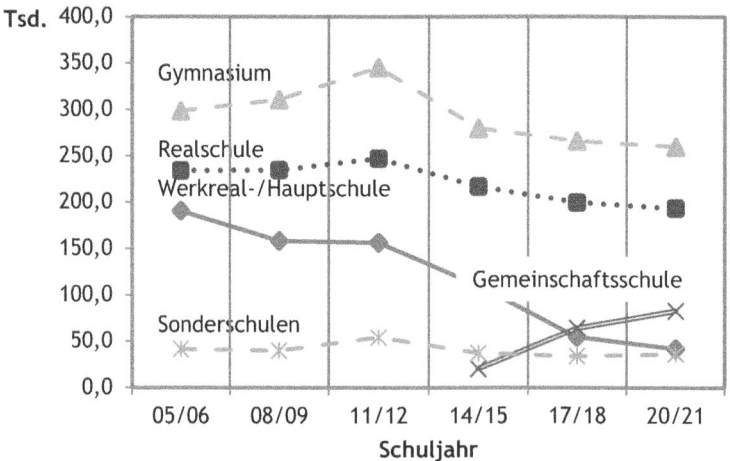

Abb. 4.23 Linien- oder Kurvendiagramm

werden unnötig wertvolle Punkte verschenkt. Ein weiterer typischer Fehler ist die Verwendung von Farben, die dann in den schwarz-weiß kopierten Unterlagen nicht mehr erkennbar sind. Auch in Abschlussarbeiten lese ich immer wieder den Satz: „Wie an der roten Linie erkennbar ist" – und ich habe nur unterschiedliche graue bzw. schwarze Linien vor Augen, da mir der Student einen Schwarz-Weiß-Druck abgegeben hat.

4.5.3.5 Punkt-/Streudiagramm

Das Punkt- oder Streudiagramm eignet sich für einen Korrelationsvergleich. Bei einem Korrelationsvergleich liegen zwei metrische Merkmale unklassiert vor, deren Beziehung ohne Berücksichtigung des Zeitfaktors dargestellt wird (vgl. Sauerbier, 2009, S. 87). Ein Korrelationsvergleich stellt die Beziehungen von zwei Daten (in Form von Datenpunkten) dar und zeigt mögliche Muster zwischen diesen Daten auf (vgl. Zelazny, 2015, S. 64 ff.).

Von jedem betrachteten Objekt müssen damit mindestens zwei Merkmale vorliegen (bivariate oder zweidimensionale Verteilung), deren Kombination als Punkt in einem zweidimensionalen Datensystem dargestellt wird.

Je mehr Daten im Punktdiagramm dargestellt werden, desto besser ist die Qualität der Vergleiche. Je nach Lage der Punkte kann deren Beziehung auch durch eine sog. Trendlinie dargestellt werden.

Dabei können auch mehrere Punktarten in einem Diagramm dargestellt werden. Wenn z. B. auf einer Achse die Körpergröße und auf der anderen Achse das Gewicht der untersuchten Personen eingetragen wird und die untersuchten Personen dann noch nach Geschlecht unterschieden werden, können die zwei Punktmengen (männlich/weiblich) dargestellt werden. Oder die Abb. 4.24 könnte noch um das Merkmal „Erstversuch/ Wiederholung" ergänzt werden, und dann könnten die beiden Punktarten erkennbar unterschiedlich dargestellt werden. Zur Unterscheidbarkeit verschiedener Punktarten eignen sich z. B. unterschiedliche Farben oder Formen.

Auch wenn in einem Streudiagramm verschiedene Punktarten dargestellt werden können, geht bei drei und mehr unterschiedlichen Punktarten der Überblick verloren. Deshalb empfiehlt sich die Darstellung nur einer Punktart (Kategorie) in einem Diagramm.

4.5.4   Verzerrte Darstellungen: Fehlerhafte Diagramme

Schaubilder dienen dazu, Informationen und Relationen schneller und deutlicher zu veranschaulichen, als dies mit Tabellen oder mit Text möglich ist. Allerdings finden sich immer wieder Schaubilder, bei denen die Aufmachung wichtiger zu sein scheint als der Inhalt. Das sollte grundsätzlich vermieden werden.

In solchen Fällen sind die Relationen nicht mehr stimmig zueinander und die Darstellung wird verzerrt. Das führt dazu, dass die Betrachter ein „falsches Bild bekommen" und letztlich die falsche Entscheidung getroffen werden könnte. Wenn die Zahlen richtig, d. h. wahrheitsgetreu und in den richtigen Relationen dargestellt werden (und das ist der Normalfall, ganz besonders in wissenschaftlichen Abbildungen, die neutral sein

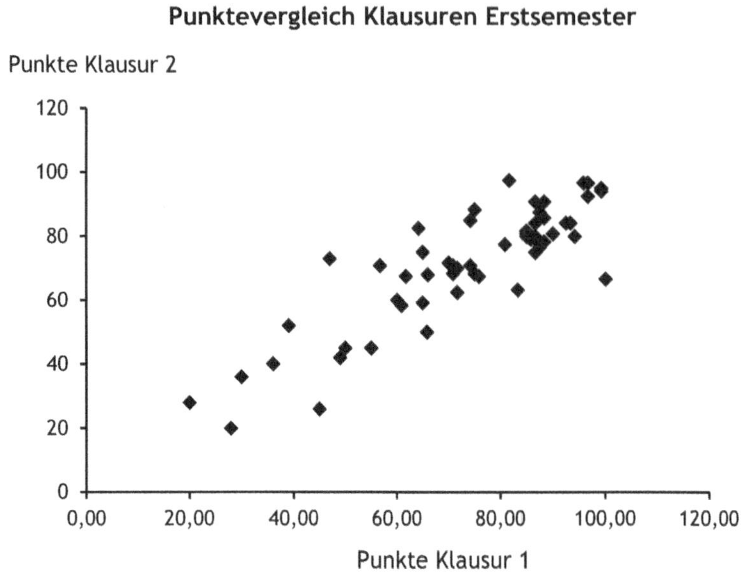

Abb. 4.24 Streudiagramm

sollten), dann verwenden Sie einfache, solide Diagramme. Kreativität bei der Diagramm-gestaltung ist zu vermeiden (vgl. Zelazny, 2015, S. 47).

Die korrekte und zutreffende Darstellung der Daten ist wichtig. Verzerrungen und Manipulationen führen zum Verlust der Glaubwürdigkeit und entlarven oder blamieren den Ersteller, wenn sie entdeckt werden (vgl. Sauerbier, 2009, S. 2).

Fehler, die bei der Zahlendarstellung häufig gemacht werden, können am besten an einem kleinen Beispiel gezeigt werden.

Nehmen wir an, Sie haben die folgende Situation: Im ersten Semester des Studien-ganges XY wurden die Studierenden nach dem Merkmal Geschlecht wie folgt eingeteilt:

- 36 Studentinnen
- 24 Studenten
- 1 „weiß nicht"/divers

Die Antwortkategorie „weiß nicht" könnte z. B. dadurch entstanden sein, dass bei der Beobachtung dieser Studierendengruppe keine eindeutige Zuordnung getroffen werden konnte. Oder wenn die Daten schriftlich erhoben wurden, also mit einem Fragebogen, hat ein Teilnehmer diese Antwortkategorie angekreuzt. Bei statistischen Erhebungen kommt es regelmäßig zu solchen Effekten.

Zuerst muss geklärt werden, in welcher Form (Skala) die Daten vorliegen: Die Zahlen haben keine nummerische Skala, eine Reihenfolge männlich/weiblich/divers kann nicht festgelegt werden. Statistisch betrachtet handelt sich um qualitative Daten auf einer Nominalskala. (vgl. Abschn. 4.5.2.1). Danach muss festgelegt werden, welche Aussage gemacht werden soll bzw. um welchen Vergleichstyp es sich handelt:

Sie wollen die Aussage machen, dass es weniger männliche als weibliche Studierende in diesem Semester gibt. Es handelt sich um einen Strukturvergleich.

Im Folgenden wird zunächst gezeigt, wie diese Daten in verschiedenen Diagrammtypen dargestellt werden können. Im Anschluss werden beispielhaft einige verzerrte und unkorrekte Darstellungen vorgestellt und auf ihre Fehler analysiert.

4.5.4.1 Beispiele für eine korrekte Darstellung

Tabelle
Die erste Form der Darstellung, die infrage kommt, wird meistens übersehen: eine Tabelle. Ihre Tabelle könnte wie in Abb. 4.25 gezeigt aussehen.

Kuchen- oder Tortendiagramm
Dies ist die empfohlene und nach Gene Zelazny auch einzig mögliche Form der Darstellung dieser Zahlen (vgl. Abb. 4.26).

Säulendiagramm
Die Darstellung dieser Zahlen wäre aber auch mit einem Säulendiagramm möglich (siehe Abb. 4.27).

Sie sehen an diesem kleinen Beispiel, wie Zahlen visualisiert werden können, und können selbst beurteilen, welche Möglichkeit der Darstellung für Sie am besten erfassbar ist. Alle gezeigten Möglichkeiten sind korrekt. Sie können aus diesen korrekten Möglichkeiten die für Ihre Zwecke geeignete Grafik aussuchen.

4.5.4.2 Beispiel für verzerrte (unkorrekte) Darstellungen
Nachdem die korrekten und richtigen Möglichkeiten gezeigt wurden, betrachten wir die gleichen Zahlen und schauen auf typische Fehler, die (nicht nur von Studierenden) bei der Darstellung dieser Zahlen gemacht werden.

Abb. 4.25 Beispiel für eine Tabelle

Korrekte Darstellungsmöglichkeiten:

Geschlecht der Erstsemester des Studienganges XY

Geschlecht	Anzahl	rel. Häufigkeit in %
Männlich	29	43,9
Weiblich	36	54,6
Divers/weiß nicht	1	1,5

Abb. 4.26 Beispiel für
korrektes Kuchen- oder
Tortendiagramm

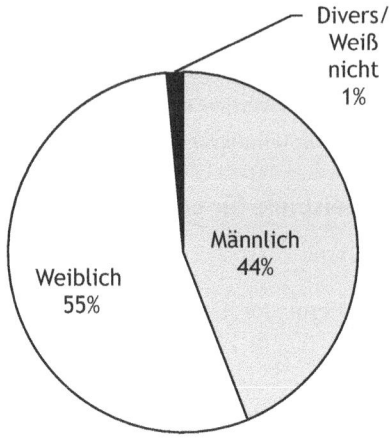

**Mehr weibliche als männliche Studierende im
ersten Semester des Studienganges XY**

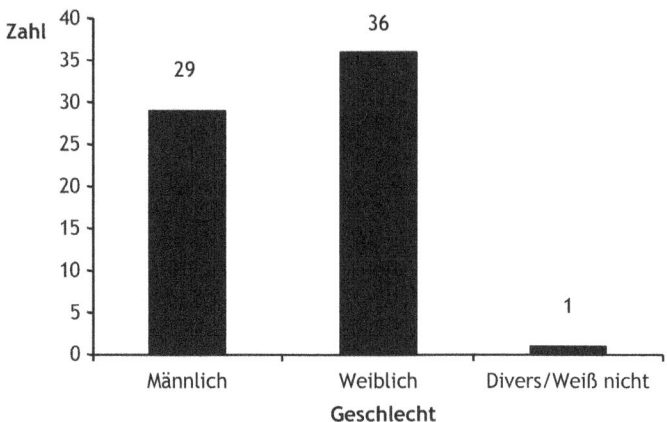

Abb. 4.27 Beispiel für korrektes Säulendiagramm

Nullpunkt fehlt

Ein Fehler, der in der Absicht gemacht wird, eine Aussage zu verdeutlichen, ist, den Nullpunkt nicht darzustellen und somit die Säulen zu „verkürzen". Der Unterschied der einzelnen Werte wird dadurch übermäßig betont und stärker wahrgenommen, als er eigentlich ist (vgl. Abb. 4.28). Die dritte Antwortkategorie verschwindet völlig.

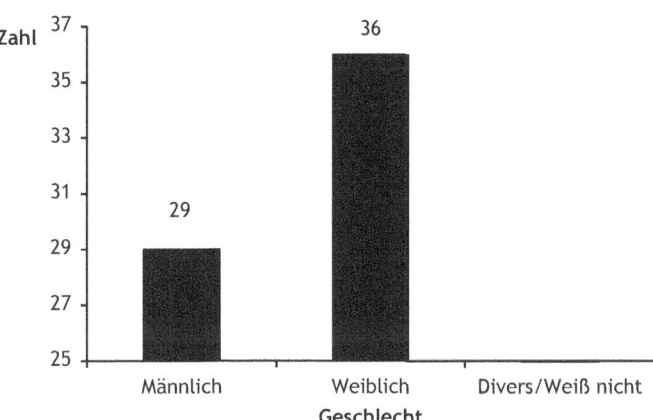

Abb. 4.28 Beispiel fehlender Nullpunkt

Verzerrende bzw. undeutliche Skalierung

Bei der undeutlichen Skalierung wird der Zahlenbereich der Darstellung so groß gewählt, dass die Unterschiede der einzelnen Daten „verdeckt" werden. Die Unterschiede zwischen den beiden Werten sind bei entsprechend großzügiger Skala nicht mehr sichtbar und auch nicht mehr wahrnehmbar (vgl. Abb. 4.29). Unterschiede werden kleiner dargestellt, als sie sind.

Dreidimensionale Darstellung

Eine ebenfalls beliebte und m. E. oft sogar unbewusste Fehlerquelle ist die Verwendung dreidimensionaler Elemente in der Darstellung. Dreidimensionale Säulen werden mit der Absicht eingesetzt, die Darstellung „aufzupeppen", führen aber fast immer zu einer Verzerrung der Wahrnehmung, ohne einen Mehrwert zu bieten. Die Darstellung räumlicher Elemente führt zu einer Vergrößerung oder Verkleinerung der Säulen, sodass deren oberster Punkt vom Auge auf einer Linie wahrgenommen wird, obwohl die Säulen unterschiedliche Größen aufweisen (siehe Abb. 4.30).

Kommt es zur Verwendung räumlicher Elemente, wird manchmal übersehen, dass der Rauminhalt nach der Formel Volumen = Grundfläche * Höhe berechnet wird und nicht wie bei einer ebenen Fläche über die Formel Flächeninhalt = Länge * Breite.

Symbole statt Zahlen

Eine weitere Art der Illustration stellt die Verwendung der Größenverhältnisse über Symbole dar. Wenn Piktogramme statt Säulen, Balken und Linien zur Darstellung verwendet werden, kann dies als Isotype-Diagramm bezeichnet werden (vgl. Ballstaedt, 2012, S. 71).

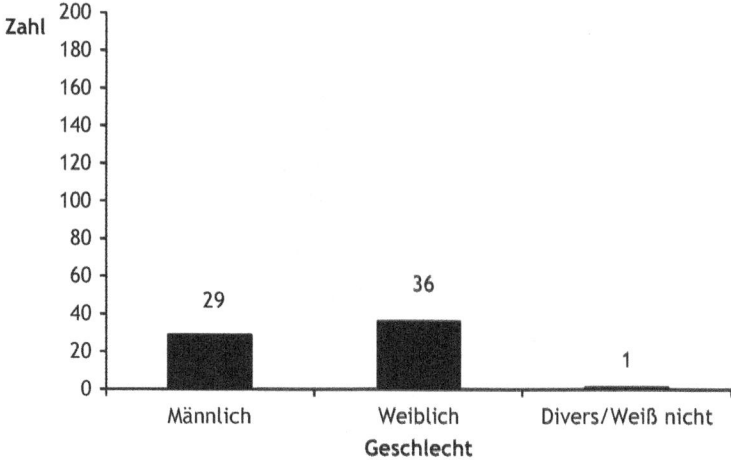

Abb. 4.29 Beispiel fehlerhafte Skalierung

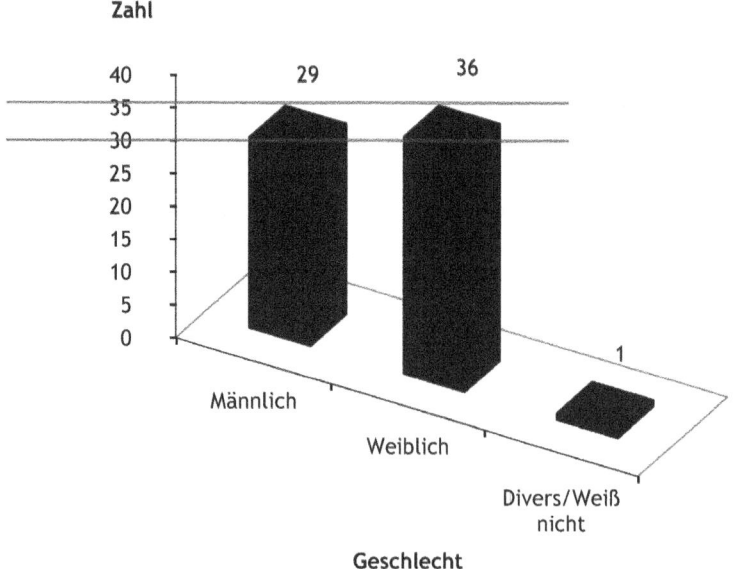

Abb. 4.30 Beispiel dreidimensionale Darstellung

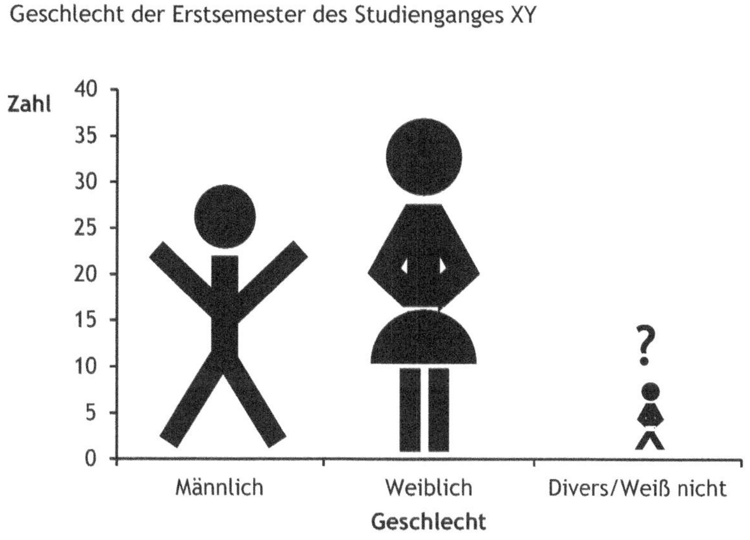
Geschlecht der Erstsemester des Studienganges XY
Zahl
40
35
30
25
20
15
10
5
0
?
Männlich
Weiblich
Divers/Weiß nicht
Geschlecht

Abb. 4.31 Beispiel Symbole

Werden unterschiedliche Symbole verwendet, und weisen diese unterschiedliche Flächenverhältnisse zueinander auf, kann auch dies zu verzerrten Darstellungen mit einer fehlerhaften Wahrnehmung führen (vgl. Abb. 4.31).

Verwendung eines Liniendiagramms bei nominalen Werten
Einer der häufigsten und mathematisch gravierendsten Fehler ist die Darstellung nominaler bzw. ordinaler Daten mit einem Liniendiagramm. Die Darstellung von Säulen wäre hier richtig, auch eine (ungewöhnliche) Darstellung der einzelnen Punkte statt der Säulen wäre zumindest korrekt. Ein Liniendiagramm unterstellt stetige Zahlen (also Zwischenwerte) zwischen den einzelnen Kategorien. Dies ist bei nominalen oder ordinalen Daten aber nicht der Fall.

Bezogen auf Abb. 4.32: Was liegt zwischen der Kategorie männlich und weiblich? Auf diese Zwischenform würden nach der Abbildung ungefähr $(29+36)/2=32{,}5$ also ungefähr 33 Personen entfallen.

4.6 Symbole und Strukturen darstellen

Nicht nur Zahlen können visualisiert werden, sondern auch Begriffe bzw. Textteile. Graphische Darstellungen tragen zu einer besseren Vermittlung bei (vgl. Zelazny, 2015, S. 147). Dabei können Symbole und Strukturen sowohl ergänzende (komplementäre) als auch ersetzende (substituierende) Wirkung haben. Im ersten Fall wird der Text anschaulicher durch die Vermittlung der Botschaft mit Wort und Bild (Graphik), im zweiten

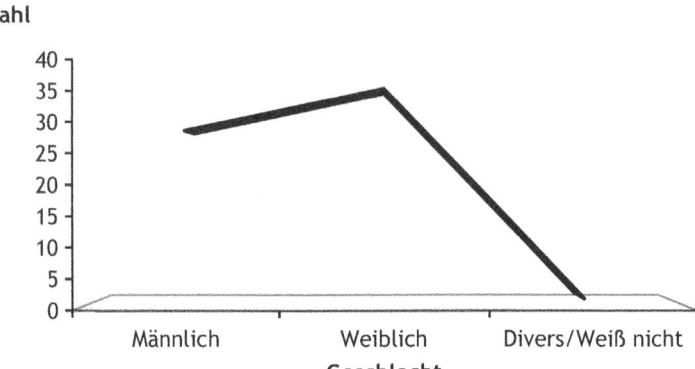

Abb. 4.32   Beispiel Liniendiagramm bei nominalen Werten

Fall werden Wörter durch Symbole ersetzt, wodurch der Text reduziert werden kann. In beiden Fällen kann der darzustellende Inhalt einprägsamer dargestellt und besser strukturiert werden, was zu einer besseren Übersichtlichkeit, schnelleren Informationsaufnahme sowie höherer Behaltensquote führt.

4.6.1   Symbole als Textersatz

Dies kann mit einer kleinen Übung gut veranschaulicht werden: Überlegen Sie, welche Bilder bzw. Assoziationen Ihnen zu den Begriffen „Konsequenz", „Hindernis", „Wechselwirkung", „Prozess", „Kreislauf" „Widerspruch", „Pause" und „Suchen" einfallen. Die Aufgabe lautet also: Welche Symbole passen zu Ihrer Aussage, wie lässt sich ein Begriff zutreffend, aber nicht mit Buchstaben darstellen? Das richtige Symbol unterstreicht und betont Ihre Aussage und macht diese einprägsamer. So beginnen Sie, „in Bildern zu denken". Damit können Folien sinnvoll visualisiert werden. Sehen Sie selbst (Abb. 4.33) – haben Sie ähnliche Vorstellungen gehabt?

In unserem täglichen Leben gibt es viele Bereiche, in denen fast ausschließlich mit Symbolen gearbeitet wird, z. B. im Straßenverkehr, an Orten mit vielen Menschen oder bei Gefahrenmeldungen. Jeder kennt das Stoppschild als achteckiges rotes Schild mit weißer Schrift, das Vorfahrtschild oder das Gefahrsymbol als rotes Dreieck mit weißer Füllfläche, bei dem eine Spitze nach oben zeigt. Oder das grüne Fluchtwegsymbol oder die Kennzeichnung von Toilettentüren, die eher für Männer oder eher für Frauen gedacht sind. Auch Bedienungselemente von Computern bzw. Softwareprogrammen bieten einen Fundus an allgemein verständlichen Symbolen.

Symbole haben einen weiteren Vorteil: Viele sind international verständlich bzw. (quasi) einheitlich. Bei Verkehrszeichen, die auf nationalen Vorschriften beruhen, gilt dies zwar

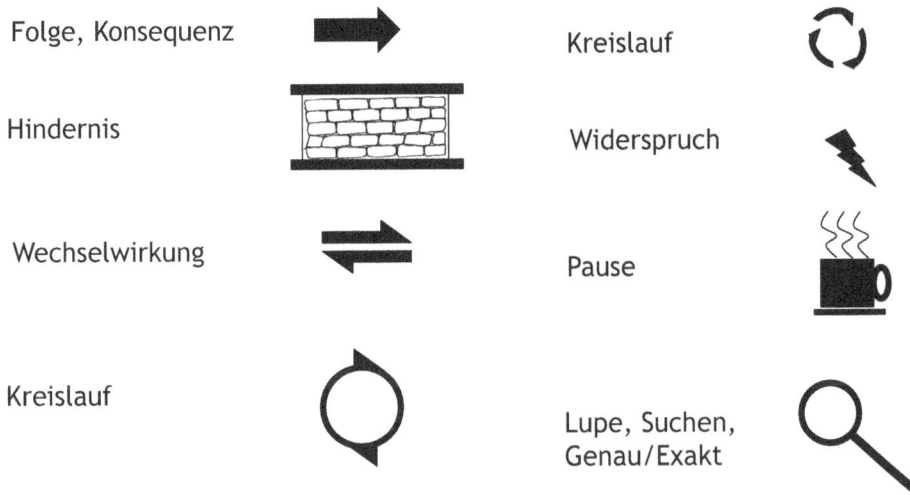

Abb. 4.33   Beispiele für Symbole: „Denken in Bildern"

nur eingeschränkt, die wichtigsten Symbole sind aber auch in vielen anderen Ländern verständlich (siehe Abb. 4.34). Sonst würden sich Autofahrer aus einem Land in einem anderen Land nicht mehr zurechtfinden und viele Missverständnisse wären die Folge.

Meine Empfehlung: Gehen Sie mit offenen Augen durch die Welt. Suchen Sie in anderen Ländern oder an Orten, an denen viele Kulturen aufeinandertreffen, nach entsprechenden Symbolen (z. B. an Flughäfen) – Sie werden immer wieder Anregungen finden. Vielleicht machen Sie auch gleich ein Bild davon für Ihre private Fotodatei, dann können Sie immer

Abb. 4.34   Weitere Beispiele für Symbole: „Denken in Bildern"

darauf zugreifen und langfristig eine Bildersammlung aufbauen. Dasselbe gilt für besondere Orte. Wenn Sie ein schönes Bild von einem Strand, einem See, einer Berghütte, einem Hotel oder einer besonderen Situation o. Ä. haben – was Sie besonders schön finden, gefällt möglicherweise auch anderen Menschen und wenn Sie mal ein Bild für ein „Ziel", eine „Ruhepause" oder einer „angenehmen Situation" brauchen, dann haben Sie eines dafür.

Durch die Verwendung von Symbolen und Zeichen können Textteile und Wörter visualisiert und einprägsamer gestaltet werden. Dies kann so weit gehen, dass Symbole auch Wörter ersetzen können.

Dabei ist es erstaunlich, mit wie wenig Informationen unser Gehirn auskommt, um aus wenigen kleinen Strichen Muster zu erkennen und Botschaften zu identifizieren. Dies kann an folgendem kleinen Beispiel demonstriert werden.

Schauen Sie zuerst die Skizzen bzw. Striche in Abb. 4.35 an und anschließend erst das Gesamtbild in Abb. 4.36. Was erkennen Sie?

Aus den Strichen in Abb. 4.35 ergibt sich das Gesamtbild in Abb. 4.36. Die Lösung bzw. Bedeutung sehen Sie in Abb. 4.37.

Ihr Gehirn setzt diese Einzelinformationen im Kontext zu einem aussagekräftigen Gesamtbild zusammen. Durch ihre bisherigen Erfahrungen und Kenntnisse sowie die Vorstellungskraft des menschlichen Gehirns werden zunächst die unverständlichen Teilinformationen entschlüsselt. Beim Gesamtbild werden diese einfachen Striche zu ver-

Abb. 4.35 Skizzendarstellung – Elemente

Abb. 4.36 Entschlüsselung von graphischen Informationen und Symbolen im Kontext – Aufgabe

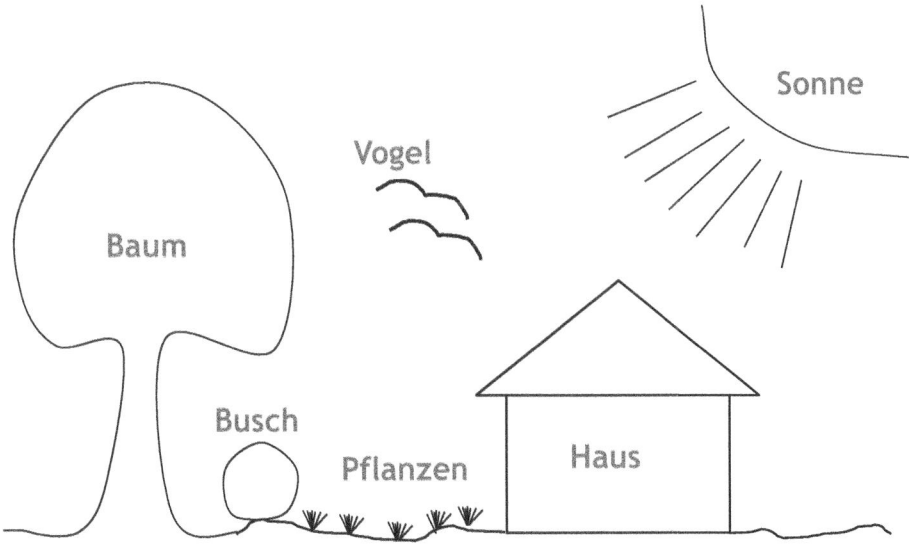

Abb. 4.37 Entschlüsselung von graphischen Informationen und Symbolen im Kontext – Lösung

wertbaren Informationen. Und das Gehirn kann noch mehr, es kann diese Bilder auch „ausmalen". Stellen Sie sich das Bild mit Farben und Sinneseindrücken vor: Das Hausdach wird rot, die Sonne gelb und warm, die Büsche und Pflanzen grün und duftend, die Laubkrone im Baum ebenso, der Stamm braun usw. Und je mehr wir uns das Bild vorstellen, desto realistischer und konkreter werden die einzelnen Elemente: Die braune Baumrinde hat Furchen, die Baumkrone besteht aus einzelnen Blättern, die an Zweigen und Ästen hängen, die Vögel bekommen Federn, die Sonnenstrahlen sind warm, wenn es ein Birnenbaum ist, können wir uns den Geschmack und Geruch einer Birne vorstellen … unser Gehirn verknüpft die graphischen Informationen mit den bisherigen Erfahrungen und kann daraus vor dem „inneren Auge" ein realistisches Bild erzeugen. Unsere Vorstellungskraft reicht so weit, dass wir uns auch noch die Wärme der Sonnenstrahlen oder den Geruch von Gras, Laub oder Wald uns vorstellen können – bei einer schwarz-weißen Skizzendarstellung.

4.6.2 Strukturen zur besseren Übersichtlichkeit

Durch verschiedene Formen können Zusammenhänge oder Abläufe verdeutlicht werden. Strukturen stellen eine Verbindung von bildhafter Darstellung und textueller Beschreibung dar. Über- und Unterordnungsbeziehungen sowie Abhängigkeiten oder zeitliche Folgebeziehungen können damit dargestellt werden. Strukturen eignen sich besonders zur Veranschaulichung von Entscheidungen, Organisationen oder Prozessen (vgl. Müller-Schwarz & Weyer, 2006, S. 148 ff.).

Bei der Darstellung von Strukturen werden meistens einfache Grundformen (Rechteck, Kreis) und evtl. Verbindungslinien verwendet. Auch Symbole können zum Einsatz kommen. Die Darstellung von Strukturen führt zu einer größeren Übersichtlichkeit und zwingt, auf eine sinnvolle und logische Darstellung zu achten. Aus klaren Strukturen werden klare Gedanken. Strukturen zwingen zur Präzisierung und Systematisierung der Aussagen und der Darstellung. Allerdings ist die Strukturierung nur bis zu einem bestimmten Detaillierungsgrad möglich. Zu viele Details führen zu Undurchschaubarkeit und bewirken das Gegenteil.

Darstellung von Gliederungen, Strukturen, Hierarchien oder organisatorischen Zusammenhängen
Diese (besonders Über- und Unterordnungsverhältnisse) können z. B. mit wenigen Grundformen dargestellt werden. Auch für die Gliederung von Text auf Folien sind Strukturen gut geeignet (siehe Abb. 4.38 und 4.39).

Darstellung von Beziehungen und Abhängigkeiten
Zur Visualisierung von Beziehungen, Abhängigkeiten und Kausalitätsbeziehungen kommen z. B. Netzpläne oder Ursache-Wirkungs-Zusammenhänge infrage (siehe Abb. 4.40).

Gliederungen, Zusammenhänge

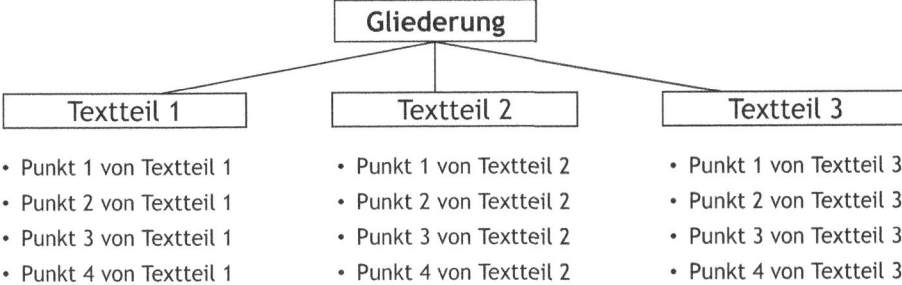

Abb. 4.38 Beispiel für Strukturierung und Textgliederung

Gliederungen, Zusammenhänge

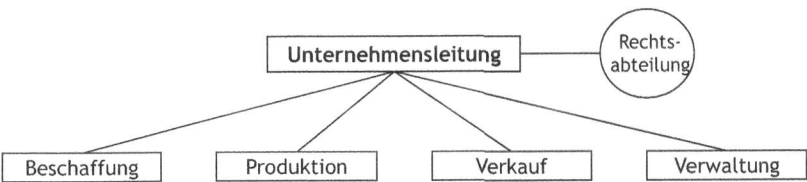

Abb. 4.39 Beispiel für ein Organigramm. (Quelle: In Anlehnung an Müller-Schwarz & Weyer, 2006, S. 148)

Beziehungen, Netzpläne, Abhängigkeiten, Kausalitätsbeziehungen, Ursache-Wirkungs-Zusammenhänge

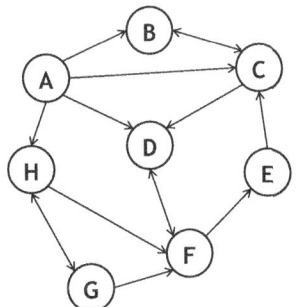

Abb. 4.40 Beispiel für Ursache-Wirkungs-Zusammenhänge. (Quelle: In Anlehnung an Müller-Schwarz & Weyer, 2006, S. 149)

Abb. 4.41 Prozessdarstellung   Prozess

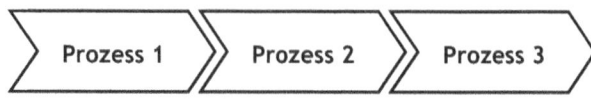

Abb. 4.42 Strukturierung mit   **Gliederungen, Zusammenhänge**
Matrix

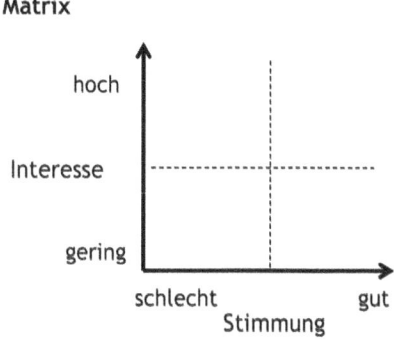

Darstellung von Abläufen bzw. aufeinanderfolgenden Aktivitäten, Ereignissen oder Tätigkeiten
Typische Symbole für die Darstellung von Abläufen bzw. aufeinanderfolgenden Aktivitäten, Ereignissen oder Tätigkeiten können Prozessdarstellungen sein (vgl. Abb. 4.41).

Darstellung von Einteilungen und Entscheidungssituationen
Auch **Einteilungen oder Entscheidungssituationen** können mithilfe eines einfachen Koordinatensystems (Matrix) veranschaulicht werden (siehe Abb. 4.42).

Bei den genannten Beispielen wird deutlich, dass die Strukturierung zu einer besseren Übersichtlichkeit beiträgt. Wie viele Wörter bräuchten Sie sonst, um eine der vorgestellten Strukturierungen anderen Menschen zu erklären? Strukturierungen und Symbole helfen also, Folien schneller erfassbar und verständlich zu machen und damit die Textmenge auf den Folien zu reduzieren (Abb. 4.42).

4.7   Bildgestaltung

Bilder unterstützen wie kein anderes Element die Visualisierung. Zu den Bildern zählen Realitätsdarstellungen (Fotos) oder realitätsnahe Darstellungen (z. B. aus Computermodellen), Zeichnungen (Konstruktionszeichnungen, Explosionszeichnungen, Strichzeichnungen), Skizzen, Graphiken und schemenhafte Darstellungen (z. B. Karikaturen, Handzeichnungen).

Bilder helfen, Botschaften anschaulicher zu machen und Aussagen zu unterstützen. Bilder als Visualisierungselemente können in der Wirkung viel einprägsamer und eindrucksvoller sein, als dies mit Worten jemals zu erreichen wäre. Bilder dienen der Abwechslung, unterstützen die Erinnerungsfähigkeit und dienen gleichzeitig als Beweis: „Sie sehen es ja mit eigenen Augen.“

4.7.1 Bilder als Textersatz: „Ein Bild sagt mehr als tausend Worte“

An folgendem Beispiel kann die Wirkung graphischer Elemente gut gezeigt werden. Versuchen Sie, die Abb. 4.43 mit Worten zu beschreiben.

Dies könnte in Worten ungefähr so formuliert werden:

> „Die Abbildung enthält elf Rechtecke und fünf Kreise. Alle Rechtecke sind gleich groß. Der Durchmesser der Kreise entspricht ungefähr der Höhe der Rechtecke. Die Formen haben die Farben Schwarz, Weiß und Grau. Die unteren Formen befinden sich alle auf einer Linie. Die Abbildung beginnt von links mit einem liegenden weißen Rechteck mit schwarzem Rahmen. Im Anschluss daran befinden sich drei stehende Rechtecke. Das erste ist grau, das zweite schwarz und das dritte wieder ein weißes Rechteck mit schwarzem Rahmen wie das erste. Auf der rechten Seite im Anschluss an das stehende weiße Rechteck befinden sich drei liegende Rechtecke. Unten ist ein graues, darauf liegt ein schwarzes und auf diesem ein weißes mit schwarzem Rahmen. Im Anschluss an die horizontal ausgerichteten Rechtecke sind drei weiße Kreise mit schwarzem Rahmen, die übereinanderstehen und jeweils die links von ihnen befindenden Rechtecke tangieren. Darüber steht …“

Das sind jetzt 141 Wörter, und die Abbildung ist immer noch nicht vollständig beschrieben. Außerdem hat jeder, der nur den Text gehört hat, seine eigene Vorstellung

Versuchen Sie das mal mit Worten darzustellen!

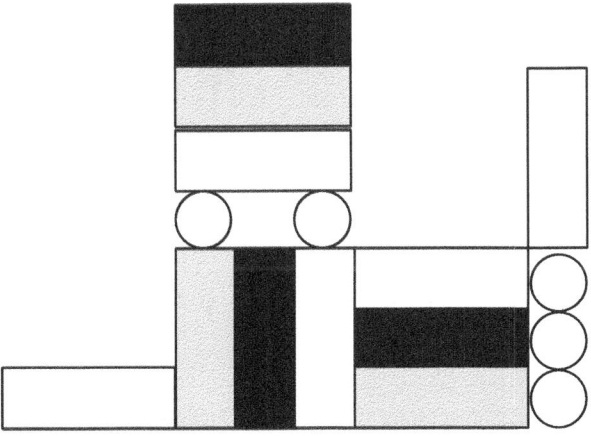

Abb. 4.43 Visualisierungsübung: Bild in Worten

von dieser Form entwickelt, d. h., in unserer Vorstellung wären viele, nicht identische Abbildungen entstanden. Ein schöner Beweis für den bekannten Spruch:

„Ein Bild sagt mehr als tausend Worte."

Durch Bilder kann der Textanteil der Folien verringert werden (vgl. Thiele, 2010, S. 98).

„Lassen Sie Bilder sprechen!"

Neben Realitätsdarstellungen kommen insbesondere in technischen Fächern auch Zeichnungen zum Einsatz. Schauen Sie sich die Explosionszeichnung eines einfachen Automotors an. Es handelt sich um den Motor einer BMW Isetta 600 aus dem Jahr 1958. Wie viele Wörter bräuchten Sie wohl, um die Abb. 4.44 zu beschreiben? Ich vermute, selbst mit tausend Wörtern wäre die Beschreibung immer noch unvollständig und jeder Zuhörer hätte ein anderes Bild vor Augen. Oder betrachten Sie den Bauplan (Grundriss) eines Hauses in der Abb. 4.45.

Solche Abbildungen sind mit Worten fast nicht beschreibbar, und dabei handelt es sich um nüchterne, sachliche Darstellungen. Diese Bilder dienen der Information, wobei Aussagen versachlicht und präzisiert werden.

„Ein Bild sagt mehr als tausend Worte"

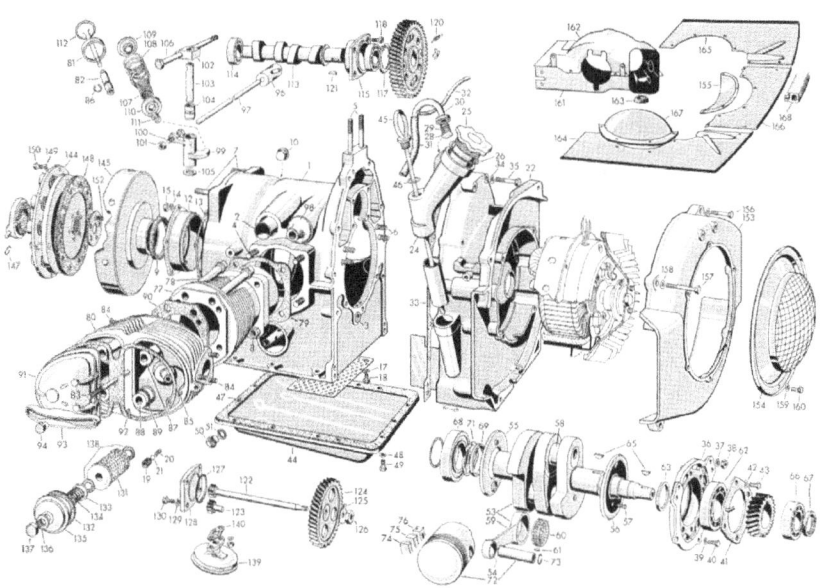

Motor BMW Isetta BJ 1951

Abb. 4.44 Explosionszeichnung Motor BMW Isetta. (Quelle: isetta-online.de, 2013)

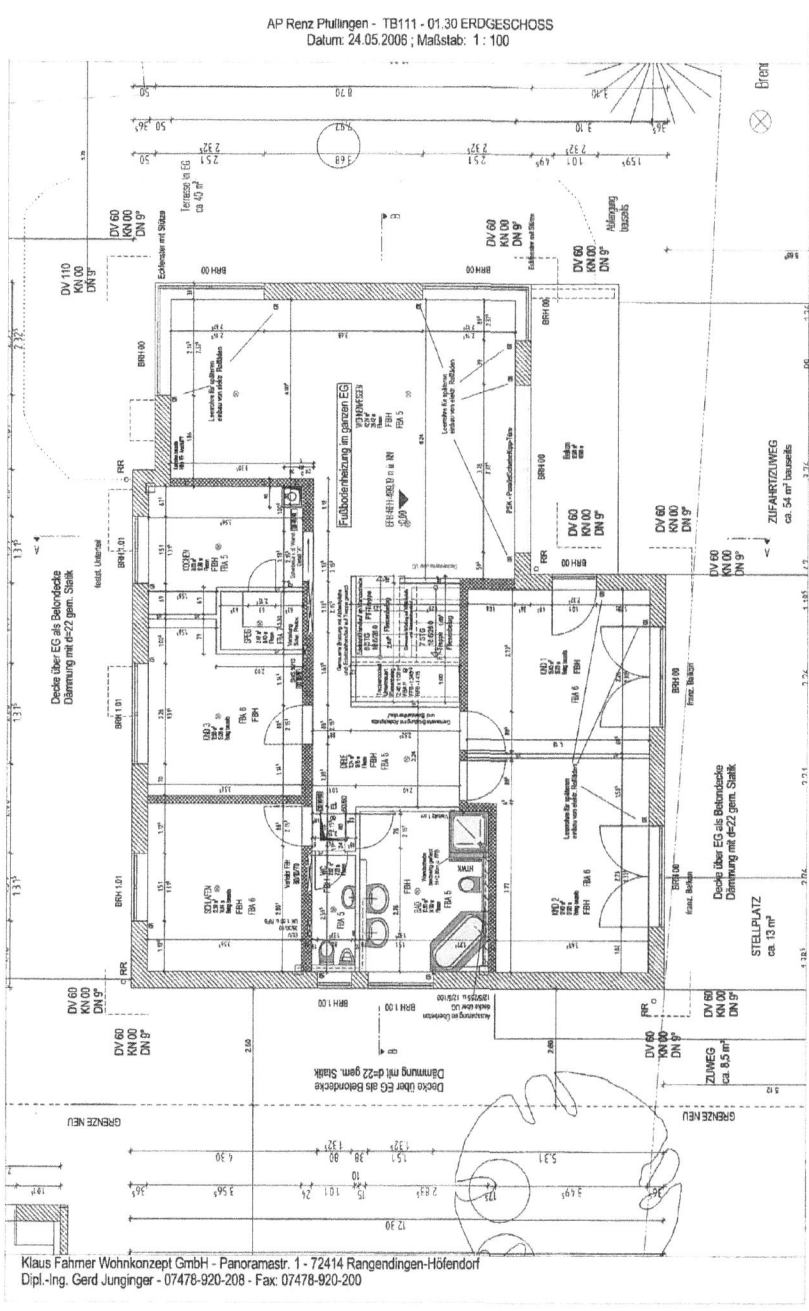

Abb. 4.45 Bauplan eines Hauses

4.7.2 Wirkungen von Bildern

Mit Realitätsdarstellungen, insbesondere Fotos, können Sie noch viel mehr erreichen. Ein Bild ist zwar einerseits konkret und sachlich, wirkt auf der anderen Seite aber immer auch auf das Unterbewusstsein. Durch Bilder können, wie durch Farben auch, Emotionen transportiert und eine bestimmte Gefühlsebene oder Stimmung hergestellt werden (vgl. Bisping et al., 2014, S. 10).

> Jedes Bild hat auch eine ästhetische Anmutung und kann Gefühle auslösen. (Ballstaedt, 2012, S. 36)

Diese Wirkung kann an folgendem kleinen Beispiel gezeigt werden. In Abb. 4.46 und 4.47 sehen Sie Landschaftsaufnahmen von ein und derselben Stelle, die im Abstand von ca. fünf Monaten gemacht wurden. Ein Bild entstand im Winter, das andere im Frühjahr. Das dargestellte Objekt ist das gleiche, die Wirkung aber unterschiedlich. Wie wirken beide Bilder auf Sie?

Selbst bei einem Schwarz-Weiß-Druck ist ein Unterschied zu erkennen. Außerdem ergänzt bei den meisten Menschen das Gehirn die Farben unbewusst und vervollständigt so die Information und komplettiert den Eindruck.

Abb. 4.46 Winterbild

Abb. 4.47 Frühlingsbild

Eine farbige Darstellung verstärkt diesen Effekt nochmals. Im Winterbild überwiegen die Farben Schwarz und Weiß, es wirkt dunkel, düster, traurig und eher negativ,
„trostlos" und „kalt". Das Frühlingsbild wird von hellem, frischem Grün dominiert.
Die Wirkung ist eher positiv, lebensbejahend, optimistisch – wir assoziieren damit den
positiv belegten Begriff „Wachstum".

Und diese Wirkungen haben wir schon bei Landschaftsaufnahmen. Menschen werden
viel mehr berührt, wenn „lebendige" Motive, wie Menschen oder Tiere dargestellt
werden.

Die Ansprache von Emotionen wirkt auf das Unterbewusstsein, was die Wissens-
aufnahme unterstützen und erleichtern kann bzw. eine bestimmte Gefühlsebene herstellen kann. Genauso wie die „richtigen" Bilder die Informationsaufnahme unterstützen
und eingängiger machen, können die „falschen" Bilder zu Ablehnung oder Verwirrung
führen. Auch wenn Bilder ein geeignetes Mittel für die Visualisierung sind, muss bei
jedem Vortrag vorher überlegt werden, ob diese zum Vortragszweck passen.

Ein bekanntes Beispiel für den Einsatz von Bildern lieferte eine Werbekampagne
der Bekleidungsfirma Benetton vor einigen Jahren. Diese warb mit schockierenden,
abstoßenden, verstörenden Bildern. Dabei stand im Vordergrund, Aufmerksamkeit zu
erreichen und Aufregung zu erzeugen, während die eigentliche Werbung für die Marke

in den Hintergrund trat. Über diese Werbung wurde geredet (und geschrieben). Die Kampagne hat also offensichtlich funktioniert, wenn dies hier erwähnt wird. Ob sie dem Image der Marke zuträglich war, ist eine andere Frage.

Berühmt-berüchtigt sind auch Werbungen von technischen Produkten, egal ob es um Motorsägen, Autos oder Autoteile geht („Sex sells!"). Nicht immer steht das Produkt im Mittelpunkt, die Aufmerksamkeit wird vielmehr durch eine aufreizend gekleidete Person im Vordergrund geweckt.

Wenn solche Beispiele in einer Präsentation eingesetzt werden, kann das Publikum ablehnend reagieren. Vor dem Einsatz von Bildern sollten deshalb das Ziel und die angesprochenen Emotionen, die Sie erreichen wollen, klar sein: Wollen Sie informieren? Motivieren? Schockieren? Mitleid erregen? Oder …?

Ein anderes anschauliches Beispiel für den Einsatz von Bildern erlebte ich bei einem Vortrag einer Umweltschutzorganisation. Die erste Folie in einem Vortrag war ein ausgetrockneter See, der so trocken war, dass der Boden tiefe Risse und Spalten hatte. Eine viel bessere Vorstellung, um auf die Folgen des Klimawandels aufgrund der Erderwärmung hinzuweisen, habe ich seitdem nicht mehr gesehen. Und das ist nun mehr als 20 Jahre her.

Ein unschönes und sehr trauriges Bild hat im September 2015 die Menschen nicht nur berührt, sondern bestürzt. Zu sehen ist, wie ein türkischer Polizist am Strand einen leblosen, bekleideten Kinderkörper auf Händen hält. Es ist ein Flüchtlingskind („Aylan"), das auf der Flucht über das Mittelmeer ertrunken ist und an den Strand der türkischen Stadt Bodrum gespült wurde. Das Bild ging durch die Weltpresse und schockierte die Menschen so sehr, dass auch politische Entscheidungen beeinflusst wurden. So sah sich der britische Premierminister gezwungen, eine Zusage zu geben, in Großbritannien mehr Flüchtlinge aufzunehmen, obwohl das bisher nicht seiner politischen Linie entsprochen hat. Sie sehen: Bilder wirken.

Bilder in einem Vortrag erzeugen Aufmerksamkeit und Abwechslung und wirken gleichzeitig emotional, indem sie Atmosphäre schaffen und Stimmungen erzeugen.

Bilder können zur Manipulation, zur bewussten Steuerung oder Lenkung von Gefühlen eingesetzt werden. Außerdem können die Bilder inhaltlich manipuliert bzw. verändert werden. Denken Sie an Fotomontagen, die mit Bildbearbeitungssoftware möglich sind. Aussagen von Bildern können auch dadurch manipuliert werden, dass nur bestimmte Ausschnitte gezeigt werden, die z. B. gegensätzliche Aussagen haben können.

Insbesondere in einem wissenschaftlichen Vortrag, der neutral und nüchtern sein sollte, können die Zuhörer mit Ablehnung reagieren, wenn sie das Gefühl haben, emotional manipuliert zu werden.

4.7.3 Tipps zum Einsatz von Bildern

Zusammenfassend ein paar Ratschläge für die Verwendung von Bildern in Präsentationen:

1. **Lieber weniger, dafür aussagekräftige Bilder, Symbole und Grafiken verwenden!**
   Die Aufmerksamkeit wird auf wenige Bilder konzentriert und verteilt sich nicht auf viele Eindrücke. Wenige, größere Bilder sind eindrucksvoller als viele kleine Bilder. Großformatige Bilder haben die größte Wirkung.

2. **Die Botschaft und das Ziel beim Einsatz von Bildern beachten!**
   Was soll mit dem Bild erreicht werden? Welche Aussage soll mit dem Bild gemacht werden? Welche Emotionen kann/soll das Bild auslösen?

3. **Lesbarkeit und Layout nicht aus den Augen verlieren!**
   In Präsentationen müssen Informationen auf das Wesentliche reduziert bzw. in kleine Wissensportionen aufgeteilt werden, damit das Publikum sie aufnehmen kann. Detaillierte, komplexe Bilder müssen deshalb evtl. ausschnittsweise betrachtet werden, worunter die Übersichtlichkeit leidet. Die Bilddarstellung sollte die Lesbarkeit der übrigen Folienelemente nicht beeinträchtigen, deshalb sind auch Hintergrundbilder nicht zu empfehlen.

4. **Quellenangaben nicht vergessen!**
   Für Bilder gilt – wie für andere Inhalte auch – dass die Quelle angegeben werden muss. Eine empfehlenswerte Alternative ist, sich langfristig ein Archiv mit selbstgemachten Bildern anzulegen. Es gibt viele Motive, die universell einsetzbar sind und mit einem Handy bzw. Smartphone problemlos erfasst werden können. Wenn Sie diese Eindrücke festhalten und langfristig sammeln, haben Sie mit der Zeit einen großen Fundus an eigenem Bildmaterial, und Ihre Präsentationsunterlagen werden einzigartig.

4.8 Animationen

Seit der Verwendung von PowerPoint gibt es auch Effekte auf Folien, die bis dahin unbekannt waren: bewegte Elemente, Bilder und Zeichen, sog. Animationen. Werden diese eingesetzt, wird die Aufmerksamkeit der Zuhörer auf das bewegte Element gelenkt, das damit hervorgehoben oder betont wird.

Animationen können Zuhörer beschäftigen, indem „das Auge etwas zu tun hat". Sie dienen dazu,

- visuelle Abwechslung zu erreichen,
- Aufmerksamkeit zu erzeugen, weil bewegte Elemente eine Faszination ausüben,
- den Folieninhalt zeitlich zu ordnen bzw. zu strukturieren,
- Abläufe zu veranschaulichen. Bewegungsabläufe können z. B. verlangsamt dargestellt werden (z. B. Sekundenbruchteile in Einzelbildern) oder beschleunigt dargestellt werden (z. B. Wachstumsprozesse im Zeitraffer),
- Eindruck zu machen.

Animationen bieten vielfältige Möglichkeiten, allerdings sind auch Spielereien möglich, die sinnfrei sind und eher zu den Spinnereien gehören. Auch wenn es im privaten Bereich eindrucksvoll sein kann, wenn man zeigen kann, welche Kenntnisse bei der Anwendung des Programms beherrscht werden, ist dies bei seriösen Gelegenheiten oft nicht hilfreich. „Animationen sollten nur eingesetzt werden, wenn sie das Verständnis fördern" (Hierhold, 2008, S. 253).

Diese Erfahrung musste ich selbst machen. In der Anfangseuphorie beim Einsatz von PowerPoint vor vielen Jahren experimentierte ich auch mit den wildesten und gewagtesten Animationen. Als ich beim Thema „Anzeigengestaltung, optische und akustische Signale" eine blinkende Lampe einbaute, deren Farben sich abwechselten und meine studentischen Zuhörer wie gebannt ihren Blick darauf richteten, um zu erraten, welche Farbe als nächstes kommt, habe ich bemerkt, wie sich die Aufmerksamkeit auf das animierte Element konzentrierte, der Rest der Botschaft (Rede und Textelemente) aber in den Hintergrund trat. Ich habe aus diesem Schlüsselerlebnis gelernt und setze Animationen seither seltener und nur didaktisch sinnvoll ein.

Deshalb gilt für den Einsatz von Animationen: Weniger ist mehr! Die Effekte möglichst selten einsetzen, denn zu viele Effekte lenken vom Redner und vom eigentlichen Inhalt der Folie ab (vgl. Heister et al., 2007, S. 100).

Wie Bernd Feuerbacher (2013, S. 76) bin ich der Meinung, dass Animationen didaktisch dann sinnvoll sind, wenn sie dem logischen Verlauf des Vortrags entsprechend eingesetzt werden und diesen unterstützen. Durch Animationen können auch der zeitliche Ablauf und Aufbau einer PowerPoint-Folie gesteuert werden. So können Folienbestandteile wie Texte oder Graphiken schrittweise angezeigt und dem Redefluss angepasst werden, wie es bei der Verwendung eines Overheadprojektors der Fall wäre, wenn Folienteile zuerst abgedeckt sind und dann im Verlauf des Vortrags nacheinander aufgedeckt werden.

4.9   Zusammenfassung Visualisierung

Die mediale Aufbereitung ist der letzte inhaltliche Schritt bei der Vorbereitung einer Präsentation. Das Ziel der Visualisierung besteht darin, die inhaltliche Botschaft zu transportieren und zu verdeutlichen und dadurch das gesprochene Wort zu unterstützen. Dabei ist die Zeit der Zuhörer für die Aufnahme des Inhaltes begrenzt. Deshalb sollte bei der Gestaltung der Medien darauf geachtet werden, dass die Informationen einfach und schnell erfassbar dargestellt werden.

Visualisieren heißt Veranschaulichen. Dies hilft den Zuhörern bei der Aufnahme des Inhalts, weil neben dem Hören auch das Sehen eingesetzt wird. Das Auge ist das Sinnesorgan mit der größten Informationskapazität. Neben dem gesprochenen Wort werden somit mehrere Informationskanäle genutzt, was die Informationsaufnahme verbessert und die Erinnerung unterstützt.

Die Wahrnehmung der Zuhörer wird von deren Kultur und Erfahrung geprägt, so ist z. B. die bei uns übliche Leserichtung von links oben nach rechts unten. Werden die Informationen kompatibel dargestellt, also der Erwartung der Zuhörer entsprechend, erleichtert dies die Informationsaufnahme. Dies gilt unabhängig davon, welche Medien in der Präsentation zum Einsatz kommen. Die Grundregeln gelten für alle Medien gleichermaßen.

Die Visualisierung kann über verschiedene Elemente erfolgen. Grundlegende Elemente der Veranschaulichung sind Texte, Farben, Zahlen, Symbole, Bilder und Animationen. Dabei wird der Effekt der einzelnen Elemente umso stärker, je weniger Elemente in einer Präsentation eingesetzt werden.

Auf Details kann bzw. muss in Präsentationen verzichtet werden. Ein einheitliches Layout, ein prägnanter, aussagekräftiger Titel, eine übersichtliche Strukturierung, die Verwendung von Farben, Symbolen und Bildern, ein stichworthafter Text und Zahlen mit höchstens fünf Ziffern helfen, eine schnelle Informationsaufnahme bei Zuhörern zu erreichen.

Literatur

Backhaus, K., Erichson, B., Plinke, W., & Weiber, R. (2018). *Multivariate Analysemethoden.* Springer.

Ballstaedt, S. (2012). *Visualisieren.* UVK–UTB.

Bartel, S. (2003). *Farben im Webdesign, Symbolik, Farbpsychologie, Gestaltung.* Springer.

Bisping, B., Böhm, M., Heinen, G., & Kamp, W. (2014). *Professionelle Bildbearbeitung. Bilder gestalten, erfassen und bearbeiten.* Europa-Lehrmittel.

Bortz, J., & Döring, N. (2016). *Forschungsmethoden und Evaluation für Human- und Sozialwissenschaftler.* Springer.

Bullinger, H.-J., Ilg, R., & Schmauder, M. (1994). *Ergonomie, Produkt und Arbeitsplatzgestaltung.* Teubner.

Buzan, T., & Buzan, B. (2013). *Das Mind-Map-Buch. Die beste Methode zur Steigerung Ihres geistigen Potenzials.* Mvg.

Cleff, T. (2015). *Deskriptive Statistik und Explorative Datenanalyse.* Springer.

Feuerbacher, B. (1998). *Professionell präsentieren mit und ohne Computer. Moderne Vortragstechnik für Manager, Wissenschaftler und Ingenieure.* Sauer.

Feuerbacher, B. (2013). *Professionell Präsentieren in den Natur- und Ingenieurwissenschaften.* Wiley.

Haber, R. N. (1970). How we remember what we see. *Scientific American, 5*(May), 104–112.

Heister, W., Wälte, D., Weßler-Poßberg, D., & Finke, M. (2007). *Studieren mit Erfolg: Prüfungen meistern.* Schäffer-Poeschel.

Hellbrück, J., & Schlittmeier, S. (2007). Gedächtnis und Bewusstsein. In I. K. Landau (Hrsg.), *Lexikon Arbeitsgestaltung* (S. 582–584). Gentner.

Hey, B. (2019). *Präsentieren in Wissenschaft und Forschung.* Springer.

Hierhold, E. (2008). *Sicher präsentieren – Wirksamer vortragen.* Redline.

isetta-online.de. (2013). Explosionszeichnungen. http://www.isetta-online.de/technic/600_motor1.htm. Zugegriffen: 25. Jan. 2013.

Krämer, W. (1994). *So überzeugt man mit Statistik.* Piper.

Landau, K. (2002). *Arbeitstechniken für Studierende der Ingenieurwissenschaften*. Ergonomia.

Müller-Schwarz, U., & Weyer, B. (2006). *Präsentationstechniken. Wie Sie Ihre Ideen wirkungsvoll verkaufen*. Adlibri.

Rohrschneider, K., Krastel, H., & Pressel, G. (2009). Farbe und Sehen. In K. Landau & G. Pressel (Hrsg.), *Medizinisches Lexikon der beruflichen Belastungen und Gefährdungen* (S. 335–342). Gentner.

Sauerbier, T. (2009). *Statistiken verstehen und richtig präsentieren*. Oldenbourg.

Schlick, C., Bruder, R., & Luczak, H. (2018). *Arbeitswissenschaft*. Springer.

Seifert, J. W. (2020). *Visualisieren – Präsentieren – Moderieren. Der Klassiker*. Gabal.

Shepard, R. N. (1967). Recognition memory for words, sentences, and pictures. *Journal of Verbal Learning and Verbal Behavior, 6*(1), 156–163.

Standing, L., Conezio, J., & Haber, R. N. (1970). Perception and memory for pictures: Single-trial learning of 2500 visual stimuli. *Psychonomic Science, 19*(2), 73–74.

Statistisches Landesamt Baden-Württemberg. (2021). http://www.statistik-bw.de/Presse/Pressemitteilungen/2021034. Zugegriffen: 3. Okt. 21.

Stiefl, J. (2018). *Wirtschaftsstatistik*. Oldenbourg.

Thiele, A. (2010). *Präsentieren ohne Stress. Wie Sie Lampenfieber in Auftrittsfreude verwandeln*. Frankfurter Allgemeine Buch.

Wittig-Goetz, U. (2013). Farben. http://www.ergo-online.de/site.aspx?url=html/arbeitsplatz/arbeitsumgebung_beleuchtung/farben.htm. Zugegriffen: 19. Jan. 2013.

Zelazny, G. (2015). *Wie aus Zahlen Bilder werden. Der Weg zur visuellen Kommunikation. Daten überzeugend präsentieren*. Gabler.

Der Auftritt: Präsentation der Person

Nachdem die vorherigen Schritte abgeschlossen wurden, kommt es mit dem Auftritt quasi zum Höhepunkt der Präsentation. Der Höhepunkt ist gleichzeitig auch der Schlusspunkt. Die bisherigen Arbeiten wurden meist „im stillen Kämmerlein" gemacht und jetzt können die Ergebnisse gezeigt werden. Wie bei sportlichen Ereignissen, bei denen ebenfalls Vorbereitung und Training notwendig sind, und sich beim Wettkampf zeigt, wer gut oder wer besser ist oder wer die bessere Form hat.

Abb. 5.1 zeigt diejenigen Merkmale, die bei einem Auftritt, also auch bei einer Präsentation, wesentlich sind.

5.1   Was beeinflusst den Auftritt?

Eine wesentliche Erkenntnis beim Auftritt in einer Präsentation besteht darin, dass nicht nur die Präsentation inhaltlich vorbereitet werden muss, sondern dass die vortragende Person sich auch selbst darauf einstellen muss. Ihre Einstellung, ihr persönliches Mind-Setting, trägt zu einem wesentlichen Teil zum Erfolg oder Misserfolg einer Präsentation bei. Ihre Einstellung beeinflusst ihren Vortrag!

> Wie der Mensch, so seine Rede. (Zitat von Marcus Tullius Cicero, 106–43 v. Chr., Aphorismen.de, 2015)

Erfolgreich sind Sie dann, wenn Sie authentisch sind, wenn Sie Sie selbst sind. Dann sind Sie natürlich, spontan und lebendig (vgl. Carnegie, 1940, S. 135 f.).

Eine Präsentation muss nicht nur inhaltlich vorbereitet werden, sondern auch mental. Sie sollten sich auf die Präsentation gedanklich vorbereiten und an deren Erfolg glauben. Sonst ist es wie bei einer selbsterfüllenden Prophezeiung: Wenn Sie fest an einen Misserfolg glauben, wird er auch eintreten. Wenn Sie dagegen eine positive Einstellung haben

© Springer Fachmedien Wiesbaden GmbH, ein Teil von Springer Nature 2022   197
K.-C. Renz, *Das 1 x 1 der Präsentation,* https://doi.org/10.1007/978-3-658-37025-1_5

Präsentieren: Auftritt

Abb. 5.1 Wesentliche Merkmale des Auftritts

und an Ihren Erfolg glauben, beeinflusst Sie dies und gibt Ihnen Selbstvertrauen (vgl. Kayser & Bower, 2005, S. 179).

Die Themen Auftrittsfreude, Lampenfieber, Vorbereitung und Körpersprache hängen eng zusammen und beeinflussen sich wechselseitig. Es ist wie bei einem Mobile. Wenn ein Teil aus dem Gleichgewicht kommt, gerät das Ganze aus der Balance und beeinflusst auch die anderen Teile (vgl. Abb. 5.2).

Abb. 5.2 Zusammenhang von Auftrittsfreude, Lampenfieber, Vorbereitung und Körpersprache

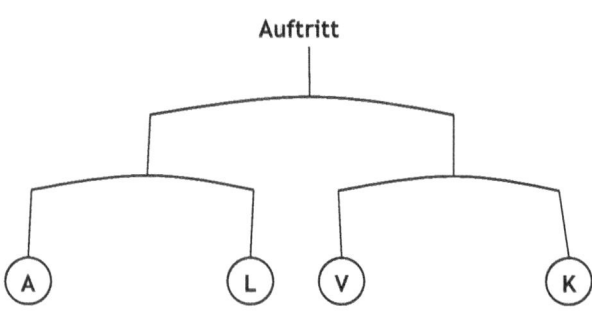

5.1.1 Vorbereitung des Auftritts

Eine sorgfältige Vorbereitung ist nicht nur die Basis Ihrer Präsentation, sondern auch ein wirksamer Schutz vor Lampenfieber. Die Vorbereitung sollte so gut wie nur möglich sein, Ziel ist eine 100-%ige Perfektion. Denn wenn Sie wissen, dass Sie sich bestens vorbereitet haben, können Sie den kommenden Ereignissen gelassen entgegensehen. Zu viel Gelassenheit ist allerdings auch schädlich, denn es kann Ihre Vorbereitung verhindern, wenn Sie es auf „die leichte Schulter nehmen" – hier gilt es, die richtige Balance zwischen Anspannung und Gelassenheit zu finden, damit sie aktiv werden, aber nicht in Panik zu verfallen. Denn ein Vortrag kann auch Spaß machen und zu Zufriedenheit führen. Wer eine Schwierigkeit gemeistert hat, ist am Ende zufriedener und erfüllter.

Aber auch bei guter Vorbereitung kann es zu Problemen kommen. Zur Vorbereitung gehört nicht nur die Erstellung der Folien. Zu einer gründlichen Vorbereitung gehört auch, die Auftrittssituation zu analysieren. Diese Analyse dient dazu, mögliche Fehlerquellen und Stolpersteine herauszufinden, sich Lösungen für den Notfall zu überlegen und evtl. Ersatz bereitzuhalten. Die inhaltliche Vorbereitung geht dabei fließend in die mentale Vorbereitung über. Je perfekter Ihre Vorbereitung ist, desto ruhiger können Sie dem Auftritt entgegensehen.

Je mehr technische Geräte eingesetzt werden, desto mehr Möglichkeiten für das Versagen der Technik gibt es. Aber es sind nicht nur technische Pannen möglich, auch kommunikative oder zwischenmenschliche Probleme können auftreten. Eine Übersicht liefert Abb. 5.3.

Zur Vorbereitung gehört auch die Analyse möglicher Fehlerquellen. Folgende Fragen helfen Ihnen bei der Fehleranalyse:

- Welche Probleme könnten auftreten?
- Was mache ich, wenn …?

5.1.1.1 Pannen, technische und organisatorische Probleme

Ich habe schon unglaubliche und auch lustige Fehler gesehen und selbst erlebt. Es ist schon ärgerlich, wenn Fehler oder technische Pannen vor Kollegen oder Kommilitonen passieren, wenn sie aber vor mehreren hundert Personen geschehen oder vor vielen fremden Menschen, möglicherweise wichtigen Führungskräften, ist dies mehr als peinlich und wirft kein gutes Bild auf den Referenten bzw. den Veranstalter.

Manche Pannen scheinen zum „Standardrepertoire" bei einer Präsentation zu gehören, da sie regelmäßig passieren. Dazu gehören z. B. folgende Situationen:

- **Beamer zeigt kein Bild oder nur ein abgeschnittenes Bild:** Dieses Problem haben Referenten regelmäßig. Ein defektes oder falsch angeschlossenes Kabel kann die Ursache sein. Viele Beamertypen verwenden ein VGA-Anschlusskabel, das für wenige Euro erhältlich ist, daneben gibt es aber auch immer mehr Beamer mit HDMI-Anschlüssen, die dann das entsprechende Kabel benötigen. Zu den

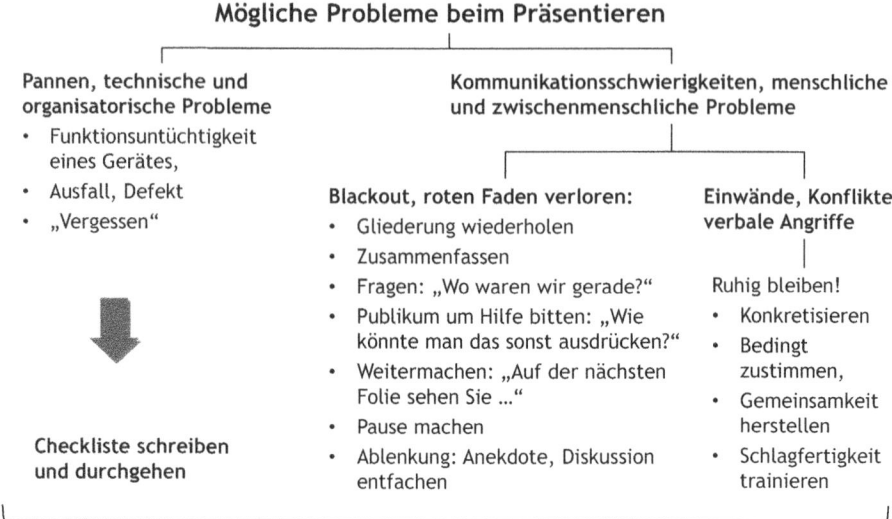

Abb. 5.3 Gründliche Vorbereitung einer Präsentation: Fehleranalyse beruhigt

Standardkenntnissen bei einer Präsentation gehört es, die Abstimmungsprozesse zwischen Beamer und verschiedenen Notebooktypen zu beherrschen. Dazu zählen die Umschaltung bzw. Aktivierung des externen Monitors und die Einstellung verschiedener Auflösungen. Diese sind beim Betriebssystem Windows von Microsoft unter dem Menüpunkt Systemsteuerung/Darstellung und Anpassung/Anzeige/... zu finden. Apple-Geräte, Tablets oder auch neue Notebooks benötigen teilweise außerdem noch einen speziellen Anschluss bzw. Adapter (z. B. Apple Lightning auf VGA oder HDMI).

- **Darstellung im Monitor fehlerhaft, falsche Schriftgrößen, -typen, -farben, unpassende Textfelder:** Dieser Fehler tritt am ehesten dann auf, wenn die Präsentationsdatei mit einem anderen Rechner erstellt wurde, als sie präsentiert wird. Schuld daran können unterschiedliche Präsentationsprogramme oder unterschiedliche Versionen eines Präsentationsprogramms sein. Auch exotische Schriftarten, die auf dem zweiten PC nicht installiert sind, können dies verursachen. Wenn dies frühzeitig bemerkt wird, kann durch Nacharbeiten meist das Schlimmste verhindert werden. Dies hat schon manchen Studierenden kurz vor der Präsentation (oder kurz vor der Abgabe der Präsentation) um den Schlaf gebracht. Dumm ist, wenn dies erst kurz vor der Präsentation bemerkt wird.
- **PC fährt nicht hoch, Akku ist leer, Stromkabel/Netzteil fehlt:** Auch dies ist ein Lieblingsproblem meiner Studierenden. Ein Ersatz für ein technisches Gerät lässt sich möglicherweise noch kurzfristig organisieren, doof ist aber, wenn es nur eine Version der Datei auf einem Rechner gibt und dieser nicht funktioniert.

- **Film wird nicht angezeigt:** Dies gehört zu weniger häufigen Fehlern. Die in die Präsentation eingebaute Filmsequenz wird nicht wiedergegeben oder als „schwarzer Kasten" angezeigt. Das kann daran liegen, dass die Filme nicht im richtigen Format auf dem Präsentationsrechner vorhanden sind. Entweder wurden diese als Weblink eingebettet und der Zugang zum Internet fehlt oder es wurde vergessen, die eingebetteten Filme auf das bei der Präsentation verwendete Gerät zu speichern bzw. zu kopieren. Auch Anzeigeprobleme können eine Ursache sein, sodass der Film auf dem Notebook läuft, vom angeschlossenen Beamer aber nicht angezeigt wird.
- **Lautsprecher vergessen:** Auch dies kommt regelmäßig jedes Semester vor. Studierende haben sich Filmmaterial besorgt oder selbst erstellt und in die Präsentation eingebettet, aber externe Lautsprecher mit aktivem Verstärker vergessen oder das Audiokabel nicht dabei, um den Ton in die vorhandene Lautsprecheranlage zu übertragen. Die Lautstärke und die Tonqualität bei Nutzung der eingebauten Lautsprecher im Notebook sind für einen Anwender ausreichend, in einem größeren Raum mit 40, 50 oder mehr Personen aber unzureichend. Somit wirkt ein Filmbeitrag oder ein Audiobeitrag, welcher unter großem Zeitaufwand gesucht und zurechtgeschnitten oder mit viel Mühe selbst hergestellt wurde, nicht oder gar negativ.

Selbst eine gute Vorbereitung kann nicht alle Eventualitäten und Risiken voraussehen. Die beschriebenen Fehler und Pannen wiederholen sich bei Studierenden aber regelmäßig. Auch mir sind schon Fehler passiert, nach dem Motto: „Was schiefgehen kann, geht schief." Aus den folgenden Missgeschicken, die mir selbst passiert sind, können Sie aber lernen und sich entsprechend eine Ausweichstrategie bereitlegen. Man muss den gleichen Fehler ja nicht zweimal oder noch öfter machen.

- **Beamer fehlt:** In meinem ersten Berufsjahr als Professor wurden mir für meine Vorlesungen Räume zugeteilt. Da ich schon unterschiedliche Erfahrungen mit der Technik gemacht hatte, habe ich eine Woche vor Vorlesungsbeginn alle meine Vorlesungsräume aufgesucht und die Technik getestet. Als ich in der ersten Vorlesungswoche dann den Raum betrat, in dem rund 70 unbekannte junge Menschen voller Spannung auf mich warteten und jede meiner Bewegungen beobachteten, staunte ich nicht schlecht, als ich sah, dass von dem an der Decke montierten Beamer nur noch die Anschlusskabel herabhingen ...
- Bei einer Präsentation von Projektergebnissen vor Führungskräften mehrerer Unternehmen war ich der letzte Redner an diesem Tag und wollte die Ergebnisse einer empirischen Umfrage vorstellen. Nachdem der vorherige Redner aufgehört hatte, gab er mir das Beamerkabel in die Hand, welches ich wie gewohnt in mein Notebook steckte, das ich schon hochgefahren hatte. Mein Notebook dankte es mir, indem es auf keine Eingabe mehr reagierte, weder per Tastatur noch per Maus. Beim anschließenden Neustart, den das Publikum gespannt beobachtete und der bei mir gefühlt mehrere Stunden dauerte, kam als Anzeige nur noch ein blauer Bildschirm, auf dem in weißer Schrift stand, dass ich jetzt gut beraten wäre, einen Administrator

um Hilfe zu bitten. Das Gerät ließ sich nicht mehr starten, die **Festplatte des Rechners** war **defekt.** Weil bei Umbau und Neustart schon so viel Zeit vergangen war, habe ich am Schluss mithilfe meines Manuskriptes den Inhalt frei und ohne visuelle Unterstützung vorgetragen, was weder für die Zuhörer noch für mich erfreulich war.

- **Beamer-Passwort fehlt:** Auch die beste Planung kann nicht alle Eventualitäten berücksichtigen. Ich hatte eine Lehrveranstaltung in einem Raum, in welchem ein Beamer fest installiert und vorhanden war, der aber nicht funktionierte. Nach mehreren Neustarts des PCs besorgte ich einen kleinen, transportablen Ersatzbeamer. Als dieser endlich ein Lebenszeichen von sich gab und das Logo des Beamerherstellers an der Wand flackerte, war ich sehr erleichtert. Dann zeigte aber das Ersatzgerät – obwohl schon mehrfach erfolgreich eingesetzt – folgende Meldung: „Enter Password, The password is allowed for 4–8 digit number", und ich war völlig perplex. Letztlich konnte ich dann mit einiger Verzögerung mit einem dritten Beamer meine Vorlesung starten. Die Fehleranalyse ergab, dass beim ersten, fest installierten Beamer die Lampe defekt war, welche ausgetauscht werden musste. Der zweite Beamer hatte einen Softwarefehler und musste an den Händler gesandt werden, um die Werkseinstellungen wiederherzustellen. Projektor Nummer drei funktionierte dann zum Glück.

Ich habe aus diesen Erfahrungen gelernt. So habe ich jetzt immer mindestens ein Backup dabei. Die Mindestabsicherung ist eine Kopie der Datei auf einem kleinen und preisgünstigen Speichermedium, z. B. einem USB-Stick. Diesen habe ich am Schlüsselbund, und ohne Schlüssel gehe ich nicht aus dem Haus. Der technologische Fortschritt bringt uns weitere Sicherungsmöglichkeiten: die Ablage der Dateien in einer Cloud. So können Sie von überall auf der Welt auf die Daten und Dateien zugreifen, sofern ein Internetanschluss und ein PC verfügbar sind. Ein PC und ein Projektor sind meist vor Ort ausleihbar.

Daneben habe ich einen Notfallkoffer zusammengestellt. Dieser enthält einen Ersatzbeamer, ein Ersatznotebook, Lautsprecher, verschiedene Kabel, auch Verlängerungskabel sowie Folien und Stifte, Boardmarker, Kärtchen in verschiedenen Farben, Tesafilm, Magnete und Reißnägel sowie weitere Büromaterialien. Diesen Koffer nehme ich immer zu Vorträgen oder Seminaren mit. Allerdings benötige ich ihn immer seltener, da die Technik zuverlässiger wird. Bei Vorlesungen an der Hochschule habe ich ihn zwar verfügbar, aber nicht (mehr) immer dabei. Und bei Vorträgen auf Konferenzen sende ich die Präsentationsdatei vorher an den Veranstalter, damit diese getestet werden kann.

Wenn ich in einer wichtigen Veranstaltung die Verantwortung für eine fremde Präsentation habe, lasse ich mir vorher die Präsentationsdatei in PowerPoint und zusätzlich als PDF-Datei zusenden. Wenn Redner ihre Präsentationsdaten nicht herausgeben und von ihrem eigenen PC präsentieren wollen, genügt als Absicherung auch eine PDF-Datei. In dieser sind alle Schriften und Darstellungen unveränderbar „eingefroren". Zwar werden Animationen nicht dargestellt, es ist aber eine gute Ausweichmöglichkeit für den Notfall. Über den Beamer kann die Präsentation dargestellt werden wie auf einem Overheadprojektor mit (statischen) Folien.

Dies gilt auch für das tägliche Arbeiten. Bei wichtigen Arbeiten mache ich täglich eine Sicherung. Wichtige Daten speichere ich grundsätzlich auf mehreren Speichermedien und lagere diese an verschiedenen Orten. Empfehlenswert ist die Einrichtung eines kostenlosen E-Mail-Kontos, an welches Daten zur Sicherung gesandt werden können, oder die Nutzung eines Onlinespeichers (Cloud). Hier gibt es auch neuere Möglichkeiten, bei denen mehrere Personen gemeinsam an einem Dokument arbeiten, indem ein entsprechendes Portal genutzt wird. Die Herausforderung besteht darin, die verschiedenen Versionen abzugleichen, wenn mehrere User gleichzeitig an der Datei arbeiten. Die so gespeicherten Daten sind üblicherweise über mehrere Sicherungen gegen Datenverlust geschützt und mithilfe eines Internetanschlusses ist es möglich, diese jederzeit weltweit abzurufen bzw. wiederherzustellen.

Meine Vorbereitungen können auch in folgendem Satz zusammengefasst werden: Einzig ein Notstromaggregat und ein aufblasbares, beheizbares Zelt als Vorlesungsraum fehlen mir noch, um völlig autark zu sein.

Nach den Erfahrungen mit virtuellen Konferenzen bin ich persönlich jedoch deutlich gelassener geworden. Dies hat mir gezeigt, dass auch andere und ortsunabhängige Formate funktionieren und eine weitere Option zum Wissens- und Informationsaustausch bieten, die keine persönliche Anwesenheit mehr voraussetzt, sofern die entsprechende Hardware und Internetanschluss vorhanden sind.

Für die Fehleranalyse habe ich einige Checklisten erstellt. Diese geben Ihnen Anregungen, sodass Sie eine möglichst 100-%ige Vorbereitung erreichen können. Sie finden diese in Abschn. 7.2. Wenn Sie diese berücksichtigen, gibt Ihnen das Sicherheit.

5.1.1.2 Kommunikationsschwierigkeiten, menschliche und zwischenmenschliche Probleme

Präsentation ist auch Kommunikation. Deshalb können nicht nur Probleme mit der Technik auftreten. Bei einer Kommunikation können Probleme beim Vortragenden selbst auftreten, oder es kann auch zu Schwierigkeiten mit den zuhörenden Personen kommen.

Zur Beruhigung von Studierenden: Präsentationen vor Kollegen oder Business-Präsentationen bieten deutlich mehr Konfliktpotenzial als Präsentationen im Studium, weil die Positionen nicht immer vereinbar sind und die Situation „entweder ich oder du" entstehen kann.

Dass der rote Faden reißt und es zu einem Blackout kommt, ist nicht weiter schlimm, wenn diese Situation schnell wieder behoben werden kann. Probleme mit dem Publikum kommen nach meiner bisherigen Erfahrung im studentischen Umfeld eher selten vor, das Publikum und auch die Professoren sind meist grundsätzlich wohlwollend. Insbesondere, wenn Studierende vor anderen Studierenden vortragen, ist der Umgangston meist kollegial und fair. Und bei der Präsentation vor hochschulexternen Gruppen, wie z. B. Unternehmensvertretern, sind diese meistens großzügig und gnädig und gewähren einen „Studierenden-Bonus".

Dies setzt aber auch Respekt im Umgang mit dem Publikum voraus, was auch zu einem guten Umgangston gehört (vgl. Hey, 2019, S. 49). **Blackout – und dann?** Dass der Vortragende den roten Faden verliert, kommt vor, auch bei hauptberuflich Lehrenden, und ist normalerweise nicht schlimm. Wenn Sie mehrere Stunden hintereinander präsentieren, d. h. reden, erklären, Fragen ausführlich beantworten, praktische Beispiele oder Geschichten erzählen usw., kann es vorkommen, dass Sie vom eigentlichen Thema abschweifen und dann zu der Frage kommen: „Wo waren wir eigentlich gerade?" Wer frei redet, ist gewohnt, den roten Faden wiederzufinden und zum Thema zurückzukehren. Sehr hilfreich ist es in einem solchen Fall, wenn das Thema gut beherrscht wird, was durch eine gründliche Vorbereitung gegeben ist.

Auf solche Unterbrechungen kann man sich gut vorbereiten. Sie gehören zu einer abwechslungsreichen, anschaulichen und lebhaften Präsentation dazu. Es ist lernbar, damit souverän umzugehen. In der Praxis bewährt haben sich folgende Empfehlungen (vgl. Feuerbacher, 2013, S. 121; Vogt, 2010, S. 196; Hey, 2019, S. 192 f.):

Reagieren Sie offen und ehrlich, stellen Sie die **Frage ans Publikum:** „Wo waren wir gerade?", oder beziehen Sie das Publikum in die Formulierung mit ein: „Wie könnte man das anders ausdrücken?"

Um wieder in das eigentliche Thema hineinzufinden, ist es auch eine gute Möglichkeit, das Publikum mitzunehmen. Wenn die Zuhörer Ihren (abschweifenden) Gedankengängen gefolgt sind, haben auch diese das Problem, dass sie den Faden wiederfinden müssen. So bietet es sich an, das bisher Gesagte zusammenzufassen und dann die **Gliederung wieder aufzugreifen,** um entlang der Gliederung deutlich zu machen, an welchem Punkt im Thema Sie gerade sind. Wenn das schwerfällt, ist es auch möglich, **einfach zur nächsten Folie weiterzugehen** und diese vorzustellen. Denn die Zuhörer wissen nicht, was der Redner eigentlich sagen wollte, und merken somit auch nicht, wenn er etwas vergessen hat.

Eine **kurze Pause** zu machen, bietet sich ebenfalls an. Sie können z. B. einen Schluck trinken oder eine Gedankenpause machen, dies erfordert aber viel Mut.

Auch **Ablenkungen** sind möglich. Sie können eine kleine Geschichte, eine Story oder eine Anekdote erzählen oder das Publikum nach seiner Meinung fragen bzw. eine Diskussion beginnen.

Einwände, Konflikte, verbale Angriffe Natürlich kann es nie völlig ausgeschlossen werden, dass im Publikum einige Querulanten sitzen. Wenn das der Fall ist, ist es zur Vermeidung einer Eskalation ratsam, ruhig und besonnen auf verbale Attacken zu reagieren und zu versuchen, eine Spirale des verbalen Schlagabtausches zu vermeiden. Dazu ist es hilfreich, auf den Gesprächspartner einzugehen und diesem Aufmerksamkeit zu schenken sowie sich auf die Sachargumente zu konzentrieren, ohne sich persönlich angegriffen zu fühlen (vgl. Thiele, 2014, S. 71). Versuchen Sie, ruhig und gelassen zu bleiben, um ein unproduktives Streitgespräch zu verhindern, und lenken Sie die Aufmerksamkeit auf die Sache.

Hilfreich ist es, Selbstsicherheit, Selbstvertrauen und persönliche Autorität aufzubauen. Dies gibt persönliche Sicherheit und Gelassenheit, sodass Sie einem verbalen Angreifer zeigen, dass sie „auf gleicher Augenhöhe kommunizieren" (Thiele, 2014, S. 7).

Dies kann z. B. gelingen, indem Sie aktiv zuhören, den Angreifer die Argumente detailliert und ausführlich erklären lassen, evtl. bedingt zustimmen und Einwände nicht direkt widerlegen, sondern den anderen einbinden und mit diesem gemeinsam nach einer Lösung suchen (vgl. Thiele, 2014, S. 136 f.).

Geeignete Redewendungen wären für solche Situationen beispielsweise (vgl. Thiele, 2010, S. 112 ff., 2014, S. 306 ff.; Knauer, 2010, S. 148):

- „Was meinen Sie genau damit?"
- „Könnten Sie Ihre Aussage präzisieren?"
- „Wenn ich das richtig verstehe, …"
- „Sehr interessant! Habe ich das richtig verstanden, dass…?"
- „Vielen Dank, dass Sie diesen Punkt ansprechen …"
- „Zunächst sieht es so aus, bei genauer Betrachtung …"
- „Habe ich etwas gesagt, was nicht korrekt war?"
- „Ich kann Ihren Standpunkt gut nachvollziehen …"
- „Ich verstehe Ihre Bedenken sehr gut, deshalb …"
- „Was würden Sie an meiner Stelle tun?"
- „Wie sollte das gemacht werden, damit es allen Beteiligten etwas bringt?"
- „Vielleicht können Sie mir da weiterhelfen?"

Eine Situation, die manche auch schon erlebt haben, ist, dass sie von einer verbalen Aussage völlig überraschend getroffen wurden. Es sind ihnen zwar die richtigen Antworten eingefallen, nur leider erst eine Stunde später …

Schlagfertigkeit kann verbale Angriffe nicht verhindern, aber helfen, Zeit zu gewinnen und gelassen zu bleiben sowie den Angriff nicht persönlich zu nehmen. Verstehen Sie Angriffe als versteckte Botschaften: Jemand zeigt dadurch Interesse oder hat mit Ihrer Aussage ein Problem oder Angst. Sie müssen nicht darauf reagieren, können dies aber tun (vgl. Teufert, 2017, S. 117):

Bei Schlagfertigkeit kommt es nicht darauf an, jemanden fertigzumachen, sondern die eigene Handlungsfreiheit zu behalten. Schlagfertige Antworten bauen i. d. R. auf Assoziationen, bildlicher Vorstellungskraft und Humor auf (vgl. Schächtele, 2009, S. 5). Beispiel: „Weil wir alle in einem Boot sitzen, sollten wir froh sein, dass nicht alle auf unserer Seite sind" (Schächtele, 2009, S. 8).

Eine gute Möglichkeit ist es, den Einwand aufzugreifen, ihn ins Gegenteil zu verdrehen und dem eine positive Note zu geben, z. B. wenn ein Gast ein volles Lokal betritt und zum Kellner sagt: „Hier ist es aber voll heute!", und der Kellner dann antwortet: „Ja, wir haben immer sehr viele Gäste, weil unsere Küche so gefragt ist!" (Knauer, 2010, S. 154).

Schlagfertigkeit ist lernbar. Von Rhetoriklehrern stammt der Tipp, sich eine Liste anzulegen, die besten Antwortmöglichkeiten auf Angriffe zu sammeln und diese Liste dann auswendig zu lernen. Oft genügen schon wenige Standardsätze, um die Angriffe abzuwehren. Hier ein paar Beispiele (vgl. Lubbers, 2002, S. 119 ff.; Vogt, 2010, S. 263 ff.).

- „Idiot!" – „Angenehm, Renz."
- „Volltrottel." – „Sehen Sie sich jetzt nicht zu negativ?"
- „So ein Blödsinn!" – „Schade für Sie, dass Sie die Zusammenhänge nicht verstehen."
- „Das ist doch Mist!" – „Ich finde es schade, dass Sie es so sehen."
- „Ach was?" – „Tatsächlich?" – „Was Sie nicht sagen!"
- „Wissen Sie, wie man einen Trottel 24 h auf die Folter spannt? – Das sage ich Ihnen morgen um diese Zeit."
- „Ich würde mich gerne mit Ihnen geistig duellieren – aber ein Duell mit einem Unbewaffneten finde ich unfair" – „Sie dürfen sich gerne melden, wenn Sie bewaffnet sind"

Aber Achtung: Bei der Wahl der Antwortmöglichkeiten bewegt man sich auf einem schmalen Grat, da schnell in den Gegenangriff-Modus geschalten werden kann, was die Situation nicht entspannt, sondern verschärft. Achten Sie darauf, dass es nicht so weit kommt – Sie müssen Ihrem Gegenüber auch morgen noch in die Augen sehen können! Mit Humor und einer offenen Art kann dieser Mechanismus am ehesten überwunden werden. Ein schönes Beispiel für Schlagfertigkeit wird auch vom ehemaligen Reichskanzler Otto von Bismarck (1815–1898) berichtet (vgl. Vogt, 2010, S. 236; Schimming, 2010).

Bismarck führte bei einem Fest eine Unterhaltung mit der Frau eines Gesandten, welche die deutsche Sprache als verwirrend bezeichnete, weil sie viele gleichbedeutende Wörter hätte, wie z. B.: „speisen" und „essen", „schlagen" und „hauen", „sicher" und „gewiss", „senden" und „schicken".

Bismarck sagte daraufhin: „Verzeihen Sie, Gnädigste. Diese Wörter sind nicht gleichbedeutend. Christus speiste die fünftausend, aber er aß sie nicht. Und diese schöne Standuhr schlägt die Stunden, haut sie aber nicht! Wenn in diesem Haus ein Brand ausbricht, würde ich Sie an einen sicheren Ort führen, aber nicht an einen gewissen Ort! Und schließlich ist Ihr Gemahl zwar ein Gesandter, aber kein geschickter."

Auch das folgende Beispiel zeigt eine humorvolle Antwort von Winston Churchill auf eine verbale Attacke der Frauenrechtlerin Nancy Astor: „Wenn ich Ihre Frau wäre, würde ich Ihnen Gift in den Kaffee schütten." Darauf antwortete Winston Churchill: „Und wenn ich mit Ihnen verheiratet wäre, würde ich ihn trinken." (Vgl. Nürnberger et al., 2012, S. 106).

5.1.2 Auftrittsfreude und innere Einstellung

Lernen Sie von erfolgreichen Rednern und Präsentatoren, die alle eines gemeinsam haben: Auftrittsfreude (vgl. Thiele, 2010, S. 20 f.).

Auftrittsfreude ist eine mentale, positive innere Einstellung. Es ist das Gefühl, endlich die Ergebnisse ausgiebiger Vorbereitung präsentieren zu können, die Vorfreude auf die Präsentation seiner eigenen Arbeit. Die richtige Einstellung ist: „Ich bin gut, ich habe mich gut vorbereitet, jetzt kann ich es (endlich) zeigen."

Die Situation bei einer Präsentation ist vergleichbar mit einer Skitour: Zuerst fahren Sie in die Berge. Dann steigen Sie zu einer Hütte auf, um dort zu übernachten. Am nächsten Tag stehen Sie in aller Herrgottsfrühe auf. Die Ausrüstung ist schon vorbereitet, Sie schnallen sich die Ski mit Aufstiegshilfen um und gehen mehrere Stunden mühsam, unter großer körperlicher Anstrengung bergauf. Sie schwitzen, schnappen nach Luft, verausgaben sich und kämpfen gegen ihren „inneren Schweinehund", Schritt für Schritt. Dieser Teil ist anstrengend, mühsam und entbehrungsreich. Die Erfahrung für Neues, grandiose Ausblicke und Einsichten und auch die Kameradschaft entschädigen Sie etwas. Aber am Gipfel angelangt, beginnt erst das eigentliche Vergnügen, der Lohn der Mühe, den man nur viel zu kurz genießen kann: zuerst die Aussicht und dann die Abfahrt, ein kurzes Glücksgefühl höchsten Genusses, im Rausch aller Sinne. Ein Gefühl, das anhält, bis man zur Selbstbestätigung seine Spuren betrachtet, die mit den Skiern in den Schnee gezeichnet wurden, an einer Stelle, an der sonst keiner oder nur wenige andere Menschen an diesem Tag waren. Geschafft. Beeindruckend. Erfolgreich. Glücklich.

Auch bei einer Präsentation gibt es eine lange, manchmal mühevolle Vorbereitungsphase und eine im Vergleich dazu nur kurz währende Auftrittsphase. Der Auftritt ist – wie im Beispiel die Abfahrt – das eigentliche Ziel, und dieses sollten Sie gut motiviert genießen. Das ist möglich!

Dies kann ich aus eigener Erfahrung und aus vielen Hundert eigenen Lehrveranstaltungen bestätigen. Meine Studierenden schauen mich immer wieder ungläubig an, wenn ich sage, dass ich mich auf meine Vorlesung freue (zu diesem Zeitpunkt haben sie wahrscheinlich noch die Befürchtung, dass diese Freude einseitig ist).

„Emotionen übertragen sich nur dann, wenn wir sie selbst empfinden" (Hermann-Ruess, 2010, S. 27). Wenn Sie sich auf Ihren Auftritt freuen, was dadurch sichtbar wird, dass Sie begeistert sind und zeigen, dass Sie etwas von der Sache verstehen, die Ausführungen für das Publikum verständlich vortragen sowie freundlich sind, gewinnen Sie an Ausstrahlung (vgl. Franck, 2003, S. 23). Durch Enthusiasmus wird dieser Effekt verstärkt.

Dies gilt jedoch auch im umgekehrten Fall. Eine negative Einstellung schlägt sich auch im Auftreten nieder. Wer nicht für das Thema „brennt", kann auch bei anderen kein Feuer entfachen.

So gibt es auch lustlose, unwillige, mutlose, angstvolle Präsentatoren, die ihren Auftritt als lästige Pflichtaufgabe ansehen und dies entsprechend nach außen zeigen. Die Anzeichen dafür sind vielfältig. Zu den typischen Anzeichen gehören: eine leise Stimme, eine zittrige Stimme, das „Verstecken" hinter einem Pult oder einem Notebook, „Fluchtanzeichen" wie mit dem Rücken zur Wand oder am Türrahmen stehen, ein gesenkter Blick, kein oder nur ausweichender Blickkontakt, zittrige oder hektische Bewegungen, ein lustloser, grimmiger Gesichtsausdruck oder ein lascher, spannungsarmer Gesamteindruck.

Einige dieser Anzeichen gehören zu den Begleiterscheinungen des Lampenfiebers. Als Zuhörer merken Sie aber im Gesamteindruck relativ schnell und sicher, ob jemand eher wegen Lampenfieber aufgeregt ist oder den Vortrag inhaltlich ablehnt, unmotiviert ist und einfach keine Lust hat.

Wenn Sie keine oder nur eine geringe Auftrittsfreude haben, dann gibt es Möglichkeiten, sich diese anzueignen. Auftrittsfreude und eine sorgfältige Vorbereitung sind gleichzeitig der wirksamste Schutz gegen Lampenfieber. Um Auftrittsfreude zu bekommen, hilft (vgl. Thiele, 2010, S. 21 ff.):

- **Selbstvertrauen (sich annehmen, eigene Ermutiger nennen):** wenn Sie sich wohlfühlen, merken das auch die Zuhörer. Für selbstkritische Personen kann es hilfreich sein, sich seine bisher erfolgreichen Arbeiten im Leben bewusst zu machen und evtl. auch aufzuschreiben. Nach einem schwierigen Vortrag in englischer Sprache und einem kritischen Publikum, das überwiegend aus anderen Professoren bestand, war ich einmal völlig fertig. Da kam eine Kollegin zu mir und sagte: „Toller Vortrag!" „Wirklich?" „Ja, Sie sind ein Profi, und das merkt man sofort." An diese Worte erinnere ich mich gerne, und sie geben mir heute noch Kraft.
- **Positive Einstellung zu sich selbst/zum Thema/zum Publikum:** Ihre innere Einstellung beeinflusst Ihre Wirkung nach außen und bewirkt entsprechende Reaktionen. Eine negative Einstellung zu sich selbst macht Sie klein und unsicher und schlägt sich auch in Ihrer Körpersprache nieder. Das Gleiche gilt für die Einstellung zum Thema und zum Publikum: Wenn Sie nicht von Ihrer Botschaft überzeugt sind, können Sie auch die Zuhörer nicht überzeugen. Und wenn Sie das Publikum innerlich ablehnen, werden Sie auch abgelehnt.
- **Erfolge in kleinen Schritten:** Erfolg nährt Erfolg. Wenn Sie vor einer Präsentation Angst haben, stellen Sie sich dieser Angst. Setzen Sie sich vorher kleine Ziele. Ergreifen Sie zur Übung in Besprechungen das Wort. Versuchen Sie, unbekannte und unsichere Situationen zu bewältigen. Je häufiger Sie dies machen, desto selbstbewusster, routinierter und kompetenter werden Sie.

Ihre innere Einstellung können Sie zusätzlich durch Autosuggestion beeinflussen. Autosuggestion bedeutet, sich Gedanken, Formeln und Sätze einzuprägen und einzuüben, z. B. durch wiederholtes Lesen oder Sich-selbst-Vorsagen, bis dieses in Ihre Psyche so eingedrungen ist, dass Sie selbst daran glauben – somit verändern Sie Ihre „Glaubenssätze". Dies wirkt auf Ihr Unterbewusstsein. Durch Autosuggestion können Sie sich selbst „programmieren" und dadurch eine positive Einstellung bekommen, indem Sie z. B. folgende Sätze verinnerlichen (Thiele, 2010, S. 27):

- „Ich habe mich perfekt vorbereitet!"
- „Ich freue mich auf meinen Auftritt!"

- „Jetzt gönne ich mir, Auftritte zu genießen!"
- „Ich kann mir auch mal Fehler erlauben!"
- „Ich habe viel Interessantes für mein Publikum!"
- „Schön, mal laut zu sprechen und den Raum zu nutzen!"
- „Ich kann auch damit leben, wenn Einzelne mich ablehnen."

Autosuggestion können Sie auch kurz vor dem Auftritt anwenden, um sich positiv auf den Vortrag einzustimmen. Wenn Sie selbst auf Erfolg programmiert sind und dadurch eine positive Stimmung bei sich selbst erzeugen, können Sie auch auf andere positiv wirken (vgl. Matschnig, 2012a, S. 20). Dazu können Sie sich z. B. kurz vor dem Auftritt folgende Sätze laut vorsagen (Thiele, 2010, S. 38; Thiele, 2014, S. 59):

- „Ich freue mich, dass ich hier bin."
- „Ich freue mich, dass Sie hier sind."
- „Ich bin nur für Sie da."
- „Ich fühle mich gut vorbereitet."
- „Sie werden eine gute Leistung von mir sehen."

Wem dies schwer fällt, der kann sich auch eine andere Situation vorstellen, die er positiv erlebt hat. Auch das ermöglicht eine positive Einstimmung und hilft, das Gehirn auf Erfolg zu programmieren (vgl. Matschnig, 2011, S. 34).

Auch bewusstes Mentaltraining ist hilfreich. Mentaltraining bedeutet, sich gedanklich auf den Auftritt vorzubereiten. Dies machen Sie sowieso vor jedem Vortrag, nur läuft es im Unterbewusstsein ab, z. B. beim Träumen im Schlaf. Sie können dies aber auch bewusst und gezielt für sich nutzen. Mentaltraining ist eine Vorbereitung, die auch Sportler vor ihrem Wettkampf anwenden. Bei diesem Training stellen sich die Sportler den kommenden Ablauf des Wettkampfes intensiv vor, z. B. die Autorennfahrer den Straßenverlauf oder die Skifahrer den Verlauf der Abfahrtpiste. Diese Vorstellung kann so intensiv sein, dass entsprechende Bewegungsabläufe ebenfalls eingeübt werden. Ziel ist, sich auf den Wettkampf optimal vorzubereiten, einzustimmen und die im Wettkampf notwendigen Bewegungsabläufe zu perfektionieren und einzuüben. Bei einer Präsentation müssen kaum Bewegungsabläufe eingeübt werden, Ziel ist hauptsächlich, sich mental auf den Auftritt vorzubereiten. Die Bewegungsabläufe erfolgen dann automatisch.

Wenn Sie sich die Präsentationssituation vorstellen, überlegen Sie, wie Sie bei Ihrem Auftritt auf die Zuhörer wirken wollen. Schließen Sie die Augen und denken Sie eine Minute lang daran, wie Sie erfolgreich vortragen, wie Sie auftreten wollen. Je detailreicher und intensiver Sie sich die Situation vorstellen, desto effektiver verankert sich diese Vorstellung in Ihrem Kopf. Und desto eher wird dies eintreffen.

5.1.3   Lampenfieber und Auftrittsangst

Von dem Schriftsteller Mark Twain (1835–1910) stammt der Spruch: „Das menschliche Gehirn ist eine großartige Sache. Es funktioniert vom Moment der Geburt an – bis zu dem Zeitpunkt, wo Du aufstehst, um eine Rede zu halten." (Vogt, 2010, S. 203).

Dieser Satz beschreibt treffend das Thema Lampenfieber. Lampenfieber gehört zu den Ängsten, die in unserer Welt am weitesten verbreitet sind. Lampenfieber hat jeder, auch routinierte Redner, Sänger, Schauspieler, Politiker usw. (vgl. Vogt, 2010, S. 203). Lampenfieber ist die natürlichste Sache der Welt.

Lampenfieber ist eine Mischung aus den Gefühlen, bei einem Auftritt zu versagen, sich zu blamieren, auf einer Bühne anderen schutzlos ausgeliefert zu sein, vor einer Gruppe zu stehen, im Mittelpunkt der Betrachtung zu stehen, die Augen aller Menschen im Raum auf sich gerichtet zu wissen und von allen beobachtet zu werden (vgl. Hey, 2019, S. 177 f.). Lampenfieber entsteht aus der Angst vor der Situation, der Angst vor Unbekanntem.

Lampenfieber ist die natürliche Reaktion des Körpers auf eine Stresssituation. Beim Lampenfieber nimmt das Gehirn den Auftritt als Gefahrsituation wahr. Auf Gefahr-situationen reagiert der Körper automatisch mit der Ausschüttung der Hormone Adrenalin und Noradrenalin. Dies wird damit erklärt, dass es eine Reaktion unseres Körpers ist, die auf unseren Urinstinkten basiert und in der Frühzeit für unser Über-leben existenznotwendig war. (siehe auch Abschn. 5.1.4). Die Produktion der Hormone Adrenalin und Noradrenalin bewirkt, dass (vgl. Vogt, 2010, S. 204):

- sich die Zusammensetzung des Blutes ändert, Fett- und Zuckerreserven mobilisiert werden,
- das Blut im Körper anders verteilt wird, um die Muskelregionen mit mehr Blut zu versorgen,
- der Blutdruck steigt, die Herzschlagfrequenz zunimmt und
- die Atmung beschleunigt wird.

Bei manchen Menschen hat dies auch Auswirkungen auf die Verdauung, in der Weise, dass der Körper versucht, Ballast loszuwerden (vgl. Matschnig, 2011, S. 29).

Wenn unseren Vorfahren ein wildes Tier begegnete oder andere existenzgefährdende Gefahren drohten, verfielen die Menschen zunächst in eine „Schockstarre", um sich anschließend zwischen den Alternativen „Flucht" und „Kampf" zu entscheiden. Schock-starre ist das sofortige Innehalten bei einer Bedrohung und die erste, angeborene Über-lebensreaktion, auch die Schrecksekunde. Zur Schockstarre gehört auch das Anhalten der Atmung bzw. das flache Atmen oder sich „ducken", also sich möglichst klein und unauf-fällig zu machen (vgl. Navarro & Karlins, 2020, S. 42 ff.).

Für die nachfolgenden Reaktionen „Flucht" oder „Kampf" waren geistige und körper-liche Höchstleistungen notwendig, und der Körper musste darauf vorbereitet werden, was durch die Hormone Adrenalin und Noradrenalin geschah (vgl. Vogt, 2010, S. 203; Matschnig, 2011, S. 29; Franck, 2003, S. 19).

Schockstarre ist zu unterscheiden von einer Schockreaktion. Eine Schockreaktion kann einen längeren Zeitraum umfassen als die Schockstarre, die nur wenige Sekundenbruchteile dauert. Beide gehören zu den angeborenen Überlebensinstinkten. Ein völlig überraschendes, plötzlich eintretendes Ereignis oder etwas, das auf einen Menschen lebensbedrohlich wirkt, kann eine Schockreaktion auslösen. Tritt eine Schockreaktion ein, führt dies dazu, dass Menschen über ihre Leistungsfähigkeit hinauswachsen und in Leistungsbereiche vordringen, die sie normalerweise nicht abrufen können. Dabei handelt es sich überwiegend um die körperliche, aber auch um die psychische Leistungsfähigkeit. Wenn z. B. Bergsteiger, die um ihr Leben kämpfen, „unmenschliche" Kraftakte bewältigen, liegt eine Schockreaktion vor.

Mir ist vor einigen Jahren Folgendes passiert: Ich bin zum Skifahren nach Warth in Österreich gefahren. Da meine Frau keine gute Skifahrerin war, hatte ich mich mit einem Freund verabredet, der jedoch kurzfristig beruflich absagen musste. Weil das Wetter und die Bedingungen viel zu verlockend für mich waren, als dass ich es ebenfalls absagen wollte, ging ich das erste Mal alleine zum Skifahren. Es war ein herrlicher, sonniger Märztag gegen 15.00 Uhr. Ich hatte schon etliche Kilometer Skiabfahrten hinter mir, da entdeckte ich einen steilen, sehr buckligen Hang, der im Licht der winterlichen Nachmittagssonne glitzerte. Und dieser war völlig menschenleer. Ich fuhr mit dem Sessellift nach oben und hatte die ganze herrliche Abfahrtspiste vor mir. Es war traumhaft! Ich fuhr genießerisch in den Hang, wissend, dass es selten so schöne Momente gibt. Durch die Sonne war der Schnee allerdings recht nass und schwer und ich wusste nach wenigen kurzen Schwüngen, warum sich kein anderer Skifahrer mehr in diese Piste hineinwagte. Im mittleren Drittel der Abfahrt touchierte ich einen Haufen mit nassem Schnee, ein Ski blieb stecken und mein Schwungrhythmus kam durcheinander. Schließlich überkreuzte ich meine Ski, die Bindung öffnete sich, ich konnte mich nicht mehr fangen und stürzte kopfüber über den Buckel. Mitten in dieser wunderschönen Piste. Zuerst blieb ich kurz benommen liegen. Nachdem ich mich wieder aufgerappelt hatte, sammelte ich meine Stöcke und Ski wieder zusammen. Als ich wieder stand und mich sortierte, wollte ich die Ski wieder anschnallen. Da bemerkte ich, dass meine Skihose etwas oberhalb des Skistiefels am linken Bein einen Riss hatte. Offensichtlich war ich mit der Kante des rechten Skis (die ich zuvor extra frisch geschliffen hatte) dagegen gekommen und hatte den Stoff dort durchtrennt. Mein rechter Daumen schmerzte, sodass ich den Skistock nicht mehr greifen konnte, und der Unterschenkel, der unter der kaputten Skihose war, begann auch zu schmerzen. Ich streifte meine Skihose nach oben und stellte fest, dass nicht nur der Stoff von Hose und Unterhose durchtrennt war, sondern an der Wade eine offene Wunde klaffte. Aus diesem ca. 6 cm langen Schnitt quoll immer mehr Blut. Und ich sah zu, wie sich eine kleine Bahn aus Blut langsam meinem Skistiefel näherte. Als großer und kräftiger Mann gehöre ich zu der Sorte Mensch, die kein Blut sehen kann. Ich war kurz davor, ohnmächtig zu werden als ich zusah, wie mein Blut meinen Körper verließ. Ich nahm mehrere Papiertaschentücher, um das Blut abzutupfen, konnte die

Blutung aber nicht zum Stillstand bringen. Deshalb stopfte ich Taschentücher in den Skistiefelschaft, damit wenigstens dieser nicht noch mit Blut volllief. Ich war immer noch vollkommen allein. So schnallte ich meine Ski wieder an und fuhr den Rest des steilen Abhangs herunter, um den nächsten Lift zu erreichen. Dort fragte ich den Mann von der Seilbahn nach einem Verbandspflaster. Er hatte am Lift kein Pflaster und erklärte mir, dass ich zuerst diesen Sessellift nach oben nehmen müsste, dann noch einen weiteren Lift hinauf und anschließend eine weitere schwarze (steile) Skipiste abfahren musste, um zu einer Hütte zu kommen, auf der es eine Sanitätsstation (Bergwacht) gab. Ich biss die Zähne zusammen, setzte mich in den Lift und schaffte diese Auf- und Abfahrten, wobei die Blutung stärker wurde. Der Erstversorger von der Bergwacht verband meine blutende Wade, allerdings war die Blutung so stark, dass er mehrere Kompressen darauflegte und auch die zweite Mullbinde schon während des Anlegens des Verbandes durchnässt war. „Sie sollten einen Arzt aufsuchen, das können Sie nicht unbehandelt lassen", sagte der Bergwachtler und erklärte mir, wo der nächste Arzt ist. Ich bedankte mich, trug meine Ski zum Parkplatz, verstaute meine Ausrüstung und fuhr zu dem Arzt, der 30 Autominuten entfernt in einem Dorf war. Dieser schaute mich immer wieder ungläubig an, als ich ihm den Hergang meines Skiunfalls erzählte. Er nähte die Wunde mit sechs Stichen und verpasste meiner rechten Hand eine Stützmanschette, da ich mir die Bänder am Daumen gerissen hatte. Auch Jahre später noch ist mir unerklärlich (insbesondere, wenn ich die Abfahrt anschaue, die ich damals nach dem Unfall noch bewältigt habe), wie ich in diesem Zustand noch eine Stunde Ski und anschließend Auto gefahren bin und dies ausgehalten habe. Eine Schockreaktion – das Gehirn arbeitet rational und völlig klar und der Körper verfügt überlebensinstinktiv über Leistungsreserven, die sonst willentlich nicht zugänglich sind.

Eine Präsentation dürfte keine solche Schockreaktionen auslösen, und die Schockstarre ist ja in wenigen Sekundenbruchteilen überwunden, allerdings kann die Reaktion von Menschen auf eine als Stress empfundene Präsentationssituation völlig unterschiedlich ausfallen. Ähnlich wie Stress bei einem Menschen in positiv wirkenden Stress (Eustress) und negativ wirkenden Stress (Distress) unterschieden werden kann, ist es auch beim Lampenfieber. Es gibt positive und negative Auswirkungen. Die typischen Reaktionen von Lampenfieber sind in Tab. 5.1 zu sehen.

Lampenfieber ist eine natürliche Reaktion des Körpers auf eine Stressreaktion, bei der je nach Individuum die positiven oder die negativen Auswirkungen überwiegen. Jeder Mensch hat sein eigenes, individuelles Lampenfieberprofil, welches wesentlich abhängig ist von der jeweiligen Situation und den bisherigen Erfahrungen.

Die Situationsabhängigkeit von Lampenfieber erlebte ich selbst schon. Obwohl ich bei meiner Tätigkeit an der Hochschule regelmäßig mehrere Präsentationen in der Woche habe, z. B. in Form von Vorlesungen, die ich mit Routine ausführe und welche zum normalen Tagesgeschäft gehören, kann eine außergewöhnliche Präsentationsituation, z. B. vor Professorenkollegen oder vor fremden Unternehmensvertretern, eine andere Stresswahrnehmung und damit eine andere Stressreaktion in meinem Körper verursachen. Dies hängt auch davon ab, welche Bedeutung der jeweilige Auftritt für mich hat.

Tab. 5.1 Wirkungen von Lampenfieber

Vorteile des Lampenfiebers	Negative Auswirkungen des Lampenfiebers
Belebt und vitalisiert	Stottern, zittrige Stimme
Macht „wach"	Weiche Knie
Baut Spannung auf	Feuchte Hände, Schweißausbrüche
Verleiht Kraft	Unregelmäßige Atmung
Wirkt wie Aufputschmittel	Herzklopfen
	Blackout

Der Stress steigt, wenn es nur diese eine Chance gibt, um sich gegenüber Wettbewerbern zu behaupten, und davon die Entscheidung abhängt, ob man den Job, den Auftrag oder das dringend benötigte Forschungsprojekt o. Ä. bekommt.

In einem solchen Fall, sind die eigenen Erwartungen und die Bedeutung der Präsentation für die Person hoch. Je wichtiger die Situation eingeschätzt wird, desto anfälliger ist man für Lampenfieber und desto größer kann das Lampenfieber werden. Zusätzlich steigt das Lampenfieber an, wenn Sie nur wenige oder negative Erfahrungen mit Präsentationen bzw. Auftritten haben, wenn Sie vor völlig fremden Personen auftreten müssen, wenn Sie hohe Erwartungen an sich selbst haben oder wenn Sie sich selbst negativ einschätzen.

Ein negatives Selbstbild kann an Ihrer inneren Einstellung erkannt werden. Wenn Sie folgende Einstellungen bzw. Meinungen über sich selbst haben, ist dies ein Hinweis auf ein möglicherweise vorhandenes negatives Selbstbild (Thiele, 2010, S. 23 ff.):

- „Ich darf keine Fehler machen!"
- „Ich habe Angst vor Kritik!"
- „Ich habe Angst vor der Gruppe!"
- „Ich habe Angst vor Blackout!"
- „Ich habe Angst, dass meine Unsicherheit bemerkt wird!"
- „Ich habe nichts Interessantes zu erzählen!"
- „Ich habe Angst, abgelehnt zu werden!"

Lampenfieber und Auftrittsfreude bedingen und beeinflussen sich gegenseitig. Ein Auftritt verursacht verschiedene Reaktionen im Körper eines Menschen. Bei den einen Menschen überwiegt eher die ängstliche Seite, das Lampenfieber, bei den anderen Menschen eher die euphorische Auftrittsfreude. Welches Gefühl dominiert, hängt von unterschiedlichen Faktoren ab. Zu diesen Faktoren gehört die innere Einstellung, die Erfahrungen, die Wahrnehmung, die Bedeutung der Situation für die Person usw.

Maßnahmen, die die Auftrittsfreude erhöhen, wirken auch gleichzeitig gegen Lampenfieber. So können Sie durch Autosuggestion das Lampenfieber bekämpfen und Ihre Auftrittsfreude erhöhen. Auch eine gute Vorbereitung hilft. So können Sie wenigstens sagen: „Ich habe mein Bestes gegeben – weiter hat es nicht gereicht."

Auch Humor kann helfen, das Lampenfieber zu reduzieren und damit ruhiger zu werden. Mit etwas Abstand betrachtet, macht jeder Mensch Fehler. Und auch jeder Mensch macht mal eine „komische Figur" und ist mal in einer peinlichen Situation – nur sehen wir das nicht immer, da wir nur unser Bestes vor anderen Menschen zeigen und preisgeben wollen.

Beginnen Sie mal, andere Menschen unvoreingenommen zu beobachten. Je genauer Sie hinschauen, desto mehr Situationen bemerken Sie, in denen Sie schmunzeln können. Wer hat nicht schon mal zu viel Geschirr in der Hand gehabt, als er vom Buffet zu seinem Platz gegangen ist: mehrere Teller, Besteck, Serviette und Getränk – und schon ist es ein Balanceakt, unbeschadet durch die Menschenmenge an seinen Platz zu kommen. Kein Mensch ist immer perfekt! Wir sind keine fehlerfreien Maschinen oder Computer und dies wird uns auch in Jahren noch von Maschinen unterscheiden. Fehler machen uns menschlich und brechen das Eis zwischen den Menschen. Und aus Fehlern lernen wir.

Jede (kleine) persönliche Katastrophe gewinnt mit genügend zeitlichem Abstand eine humoristische Note! Und in ein paar Monaten oder Jahren können Sie darüber lachen. Und es wird eine Story oder Anekdote in Ihrem Leben daraus.

5.1.4   Körpersprache und Stimmung

Die Gedanken einer Person und ihre Körpersprache bilden „eine untrennbare Einheit und beeinflussen sich daher gegenseitig" (Matschnig, 2012a, S. 14). Gedanken, Gefühle und Stimmungen lösen jeweils Reaktionen im Körper aus. Emotionen beeinflussen unser Erleben und Empfinden, Prozesse im Gehirn und Nervensystem sowie unser Ausdrucksverhalten (Mimik, Gestik) (vgl. Izard, 1977, S. 28). Dabei werden Botenstoffe und Hormone ausgeschüttet, was Auswirkungen z. B. auf die Herzfrequenz, die Atmung und die Muskelspannung hat. Die emotionale Grundeinstellung beeinflusst damit maßgeblich den Auftritt. Der Zusammenhang wird in Abb. 5.4 dargestellt (Modell des Zusammenhangs von Emotionen, Gefühlen, Körpersprache).

Dass Emotionen zu physiologischen Veränderungen führen, ist nachweisbar. Erklärbar ist das damit, dass die Menschheit in ihrem Leben immer wieder Probleme und Herausforderungen bewältigen musste, von denen das Überleben oder die Fortpflanzung abhing. Zur Bewältigung dieser Herausforderungen haben die Menschen grundlegende Emotionen entwickelt, die quasi „automatisch" ablaufen und die entsprechenden Hirnstrukturen formten (vgl. Schmidt-Atzert et al., 2014, S. 91).

Diese grundlegenden Emotionen basieren auf den Reaktionen in unserem Stammhirn, das sehr schnell, automatisch und unbewusst reagiert. Das Stammhirn regelt überlebenswichtige Funktionen wie Atmung, Reflexe, Blutdruck usw. und ist auf unseren Körper gerichtet (vgl. Damásio, 2003, S. 15). Das Stammhirn und das limbische System entscheiden kurzfristig (während der Schockstarre) über Annäherung, Rückzug, Angriff

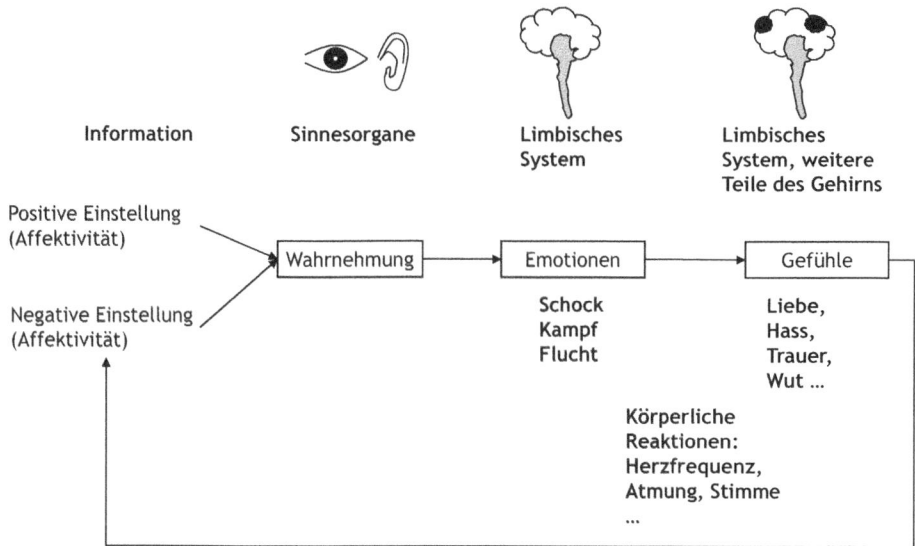

Abb. 5.4 Modell des Zusammenhangs von Emotionen, Gefühlen, Körpersprache

oder Abwehr. Über das zentrale Nervensystem haben Emotionen dadurch auch direkte Auswirkung auf die Stimmbildung wie die Stimmlippenvibration, die Atmung und die Artikulation (vgl. Johnstone & Scherer, 2000, S. 222).

Die zusammenhängende Steuerung der körpersprachlichen Ausdrücke wie Mimik, Gestik und Stimme über das zentrale vegetative Nervensystem dient den Menschen auch dazu, anderen Menschen ihren emotionalen Zustand über Körperhaltung, Gesichtsausdruck, Hautfärbung oder Sprache mitzuteilen (non-verbal). Die Mitteilung des emotionalen Zustands war überlebenswichtig (vgl. Schmidt-Atzert et al., 2014, S. 92). Emotionen können auch andere körperliche Symptome nach sich ziehen, wie erhöhte Infektanfälligkeit, verminderte Reaktionsfähigkeit usw. (vgl. Ferreira, 2020, S. 138).

Dagegen entstehen Gefühle erst nach den Emotionen in unterschiedlichen Teilen unseres Gehirns (vgl. Damásio 2003, S. 15). Emotionen gehen also den Gefühlen voraus. „Emotionen und alle mit ihnen zusammenhängenden Reaktionen sind dem Körper zugeordnet, Gefühle sind dem Geist zugeordnet" (Damásio, 2011, S. 15).

Emotionen und Wahrnehmung haben dabei einen selbstverstärkenden Effekt. Emotionen wirken auf die Wahrnehmung eines Menschen und damit auf die Beurteilung von Objekten wie auch auf das Gedächtnis. Wer in einer positiven Stimmung und glücklich ist, wird alles positiv(er) wahrnehmen, wer dagegen in einer negativen Stimmung ist, wird alles negativ(er) oder kritischer wahrnehmen (vgl. Ferreira, 2020, S. 137).

Wer einmal ein extremes Gefühlserlebnis hinter sich hat, weiß das aus eigener Erfahrung. Wer großen Liebeskummer oder traumatische Verlustgefühle hatte, weil er z. B. seine große Liebe oder seinen nächsten Familienangehörigen (Kind, Ehepartner, Vater oder Mutter) verloren hat, hat erlebt, welche Auswirkungen dies – neben den gefühlten Tiefs und der Trauer – haben kann. Dies geht normalerweise mit der Zeit vorüber. In extremen Situationen können die Emotionen so stark werden, dass selbst grundlegende physiologische Prozesse sich verändern und nicht mehr einwandfrei funktionieren, wie z. B. das Sehvermögen, das Hörvermögen, die Temperaturwahrnehmung oder das Sättigungsgefühl. Die Wahrnehmung kann so weit gestört werden, als wäre sie „ausgeschaltet". Menschen nehmen ihre Umgebung und ihren Körper nicht mehr vollständig wahr. Es kann sein, dass sie beim Essen nichts mehr schmecken, kein Hungergefühl mehr verspüren, beim Gehen zwar den Weg sehen, aber weder Blumen noch Bäume, Tiere oder andere Menschen sehen. Oder bei einem Waldspaziergang keine Geräusche mehr hören (egal ob Laubraschen oder Vogelstimmen) oder keine Gerüche wie das vermoderte Holz, das Baumharz oder die Pilze riechen. Die Sinnesorgane sind dabei völlig intakt, die Informationen werden aber nicht an das Gehirn weitergeleitet.

Nicht nur negative Gefühle können körperliche Reaktionen auslösen. Genauso ist es auch mit den extrem positiven Gefühlen: Wer sich mal „Herz über Kopf" verliebt hat, hat außer dem Traumpartner nichts anderes mehr im Kopf. Die Sehleistung kann sich verbessern, das Aussehen und die Haptik der Haut verändern sich, der Fortpflanzungstrieb wird angeregt, selbst der Körpergeruch kann sich verändern. Man sieht die Welt durch die „rosarote Brille".

Und sowohl positive wie auch negative Gefühlszustände können bei entsprechender Intensität über eine längere Zeit, Wochen, Monate oder sogar Jahre anhalten.

Auch die Persönlichkeit beeinflusst, wie Menschen Emotionen erleben. Hier kann grundsätzlich zwischen zwei Arten des emotionalen Erlebens, der sogenannten Affektivität, unterschieden werden (vgl. Ferreira, 2020, S. 132 f.):

- **Positive Affektivität:** Diese Menschen tendieren dazu, positive Emotionen zu erleben, sie sind eher aufmerksam, stolz, interessiert, begeistert, aktiv.
- **Negative Affektivität:** Diese Menschen tendieren dazu, negative Emotionen zu erleben, und sehen eher die negativen Wirkungen. Sie sind eher aufgeregt, nervös, ängstlich, fühlen sich schlecht oder schuldig.

Die Affektivität führt dann zu einer „selbsterfüllenden Prophezeiung". Welchem Menschen würden Sie lieber zuhören oder folgen? Einem eher negativ oder einem eher positiv wirkenden Menschen? – Der positiv eingestellte Mensch strahlt viel mehr positive Energie aus, viel mehr Überzeugungskraft und hat damit auch viel eher die Chance, positiv zu wirken. Und somit fällt es ihm viel leichter, Zuhörer zu begeistern oder zu überzeugen als einem eher destruktiv und negativ eingestellten Menschen. Und damit beeinflusst die Grundeinstellung (Emotion) das Ergebnis.

5.1.4.1 Stimmungen und Gefühle beeinflussen die Körpersprache
Sie können einer Person ihre Stimmung direkt ansehen. Diese Aussage kann an folgenden Beispielen demonstriert werden: Stellen Sie sich einen Menschen vor, der entspannt, gelöst und ruhig auf seinem Stuhl sitzt. Seine Stimmung zeigt sich dann auch

in seiner Körpersprache. Die Bewegungen sind ebenfalls ruhig, eher langsam, und die Gesichtszüge wirken entspannt.

Und jetzt stellen Sie sich einen Menschen vor, der unter Anspannung steht, der unter Stress steht, vielleicht auch zornig ist. Die Hände sind zu Fäusten geballt, die Handmuskeln angespannt, die Stirn in Falten geworfen, die Zähne fest zusammengepresst. Oder wer mit eingezogenem Kopf, hochgezogenen Schultern und krummem Rücken geht, signalisiert, dass er eine große Last zu tragen hat.

Dasselbe sehen Sie, wenn Sie einen traurigen und einen fröhlichen Menschen vergleichen. Der Traurige sitzt niedergeschlagen, kraftlos, mit hängenden Schultern, gesenktem Kopf und nach unten gezogenen Mundwinkeln da, als würde er von einer Last erdrückt. Und jetzt stellen Sie sich einen fröhlichen, jubelnden Menschen vor. Dieser hüpft vor Freude, tanzt möglicherweise durch das Leben, lächelt und lacht, die Mundwinkel weisen nach oben, und die Augen schauen fröhlich, jeder kann seine gute Laune sehen (vgl. Matschnig, 2012a, S. 14 ff.).

Wer dagegen mit „offenen Augen" durchs Leben geht, hat viel zu entdecken.

Den Zusammenhang zwischen Emotionen, Gefühlen und Gesichtsausdrücken belegte der Psychologe Paul Ekman. Bei Psychotherapie-Sitzungen beobachtete er, dass viele Informationen nonverbal durch Körperbewegungen und Gesichtsausdrücke übermittelt wurden (vgl. Abschn. 5.3.1). Er konzentrierte sich auf die Gesichtsausdrücke und stellte die These auf, dass bestimmte Gesichtsausdrücke Menschen angeboren (genetisch), sind. Wenn sie angeboren sind, sind sie also unabhängig von Erziehung oder Kultur. Die Überprüfung dieser These machte ihn und Wallace Friesen berühmt.

Paul Ekman und Wallace Friesen reisten 1967 ins südöstliche Hochland von Neuguinea zum Stamm der South Fore – einem Volk, das damals noch völlig isoliert von der Zivilisation lebte und dessen Mimik sie beobachteten und filmten. Um ihre These zu überprüfen, zeigten sie 189 Erwachsenen und 130 Kindern, die zuvor noch nie Kontakt mit Menschen aus einem anderen Kulturkreis hatten, Fotos mit Gesichtsausdrücken von Menschen aus anderen Kulturkreisen. Da die Kommunikation schwierig war, erzählten sie ihnen kurze emotionale Geschichten und zeigte ihnen anschließend drei Fotos von Menschen mit unterschiedlichen Gesichtsausdrücken, unter denen die Probanden das Foto mit der passenden Emotion auswählen sollten (vgl. Ekman & Friesen, 1971, S. 125). Als Kontrollgruppe wählten sie 23 Männer vom gleichen Stamm der Fore, die allerdings schon zuvor Kontakt mit anderen Kulturen über Missionare, Händler oder andere Wissenschaftler hatten.

Ekman und Friesen unterschieden die folgenden universalen Basisemotionen: Freude (happiness), Trauer (sadness), Wut (anger), Überraschung (surprise), Ekel (disgust), Angst (fear) (vgl. Ekman & Friesen 1971, S. 124). Als Geschichte für die Emotion „Freude" diente die Vorstellung, dass der Freund oder Partner kommt, für die Emotion „Trauer", dass ein Kind oder Elternteil verstorben ist, für „Wut", dass man im Begriff ist zu kämpfen, für „Überraschung", dass man etwas Neues, Unerwartetes erblickt, für „Ekel", dass etwas stinkt, und für „Angst", dass man alleine im Dorf ist, kein Messer, Axt oder Pfeil und Bogen hat und ein wildes Schwein sich nähert (vgl.

Ekman & Friesen, 1971, S. 126). Meist lagen die richtigen Einschätzungen zwischen den Emotionen aus der Geschichte und den passenden Gesichtsausdruck bei über 80 % und waren höchst signifikant mit einer Irrtumswahrscheinlichkeit < 0,01 (vgl. Ekman & Friesen, 1971, S. 127).

Anschließend weiteten sie diese Studien aus und verglichen mit der gleichen Methode die Ergebnisse der Menschen vom Stamm der Fore auf Neuguinea und vom Stamm Sadong auf Borneo mit den Einschätzungen von Personen mit Hochschulabschluss aus den USA, Brasilien, Argentinien, Chile und Japan und kamen zum gleichen Ergebnis: Die Gefühlsregungen und die Art, wie diese sich in der Mimik zeigten, sind bei allen Menschen ähnlich (vgl. Ekman & Friesen, 1971, S. 125).

Auf Basis dieser Entdeckung, dass unsere grundlegenden Gefühle uns Menschen angeboren sind und es Gefühle gibt, die alle Menschen gleich ausdrücken und erkennen, entstand das Facial Action Coding System (FACS) (vgl. Ekman & Rosenberg, 1997). Ekman erkannte kleinste Gesichtsbewegungen, die in Bruchteilen von Sekunden die Mimik prägten (Mikromimik) und welche die wahren Emotionen des Menschen offenlegten. Dies Erkenntnis wurde in nachfolgenden Studien bestätigt (vgl. z. B. Sayette et al., 2001).

Weitergehende Forschungen stammen diesbezüglich z. B. von den Psychologen Jessica Tracy und David Matsumoto. Diese untersuchten die körpersprachlichen nonverbalen Ausdrücke, die mit Stolz und Scham verbunden sind. Sehende, blinde und von Geburt an blinde Sportler aus mehr als 30 Nationen zeigten bei den Olympischen und Paraolympischen Spielen die gleichen Verhaltensweisen, die mit dem typischen Ausdruck von Stolz als Reaktion auf den Erfolg verbunden sind: Sie streckten die Arme nach oben, warfen den Kopf zurück, lächelten und hatten die Brust nach vorne gestreckt (vgl. Tracy & Matsumoto, 2008, S. 11655).

Auch bei einer Niederlage waren gleiche Verhaltensweisen und Ausdrücke zu beobachten. Die Verlierer machten sich klein, die Brust sank ein und Kopf und Schultern hingen nach unten (vgl. Tracy & Matsumoto, 2008, S. 11658). Auch Sportler, die von Geburt an blind waren und sich dieses Verhalten nicht abgeschaut haben konnten, machten dieselben Gesten. Daraus folgte, dass diese körpersprachlichen Ausdrücke biologischer Natur, also uns angeboren sind (vgl. Tracy & Matsumoto, 2008, S. 11659).

Die Stimmung einer Person äußert sich also in ihrer Körpersprache. Aber es funktioniert auch umgekehrt: Unsere Körpersprache kann auch unsere Stimmung beeinflussen.

5.1.4.2 Körpersprache beeinflusst Stimmungen und Gefühle

Mit Ihrer Körpersprache können Sie auch Ihre Stimmung beeinflussen. Wenn Sie sich aufrichten, den Kopf nach oben halten und die Augen geradeaus nach vorne richten, dazu ein Lächeln aufsetzen, fühlen Sie sich besser, und es fällt Ihnen schwer, an etwas Negatives zu denken (vgl. Matschnig, 2012a, S. 14 ff.).

Dass Körpersprache die Stimmung beeinflussen kann, wurde in einem Experiment von Psychologen bewiesen. Dabei wurden drei Versuchsgruppen gebildet, denen die gleichen Comicgeschichten (Cartoons) gezeigt wurden. Der ersten Gruppe der Versuchsteilnehmer sollte dabei Lächeln ermöglicht werden, bei der zweiten Gruppe von Teilnehmern sollte Lächeln möglichst verhindert werden, und die dritte Gruppe diente als Kontrollgruppe. Um dies zu erreichen, musste bei dem Experiment die erste Gruppe einen Stift mit den Zähnen festhalten, die zweite Versuchsgruppe einen Stift mit ihren Lippen festhalten und die Kontrollgruppe den Stift einfach in der Schreibhand halten. Die Probanden, die den Stift zwischen den Zähnen hielten (Gruppe 1) fanden die Comicgeschichten humorvoll, die Mitglieder der anderen Gruppen dagegen nicht (vgl. Strack et al., 1988, S. 768). Diese Wechselwirkungen vom Körper auf die Stimmung (bzw. die Psyche) wird „Embodiment" genannt (vgl. Hermann-Ruess, 2010, S. 32).

Körpersprache und Stimmung hängen eng zusammen. Wenn Sie körpersprachliche Signale senden und dabei verschiedene Muskelbewegungen ausführen, um damit bestimmte Gefühle auszudrücken, führt dies zur Ausschüttung von entsprechenden Hormonen, die der Körper mit diesem Ausdruck verbindet. Diese Hormone beeinflussen und verändern die Stimmung (vgl. Matschnig, 2012a, S. 18).

Da Körpersprache unsere Stimmung beeinflusst, können wir diesen Effekt auch nutzen, um uns in andere Menschen „hineinzufühlen". Wenn wir die Körpersprache einer Person nachahmen und dann empfinden, wie sich die körperliche Veränderung auf unsere Stimmung auswirkt, können wir nachvollziehen, wie sich die oder der andere fühlt (vgl. Krause, 2020, S. 215).

Zur Einstimmung auf einen Auftritt kann es hilfreich sein, sich des eigenen Körpers bewusst zu werden und eine enge Beziehung zwischen Körper und Psyche herzustellen. Auf einem Fortbildungsseminar habe ich dazu die folgenden Tipps gehört, die auch professionellen Rednern wie Sängern oder Schauspielern vor einem Auftritt empfohlen werden. Diese dienen wie ein Aufwärmtraining vor dem Wettkampf dazu, die entsprechenden Körperpartien und Muskeln auf den Auftritt einzustimmen:

- **Bewegung:** Bewegen Sie sich! Gehen Sie vor dem Raum oder noch besser vor dem Gebäude ein paar Schritte (gehen, nicht rennen). Bewegungen wie z. B. Gehen können Sie auch während Ihres Vortrags nutzen.
- **Lockern/Ausschütteln:** Diese Übung kennen Sie aus dem Sport. Sie lassen dazu Ihre Körperteile wie Arme und Hände locker hängen und schütteln diese aus. Beim Reden ist die Gesichts- und insbesondere die Mundmuskulatur wichtig. Diese kann gelockert werden, wenn der Unterkiefer locker hängen gelassen wird und der Mund dabei leicht geöffnet wird. Wenn Sie dazu den Kopf leicht schütteln, merken Sie, wie der Unterkiefer locker am Kiefergelenk hängt und sich Ihre untere Mundmuskulatur entspannt. Auch Gähnen lockert die Gesichtsmuskulatur. Beim Gähnen wird außerdem der Rachenraum vergrößert, was den Klang der Stimme verbessern kann.
- **Abreiben:** Reiben Sie Ihre Hände aneinander und anschließend mit den warmen Handinnenflächen Ihren Körper ab. Statt Abreiben können Sie Ihren Körper mit Ihren Handflächen auch leicht abklopfen, so werden Sie sich Ihres Körpers bewusst und stimmen diesen auf Ihren Auftritt ein.

- **Anspannen/Entspannen:** Pressen Sie Ihre Handflächen aneinander, beißen Sie die Zähne zusammen, heben Sie die Schultern an, so dass der Nacken angespannt wird. Halten Sie diese Spannung kurz, ca. 5 s lang, und entspannen Sie sich dann wieder. Vergessen Sie dabei das Atmen nicht! Diese An- und Entspannungsübung kann auch auf andere Muskeln und Körperteile ausgedehnt werden (z. B. Hand, Unterarme, Gesichtsmuskulatur, Beine …). Sie läuft immer nach dem gleichen Schema ab: Muskeln lockern – spannen – lockern und ausatmen.

Probieren Sie diese Empfehlungen einmal aus und suchen Sie die Übung aus, die Ihnen am besten gefällt, damit können Sie sich vor Ihrer Präsentation „aufwärmen".

Oder machen Sie sich die Erkenntnis, dass Ihre Körpersprache auch Ihre Stimmung beeinflusst, zu Nutze: Schauen Sie in den Spiegel und Lächeln Sie sich vor Ihrer Präsentation selbst an. Ziehen Sie die Mundwinkel nach oben, strahlen Sie mit den Augen – Ihr Spiegelbild lächelt zurück und Ihre Stimmung wird besser.

5.2   Das Zusammenwirken von Sprache und Stimme

Reden ist die wesentliche Aktivität eines Referenten während einer Präsentation. Beim Reden wirkt die Persönlichkeit des Redners mit. Dabei sind beim Reden zwei Aspekte zu unterscheiden. Auf der einen Seite die Sprache, die Formulierungen, die Auswahl der Worte, der Inhalt des Gesagten. Auf der anderen Seite die Stimme, die Artikulation, die Aussprache, die Lautstärke, die Klangfarbe, der Tonfall … mit welcher die Botschaft an die Ohren der Empfänger gesendet wird (siehe auch Abb. 5.5).

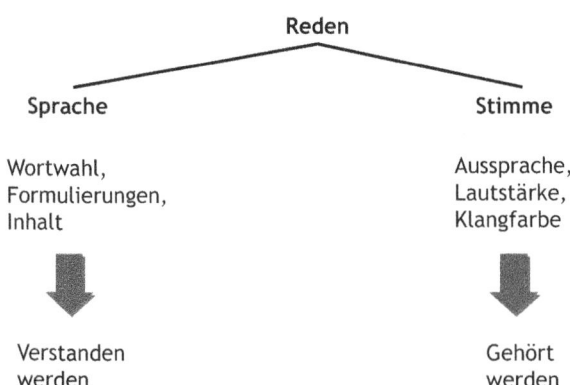

Abb. 5.5 Reden ist das Zusammenwirken von Sprache und Stimme

5.2.1 Verständlich sprechen

> Man muss einfach reden, aber kompliziert denken, nicht umgekehrt. (Zitat von Franz Josef Strauß, 1915–1988, deutscher Politiker, gutzitiert.de, 2015)

Mit der Verständlichkeit haben viele Redner (und auch viele Schreiber) zu kämpfen, besonders im wissenschaftlichen Bereich. Nach dem Motto: „Der Grund für Schwerverständlichkeit liegt in der Sache. Schwierige Dinge lassen sich eben nicht einfach erklären." (Langer et al., 2019, S. 16) „Wenn ein Text schwer zu verstehen ist, so liegt das in den wenigsten Fällen an seinem Inhalt. Der Inhalt ist meistens gar nicht so kompliziert. Er wird erst kompliziert gemacht – durch eine schwer verständliche Ausdrucksweise." (Langer et al., 2019, S. 16).

Eine schwer verständliche Ausdrucksweise wird oft aus der Befürchtung gewählt, dass Inhalte und Sachverhalte zu einfach und zu leicht verständlich dargestellt werden, und dass der Autor bzw. Redner dann als weniger kompetent angesehen wird. Schwerverständlichkeit dient dazu, Eindruck zu schinden, Ehrfurcht und Ansehen zu gewinnen und seine großen geistigen Fähigkeiten darzustellen (vgl. Langer et al., 2019, S. 18). Diese Personen unterliegen dem Irrtum, dass, wenn etwas kompliziert und komplex formuliert ist, es dann wissenschaftlich fundiert klingt (vgl. Hey, 2019, S. 23).

Das ist aber nicht so! Die Herausforderung beim Schreiben und noch mehr beim Vortragen in einer Präsentation liegt nicht darin, schwierige Sachverhalte schwierig und umständlich zu erklären, sondern darin, Schwieriges einfach zu erklären. Das erfordert Selbstbewusstsein und Vertrauen in die eigenen Fähigkeiten und auch den Mut, es umzusetzen, um Schwerverständlichkeit zu vermeiden. „Je unbekannter Ihrem Zuhörer die Informationen sind (oder zu sein scheinen), desto langsamer müssen Sie das Material präsentieren." (Birkenbihl, 2010, S. 77).

Die Verständlichkeit kann sich an die „KISS"-Formel anlehnen. „KISS" bedeutet in diesem Fall „Keep it simple and stupid". Die Sprache im Vortrag sollte so einfach und eingängig wie möglich sein. Sprechen Sie in Ihrer normalen Umgangssprache, z. B. „als ob Sie jemandem beim Essen gegenübersitzen, dann werden Sie am besten verstanden" (Sarnoff, 1992, S. 41).

Wie Einfaches kompliziert ausgedrückt werden kann, zeigen die folgenden kleinen Beispiele. Lesen Sie bitte den Satz: „Das maximale Volumen subterrarer Agrarprodukte steht in reziprokem Verhältnis zu der kognitiven Kapazität ihrer Erzeuger." Überlegen Sie, was das heißt, und geben Sie diesen Satz in eigenen Worten wieder!

Es steht das Sprichwort dahinter: „Die dümmsten Bauern haben die größten Kartoffeln." (Vgl. Vogt, 2010, S. 24).

Oder lesen Sie folgenden Satz: „Eine quantitative Maximierung der Aktionsbeteiligten reduziert signifikant die Qualität des potenziellen Resultats." In anderen Worten: „Viele Köche verderben den Brei." (Flume & Mentzel, 2019, S. 67).

Eine komplizierte Ausdrucksweise wird durch die Verwendung von Fremdwörtern begünstigt. Wenn diese aber falsch eingesetzt werden, bewirken sie das Gegenteil dessen, was beabsichtigt war. Statt geistiger Brillanz zeigt sich Inkompetenz. In einer Talkshow, bei der es um die Lebensgestaltung im Alter ging, verwendete ein sog. Experte den Begriff „dermatologischer Wandel" statt „demographischer Wandel" – so kann man sich selbst für unfähig erklären.

Auch die Angewöhnung einer falschen Aussprache, welche ursprünglich lustig war, passiert auch in der Aufregung bei einer Präsentation und wirft ein schlechtes Licht auf den Sprecher. Ein Beispiel ist die Verwechslung der Worte „imprägniert" statt „imponiert" oder „zum Bleistift" statt „zum Beispiel". Auch ironische Bemerkungen, wie im Kabarett, sind nur dann witzig, wenn die Zuhörer denken, dass der Redner die richtige Aussprache und Bedeutung kennt z. B. gokle [goklé] statt „Google [gugl]". Ansonsten demonstriert dies Inkompetenz.

Je nach Situation kann auch die Verwendung von Modewörtern kritisch sein. Bei einem Publikum können diese dem normalen Umgangssprachgebrauch entsprechen, bei einem anderen Publikum dagegen auf Unverständnis und Kopfschütteln stoßen. Aktuelle Beispiele jugendlicher Umgangssprache sind die Wörter „krass", „übel", „cool", „total cool", „geil", „voll der Hit", „Mega-" oder „Monster-" (vgl. Flume & Mentzel, 2019, S. 68). Oder „Du bist lost" „broke", „legendär", „episch"„chill mal" oder noch besser: „Chill mal deine Base!" oder „lost" („lost places hier" oder „Der ist lost!"). Ebenso „Alter" – also „Chill mal, Alter" oder „Hey Alter, wie geht´s?". Als das einer meiner Söhne das erste Mal zu mir sagte, bin ich fast vom Stuhl gefallen und habe gesagt, das möchte ich nicht mehr hören. „Ach Papa, das ist doch völlig normal." Als ich ein paar Wochen später hörte, dass er und seine Freunde sich untereinander ebenso begrüßen – und meine Studierenden auch – war ich wieder völlig „gechillt". Der Umgangston von Heranwachsenden untereinander ist stellenweise ziemlich rau – oder vielleicht die Erkenntnis, dass man selbst das etwas anders formulieren würde. Dazu folgendes Beispiel:

Als ich mit meinem Sohn im Teenageralter im Auto saß und an einer Fußgängerampel wartete sagte er:

„Ach, schau mal, die Bitch da vorne geht auch in meine Klasse."
„Wie bitte? Was hast du gesagt?" und meine Stimme wurde höher als normal …
„Hast du was an den Ohren? Vielleicht brauchst du ein Hörgerät, Alter!"
„Was hast du gerade gesagt?" (Augenbrauen hochgezogen).
„Die Bitch da geht zu mir in die Schule."
„So kannst du doch nicht von dem Mädchen reden!"
„Wie soll ich sonst zu der Hure sagen? Schau die doch an!"
„Was sind das bloß für Wörter? Woher hast du das?" (Stirnrunzeln, Ratlosigkeit).
„Ich verstehe gar nicht, was du für ein Problem hast." (völlig unbekümmert).
„Du kannst doch nicht so über das Mädel reden, das ist doch eine Mitschülerin von dir und für sie sehr beleidigend."
„Das ist doch nicht schlimm – das ist völlig normal."
„Find ich schon schlimm …"
„Der Hurensohn Hagen hat das mal zu einer Lehrerin gesagt, zu Frau Birnbaum."
„Was?"

„Na, Bitch!"

„Geht´s noch? Spinnt ihr komplett? So redet ihr untereinander? Wie geht ihr miteinander um?"

„Das war cringe. Er musste dann auch 10 Min. das Klassenzimmer verlassen, die Schlampe von Lehrerin fand das irgendwie nicht cool." (Völliges Unverständnis).

„Das kann ich gut verstehen von der Lehrerin."

„Hä? Bist du jetzt komplett lost? Was geht mit dir ab?"

„Ich bin echt entsetzt über deine Wortwahl!"

„Und ich versteh´ dich nicht, was hast du bloß für ein Problem, Alter?"

Fazit: Ein Erziehungsberechtigter kurz vor dem Nervenzusammenbruch und ein völlig unbekümmerter Teenager, der sich überhaupt nicht verstanden fühlt.

Zum Glück gehen solche Phasen irgendwann einmal vorbei!

Bei Präsentationen ist so ein Wortgefecht keine optimale Lösung. Die sicherste Strategie ist, diese zu vermeiden und einen ordentlichen Jargon zu verwenden. Ansonsten können diese als ironische Bemerkungen kenntlich gemacht werden. Entweder durch entsprechende Betonung bei der Aussprache oder durch körpersprachliche Kenntlichmachung (z. B. mit einem Anführungszeichen [„…"], das durch ausgestreckte Zeige- und Mittelfinger an beiden Händen, die sich auf- und abbewegen, dargestellt wird). Damit werden die Formulierungen abwechslungsreich und unterhaltsam.

Die Psychologieprofessoren Inghard Langer, Friedemann Schulz von Thun und Reinhard Tausch haben überlegt, warum manche Texte bzw. Ausdrucksweisen schwer verständlich sind und die folgenden drei Kriterien der Verständlichkeit vorgestellt (vgl. Langer et al., 2019, S. 21 ff.):

1. **Einfachheit** (bei Wortwahl und Satzbau): Sie wird erreicht durch einfache Darstellungen, kurze, einfache Sätze, geläufige Wörter, eine geringe Verwendung von Fremdwörtern, die Erklärung von Fachbegriffen und die Verwendung anschaulicher Beispiele.
2. **Gliederung/Ordnung** (äußere Gliederung eines Textes sowie innere Ordnung im Text): Der Text ist gegliedert, folgerichtig und übersichtlich, Wesentliches wird von Unwesentlichem unterschieden, der „rote Faden" ist gut erkennbar.
3. **Kürze/Prägnanz** (Verhältnis von Textlänge zum Informationsziel): Der Text ist auf das Wesentliche gekürzt, nur die zur Erklärung notwendigen Wörter werden gegeben, kaum Füllsätze, wenig Füllwörter, aber auch nicht zu knapp. Die Textmenge sollte ein ausgewogenes Verhältnis zwischen zu knapp und zu weitschweifig haben.

5.2.2 Frei reden

Um verstanden zu werden, müssen einfache und verständliche Wörter verwendet werden. Das ist grundsätzlich dann am besten zu erreichen, wenn Sie:

Frei reden!

Eine freie Rede ist in einer Präsentation sehr wichtig. Eine Rede oder ein Vortrag sollte gesprochen werden und nicht abgelesen oder auswendig vorgetragen werden (vgl. Sarnoff, 1992, S. 18).

Prägen Sie sich die Gedanken, die Sie mitteilen wollen gut ein, aber lernen Sie sie auf keinen Fall auswendig! Ihre Ausdrucksweise wirkt ansonsten „kalt, steif, formlos, unmenschlich" (Carnegie, 1940, S. 61) – es ist Zeitverschwendung und führt häufig zu einer Katastrophe.

Wenn Sie Ihre Worte in einer freien Rede selbst formulieren, gewinnen Sie an Überzeugungskraft. Ihre Worte wirken wahr und authentisch (vgl. Rossié, 2017, S. 4 f.).

„Das Publikum bewundert Redner, die ihren Vortrag völlig frei halten." (Nöllke & Schmettkamp, 2020, S. 32). Dies erreichen Sie, wenn Sie Folgendes beachten:

- Formulieren Sie spontan und frei mit Ihren eigenen Worten. Bleiben Sie bei Ihrer natürlichen Sprache und verwenden Sie die Ihnen geläufigen und bekannten Wörter und Ausdrücke. Nur in der eigenen Sprache und mit der eigenen Wortwahl ist man locker, ruhig und verständlich.
- Lesen Sie nicht wörtlich vor, was auf der Folie steht! Verwenden Sie die Stichworte auf Ihren Präsentationsfolien als Gedankenimpulse und formulieren Sie diese spontan aus. Wenn Formulierungen abgelesen werden, sind diese oft unnötig kompliziert und wirken „geschwollen". Außerdem kann sich der Zuhörer fragen, warum er in Ihren Vortrag gekommen ist, denn das hätte er auch in aller Ruhe nachlesen können.
- Sprechen Sie in kurzen, einfachen Sätzen. Kleinere Informationspakete können die Zuhörer leichter aufnehmen und verarbeiten.
- Vergessen Sie die Pausen nicht. Nicht nur der Vortragende braucht Pausen zum Atmen, auch die Zuhörer müssen zwischendurch „mal Luft holen". Die Pausenzeit gibt den Zuhörern Zeit, über das Gesagte nachzudenken. Dadurch bleibt das Gesagte besser hängen. Auch wenn in einer Pause nichts gesagt wird, enthält dieses Nichts oft mehr Informationen, als man durch Worte in der Zeit hätte mitteilen können (vgl. Birkenbihl, 2019, S. 180).

Wenn Sie es geschafft haben, frei zu reden, werden Sie das immer wieder tun wollen. Eine freie Rede gibt Ihnen ungeahnte Freiheiten und kann großen Spaß machen (vgl. Rossié, 2017, S. 5).

Für die unbedingte Anwendung der freien Rede gibt es m. E. eine Einschränkung: wenn Sie in einer Fremdsprache vortragen müssen. Wenn Sie nicht in Ihrer Muttersprache vortragen und in der anderen Sprache nur Schulkenntnisse haben, fällt es den meisten Menschen schwer, frei und flüssig vorzutragen.

Grundsätzlich würde ich in der Vorbereitung den Vortrag mit einer sprachkundigen Person vorher einüben, um die Unsicherheit zu nehmen. In einem solchen Fall akzeptieren es die meisten Zuhörer, wenn Sie Halbsätze auf die Folien schreiben. Diese können Sie dann mit einfachen, geläufigen Wörtern verbinden bzw. erläutern z. B.: „On the next slide you see …" oder „… As you will see …" Außerdem können einzelne Folien mit einer Frage eingeleitet werden, indem aus einer Überschrift eine rhetorische Frage formuliert wird, z. B.: „What is Primary Research? Primary Research is …", oder den zentralen Inhalt in einer Aussage formulieren: „There are different methodologies of primary research methods: First …, Second …" Wer eine Sprache flüssig spricht, braucht diese Hilfsmittel nicht.

5.2.3 Interessant und anschaulich reden

Durch den Einsatz verschiedener rhetorischer Mittel kann in einem Vortrag Spannung aufgebaut werden. Die Nutzung rhetorischer Formulierungen steigert die Aufmerksamkeit und macht das Zuhören interessant (siehe Abschn. 2.6.6).

Abwechslungsreich und spannend zu reden, kann man durch Beobachtung und Nachahmung lernen. Beobachten Sie und lernen Sie von Vorbildern! Schauen bzw. hören Sie sich Reden von berühmten Personen, begnadeten Rednern, Schauspielern, Professoren, Unterhaltungskünstlern, Motivationstrainern, Kabarettisten, Politikern oder anderen professionellen Rednern an. Analysieren Sie deren Sprache und Worteinsatz, merken Sie sich witzige und geistreiche Formulierungen und übernehmen Sie für sich passende Beispiele.

Leicht anwendbar, um eine anregende Sprechweise zu bekommen, sind (vgl. Langer et al., 2019, S. 21 ff.) (siehe auch Abschn. 2.6.5):

- rhetorische Fragen,
- richtige, inhaltliche Fragen an das Publikum,
- gelegentliche, überraschende Ausrufe,
- wörtliche Rede,
- direkte, namentliche Ansprache einzelner Zuhörer, kleine Geschichten und Beispiele.
- witzige, geistreiche Formulierungen wie Wortspiele, Redewendungen, Zitate, bildhafte Formulierungen (auch mit körpersprachlichen Ausdrücken oder über Konkretisierung).

Überlegen Sie, welche dieser Methoden Sie am leichtesten anwenden können, und suchen Sie sich mindestens drei davon aus. Variieren Sie die Methoden und ergänzen Sie sie nach und nach, um Ihr Spektrum zu erweitern. Ziel ist es, möglichst viele Methoden abwechselnd einsetzen zu können.

Nicht jede Methode ist für jeden Zweck geeignet. Wenn Sie einen Saal mit mehreren Hundert Zuhörern vor sich haben, ist es meist unmöglich und auch unpassend, wenn Sie einzelne Zuhörer namentlich ansprechen. Auch Ausrufe können nur selten zum Einsatz kommen. Universell einsetzbar sind dagegen Fragen, rhetorische Fragen, kleine Geschichten, Beispiele und bildhafte Formulierungen.

„Ein Redner, der in Bildern spricht, wird stets leicht verstanden werden" (Carnegie, 1940, S. 242). Mit **bildhaften, anschaulichen Formulierungen** kann die Wirkung einer Aussage unterstützt werden. Beispiele dazu sind Redewendungen wie:

- „Aus einer Mücke einen Elefanten machen"
- „Ein Mann wie ein Baum"
- „Mit dem Kopf durch die Wand wollen"
- „Fels in der Brandung"
- „Auf Sand bauen"
- „Um Haaresbreite daran vorbei"
- „Gegen den Strom schwimmen"
- „An den Nagel hängen"
- „Ein Tropfen auf den heißen Stein"
- „Der Tropfen, der das Fass zum Überlaufen bringt"
- „Den Nagel auf den Kopf treffen"
- „Mit einem blauen Auge davonkommen"
- „Wer rastet, der rostet"
- „Das Gras wachsen hören"
- „Mit allen Wassern gewaschen sein"
- „Einen Stein im Brett haben"
- „Das Wasser steht ihm bis zum Hals"
- „Schlau wie ein Fuchs"
- „Hart wie Stahl"
- „Flach wie ein plattgedrückter Pfannkuchen"
- „Sie sägen am Ast, auf dem Sie sitzen"

Auch **körpersprachliche Ausdrücke** eignen sich für wortgewaltige, anschauliche Formulierungen. In folgenden Redewendungen kommt z. B. der Zusammenhang zwischen Sprache und Körpersprache zum Ausdruck (vgl. Matschnig, 2012a, S. 6):

- „Jemandem unter die Arme greifen"
- „Jemanden auf den Arm nehmen"
- „Die Hände in den Schoß legen"
- „Große Augen machen"
- „Jemandem etwas vor Augen führen"
- „Das Herz hüpft vor Freude"
- „Das Herz rutscht mir in die Hose"
- „Ein Brett vor dem Kopf haben"
- „Durch die Blume sprechen"
- „Kein Blatt vor den Mund nehmen"

- „Schmetterlinge im Bauch haben"
- „Mit der Faust auf den Tisch schlagen"
- „An den Haaren herbeigezogen"
- „Mir bleibt die Luft weg"

Auch die **Konkretisierung** eines Ausdrucks hilft, eine anschaulichere Ausdrucksweise zu erreichen (vgl. Vogt, 2010, S. 35):

- „Über dem Meer war ein kräftiger Sturm." → „Über dem Meer tobte ein kräftiger Sturm!"
- „Es war bei Ihnen sehr gemütlich." → „Es war bei Ihnen so gemütlich wie in einer kleinen Berghütte."

Sie können ein Beispiel aber auch selbst formulieren. Folgendes Beispiel geht zurück auf meinen großartigen Lehrer Prof. Hans-Jörg Bullinger, der in einer Vorlesung beschrieb, was zu tun ist, wenn eine Idee schlecht ist:

> „Diese Idee ist so einzigartig, die würde ich sofort zu Papier bringen. Nehmen Sie einen Stift in die Hand. Schreiben Sie diese auf! Achten Sie darauf, dass möglichst niemand sieht, was Sie aufschreiben! Wenn Sie dann auf dem Papier steht, dann falten Sie dieses sorgfältig zusammen. Falten Sie es auf die Hälfte und dann nochmal auf die Hälfte, so dass niemand sehen kann, was Sie geschrieben haben. In einem unbeobachteten Augenblick stehen Sie auf. Nehmen Sie das Papier in Ihre rechte Hand. Gehen Sie damit rasch Richtung Tür. Wenn Sie sich dort befinden, machen Sie eine halbe Körperdrehung nach links und gehen Sie zwei Schritte vor. Dann strecken Sie Ihre Hand mit dem Papier weit nach vorne, bis die Hand ganz ausgestreckt ist. Wenn Sie das gemacht haben, öffnen Sie die Finger. An diesem Platz können Sie Ihr Papier zwischenlagern. Dort steht nämlich der Papierkorb!"

Oder ein anderes Beispiel für eine witzige, geistreiche Formulierung mit ironischer Pointe:

> „Die Zunahme der Weltbevölkerung ist unaufhaltsam. In wenigen Jahren wird sich die Zahl der Menschen auf der Welt verdoppelt haben. Waren im Jahr 1980 ca. 4,5 Mrd. Menschen auf der Erde, rechnet die UNO bis zum Jahr 2025 mit mehr als 8 Mrd. Menschen. Es wird eine große Herausforderung, die Ernährung für diese Zahl an Menschen sicherzustellen. Erfreulicherweise gibt es eine gute Nachricht: In Brasilien wurde eine Pflanze entdeckt, die sehr schnell wächst. Sie könnte die Lösung für das Ernährungsproblem sein. Es gibt nur noch ein klitzekleines Problemchen dabei: Diese Pflanze ist hochgiftig."

Wenn Sie so wortgewaltig reden, sind Ihre Formulierungen spannend, abwechslungsreich und unterhaltsam. Die Zuhörer freuen sich schon auf Ihre nächsten Aussagen und warten gespannt auf Ihre Formulierung.

5.2.4   Abwechslungsreich sprechen

Reden ist das Zusammenwirken aus Formulierung und Stimmeinsatz. Wie auch bei der Formulierung und der Wortwahl gibt der Redner mit der Stimme einen Teil von sich selbst, von seiner Persönlichkeit preis.

Der Klang einer Stimme hängt von verschiedensten Faktoren und körperlichen (anatomischen) Voraussetzungen ab, wie z. B. vom Geschlecht oder der Größe und Kraft des Kehlkopfes sowie der Resonanzräume (vgl. Drebinger, 2003, S. 6).

Mit der Stimme werden unbewusst auch Gefühle wie Selbstvertrauen, Unsicherheit usw. vom Sprecher ausgedrückt. So erfahren wir nicht nur Inhalte, sondern auch andere Botschaften von der sprechenden Person. Die Stimme spiegelt die Stimmung des Sprechers wider. Mit der Stimme wird auch Stimmung transportiert und erzeugt.

Während die verwendeten Formulierungen und Wörter stark durch den Kenntnisstand, die Bildung, das soziale Umfeld und Ähnliches beeinflusst werden, ist der Ausdruck der Stimme körperbezogener. Die Stimme wird vom Körper und dem körperlichen Befinden beeinflusst. Eine Stimme transportiert verschiedenste Informationen. Denken Sie an eine Stimme im Radio. Auch wenn Sie von einer Person nur die Stimme hören, entnehmen Sie daraus viele Informationen, wie z. B. das Alter und das Geschlecht, ob die Person ruhig, sachlich oder aufgeregt und hektisch spricht – also in welcher Stimmung sie ist. Sie hören, ob die Stimme fest oder unsicher wirkt, tief oder hoch, laut oder leise, rauchig oder geschmeidig etc. ist. Zudem können Sie feststellen, ob diese angenehm oder unangenehm klingt, und letztlich, ob Sie die Stimme sympathisch oder unsympathisch finden.

Der richtige Einsatz der Stimme kann die zu transportierende Botschaft unterstützen und die Verständlichkeit des Vortrags erhöhen. Die Stimme kann ebenso bewusst eingesetzt werden, um bestimmte Wirkungen zu erzielen und z. B. die Aufmerksamkeit der Zuhörer zu erlangen.

Die Stimme ist ein einzigartiges Medium, das eine Reihe von Variationsmöglichkeiten bietet. Abwechslung beim Einsatz der Stimme macht den Vortrag spannender, interessanter, lebendiger und verhindert Monotonie. Effektvolle Abwechslungsmöglichkeiten bei der Stimme sind insbesondere Wechsel bei Lautstärke, Tempo (Sprechgeschwindigkeit), Pausen und Betonung (vgl. Thiele, 2010, S. 53 ff.; Vogt, 2010, S. 54 ff.):

- **Lautstärke:** Bei der Lautstärke bietet sich z. B. ein bewusster Wechsel zwischen laut und leise an. So ist die Reduzierung der Lautstärke oder auch ein kurzes Schweigen ein sehr gutes Mittel, die Aufmerksamkeit zu erhöhen, insbesondere wenn bei den Zuhörern Unruhe herrscht. Ein Kollege setzte dieses Mittel regelmäßig und mit großem Erfolg ein. Am Anfang seiner Vorlesung oder wenn es zwischendurch zu einem Gemurmel im Publikum kam, wurde er zunächst leiser und schließlich stumm. So wartete er ab, bis im Raum wieder Ruhe einkehrte, und setzte erst dann seine Ausführungen fort.

- **Tempo (Sprechgeschwindigkeit):** Der Wechsel im Sprechtempo sorgt ebenfalls für Abwechslung. Sprechen Sie bewusst an Stellen, die Sie betonen wollen, schneller oder langsamer. Sie werden merken, wie das Publikum aufschaut. Stellen Sie sich vor, wie Sie die Zahl „Fünfzig Millionen Euro" sehr schnell aussprechen, als handle es sich nur um wenig Geld, als wäre es fast nichts. Umgekehrt betonen Sie jede Silbe „Füüünfzig Milliooooonen Euroooo": Dies hört sich nach einem ganzen Haufen Geld an, obwohl es die gleichen Worte sind (vgl. Dale Carnegie Training, 2012, S. 23).
- **Pausen:** Pausen gehören zu den eindrucksvollsten rhetorischen Mitteln. Der richtige Einsatz von Pausen vor und nach wichtigen Aussagen unterstreicht das Gesprochene wirkungsvoll. Pausen machen, muss man sich trauen. Oft ist es überzeugender, weniger zu sagen, wodurch das Gesagte eindrucksvoller wirkt, als aus einer Art Verlegenheit oder Schüchternheit Pausen mit Worten zu füllen. Pausen sind Pausen. Der Sprecher ist eine kurze Zeit ruhig, stumm. Nicht positiv dagegen wird der ständige Einsatz von pausenfüllenden „Ähm", „Ok", oder sonstigen sprachlichen Pausenersatzwörtern gesehen.
- **Betonung:** Durch Betonung geben Sie Wörtern Aussagekraft. Sie können einem Satz eine besondere Bedeutung verleihen. Wenn Sie bei den Sätzen „Ich werde Dir helfen" oder „Morgen fahre ich in den Urlaub" unterschiedliche Wörter betonen, ergeben sich dadurch unterschiedliche Aussagen (Vogt, 2010, S. 77). Betonung ist nur an den entsprechenden Stellen sinnvoll. Durch falsche Betonung kann der Sinn einer Aussage entfremdet werden und es kann zu ungeahnten humoristischen Einlagen kommen. Durch unterschiedliche Betonung ergeben sich nicht nur unterschiedliche Bedeutungen, Betonungen wirken auch der Monotonie in der Sprechweise entgegen, unterschiedliche Betonungen wirken abwechslungsreich und unterhaltsam.

5.2.5 Deutlich sprechen

Ihre Stimme ist Ihre klingende Visitenkarte. (Braun, 2018, S. 182)

Der Einsatz und die Wirkung der Stimme sind von der Raumgröße und der technischen Unterstützung abhängig. Beim Einsatz einer Lautsprecheranlage ist die Wirkung entsprechend größer, als wenn Sie nur mit Ihrer normalen Stimme gegen 70 oder noch mehr Menschen in einem Raum antreten. Dies stellt auch für die Stimme eine Höchstleistung dar, die nur schwer auf Dauer erbracht werden kann.

Bei den ersten Präsentationen ist es ungewohnt, „öffentlich" zu reden. Das öffentliche Reden unterscheidet sich vom „normalen, alltagssprachlichen" Reden vor allem dadurch, dass mehr Zuhörer angesprochen werden, dass dies in größeren Räumen stattfindet und deshalb laut und deutlich gesprochen werden muss. Menschen haben oft Schwierigkeiten damit, laut, langsam und deutlich zu sprechen.

Eine laute und deutliche Aussprache kann man üben. Versuchen Sie vorher zu Hause, Ihre Rede laut und deutlich vorzutragen. Es ist anfangs ungewohnt und seltsam, schult aber Ihre Stimme für den Auftritt. Eine laute und deutliche Stimme klingt sicherer und gibt dem Redner mehr Sicherheit. Dadurch wirkt dieser souveräner und selbstbewusster.

Dabei gilt die Annahme, dass „je sicherer jemand in seinem Thema ist, […] desto klarer wird die Aussprache einzelner Worte allgemein sein" (Birkenbihl, 2019, S. 183). Klare Aussprache und klare Worte stehen also für klare Gedanken.

Regelmäßig erlebe ich Menschen, die mit einer zittrigen Stimme zum Publikum sprechen. Noch häufiger sind Menschen, die mit einer leisen Stimme reden, als wollten sie sich verstecken und gar nicht gehört werden. Ihre Stimme kann bestenfalls in der zweiten Reihe noch gehört werden.

Andere sprechen aus lauter Aufregung (oder um schneller fertig zu werden?) in einer Geschwindigkeit, dass die Aufnahme der Information für die Zuhörer in der Sprechzeit nicht möglich ist. Dies kann so weit gehen, dass den Zuhörern Angst und Bange um den Vortragenden wird, weil diesem gleich die Luft auszugehen droht, weil er vergisst zu atmen. Zum öffentlichen Reden gehört auch die richtige Atemtechnik. Das regelmäßige, tiefe Ein- und Ausatmen ist völlig natürlich, doch leider haben manche Menschen es verlernt.

Manche Vortragende sprechen auch undeutlich, schlampig und nuscheln in ihren (oft fiktiven) Bart. Es entsteht der Anschein, dass die Vortragenden zu faul sind, die Muskeln in ihrer Mundregion und ihre Lippen zu bewegen. Zum Sprechen gehört, dass Sie den Mund aufmachen.

Auf der anderen Seite gibt es aber auch dominante, selbstbewusste Redner, die ruhig und mit einer festen Stimme sprechen.

So erinnere ich mich an den Vortrag eines ehemaligen Offiziers der Bundeswehr. Er war es gewohnt, klar, laut und deutlich zu sprechen. Sein Auftritt war sehr selbstbewusst und er beendete seine Aussagen meist mit einem „OK?!", das keinen Widerspruch erwartete. Den Zuhörern flößte dieser Auftritt nicht nur Respekt ein, sondern eher Angst, weil diese einen solchen Ton nicht gewohnt waren. Dem Vortragenden war diese Wirkung seines Vortrags selber nicht klar und er war von den Rückmeldungen sehr überrascht.

Eine schwierige Konstellation ist es, wenn selbstbewusste Redner sinnfreie Inhalte überzeugt von sich geben. Die Zuhörer sind auf den ersten Blick fasziniert und hören gefesselt und gespannt zu. Aber das macht, spätestens auf den zweiten Blick, keinen guten Eindruck und schadet dem Redner und seinem Ansehen.

Für den Stimmeinsatz gelten deshalb folgende Empfehlungen:

- Passen Sie die Lautstärke der Stimme der Raumgröße an. Sprechen Sie lauter als bei einem normalen Gespräch.
- Betonen Sie besondere Stellen dadurch, dass Sie noch lauter oder auch mal leiser reden, um diese Passagen hervorzuheben.
- Sprechen Sie klar und deutlich.
- Vermeiden Sie Nuscheln oder Verschlucken von Wörtern oder Satzteilen.
- Setzen Sie Ihre Stimme abwechslungsreich und dynamisch ein.

- Betonen Sie richtig. Sprechen Sie so, als ob Sie ohne Präsentationsmedium vor Ihrem Publikum stehen und dieses nur Ihrer Stimme lauschen kann.
- Atmen Sie regelmäßig und tief in den Bauch ein und nutzen Sie das Fassungsvermögen Ihrer Lunge.

Das Sprechverhalten, die Aussprache und die Atmung können Sie einfach vor dem Vortrag selbst prüfen, indem Sie Ihren Vortrag üben und eine Tonaufnahme davon machen. Es ist ungewohnt, und Sie werden erstaunt sein, wie es klingt, wenn Sie sich selbst hören.

Die Tonaufnahme liefert eine schnelle und einfache Rückmeldung. Sie zeigt, welches Sprechverhalten Sie haben, wie schnell Sie reden, welche Wörter und welche Füllwörter (z. B. „ähm") oder sprachlichen Ausdrücke Sie (oft unbewusst) benutzen (z. B. „Sag ich mal …", „OK?", „Verstanden?", „Ja?" oder „Klar?" oder „Genau!") und ob Ihre Aussprache deutlich ist usw.

Wenn Sie bemerken, dass Ihr tatsächliches Sprechverhalten von dem gedachten oder gewünschten Sprechverhalten abweicht, können Sie sich rechtzeitig Abhilfe überlegen. Wenn Sie z. B. viele „Ähm" verwenden, versuchen Sie es einfach mal mit einer Pause an dieser Stelle. Wenn Sie sich gehetzt fühlen, machen Sie Pausen, reden Sie langsamer und holen Sie Luft, dies gibt auch den Zuhörern Zeit, Luft zu holen.

Beim Sprechen sollten Sie möglichst tief und in den Bauch atmen und keine flachen Atemzüge in der Brust machen, bei denen Sie nur einen Teil Ihrer Lunge nutzen. Dadurch können Sie die natürlichen Resonanzräume des Körpers besser ausnützen. Ihre Atmung können Sie wie folgt einfach testen (vgl. Vogt, 2010, S. 54):

Legen Sie Ihre Hand auf den Bauch, Sprechen Sie ein „S" staccato-artig aus! Ihre Bauchdecke hebt und senkt sich, nach einigen Wiederholungen wird Ihre Stimme kräftiger.

Ein bewährter Atmungstest im Liegen kommt von Dale Carnegie, der behauptet, dass die meisten Menschen im Liegen „frei, natürlich, richtig atmen" (Carnegie, 1940, S. 27): Legen Sie sich im Bett flach auf den Rücken, Ihre Finger positionieren Sie direkt unter Ihr Brustbein und holen tief Luft. Die Lungen füllen sich mit Luft und dehnen sich aus. Da im oberen Bereich des Körpers die inneren Organe liegen, erfolgt die natürliche Ausdehnung nach unten Richtung Zwerchfell. Das können Sie über Ihre Finger wahrnehmen (vgl. Carnegie, 1940, S. 27 f.). Durch ständiges Üben dieser Technik kann so die Atmung verbessert werden.

5.2.6   Dialekt und Hochdeutsch

Sprechen mit Dialekt ist ein interessanter und auch umstrittener Punkt. Dabei ist egal, aus welcher Region der Dialekt stammt, ob es bayrisch, badisch, schwäbisch, sächsisch, pfälzisch, berlinerisch oder plattdeutsch ist. Die verschiedenen Mundarten bereichern die deutsche Sprache (vgl. Vogt, 2010, S. 72).

Allerdings sollte es nicht so sein, dass nur ein Teil der Zuhörer den Worten folgen kann und der Rest bei den Witzen und Pointen nur verständnislos mitlächelt. Es kommt auf die Situation und auch auf die Zielgruppe an, ob eine mundartliche Sprechweise angebracht ist.

Bei der Frage, ob mit Dialekt gesprochen werden kann, können grundsätzlich zwei Positionen unterschieden werden. Der erste Teil ist der Meinung, dass im akademischen Bereich nur dialektfrei, d. h. Hochdeutsch gesprochen werden sollte. Dies wird auch als Ausdruck sprachlicher Bildung gesehen. Das Sprechen mit Dialekt dagegen wird mit geringer Bildung und mit Nicht-verstanden-werden-Wollen gleichgesetzt. Bei Verwendung eines Dialektes werden der Person quasi automatisch ein niedriger Bildungsabschluss und Unwille zum Reden unterstellt.

Eine interessante Situation entsteht, wenn eine Person Hochdeutsch redet, die Mehrheit des Publikums aber eine Dialektfärbung aufweist. Wenn also z. B. eine Person aus Hannover in astreinem Hochdeutsch einen Vortrag vor schwäbischen Zuhörern hält. Die Person wird selbstverständlich von den Zuhörern verstanden, aber sie wird auch als „nicht zugehörig", als Fremdkörper wahrgenommen. Das ist bei offiziellen Vorträgen oder Tagungen unkritisch bzw. sogar sehr positiv, bei Vorträgen von Studierenden vor Studierenden kann dies aber ungewollt hochnäsig wirken.

Der andere Teil ist der Meinung, dass Dialekt gesprochen werden kann, wenn die Zuhörer die Sprache verstehen können. Das Motto lautet: „Eine Dialektfärbung macht sympathisch" (Franck, 2003, S. 70). Hier kommt im sprachlichen Dialekt eine persönliche Note als Teil der menschlichen Persönlichkeit des Redners zum Ausdruck. Begründet wird dies damit, dass die Verwendung der hochdeutschen Sprache Personen, die in Gebieten mit einem starken Dialekt aufgewachsen sind, außerordentlich schwerfällt und diese dann in eine unnatürliche, gekünstelte Ausdrucksweise verfallen, welche oft viele ungewollte humoristische Aspekte liefert. Der Vortrag sollte natürlich so sein, dass das Publikum ihm sprachlich folgen kann. Als Ausweg für Menschen mit einer regionalen Sprachfärbung bietet sich hier der Mittelweg an: die angenäherte Hochsprache, also Hochdeutsch mit leicht mundartlicher Färbung (vgl. Vogt, 2010, S. 73).

Die angenäherte Hochsprache ermöglicht, dass sich Menschen mit unterschiedlichen Mundarten und Dialekten verständigen können (vgl. Birkenbihl, 2010, S. 39). Wenn der Redner sich um eine angenäherte Hochsprache bemüht, ohne sich sprachlich zu verbiegen, und wenn das Publikum folgen kann, sieht es über kleine sprachliche „Unarten" hinweg. Dabei hilft die Information, dass jede Hochsprache früher auch einmal ein Dialekt war und damit „nicht weniger wert ist als eine Hochsprache" (Birkenbihl, 2010, S. 38).

Ersatzweise bietet sich auch an, die Präsentation in einer Fremdsprache, vorzugsweise auf Englisch, zu halten, denn dadurch wird der Einfluss des Dialekts auf die Sprache normalerweise deutlich reduziert.

5.3   Non-verbale Ausdrucksformen

Der bekannteste Merksatz zum Thema Körpersprache lautet:

> „Man kann sich nicht nicht verhalten." „Man kann nicht nicht kommunizieren."
> (Watzlawick et al., 2019, S. 58)

Was heißt das? „Handeln oder Nichthandeln, Worte oder Schweigen haben alle Mitteilungscharakter" (Watzlawick et al., 2019, S. 58 f.). Das bedeutet, auch wenn wir uns nicht bewusst äußern, senden wir trotzdem Signale und Informationen an unsere Umwelt. Ein Mensch, der in einem Wartezimmer sitzt und schweigend auf den Boden starrt, teilt damit mit, dass er nicht sprechen und auch nicht angesprochen werden will (vgl. Watzlawick et al., 2019, S. 59).

Die Körpersprache sendet viele Signale. Ein niedergeschlagener Mensch wird nicht aufrecht und strahlend vor uns stehen. Eine schüchterne Person kommt i. d. R. nicht mit großen, festen Schritten auf uns zu.

> Der Körper ist unser größter Schwätzer.
> (Zitat von Samy Molcho, geboren 1936, Pantomime und Autor, nach Matschnig, 2011, S. 127).

Körpersprache ist non-verbale Kommunikation. Es handelt sich um die Informationsübermittlung „mithilfe von Mimik, Gestik, Berührungen, Körperbewegungen, Haltung, Körperinszenierung (Kleidung, Schmuck, Frisur, Tätowierungen usw.) sowie Tonfall, Klangfarbe und Lautstärke der Stimme" (Navarro & Karlins, 2020, S. 18).

Körpersprache umfasst nicht nur das körpersprachliche Verhalten wie Haltung, Gestik und Mimik, sondern auch das Aussehen (Kleidung und evtl. Schmuck). Auch die Stimme, welche durch die Lautstärke, die Melodie, den Tonfall, die Tonhöhe oder Merkmale wie Räuspern oder Zittern charakterisiert werden kann, ist Teil der Körpersprache.

Die Körpersprache sendet ständig Hinweise an mögliche Empfänger. Es gibt bei der Körpersprache oft kein „Richtig" oder „Falsch". Die Körpersprache wird vom limbischen System in unserem Gehirn gesteuert. Das limbische System ist für die Überlebensreaktionen des Menschen wichtig (siehe auch Abschn. 5.1.4). Es steuert unsere Reaktionen reflexartig, ohne dass wir nachdenken müssen. Deshalb sind diese Reaktionen aufrichtig (vgl. Navarro & Karlins, 2020, S. 39). Anders ausgedrückt: „Der Köper lügt nicht" (Matschnig, 2012b, S. 9) oder: „Die Körpersprache hat immer Recht" (Molcho, 2001, S. 21).

Das limbische System hat die Aufgabe, Gefahr und Unbehagen zu erkennen und abzuwehren, um uns einen Zustand der Sicherheit und des Behagens zu ermöglichen. Auf einen unbehaglichen Zustand von außen, z. B. Stress, reagiert unser Körper meist mit sog. Stress- oder Beruhigungsgesten. Diese haben die Aufgabe, uns selbst zu beschwichtigen, um den Normalzustand wiederherzustellen. Beruhigungsgesten sind

z. B. Bewegungen, bei denen wir uns selbst streicheln oder schützen. Dazu zählen z. B. Berührungen im Gesicht, am Kopf, am Hals, an den Schultern, an Armen, Händen oder Beinen mit dem Zweck, beruhigende Endorphine im Gehirn auszuschütten (vgl. Navarro & Karlins, 2020, S. 53 ff.).

5.3.1 Kongruente und inkongruente Körpersprache

Körpersprache kann zum gesprochenen Wort kongruent oder inkongruent sein. Wenn wir wörtlich etwas anderes sagen, als wir mit unserer Körpersprache ausdrücken, verhalten wir uns inkongruent. Dadurch werden die Zuhörer misstrauisch, der Sprecher verliert an Glaubwürdigkeit und Überzeugungskraft und wird unbewusst als unsympathisch und unaufrichtig eingestuft (vgl. Matschnig, 2012a, S. 12). Anders ausgedrückt: „Kongruenz überzeugt" (Birkenbihl, 2019, S. 24). Oder: „Je mehr jemand er selbst ist, desto geringer die Wahrscheinlichkeit, dass wir bei ihm Signale registrieren, die inkongruent zu seiner Person sind" (Birkenbihl, 2019, S. 130).

Wer sich mit dem Thema Körpersprache beschäftigt, weiß, dass bei der Kommunikation mit einem anderen Menschen die Wirkung einer Botschaft zu 93 % von der Körpersprache abhängt und lediglich 7 % über den Inhalt übermittelt werden (vgl. Matschnig, 2012a, S. 9).

Die Aufteilung in Abb. 5.6 geht auf eine Studie von Albert Mehrabian zurück. Er stellte die Formel auf: „Total Liking = 7 % Verbal Liking + 38 % Vocal Liking + 55 % Facial Liking" (Mehrabian, 1971, S. 43).

Dabei geht es nicht um die genauen mathematischen Werte in der Formel, diese gilt nur näherungsweise. Die Aussage lautet: Wenn sich Sprache und Körpersprache widersprechen (sog. „inconsistent message"), kommt die größte Bedeutung bei der Übermittlung von Botschaften dem Gesichtsausdruck zu, dann der Stimme („tone of voice"),

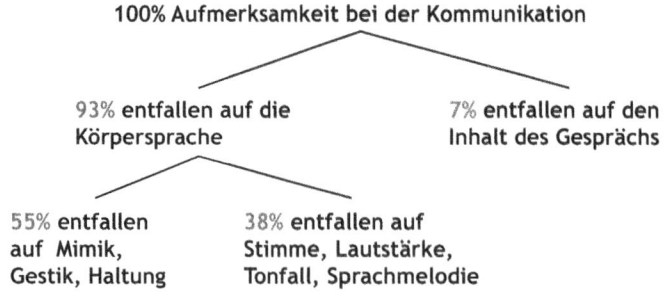

Abb. 5.6 Bedeutung der Körpersprache. (Quelle: In Anlehnung an Mehrabian, 1971, S. 43)

und nur der kleinste Teil entfällt auf die dabei verwendeten Wörter (vgl. Mehrabian, 1971, S. 43).

Dazu machte Mehrabian folgende Experimente (vgl. Mehrabian, 1971, S. 43 ff.): Zunächst nahm er die Aussagen verschiedener Redner auf Video auf. Die Bedeutung der Wörter stimmte dabei nicht mit dem Gesichtsausdruck bzw. der Betonung überein, z. B. wurde ein fröhliches Wort traurig ausgesprochen („inconsistent message").

Mehrere Versuchspersonen sollten unabhängig voneinander die Botschaften nach ihrer Wirkung auf einer Skala von − 3 bis + 3 beurteilen, z. B. sehr traurig bis sehr fröhlich. Anschließend wurden die Videotapes Versuchspersonen ohne Ton vorgespielt, die deren Aussage aufgrund der Körpersprache (Mimik und Gestik) und mit der gleichen Skala beurteilen sollten. Im dritten Schritt wurden die verwendeten Wörter abgetippt und nach Ihrer Wirkung beurteilt. Anschließend wurden die Wörter unkenntlich gemacht, sodass nur noch der Tonfall der Audioaufnahme übrigblieb. Jedes Mal erfolgte eine Beurteilung mit der gleichen Skala.

Es zeigte sich, dass Wörter mit einer positiven Bedeutung, welche mit negativer Betonung oder negativem Gesichtsausdruck ausgesprochen wurden, auch negativ wahrgenommen wurden. Negative Begriffe dagegen, die mit einem freundlichen Gesichtsausdruck oder positiv betont ausgesprochen wurden, wurden positiv wahrgenommen. Wenn es irgendwelche körpersprachlichen Signale gab, waren diese bei der Interpretation der Botschaft wichtiger als die Bedeutung der Wörter (vgl. Mehrabian, 1971, S. 45).

Die wichtigste Aussage der Studie lautet: Der überwiegende Teil des Informationsaustausches erfolgt nicht-sprachlich (non-verbal). Deshalb wird non-verbalen Ausdrucksformen eine größere Bedeutung zugesprochen als sprachlich-inhaltlichen Informationen. Mit anderen Worten: Es ist weniger bedeutsam, **was** gesagt wird, sondern mehr, **wie** es zum Ausdruck kommt. Das war die wissenschaftliche Bestätigung für das deutsche Sprichwort: „Der Ton macht die Musik."

Die Aussagen von Mehrabian können Sie selbst überprüfen. Vera Birkenbihl macht dazu folgenden Vorschlag: Versuchen Sie einmal, wenn Sie jemanden treffen, den Sie gut kennen, in dem sonst üblichen Tonfall Ihrer Begrüßungsrede statt: „Schön, Dich heute zu treffen!", mal: „Blöd, Dich heute zu treffen", zu sagen. Die meisten Angesprochenen werden den Unterschied nicht merken (vgl. Birkenbihl, 2019, S. 165). Bitte die Übung nur mit guten Freunden machen und nicht bei wichtigen beruflichen Anlässen!

5.3.2 Schwierigkeiten bei der Körpersprache

Viele Signale, die wir mit der Körpersprache senden, sind eindeutig und werden vom Empfänger analysiert und zutreffend interpretiert. Dies lernen wir im Laufe unseres Lebens. Dabei werden körpersprachliche Signale häufig so gedeutet, wie ihre äußere Wirkung ist:

- Das Abwenden von einer Person z. B. wird auch als inhaltliches Abwenden betrachtet, als unterschiedliche Meinung zu der anderen Person – man geht auf Distanz (vgl. Navarro & Karlins, 2020, S. 48).
- Füße, die in eine besondere Richtung zeigen, sind ein Indiz dafür, dass sich die Person am liebsten in diese Richtung bewegen will (vgl. Navarro & Karlins, 2020, S. 75).
- Gekreuzte Beine deuten darauf hin, dass alles in Ordnung ist und wir uns wohlfühlen. (vgl. Navarro & Karlins, 2020, S. 80).
- Ein breitbeiniger Stand deutet auf Dominanz hin, d. h., dass diese Menschen sich breit machen, um ihr Revier abzustecken (vgl. Navarro & Karlins, 2020, S. 80).

Zwar sind die körpersprachlichen Signale ehrlich, die Interpretation dieser Signale kann aber zu unterschiedlichen Ergebnissen führen (vgl. Molcho, 2001, S. 11). Körpersprachliche Signale müssen auch immer im Zusammenhang mit der Situation gesehen werden. Wenn eine Person ein langes, scharfes Messer in der Hand hält, wirkt dies in der Küche anders als im Schlafzimmer (vgl. Molcho, 2001, S. 23).

Oder wenn z. B. eine Person die Augen zukneift, weil sie von der Sonne geblendet wird, kommt dieser Körperbewegung möglicherweise gar keine besondere Bedeutung zu.

Es reicht bei der Interpretation der Körpersprache deshalb nicht aus, ein Signal zu interpretieren. „Ein Signal alleine hat keine Aussagekraft" (Birkenbihl, 2019, S. 62). Weil körpersprachliche Ausdrucksformen komplex sind, darf nicht von einem körpersprachlichen Signal auf den Rest des Menschen geschlossen werden – es sollte immer der ganze Mensch im Blick sein (vgl. Bruno & Adamczyk, 2018, S. 12 f.).

Zusätzlich ist die Körpersprache individuell, d. h., jeder hat seine eigene Körpersprache (vgl. Matschnig, 2012b, S. 11). Die Beobachtung körpersprachlicher Signale lässt somit oft verschiedene Interpretationen zu (vgl. Navarro & Karlins, 2020, S. 12). Ein und dasselbe körpersprachliche Verhalten (die gleiche Botschaft) kann von unterschiedlichen Empfängern unterschiedlich ausgelegt werden, d. h. einer oder mehrere Empfänger interpretieren die Information anders als andere Empfänger und wieder anders, als sie ursprünglich gesendet wurden. Damit lassen sich körpersprachliche Aussagen unterschiedlich interpretieren, was den Aussagegehalt unsicherer macht.

Außerdem sind kulturelle und länderspezifische Unterschiede bei der Körpersprache zu beachten. Wenn Menschen unterschiedlicher Kulturen aufeinandertreffen, kann es zusätzlich zur vorhandenen Unsicherheit auch zu interkulturellen Verständigungsproblemen und Missverständnissen kommen (vgl. Erll & Gymnich, 2021, S. 6). Insbesondere wenn der Kulturkreis der westlichen Länder verlassen wird und z. B. arabische, südamerikanische oder asiatische Länder betrachtet werden, können körpersprachliche Äußerungen verwirrend oder beleidigend wirken bzw. so empfunden werden.

So haben bestimmte Handbewegungen in anderen Ländern eine völlig andere Bedeutung als bei uns. Das Zeigen mit der Schuhsohle auf einen Menschen gilt in arabischen Ländern als schlimme Beleidigung. Oder der Umgang mit dem anderen

Geschlecht ist in muslimischen Ländern völlig anders als bei uns. Da Frauen in diesen Ländern eine völlig andere Stellung haben, ist z. B. die Körperdistanz zwischen Mann und Frau relativ groß (vgl. Kratochwil, 2012, S. 78 f.). Es gilt der Spruch: „Andere Länder – andere Sitten." Dies zeigt auch die Untersuchung zu den kulturellen Unterschieden in verschiedenen Ländern von Geert Hofstede (vgl. Hofstede, 1993).

Laut Hofstede können sechs Dimensionen die Unterschiede zw. Kulturen beschreiben: 1) „Power Distance" (Machtdistanz) 2) „Individualism & Collectivism" (Individualismus), 3) „Masculinity & Femininity" (Maskulinität), 4) „Uncertainty Avoidance" (Unsicherheitsvermeidung) 5) „Long Term Orientation & Short Term Orientation" (Langzeitorientierung) sowie 6. „Indulgence" (Genuss). Und daraus lassen sich auch viele körpersprachliche Verhaltensweisen und Unterschiede erklären.

5.3.3 Der erste Eindruck

Für den ersten Eindruck gibt es keine zweite Chance.
(Urheber unbekannt)

Wenn wir einen fremden Menschen das erste Mal sehen, läuft in unserem Unterbewusstsein automatisch und unaufhaltsam ein Bewertungsprogramm ab. Kleidung, Haltung, Bewegungen – in unserem Gehirn sind „100 Mrd. Nervenzellen aktiv" (Matschnig, 2011, S. 11). „Bevor Sie gehört werden, werden Sie gesehen." (Braun, 2018, S. 170).

Die erste Bewertung erfolgt nach ungefähr 10 ms. In dieser kurzen Zeit taxieren wir einen Menschen grob und stecken diesen Menschen in eine Schublade. Diese kurze Zeitspanne schützt unser Gehirn vor einer Reizüberflutung, wenn wir uns z. B. einer großen Menschenmenge gegenübersehen. Erst wenn wir einen Menschen interessant finden, läuft das Bewertungsprogramm weiter (vgl. Matschnig, 2011, S. 11).

In einer Zeitspanne zwischen 150 ms und 90 s hat sich in unserem Gehirn der erste Eindruck einer Person gebildet. Dann haben wir die Entscheidung getroffen, ob wir eine Person sympathisch oder unsympathisch finden. Von dieser Entscheidung hängt wesentlich ab, ob wir eine Person als kompetent einstufen oder nicht, ob wir der Person glauben und ihr zuhören wollen oder nicht. Sympathischen Menschen unterstellen wir Kompetenz, unsympathischen Menschen das Gegenteil (vgl. Matschnig, 2012a, S. 21).

Die wichtigsten Entscheidungen haben wir nach 100 ms getroffen, und diese ändern wir normalerweise auch dann nicht, wenn mehr Zeit zur Verfügung steht. Dies fanden die Forscher Janine Willis und Alexander Todorov (Willis & Todorov, 2006, S. 592 ff.) heraus. Sie führten verschiedene Experimente durch, bei denen Versuchspersonen fremde Gesichter nach den Merkmalen Attraktivität, Sympathie, Vertrauenswürdigkeit, Kompetenz und Aggressivität („attractiveness", „likeability", „trustworthiness", „competence", „aggressiveness") beurteilen mussten (Willis & Todorov, 2006, S. 592). Dabei waren unterschiedliche Zeitspannen vorgegeben. Die Bewertungen, welche die Versuchspersonen nach 100 ms abgaben, entsprachen i. d. R. den gleichen Bewertungen, die auch bei längerer Betrachtungszeit entstehen (vgl. Willis & Todorov, 2006, S. 592).

Nach dieser ersten Einschätzung läuft der Bewertungsprozess weiter. In den nächsten vier Minuten bildet sich der zweite Eindruck. Zunächst nehmen wir Alter, Figur und Attraktivität der Person wahr. Dann bemerken wir Details wie Oberkörper, Hände, Haut, Körperhaltung, Stimme oder Tonfall. Nach diesen vier Minuten haben wir die Entscheidung getroffen, ob wir diesen Menschen interessant und anziehend finden oder nicht (vgl. Matschnig, 2012a, S. 22).

Dies klingt zunächst unrealistisch. Aber überlegen Sie mal selbst: Wenn Sie einen Menschen das erste Mal sehen, worauf achten Sie, was bemerken Sie?

Stellen Sie sich vor, Sie sind in einer Situation, in der Sie auf einen oder mehrere unbekannte Menschen treffen. Dies kann an einer Haltestelle, im Zug, im Bus, in der Warteschlange an einer Kasse oder auch in einer Vergnügungsstätte (z. B. Disco oder Kneipe) sein. In einer solchen Situation betrachten Sie die Menschen zuerst meistens stumm. Ohne Aufnahme einer verbalen Kommunikation bilden Sie sich einen ersten Eindruck. Dabei gibt es Menschen, die Sie kaum wahrnehmen (die „graue Maus"), und andere, die Ihnen sofort auffallen, „ins Auge stechen". Die erste Kontaktaufnahme mit Menschen erfolgt normalerweise über Blickkontakt. Je nach Verhalten des Gegenübers merken Sie meist, ob eine weitere Kontaktaufnahme möglich und erwünscht ist oder nicht. Und dies, ohne ein Wort zu sprechen.

Wenn eine Person im Gespräch mit einem Bekannten ist und Ihnen die Schulter oder den Rücken zuwendet, sucht diese eher keinen Kontakt. Wenn sie sich dagegen Ihnen zuwendet, in Ihre Richtung blickt und den Blickkontakt erwidert und aufrechterhält oder gar in Ihre unmittelbare Umgebung eindringt, steigt die Wahrscheinlichkeit, dass eine Kontaktaufnahme gewünscht oder zumindest in Kauf genommen wird.

Der erste Eindruck bildet sich in kurzer Zeit. Viele Informationen nehmen wir dabei nur unterbewusst wahr, ebenso wie wir diese Signale nur unterbewusst senden. Diese körpersprachlichen Signale können wir nur zu einem kleinen Teil bewusst steuern, d. h., die Körpersprache ist ehrlich (vgl. Matschnig, 2012a, S. 10).

Werden Sie sich Ihrer Wirkung und Ihres Auftritts bewusst. Für einen guten ersten Eindruck sind folgende Empfehlungen hilfreich:

- ein ehrliches Lächeln,
- eine souveräne Haltung und
- angemessene Kleidung sowie
- die richtige innere Einstellung.

Dann gelingt es Ihnen eher, Sicherheit, Selbstvertrauen und Freundlichkeit auszustrahlen und das Publikum für sich zu gewinnen. Große Bedeutung kommt der inneren Einstellung zu, da diese die Körpersprache unbewusst beeinflusst.

5.3.4 Kleidung

Wir beurteilen Menschen – ob wir es wollen oder nicht – auch nach ihrem Äußeren und damit auch nach der Kleidung. Kleidung sagt etwas über den Menschen aus, der sie trägt. Dieser Effekt funktioniert auch umgekehrt: Die Kleidung beeinflusst die Person, ihren Auftritt und ihre Stimmung. Kleidung kann das Selbstbewusstsein stärken, die Attraktivität erhöhen, die Stärken betonen und Sie in einem vorteilhaften Licht erscheinen lassen, was wiederum die Selbstsicherheit erhöht.

Diese Feststellung machte schon Dale Carnegie vor rund 75 Jahren. Bei einer Befragung über die Bekleidung kam das Ergebnis heraus, dass eine sorgfältige und gute Kleidung das Selbstvertrauen und die Selbstachtung der Träger erhöht und es somit zu der selbsterfüllenden Prophezeiung kommt, dass der, der nach Erfolg aussieht, letztlich auch Erfolg hat (vgl. Carnegie, 1940, S. 144).

Die Kleidung hat aber nicht nur Einfluss auf den Redner, sondern auch auf die Zuhörer. Die Kleidung wird als Teil der Person während der Präsentation ständig wahrgenommen. Das äußere Erscheinungsbild beeinflusst den Eindruck, den Sie auf andere Menschen machen.

Die Kleidung ist wie die Verpackung eines Produktes, nur dass in diesem Fall der Vortragende das Produkt ist (vgl. Sarnoff, 1992, S. 99). Es gilt die Redewendung „Kleider machen Leute" oder „Man ist, was man trägt" (vgl. Navarro & Karlins, 2020, S. 114).

Kleidung sagt viel über uns aus und kann auch sehr dienlich sein. Durch Kleidung wird z. B. signalisiert, wie wir beruflich, sozial und materiell gestellt sind (vgl. Navarro & Karlins, 2020, S. 113). Kleidung verrät auch etwas über unsere Persönlichkeit bzw. unsere Stimmung: Sind wir modisch oder altmodisch, eher konservativ oder progressiv, eher traditionell oder experimentierfreudig, eher zugeknöpft oder freizügig, eher sparsam oder verschwenderisch, eher angepasst oder unkonventionell, eher extrovertiert oder introvertiert?

Da viele körpersprachliche Signale zwischen Menschen unbewusst ausgetauscht werden und wenig beeinflussbar sind, kommt dem Outfit bei einer Präsentation eine besondere Rolle zu, weil dies im Vorfeld bewusst gestaltet werden kann.

Die folgende Geschichte veranschaulicht dies (vgl. Navarro & Karlins, 2020, S. 114): Stellen Sie sich vor, Sie gehen abends auf einer Straße nach Hause. Es ist schon dunkel und nur wenige Menschen sind unterwegs. Dann hören Sie plötzlich Schritte von hinten, die sich schnell nähern. Sie merken, wie die Gestalt ihre Schritte beschleunigt, immer näherkommt und im Begriff ist, Sie einzuholen. Als Sie sich umdrehen, können Sie im Licht der Straßenlaterne eine große Gestalt – wahrscheinlich ist es ein Mann – schemenhaft erkennen. Beim nochmaligen Umdrehen stellen Sie fest, dass es ein Mann ist, der einen Anzug mit Krawatte anhat und einen Aktenkoffer trägt.

Jetzt stellen Sie sich dieselbe Situation, die gleiche Straße und Uhrzeit vor, nur dass der Mann beim Näherkommen anders aussieht. Er trägt eine verdreckte, alte Jeanshose, einen ebenso schmutzigen, ungewaschenen Kapuzenpulli. Die Kapuze hat er tief in das Gesicht gezogen, sodass Sie dieses nicht erkennen können. Er hat ausgetretene, dreckige

Turnschuhe und in seiner Hand befindet sich ein Gegenstand, der einem Baseball-Schläger ähnelt.

Die beiden Personen, obwohl von gleicher Größe, Alter und Statur, werden einen unterschiedlichen Eindruck auf Sie machen – und das nur aufgrund ihrer Kleidung (vgl. Navarro & Karlins, 2020, S. 114). Bei der ersten Situation (Anzugträger) sind Sie geneigt zu denken, dass die Person es eilig hat, nach Hause oder zu einem Termin zu kommen. Bei der zweiten Situation wird Ihnen wahrscheinlich mulmig. Sie versuchen einzuschätzen, ob von dieser Person eine Gefahr für Sie ausgeht, und werden entsprechend aufmerksam reagieren.

Wie Kleidung auf andere Menschen wirkt, habe ich auch einmal eindrücklich auf dem Flughafen von Paris, Charles de Gaulle, selbst erlebt. Es war in einem September, einige Jahre nach dem 11. September 2001. Es existierten sog. „verschärfte Sicherheitskontrollen", was u. a. bedeutete, dass die Mitnahme von Flüssigkeiten mit mehr als 100 ml Inhalt in die Flugzeugkabine verboten war.

Ich wartete in der Abflughalle auf meinen Flug nach Washington. Da fiel mir ein Mann mittleren Alters mit einem langen Bart auf, der ein weites Gewand und einen Turban trug. Eine Kleidung, wie sie im Nahen Osten üblich ist. Allerdings hatte er einen Gips am Bein, sodass er Krücken benötigte, um sich vorwärtszubewegen. Er hatte einen Begleiter, der ganz ähnlich angezogen war. Während der sonst langweiligen Wartezeit machte ich mir verschiedene Gedanken über das Ziel und die Absicht der Reise dieser zwei Männer. Diese Gedanken hatte nicht nur ich alleine. Viele Augen der anderen Wartenden musterten interessiert und skeptisch die beiden Männer. Und nicht nur den wartenden Passagieren fielen diese Männer auf. Kurz vor dem Einstieg ins Flugzeug nahm das Sicherheitspersonal die Männer zur Seite, sie durften nicht ins Flugzeug einsteigen. Während des Fluges überlegte ich mir dann lange, was wohl aus den beiden geworden ist.

Durch Kleidung werden Botschaften gesendet. Nachlässige, unordentliche Kleidung eines Redners führt dazu, dass „das Publikum schon wegen seiner äußeren Erscheinung auch weniger Respekt vor seiner Persönlichkeit […] hat. Vermutlich nimmt es an, dass sein Geist genauso salopp ist wie sein ungekämmtes Haar und sein vernachlässigtes Schuhzeug" (Carnegie, 1940, S. 144 f.).

Der Kleidungsstil muss situationsbezogen betrachtet werden, außerdem hängt er auch von der Zielgruppe ab. In naturwissenschaftlichen oder auch in sozialwissenschaftlichen Disziplinen ist der Kleidungsstil etwas salopper, je wirtschaftsnäher die Studienrichtung ist, desto formeller ist meist auch der Kleidungsstil. Ebenso kann damit bewusst die Information gesendet werden, dass Sie die „Ärmel hochkrempeln und arbeiten".

Mit der Kleidung bringen Sie auch Ihre Wertschätzung für Ihre Präsentation und dem Publikum gegenüber zum Ausdruck. Denken Sie an den amerikanischen Spruch „Dress for Success".

So einfach und klar diese Botschaft klingt, so schwer fällt es manchen Menschen, besonders Studierenden, diese umzusetzen. Es gibt Studierende, die ich morgens oder

am Vortag im Unterricht gesehen habe, die ich bei einer abendlichen Party an der Hochschule nicht wiedererkenne. Die abendliche Kleidung signalisierte: „Alle Blicke sollen
sich möglichst auf mich richten." Warum kleiden sie sich aber dann nicht entsprechend
zu einem Anlass, bei dem sie wissen, dass sowieso alle Blicke auf sie gerichtet sind?

Überlegen Sie einmal, wie es auf Sie wirkt, wenn ein Mensch in einer abgetragenen,
ausgewaschenen Jogginghose und einem verschmutzten, verschwitzten T-Shirt mit
einem provokanten oder diskriminierenden Spruch darauf vor Ihnen steht, der dazu
abgetragene, ausgelatschte Schuhe und fettige Haare hat? Instinktiv würden Sie eher
„auf Abstand gehen".

Hier geht es nicht darum, ob Sie hübsch sind. Stellen Sie sich einmal vor, ein Super-
model würde an Ihrer Stelle die Präsentation halten – wie viel des Inhaltes würde in
diesem Fall beim Publikum ankommen? Es geht nicht darum, „schön" zu sein, sondern
„ordentlich", gepflegt aufzutreten und bei der Kleidung Geschmack zu beweisen (vgl.
Nöllke & Schmettkamp, 2020, S. 90).

In einem meiner Kurse an der Hochschule im Fach Personalentwicklung hatten
Studierende die Aufgabe, in verschiedenen Unternehmen Projekte zu bearbeiten.
Am Semesterende wurden dann die Lösungen der Projektgruppen präsentiert. Die
Präsentation fand auf Einladung eines der beteiligten Unternehmen in dessen großem
Konferenzraum statt. Es waren von vier beteiligten Unternehmen jeweils Mitarbeiter
aus der Personalabteilung dabei, Führungskräfte sowie der Geschäftsführer eines und
ein Vorstand eines anderen Unternehmens. Nach der Präsentation fragte mich der Vor-
stand, ob man von Studierenden heute nicht mehr erwarten könne, dass diese sich
„ordentlich" anziehen. Deshalb: Achten Sie auf ein gepflegtes und angemessenes äußeres
Erscheinungsbild!

Eine Präsentationsituation ähnelt der Situation in einem Vorstellungsgespräch: Die
anderen Menschen wollen Sie dabei näher kennenlernen und beobachten Sie ständig.
Auch in Vorstellungsgesprächen kommt dem Outfit eine entscheidende Rolle zu (vgl.
Krausser-Raether, 2007, S. 155). Eine kurze Checkliste zur Kleidung im Vorstellungs-
gespräch findet sich in Kap. 7. Vergleichen Sie diese einmal mit Ihren Vorstellungen.
Möglicherweise werden die Erwartungen an eine ordentliche Kleidung deutlich.

Wenn Sie nicht wissen, was Sie anziehen sollen, fragen Sie einfach nach. Wenn Sie
unsicher sind, ist es empfehlenswert, eher zu gut gekleidet zu kommen, als zu schlecht.
Sich etwas salopper zu kleiden, ist oft auch kurzfristig möglich.

Allerdings ist der Trend zu beobachten, dass formelle Kleidung im Alltag an
Bedeutung verliert, so ist es üblich geworden, z. B. einen Anzug ohne Krawatte zu
tragen. Aus den USA kommt der Silicon Valley Look, der von bekannten IT-Größen wie
Steve Jobs, Mark Zuckerberg, Jeff Bezos, Elon Musk oder Tim Cook geprägt wurde und
wird, zeitverzögert nach Europa (vgl. Wietersheim, 2021).

Der Silicon Valley Look und der Typ des Apple Guys, der „eng anliegende T-Shirts,
Super-Slim-Wollpullover, Jeans und Turnschuhe" (Wietersheim, Stefanie, 2021) trägt,
wurde auch in Büros möglich. Die coronapandemiebedingte Situation des Social
Distancing mit Homeoffice und Online-Unterricht begünstigt deutlich legerere und

großzügigere Kleidungsregeln. Menschen zeigen sich vor der Kamera, wie sie nie vor die Haustür gehen würden.

Wenn „offizielle" Termine, Vorstellungsgespräche, Verkaufsgespräche oder Messebesuche anstehen, ist offizielle Kleidung meist immer noch die beste Empfehlung, wenn auch legerer als früher. Unvergesslich ist mir eine Studentin, die ein schwarzes Oberteil trug. Die Fingernägel hatte sie mit extrem auffälligem gelbem Nagellack lackiert. Der Kontrast wirkte gleichzeitig faszinierend und schauderhaft. Die Handbewegungen bzw. Fingerbewegungen standen plötzlich so im Mittelpunkt, dass sich kaum jemand auf ihre Aussagen konzentrieren konnte und die meisten mit den Augen an den Fingerbewegungen hingen.

Damit Sie und die Zuhörer sich auf Ihren Vortrag konzentrieren können, helfen folgende Empfehlungen zu Kleidung und Äußerlichkeiten bei einer Präsentation (vgl. Thiele, 2010, S. 41 ff.; Matschnig, 2011, S. 15):

- Kleidung (einschließlich Schuhe) passend und sauber,
- keine provokativen, diskriminierenden oder politischen Aussagen oder Symbole auf dem T-Shirt/Oberteil,
- keine aufreizende Kleidung wählen, z. B. zu großer Ausschnitt, zu knapper Rock, ein Knopf zu viel geöffnet,
- Haare ordentlich gewaschen und gekämmt,
- keine Kopfbedeckung tragen, wie z. B. Baseballmütze oder selbstgestrickte Mütze, Ausnahme: Kopfbedeckung aus religiösen Gründen,
- kein auffälliges Make-up, nicht schrill, bunt, schräg oder verführerisch-lasziv,
- kein auffallender Schmuck.

Ziel sollte sein, einen gepflegten, soliden, ordentlichen Eindruck zu machen, bei dem die Leistung beurteilt werden soll und nicht das Aussehen. Eine Präsentation ist kein Laufsteg und auch keine Modeshow.

5.3.5 Mimik

„Das Gesicht ist der Spiegel Ihrer Seele." – Was Sie denken und fühlen, können die Zuhörer an Ihrem Gesicht ablesen (Braun, 2018, S. 173).

Mimik ist der Teil unserer Körpersprache, der die „Ausdrucksmöglichkeiten des Gesichts" beschreibt (Vogt, 2010, S. 108). Die Mimik umfasst die Gesichtsmuskulatur, Stirn, Augen, Nase, Wangen, Mund und Kinn. Mit unserem Gesicht können wir eine Vielzahl unterschiedlicher Stimmungen ausdrücken, z. B.

- Fröhlichkeit,
- Trauer,
- Freude,

- Erstaunen,
- Erschrecken,
- Zweifel,
- Zorn,
- Wut,
- Entsetzen.

Stellen Sie sich die einzelnen Ausdrücke vor, machen Sie diese vor einem Spiegel nach und sehen Sie selbst, was Sie mit Ihrer Mimik ausdrücken können. Wenn wir fröhlich sind, gehen unsere Mundwinkel nach oben, die Augen lachen mit, es zeigen sich Lachfalten. Wenn wir dagegen erstaunt oder erschrocken sind, weiten sich die Augen, wir öffnen z. T. den Mund und machen evtl. ausweichende oder zurückweichende Körperbewegungen. Wenn wir kritisch sind, runzeln wir die Stirn. Stirnrunzeln ist ein Zeichen für Ungläubigkeit und Zweifel. Darüber hinaus kann man über die Mimik viele weitere Facetten ausdrücken, wie nachdenklich, abwesend, versteinert, spitzbübisch, verführerisch etc.

Bei den einzelnen Stimmungsausdrücken spielen die betroffenen Muskeln automatisch zusammen. Wenn Sie z. B. die Nase rümpfen, bewegt sich auch die Muskulatur der Oberlippe mit. Unser Gesichtsausdruck teilt dem Zuhörer also unmittelbar unsere Stimmung mit.

Ein chinesisches Sprichwort sagt: „Wer nicht versteht zu lächeln, sollte niemals einen Laden aufmachen" (Carnegie, 1940, S. 145 f.). Wenn ein Lächeln zur Begrüßung in einen Laden passt, warum sollte es nicht auch auf einem Podium passend sein?

Ein freundlicher Gesichtsausdruck wirkt positiv, sympathisch. Stellen Sie sich das Gegenteil vor: Wenn der Gesichtsausdruck ernst, verkrampft, leidend oder sonst ungewöhnlich ist, wird sich kaum jemand von Ihnen angesprochen fühlen. Viele Vortragende sind viel zu angestrengt, zu konzentriert, zu verkrampft und zu hektisch bei ihrem Auftritt. Diese innere Einstellung dominiert dann ihre Körpersprache und es gelingt ihnen nicht, ein freundliches Gesicht zu machen.

Ein wesentlicher Punkt bei der Mimik ist der Einsatz der Augen. Nur mit den Augen ist Blickkontakt zu anderen Menschen möglich. Blickkontakt und ein freundlicher Gesichtsausdruck bilden die Grundlage, eine Beziehung zum Publikum aufzubauen, welche hilft, die Botschaft zu transportieren (vgl. Vogt, 2010, S. 109; Thiele, 2010, S. 38). Wie wichtig Blickkontakt ist und wie Zuhörer einen Vortragenden empfinden, der keinen Blickkontakt herstellt, lässt sich Tab. 5.2 entnehmen.

Auch die Art und Dauer des Blickkontaktes haben eine Bedeutung. Der Blickkontakt sollte zu möglichst vielen Personen im Raum aufgenommen werden und eine bis drei Sekunden dauern. Um mit möglichst vielen Personen im Raum Blickkontakt aufzunehmen, kann es hilfreich sein, sich drei oder vier Personen auszusuchen, die an verschiedenen Stellen im Raum verteilt sind, z. B. vorne links, vorne rechts, hinten Mitte, und diese abwechselnd anzuschauen. Eine andere Methode ist, den Raum in drei Zonen

Tab. 5.2 Wirkungen von Blickkontakt. (Quelle: In Anlehnung an Matschnig, 2011, S. 15)

Aktiver, ruhiger, direkter Blickkontakt	Kein Blickkontakt, Blick abgewendet
Vertrauen	Schüchternheit
Sicherheit	Unsicherheit
Interesse	„Etwas verbergen wollen"
Glaubwürdigkeit	Unwahr
Ehrlichkeit	Führungsschwäche
Sympathie	Antipathie

(vorne, hinten, Mitte) einzuteilen und in diesen Zonen die Augen schweifen zu lassen. Dadurch haben viele Zuhörer das Gefühl, dass Sie sie „eines Blickes würdigen".

Mit dem Blick können auch Fehler gemacht werden. Typische Fehler sind:

- Einzelne Menschen werden fixiert, zu lange angeschaut. Es geht nicht darum zu prüfen, wer dem Blick länger standhält.
- Auf einen bestimmten Punkt im Raum zu starren. Es gibt Menschen, die mit ihren Augen ständig auf einen (imaginären) Punkt an der Decke oder auf dem Fußboden blicken, als wollten sie mit ihrem Blick ein Loch bohren.
- Abwendung vom Publikum und zum Fenster hinausschauen. Dies wirkt abweisend und abwesend, das Publikum kommt sich „missachtet" vor.

Lassen Sie Ihren Blick langsam und ruhig schweifen. Abrupte und hektische Augenbewegungen wirken unruhig und beunruhigen die Zuhörer. Versuchen Sie, mit jedem Augenpaar im Saal in einen „kurzen Kontakt zu kommen" (Sarnoff, 1992, S. 46).

Der Blickkontakt zum Publikum ist auch notwendig, um „das Publikum im Blick zu haben". Der Blickkontakt gibt Ihnen ein erstes, unmittelbares Feedback zu Ihrer Präsentation und Ihrem Auftritt und zeigt die Reaktionen der Zuhörer. Wenn diese Sie fragend oder belustigt anschauen, wäre die Einholung einer kurzen Rückmeldung vielleicht nicht schlecht.

Blickkontakt können Sie in gewissen Grenzen auch als Disziplinierungsinstrument einsetzen oder damit „spielen". Wenn Sie geistig abwesende Personen betrachten und diese Ihren Blick nicht bemerken, schauen Sie diese ruhig länger an und lächeln Sie in diese Richtung. Warten Sie, bis die anderen Zuhörer Ihrem Blick folgen. Unterbrechen Sie evtl. kurz Ihre Ausführungen. Meistens kommt es dann zu einer Aktivierung der angeschauten Person – und wenn diese dadurch erfolgt, dass der Sitznachbar seinen Ellbogen benutzt.

Das funktioniert i. d. R. auch bei Störungen oder Unruhe im Raum. Sprechen Sie leiser und schauen Sie die betreffenden Personen an. Evtl. reagieren andere mit einem „Psst". Je nach Anlass und Selbstsicherheit können Sie auch die Ausführungen unterbrechen und so lange warten, bis die Störer ruhig werden. In der Regel muss diese Prozedur nicht oft wiederholt werden.

5.3.6 Gestik

Gestik ist der Teil der nonverbalen Kommunikation, der Arm-, Hand- und Finger-bewegungen umfasst. Diese können eingesetzt werden, um Wortäußerungen zu unter-streichen oder zu betonen, wichtige Argumente hervorzuheben oder Aufmerksamkeit zu gewinnen. Gesten sollten Aussagen natürlich unterstützen und unterstreichen. Gestik kann auch verbale Äußerungen ersetzen.

Das Wichtigste bei Gesten ist, dass sie natürlich wirken. Natürlich wirken Gesten besonders dann, wenn sie auch natürlich sind. Wenn Sie von dem Gesagten „überzeugt sind, kommt die Gestik von selbst" (Thiele, 2010, S. 43).

Gestik kann sich – wie andere Elemente der Körpersprache auch – zum Gesprochenen kongruent oder inkongruent verhalten. Wenn die Bedeutung der Wörter mit dem Ausdruck der Hand- und Armbewegungen übereinstimmt, ist das Verhalten kongruent, wenn es nicht übereinstimmt, inkongruent.

Nicht natürlich und damit auch nicht überzeugend wirken i. d. R. einstudierte, auf-gesetzte Gesten. Diese verhalten sich zum Gesprochenen nicht kongruent, weil sie zeit-verzögert zum Einsatz kommen („Ach ja, ich wollte ja noch diese Handbewegung dazu machen").

Gestik kann offen oder geschlossen sein. Geschlossen ist die Gestik, wenn kleine Bewegungen und Bewegungsumfänge gemacht werden und die Arme eng am Köper gehalten werden oder sogar anliegen. Bei der offenen Gestik dagegen öffnen sich die Bewegungen zum Zuhörer hin und große, ausladende, raumgreifende Bewegungen unterstützen das Gesprochene. Große Gesten wirken selbstsicher und souverän, während kleine Gesten eher schüchtern, unsicher und ängstlich wirken (vgl. Thiele, 2010, S. 44; Matschnig, 2011, S. 146). Offene Arme und Zuwendung zum Publikum wirken offen und positiv, geschlossene Arme, z. B. verschränkte Arme, wirken verschlossen und ablehnend. „Je stärker die Gefühle angesprochen werden, desto akzentuierter wird auch die Gestik" (Birkenbihl, 2019, S. 122).

Übertriebene Gesten wirken eher unnatürlich. Stellen Sie sich bildlich eine leiden-schaftliche Diskussion zwischen zwei Südländern, z. B. zwei Italienern, vor, wie sie bei uns im Fernsehen oder in der Werbung typisiert dargestellt werden könnte. Ausdrucks-starke, expressive Handbewegungen unterstützen die verbale Kommunikation. Wenn dies zu Ihrem Typ passt, wenn Sie eher extrovertiert sind, kann dies authentisch wirken und Ihren Auftritt unterstützen. Wenn die Gesten dagegen übertrieben, künstlich, aufgesetzt wirken, wird genau das Gegenteil damit erreicht. Sie gestikulieren und verlieren dadurch an Glaubwürdigkeit.

5.3.6.1 Ausgangsposition der Hände

Manche Menschen wissen nicht, was sie während des Auftritts mit ihren Händen machen sollen. Haben Sie diese Überlegung auch schon einmal angestellt, wenn Sie

- mit Freunden, mit Ihrer Familie oder mit Kommilitonen reden?
- auf einer Party sind?

- beim Einkaufen geredet haben?
- beim Sport reden?

Wahrscheinlich nicht. Sie haben Ihre Hände ganz natürlich bewegt und die Aussagen mal mehr, mal weniger betont. Die Gestik war natürlich und authentisch. Bei einem Auftritt kommt den Gesten eine stärkere Bedeutung als im alltäglichen Gespräch zu, da der Redner mehr im Mittelpunkt steht und viel stärker beobachtet wird. Gestik unterstützt gezielt die verbalen Aussagen.

Die Höhe der Hände im Vergleich zum Oberkörper ist bei der Gestik bedeutsam. Dabei können drei Bereiche unterschieden werden: oberhalb, in Höhe von oder unterhalb der Gürtellinie (vgl. Vogt, 2010, S. 105; Braun, 2018, S. 176). Die Aussage und Wirkung der Gesten ist von den drei Zonen abhängig (vgl. Abb. 5.7.

Eine gute Ausgangsposition oder Grundposition für die Hände ist, wenn diese leicht angewinkelt ungefähr vor der Körpermitte, also vor dem Bauchnabel, im „neutralen" Bereich sind (vgl. Thiele, 2010, S. 43). Die Hände sind hier im „unkritischen" Bereich und können jederzeit die Aussagen unterstreichen. Gesten oberhalb der Körpermitte wirken positiv. Wenn die Hände unterhalb der Gürtellinie sind, wirkt dies eher negativ.

Früher war es verpönt, Hände in die Hosentaschen zu stecken, weil es zu „cool", zu lässig und nicht engagiert wirkte. Seit der ehemalige Bundeskanzler Schröder demonstriert hat, wie dies trotzdem geht, sind Hände in den Hosentaschen kein Tabu mehr.

Wenn es Ihnen schwerfällt, die Grundhaltung einzunehmen, können Sie etwas in die Hand nehmen, z. B. einen Stift oder besser einen Presenter. Auch Stichwortkarten können zum Einsatz kommen, wie Sie bei Profis, z. B. im Fernsehen, sehen. Dann sind die Hände beschäftigt und aktiv.

Dabei sollten Sie beide Hände vor der Körpermitte für das Publikum sichtbar halten. Vermeiden Sie hektische und überflüssige Bewegungen und sehen Sie den Gegenstand in der Hand als Übergangslösung, während der Sie gezielt lernen, von dieser Grundposition aus immer mehr Handbewegungen unterstützend zur verbalen Aussage zu machen.

Abb. 5.7 Körperzonen bei der Gestik. (Quelle: In Anlehnung an Vogt, 2010)

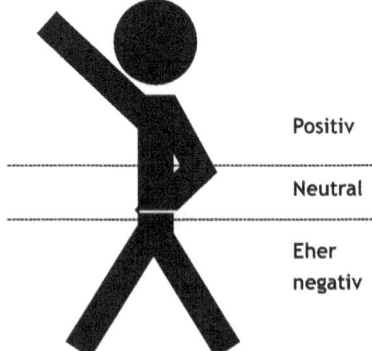

Die Verwendung von Stichwortkarten muss sorgfältig überlegt und vorbereitet sein. Ich rate von der Benutzung dieser Karten ab, weil die Gefahr besteht, dass abgelesen wird und dann keine freie Rede mehr möglich ist. Auch kommt es immer wieder dazu, dass vergessen wird, diese entsprechend dem Redefortschritt weiterzublättern, sodass dann, wenn sie gebraucht werden, der Vortragende gezwungen ist, zu blättern, um den gesuchten Gedanken ablesen zu können. Dann wirkt es so, als hätte er den „roten Faden" verloren. Außerdem besteht die nicht zu vernachlässigende Gefahr, dass die Karten fallen gelassen werden und diese dann vor den Augen aller aufgesammelt und sortiert werden müssen. Auch die Größe von Stichwortkarten ist zu beachten. Diese sollten am besten Karteikartengröße (DIN A6) nicht überschreiten (absolutes Maximum DIN-A5-Format). Auch sollten Sie keine DIN-A4-Blätter oder noch größere Formate verwenden, die eher den Eindruck erwecken, Sie wollten diese als Sichtschutz verwenden, um sich dahinter verstecken zu können.

Wenn Sie einen Stift nehmen, rate ich von einem Kugelschreiber ab. Nervöse Personen neigen dazu, mit diesem zu „klicken", was als sehr störend empfunden werden kann. Außerdem habe ich auch schon mehrfach erlebt, wie Redner mit dem Stift spielen und zwar so lange, bis dieser in Einzelteilen auf dem Boden liegt. Was machen Sie dann, wenn die Mine, die Feder und das vordere Teil des Gehäuses vor Ihnen auf den Boden kullern und die Augen aller Anwesenden die Bewegungen der Einzelteile gespannt verfolgen?

5.3.6.2 Einfache Gesten

Es gibt Gesten, die Sie leicht einsetzen können, wenn Sie sich bewusst gemacht haben, dass Gesten Ihre Ausführungen unterstützen und unterstreichen. Zu diesen leicht anzuwendenden Gesten zählen (vgl. Thiele, 2010, S. 44):

- Aufzählen: Verwenden Sie Ihre Finger beim Zählen (Erstens …, zweitens …).
- Einerseits – andererseits: Strecken Sie einmal den linken und das andere Mal den rechten Arm leicht angewinkelt aus: „Auf der einen Seite – auf der anderen Seite."
- Stellen Sie große und kleine Aussagen einander gegenüber: Um Größe zu demonstrieren, strecken Sie Ihre Arme waagerecht zur Seite aus, so weit Sie können. Um etwas Kleines darzustellen, verwenden Sie Daumen und Zeigefinger und lassen nur einen kleinen Spalt dazwischen.
- Formen und Figuren darstellen: Zeichnen Sie den Umriss der Formen oder der Figuren mit Ihren Händen nach: Für runde Formen malen Sie einen Kreis in die Luft, bei einem Viereck malen Sie die Figur ebenfalls nach usw.
- Stopp: Auch „Stopp" oder „Halt" können Sie gut darstellen, wenn Sie den Arm nach vorne von sich wegstrecken und mit der Handfläche zum abzuwehrenden Element zeigen.
- Reduzieren, Verringern, Beschwichtigen: Dies können Sie durch Auf- und Abbewegen des Unterarmes signalisieren.

Wenn Sie mit offenen Augen durch die Welt gehen, sehen Sie viele weitere Hand- und Armbewegungen, die in unserem Kulturkreis Verwendung finden: bei Pantomimen, bei Politikern oder Polizisten, die den Straßenverkehr regeln, beim Pfarrer, der im Gottesdienst die Gemeinde aufstehen und wieder hinsitzen lässt etc. Diese Gesten können auch Sie einsetzen, zunächst müssen Ihnen diese aber bekannt sein.

5.3.6.3 Negative Gesten

Es gibt auch negative Gesten. Wenn Sie z. B. „einen Vogel zeigen" weiß jeder, was gemeint ist (vgl. Matschnig, 2011, S. 146). Das Gleiche gilt für die „Pistolenhand", mit der Sie auf jemanden zielen, oder den „Stinkefinger".

Diese Gesten gelten als „unanständig" oder „obszön". Wenn Sie solche Gesten einsetzen, verlassen Sie die Grenzen des guten Geschmacks und disqualifizieren sich selbst. Sie wirken verletzend, verstören Ihre Gesprächspartner oder provozieren eine aggressive Reaktion.

5.3.6.4 Unbewusste Gesten

Neben den sprachunterstützenden und sprachersetzenden Gesten, die bewusst eingesetzt werden, gibt es die unbewussten Gesten. Deren Deutung kann – wie bei anderen Bereichen der Körpersprache auch – unterschiedlich ausfallen.

Wenn Sie sich z. B. am Ohrläppchen kratzen und dadurch zeigen, dass Sie unsicher sind, kann dies ein Hinweis sein, dass Sie mit dem Gesagten nicht einverstanden sind (vgl. Matschnig 2012a, S. 54).

Oder wenn Sie mit Ihren Fingern nervös an der Halskette spielen, kann dies ein Zeichen sein, dass Sie nicht zu dem stehen, was Sie gerade sagen (vgl. Matschnig, 2012a, S. 54).

Gesten, bei denen ein Mensch sein Gesicht oder seinen Hals berührt, deuten darauf hin, dass die Person die Unwahrheit gesagt hat (vgl. Matschnig, 2012a, S. 53).

Wenn Sie sich durch die Haare streichen, Ihre Haare um die Fingern wickeln oder sonst an Ihrer Kleidung spielen, sind dies Anzeichen für Stress- oder Verlegenheitsgesten, die einen unsicheren und schüchternen Eindruck verstärken (vgl. Matschnig, 2012a, S. 54).

Der erste Schritt zur Vermeidung dieser Auffälligkeiten und Ticks ist das Entdecken derselben. Dies können Sie erreichen, indem Sie Ihre Präsentation zu Hause vor einem Spiegel üben oder sich selbst auf Video aufnehmen und Ihren Auftritt analysieren. Eine gute Hilfe ist auch ein Probevortrag vor guten Freunden oder Kommilitonen, die eine Rückmeldung geben können. Versuchen Sie dann beim Vortrag nicht, sich zu verbiegen. Es reicht das Bewusstsein, dass der Einsatz von Gesten das Gesagte unterstützen soll. Einzelne unübliche Bewegungen sind meist unkritisch, störend wirkt es nur, wenn Sie ständig die gleichen Ticks wiederholen, was so weit gehen kann, dass Sie das Publikum total vom Inhalt ablenken.

Wenn Sie eine Marotte haben und diese kennen, können Sie auch einmal folgenden Trick versuchen: Führen Sie diese Bewegung vor dem Auftritt bewusst zehnmal hintereinander aus; dadurch ist dieser Impuls aufgehoben und Sie haben ein Zeitlang Ruhe davor (vgl. Birkenbihl, 2010, S. 48).

5.3.7 Körperhaltung, Körperstellung und Gang

Bei der Körperhaltung kann von der äußeren Haltung auf die innere Haltung geschlossen werden.

Mit einer aufrechten äußeren Haltung wird meist eine aufrechte innere Haltung verbunden (vgl. Nöllke & Schmettkamp, 2020, S. 48; Bruno & Adamczyk, 2018, S. 20). „Je gerader jemand steht, desto aufrechter ist seine innere Haltung" (Birkenbihl, 2019, S. 75). Eine aufrechte innere Haltung bedeutet Überzeugung und Ehrlichkeit. Es gilt die Formel:

Je aufrechter, desto ehrlicher!

Wenn der Oberkörper und der Kopf weit nach hinten geneigt und die Nase erhoben wird, wirkt diese Haltung arrogant und überheblich. Wer sich dagegen nach vorne beugt und klein macht, wirkt unsicher und schüchtern (vgl. Birkenbihl, 2019, S. 75).

Für eine gute Körperhaltung hilft eine gute Körperspannung. „Körperspannung erzeugt gespannte Aufmerksamkeit" (Sarnoff, 1992, S. 40). Monika Matschnig schlägt den sog. Krone-Erbse-Trick vor: „Stellen Sie die Füße hüftbreit, ziehen Sie Ihre Schultern nach hinten und stellen Sie sich vor, Sie hätten eine Erbse im Hintern und eine Krone auf dem Kopf – so erlangen Sie eine gute Körperspannung und eine standfeste Haltung" (Matschnig, 2011, S. 143).

Ein sicherer Stand ist ein guter Stand.

Wenn Sie das Standbein oft wechseln, deutet dies darauf hin, dass Sie keinen richtigen Standpunkt haben (vgl. Bruno & Adamczyk, 2018, S. 25).

Wenn Sie unbeweglich stehen, wie festzementiert, ist dies ein Zeichen, dass Sie festgefahren und unflexibel sind in Ihrer Körperhaltung und in Ihrer Meinung. Wer sich körperlich bewegt, bleibt auch geistig beweglich (vgl. Matschnig, 2012a, S. 35).

Überraschende Bewegungen sollten Sie nur selten und wenn, dann gezielt einsetzen. „Jede plötzliche Veränderung der äußeren Haltung spiegelt immer eine plötzliche Veränderung der inneren Haltung wider" (Birkenbihl, 2019, S. 81).

Häufig können Sie selbst entscheiden, wo Sie bei einer Präsentation stehen wollen. Souverän und sicher wirkt eine Position, die sich etwa in der Mitte des Raumes bzw. der Bühne oder des Podiums befindet (vgl. Thiele, 2008, S. 42). So stellen Sie sich bewusst ins Zentrum, sodass alle Zuhörer Sie sehen können.

Dadurch haben Sie auch die Möglichkeit, sich nach links oder rechts zu bewegen oder auch mal auf das Publikum zuzugehen. Das Verstecken oder gar Verschanzen hinter einem Möbelstück, egal ob es sich dabei um ein Pult, einen Tisch oder um einen aufgeklappten PC-Monitor handelt, macht einen eher unsicheren und ängstlichen Eindruck. Der gleiche Eindruck entsteht, wenn Sie sich mit dem Rücken zur Wand stellen oder an den Türrahmen, als wollten Sie flüchten. Sie stehen dann nicht nur sinnbildlich „mit dem Rücken zur Wand".

Empfehlungen zur Körperhaltung

- Wenden Sie sich frontal dem Publikum zu, dann können Sie am besten Kontakt aufnehmen und werden am besten wahrgenommen. Dies erhöht Ihre Präsenz im Raum und schafft Nähe zum Publikum, sodass Sie dessen Aufmerksamkeit gewinnen.
- Stehen Sie hüftbreit, belasten Sie beide Füße gleichmäßig und nehmen Sie eine aufrechte Haltung ein. Machen Sie ein freundliches Gesicht und blicken Sie aufmerksam nach vorne. Dadurch wirken Sie ruhig (geerdet), ehrlich, neugierig und aufgeschlossen (vgl. Bruno & Adamczyk, 2018, S. 172; Braun, 2018, S. 172).
- Nehmen Sie eine lockere, positive Grundspannung ein. Diese sollte nicht steif (z. B. Rücken kerzengerade, Knie durchgedrückt), aber auch nicht zu locker sein („zu cool"), weil sonst Ihre Glaubwürdigkeit leidet und Sie sich eher zum Clown oder zur Witzfigur degradieren. Denken Sie an die Empfehlung: Erbse im Hintern, Krone auf dem Kopf.
- Stehen Sie frei in der Mitte des Raumes bzw. der Bühne, d. h. in der Nähe der Tafel bzw. der Präsentationsfläche. Dadurch stellen Sie sich in den Mittelpunkt und haben die Möglichkeit, sich in alle Richtungen zu bewegen. Ein gezielter Platzwechsel macht den Vortrag lebendiger und abwechslungsreicher. Bewegen Sie sich ruhig und souverän, nicht aber hastig und hektisch (nicht stolzieren, marschieren oder rennen).

5.3.8 Räumliche Distanz

Unter räumlicher Distanz wird in Präsentationen der Abstand zwischen zwei Menschen verstanden. Jeder Mensch hat seine individuellen Wohlfühlzonen. Je nachdem, wie nah eine andere Person uns kommt, fühlen wir uns dabei wohl oder wir nehmen ein Eindringen in diese Zonen als Verletzung der Privatsphäre wahr. Vertraute und bekannte Menschen lassen wir nahe an uns heran, Fremde dagegen halten wir auf Abstand. Wenn sich andere Menschen nähern, dringen diese in die verschiedenen, uns umgebenden Abstandszonen ein.

Die Distanzzonen können nicht auf den Zentimeter genau definiert werden. Sie werden u. a. von der Körpergröße, dem aktuellen Befinden, dem sozialen Status und der kulturellen Prägung beeinflusst. Wenn der Abstand eine Armlänge beträgt, ist diese Distanz bei großen Personen größer als bei kleinen Personen. Wenn wir uns in einer schlechten Stimmung befinden, gehen wir eher „auf Abstand". Personen mit einem höheren Status wird von anderen eine größere Intimzone zugestanden (vgl. Birkenbihl, 2019, S. 142 ff.). In anderen Kulturen werden die Abstandszonen anders wahrgenommen als bei uns, auch Berührungen können bei anderen Kulturen häufiger vorkommen als bei uns (vgl. Abschn. 5.3.2.).

Birkenbihl (2019, S. 139 ff.) sowie Bruno und Adamczyk (2018, S. 57) unterscheiden vier Zonen: die Intimzone, die persönliche Zone, die soziale Zone und die öffentliche Zone (siehe auch Abb. 5.8). Matschnig (2012a, S. 38) unterscheidet dagegen nur drei Bereiche: Intimzone, persönliche Zone und soziale Zone.

Die Abstandszonen können wie folgt beschrieben werden (vgl. Birkenbihl, 2019, S. 139 ff.; Bruno & Adamczyk, 2018, S. 55; Matschnig, 2012a, S. 38):

1. **Intimzone** (halbe bis ganze Armlänge oder bis ca. 0,9 m): Das Eindringen in diesen Bereich ist nur Menschen erlaubt, denen wir vertrauen. Dies sind i. d. R. uns nahestehende Personen, z. B. Eltern, Kinder und Lebenspartner. Fremde Personen sollten nur mit besonderer Erlaubnis in diese Zonen eindringen (z. B. Arzt, Friseur, Schneider, Optiker, Masseur …). Sensible Menschen fragen explizit, ob sie in diese Zone eindringen dürfen, z. B.: „Darf ich?", wobei als Zustimmung ein Kopfnicken oder auch das Stillhalten genügt (Birkenbihl, 2019, S. 144). In dieser Zone können physische Informationen über unseren Körper wahrgenommen werden, z. B. Geruch, Körpertemperatur usw. Menschen, die in die Intimzone eindringen, könnten uns berühren oder „berühren" uns. Dringt eine fremde Person in diese Zone ein (z. B. in einer Menschenmenge, im überfüllten Aufzug), gehen wir auf Distanz. Dies geschieht, indem wir z. B. unwillkürlich zurückweichen, Blickkontakt vermeiden,

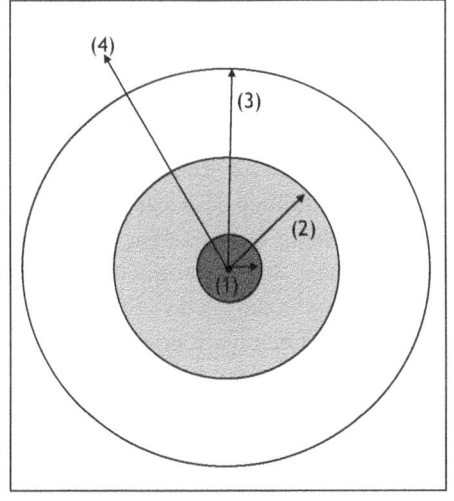

in Anlehnung an Birkenbihl, Vera 2012, S. 139ff: Signale des Körpers, MVG-Verlag

Abb. 5.8 Die vier Distanzzonen nach Birkenbihl. (Quelle: Birkenbihl, 2019, S. 139 ff.)

auf den Boden oder in die Ferne schauen. Wenn fremde Personen ohne erkennbaren Anlass in unsere Intimzone eindringen, reagieren wir verwirrt, ablehnend oder aggressiv.

2. **Persönliche Zone** (ca. 0,9 bis 1,2 m bzw. eine Armlänge): In dieser Entfernung begegnen wir Familienmitgliedern, guten Freunden und Bekannten. Vorgesetzte und Lehrer dürfen in diese Zone nur eindringen, wenn eine gute Beziehung zu ihnen besteht. Intime Körperinformationen sind nicht mehr voll wahrnehmbar, aber eine Berührung ist unter unserer Mitwirkung noch möglich, wenn wir z. B. zum Händeschütteln ebenfalls die Hand zur Begrüßung ausstrecken.

3. **Soziale Zone**/Gesellschaftliche Zone (ca. 1,2 bis 2 m): In diesem Abstand nehmen wir unsere sozialen Rollen wahr. Dies ist der normale Abstand bei täglichen Geschäftsbeziehungen (z. B. zu Bekannten, Kollegen und Vorgesetzten, zu Käufern oder Verkäufern). Körperliche Informationen können nur in Ausnahmefällen wahrgenommen werden.

4. **Öffentliche Zone** > 2 m, alles, was über die soziale Zone hinausgeht): Der Abstand für die Kommunikation im formalen Umfeld, z. B. im Hörsaal, im Unterricht, beim Vortrag auf einer Konferenz oder im Gerichtssaal etc. Die Distanz reduziert die soziale Interaktion und bewahrt die Formalität der Situation. Die direkte Kommunikation über eine Distanz hinweg kommt im täglichen Leben eher selten vor. Dadurch ist die Situation zumindest anfangs ungewohnt.

Eine Präsentation findet meist in der öffentlichen Zone statt. Der Vortragende steht wie auf einem „Präsentierteller", möglicherweise auch einem Podest oder einer Bühne. Er wird von mehreren Menschen genau beobachtet. Oft beobachten ihn mehr Menschen, als er selber wahrnehmen und kontrollieren kann. Wenn Sie sich 60, 70 oder mehr Personen gegenübersehen, können Sie nicht mehr alle Reaktionen, Bewegungen, Rührungen und Äußerungen jeder einzelnen Person wahrnehmen. Umgekehrt aber schon. Und Scheinwerferlicht auf einer Bühne verstärkt diesen Effekt noch. Die Zuhörer nehmen jede Äußerung, Bewegung und Regung des Vortragenden wahr. Der Informationsverlust basiert auf der Filterfunktion des Gehirns zum Schutz vor Reizüberflutung. Die beschränkte Wahrnehmung und der Verlust der direkten Reaktion des Gegenübers macht unsicher, weil diese Situation zunächst als nicht vollständig kontrollierbar erlebt wird. Und genau in dieser unsicheren Situation sollte mit lauter Stimme deutlich und sicher gesprochen werden, um auch noch in mehreren Metern Entfernung gehört zu werden.

Normalerweise ist der Abstand bei einer Präsentation durch die Räumlichkeiten und die Situation vorgegeben. Eine Präsentation ist kein Anlass, um „auf Tuchfühlung zu gehen". Der Mindestabstand zu anderen Personen sollte eine ausgestreckte Armlänge nicht unterschreiten, selbst wenn Sie ins Publikum gehen.

Für das tägliche Leben kann es hilfreich sein, sich der Abstandszonen und ihrer Wirkung bewusst zu werden und auf Signale zu achten, die Menschen senden, wenn sie ihre Abstandszone als verletzt betrachten. Das Eindringen in die Zonen von anderen Menschen kann diese aggressiv oder ablehnend werden lassen und z. B. Geschäftsabschlüsse (unausgesprochen) verhindern.

5.4   Zusammenfassung Präsentieren der Person – Empfehlungen für einen gelungenen Auftritt

Bei einem Auftritt hängen die Aspekte Vorbereitung, Auftrittsfreude, Lampenfieber und Körpersprache zusammen und beeinflussen sich gegenseitig. Ein Auftritt kann zu verschiedenen Reaktionen führen. Diese sind bei Menschen unterschiedlich und hängen von der Persönlichkeit des Vortragenden ab. Sie werden von den Erfahrungen, der Wahrnehmung, der persönlich empfundenen Bedeutung der Situation usw. beeinflusst.

Manche Menschen bereiten sich gründlich und intensiv auf eine Präsentation vor, andere eher oberflächlich. Bei den einen Menschen überwiegt eher die ängstliche Seite, das Lampenfieber, bei den anderen Menschen eher die Auftrittsfreude. Je nachdem, welches Gefühl dominiert, beeinflusst dies die Stimmung, was sich auch in der Körpersprache niederschlägt.

Vorbereitung
Eine gute, fundierte und rechtzeitige Vorbereitung ist das A und O einer Präsentation. Zu einer guten Vorbereitung gehören die inhaltliche Durchdringung des Themas und die Erstellung von Unterlagen. Wer sich gut vorbereitet, hat meist auch gute Unterlagen. Außerdem stellt er sein Wissen in dem Fachgebiet auf ein breites Fundament. Dieses Fundament gibt Selbstvertrauen und hilft, die Herausforderungen des Vortrags besser zu bewältigen.

Die zweite wichtige Erkenntnis für einen Vortrag lautet: üben, üben, üben bzw. probevortragen. Im Idealfall in dem Raum, in dem der Vortrag stattfindet, und mit der gleichen Technik. Tragen Sie Ihre Präsentation laut vor, so wie Sie es vor Publikum auch machen würden. Gut ist auch, wenn dazu noch technische Hilfsmittel wie Video- oder Tonaufnahmen verwendet werden oder wenn andere Personen der Probe beiwohnen und Tipps zur Verbesserung geben. Wenn Sie Ihren Vortrag aufnehmen, dann können Sie „Lücken, verunglückte Formulierungen, geschraubte Sätze, holprige Übergänge und Stockungen feststellen" und auch ihre Redezeit überprüfen (Franck, 2011, S. 146).

Die Kenntnisse der Vortragssituation wie z. B. Raum, Publikum, Technik usw. dienen auch dazu, sich mit der Situation vertraut zu machen, sich darauf einzustellen und sich die Situation vorzustellen, was zum Angstabbau beiträgt.

Wenn zudem eine Analyse möglicher Probleme bzw. Pannen durchgeführt wird und Lösungen dazu überlegt werden bzw. ggfs. Ersatz bereitsteht, gibt dies ebenfalls Sicherheit und hilft, Angst und Unsicherheit zu reduzieren. „Egal, was passiert, ich hätte eine Lösung."

Auftrittsfreude
Stellen Sie sich positiv auf Ihren Auftritt ein! Formulieren Sie positive Merksätze für sich, Ihren Auftritt und Ihre Wirkung. Lernen Sie diese auswendig, bis Sie diese verinnerlicht haben – diese beeinflussen das Unterbewusstsein. Überlegen und formulieren

Sie Ihr Ziel. Was wollen Sie erreichen? Wer wollen Sie sein? Wie wollen Sie wahrgenommen werden? Wie wollen Sie wirken? Ein positives Bild hat eine große Strahlkraft und motiviert Sie, dieses zu erreichen.

Falls Sie Perfektionist sind, schrauben Sie die Erwartungen an sich selbst herunter und lassen Sie auch mal Fehler zu, kein Mensch ist perfekt! Kein Mensch ist eine Maschine (und selbst Maschinen arbeiten nicht immer fehlerfrei). Und falls Sie eher lässig sind – überlegen Sie was Sie erreichen wollen, Bemühungen werden meistens belohnt und zahlen sich aus, und langfristig lernen Sie immer dabei.

Lampenfieber

Die beste Vorbeugung gegen Lampenfieber ist eine gute Vorbereitung. Eine gute Vorbereitung gibt Sicherheit, wenn Sie wissen, Sie haben nach Zeit und Umständen das Mögliche getan. Zum Abbau von Stresshormonen eignen sich außerdem sportliche Aktivitäten, die auch Ihren Körper fithalten, oder Entspannungstechniken wie Autogenes Training, Progressive Muskelentspannung oder Yoga.

Körpersprache und Stimmung

Nutzen Sie das Wissen, dass Stimmung und Gefühle die Körpersprache beeinflussen, und umgekehrt, dass Körpersprache auch die Stimmung und Gefühle beeinflussen kann. Gehen Sie aufrecht, mit erhobenem Kopf und selbstbewusst in eine Präsentation, das schafft eine positive Einstellung. Lächeln regt die Produktion von sog. Glückshormonen an und führt somit auch zu einer Verbesserung unserer Stimmung (vgl. Matschnig, 2011, S. 12).

Reden

Eine Präsentation bedingt, dass der Vortragende redet, erklärt, erläutert. Beim Reden wirken Sprache und Stimme zusammen. Die Sprache beschreibt die verwendeten Formulierungen, die Ausdrucksweise, die Wortwahl, den inhaltlichen Teil der Botschaft – **das Verstanden-werden-Wollen.** Die verwendeten Formulierungen sollten einfach, gut nachvollziehbar und prägnant sein. Dies erreichen Sie am besten, wenn Sie frei reden. Aktivieren Sie das Publikum mit Interaktionen und nutzen Sie Zwischenreize wie Fragen, Storys oder Anekdoten. Eine bildhafte anschauliche Sprache unterstützt die Wirkung Ihrer Worte und hilft, interessant und abwechslungsreich vorzutragen.

Neben der Sprache kommt beim Reden auch die Stimme zum Einsatz. Der Stimmeinsatz wird charakterisiert durch die Klangerzeugung, die Lautstärke, die Tonart, den Tonfall, die Betonung, die Aussprache, usw. – **das Gehört-werden-Können.** Die Stimme ist der physiologische Teil beim Sprechen. Ein abwechslungsreicher Stimmeinsatz macht die Präsentation lebendiger, spannender und interessanter. Zu den Variationsmöglichkeiten bei der Stimme gehören Änderungen bei Lautstärke, Betonung und Tempo, aber auch Sprechpausen. Nutzen Sie die Möglichkeiten Ihrer Stimme voll aus und sprechen Sie laut und deutlich, so dass Sie auch in einem großen Raum verstanden werden können.

Körpersprache

Nicht nur durch die Sprache, sondern zu einem wesentlichen Teil auch durch die Körpersprache werden bei einem Auftritt Informationen übermittelt. Die Körpersprache umfasst die physiologischen Eigenschaften eines Vortragenden wie die Stimme, die Mimik, die Gestik, die Körperhaltung und die Körperstellung, die Entfernung zwischen Redner und Publikum ebenso wie die Kleidung. Kurz alles, was die Person eines Redners beschreibt. Dadurch, dass die körpersprachlichen Signale aus dem Unterbewusstsein gesteuert werden, sind diese i. d. R. ehrlich.

Jeder Mensch hat eine Körpersprache und kommuniziert auf diese Weise. Viele Ausdrücke der Körpersprache werden unbewusst gesendet und von den Zuhörern unbewusst gedeutet, beeinflussen die Wirkung beim Auftritt einer Person aber wesentlich.

Literatur

Aphorismen.de. (2015). http://www.aphorismen.de/zitat/3401. Zugegriffen: 10. Sept. 2015.

Birkenbihl, V. F. (2010). *Rhetorik. Redetraining für jeden Anlaß.* Ariston.

Birkenbihl, V. F. (2019). *Signale des Körpers. Körpersprache verstehen.* mvg.

Braun, R. (2018). *Die Macht der Rhetorik Besser reden – Mehr erreichen.* Redline.

Bruno, T., & Adamczyk, G. (2018). *Körpersprache.* Haufe-Lexware.

Carnegie, D. (1940). *Die Macht der Rede. Ihre Geheimnisse und ihre Methoden.* Scientia.

Dale Carnegie Training. (Hrsg.) (2012). *Besser sprechen – überzeugend auftreten. Strategien für erfolgreiche Präsentationen.* Scherz.

Damásio, A. (2003). *Looking for Spinoza joy, sorrow and the feeling brain.* Harcourt.

Damásio, A. (2011). List.

Drebinger, N. (2003). *Die klingende Seite der Rhetorik. Ein Übungsbuch für Stimme, Sprechen, Sprachgestaltung.* Auer.

Ekman, P., & Friesen, W. (1971). Constants across cultures in the face and emotion. *Journal of personality and social psychology, 17*(2), 124–129.

Ekman, P., & Rosenberg, E. L. (Hrsg.). (1997). *What the face reveals: Basic and applied studies of spontaneous expression using the Facial Action Coding System (FACS).* Oxford University Press.

Erll, A., & Gymnich, M. (2021). *Interkulturelle Kompetenzen. Erfolgreich kommunizieren zwischen den Kulturen.* Klett.

Ferreira, Y. (2020). *Arbeitszufriedenheit.* Kohlhammer.

Feuerbacher, B. (2013). *Professionell Präsentieren in den Natur- und Ingenieurwissenschaften.* Wiley.

Flume, P., & Mentzel, W. (2019). *Rhetorik.* Haufe.

Franck, N. (2003). *Fit für den Auftritt. Selbstbewusst reden, souverän diskutieren, überzeugend präsentieren.* dtv.

Franck, N. (2011). *Fit fürs Studium Erfolgreich reden, lesen, schreiben.* dtv.

gutzitiert.de. (2015). http://www.gutzitiert.de/zitat_autor_franz_josef_strauss_thema_reden_zitat_23613.html. Zugegriffen: 10. Sept. 2015.

Hermann-Ruess, A. (2010). *Highlight-Rhetorik. Anleitung zur emotionalen Rhetorik mit 70 Highlights.* Gabal.

Izard, C. E. (1977). *Human Emotions.* Springer, US.

Johnstone, J., & Scherer, K. R. (2000). Vocal communication of emotion. In M. Lewis & J. Haviland (Hrsg.), *The handbook of emotion* (S. 220–235). Guilford.

Hey, B. (2019). *Präsentieren in Wissenschaft und Forschung*. Springer.

Hofstede, G. (1993). *Interkulturelle Zusammenarbeit: Kulturen – Organisationen – Management*. Gabler.

Kayser, D., & Bower, S. A. (2005). *Überzeugend reden und präsentieren*. weropress/rukk.

Knauer, U. (2010). *Was Top-Verkäufer auszeichnet. Vertriebserfolg mit Ethik statt Abzocke*. Gabler.

Kratochwil, G. (2012). *Business-Knigge. Arabische Welt*. Orell Füssli.

Krause, T. (2020). *Kennen wir uns? eine Anleitung zur Menschenkenntnis*. Campus.

Krausser-Raether, H. (2007). *Erfolgreich zum Ausbildungsplatz*. Haufe.

Langer, I., von Thun, F., & Tausch, R. (2019). *Sich verständlich ausdrücken*. Ernst Reinhardt.

Lubbers, B.-W. (2002). *Das etwas andere Rhetorik-Training oder „Frösche können nicht fliegen"*. Gabler.

Matschnig, M. (2011). *Körpersprache. Verräterische Gesten und wirkungsvolle Signale*. Gräfe & Unzer.

Matschnig, M. (2012a). *Körpersprache verstehen*. Gabal.

Matschnig, M. (2012). *Körpersprache im Beruf. Wie Sie andere überzeugen und begeistern*. Gräfe & Unzer.

Mehrabian, A. (1971). *Silent messages: Implicit communication of emotions and attitudes*. Wadsworth.

Molcho, S. (2001). *Alles über Körpersprache. Sich selbst und andere besser verstehen*. Goldmann.

Navarro, J., & Karlins, M. (2020). *Menschen lesen. Ein FBI-Agent erklärt, wie man Körpersprache entschlüsselt*. mvg.

Nöllke, C., & Schmettkamp, M. (2020). *Präsentieren*. Haufe-Lexware.

Nürnberger, E., Geisselhart, R., & Hofmann, C. (2012). *Stressfrei arbeiten*. Haufe-Lexware.

Rossié, M. (2017). *Frei sprechen in Radio, Fernsehen und vor Publikum. Ein Training für Moderatoren und Redner*. Springer Fachmedien.

Sarnoff, D. (1992). *Auftreten ohne Lampenfieber. Reden, Interviews, Fernsehauftritte, Konferenzen, Präsentationen*. Campus.

Sayette, M. A., Cohn, J. F., Wertz, J. M., et al. (2001). A psychometric evaluation of the facial action coding system for assessing spontaneous expression. *Journal of Nonverbal Behavior, 25*, 167–185. https://doi.org/10.1023/A:1010671109788.

Schächtele, P. (2009). *Mehr Schlagfertigkeit! 111 Antworten und Übungen. So wehren Sie sich souverän gegen Angriffe*. Gräfe & Unzer.

Schimming, T. (2010). Anekdoten zeigen Bismarck als geistreichen Sprachkünstler. http://www.g-geschichte.de/pdf/plus/anekdoten_zeigen_bismarck_als_geistreichen_sprachkuenstler.pdf. Zugegriffen: 2. Febr. 2013.

Schmidt-Atzert, L., Peper, M., & Stemmler, G. (2014). *Emotionspsychologie: Ein Lehrbuch*. Kohlhammer.

Strack, F., Martin, L. L., & Stepper, S. (1988). Inhibiting and facilitating conditions of the human smile. A nonobtrusive test of the facial feedback hypothesis. *Journal of Personality and Social Psychology, 5*(54), 768–777.

Teufert, G. (2017). *Techniken der Schlagfertigkeit für Dummies*. Wiley.

Thiele, A. (2008). *Präsentieren Sie einfach*. Frankfurter Allgemeine Buch.

Thiele, A. (2010). *Präsentieren ohne Stress. Wie Sie Lampenfieber in Auftrittsfreude verwandeln*. Frankfurter Allgemeine Buch.

Thiele, A. (2014). *Argumentieren unter Stress. Wie man unfaire Angriffe erfolgreich abwehrt*. dtv.

Tracy, J. L., & Matsumoto, D. (2008). The spontaneous expression of pride and shame: Evidence for biologically innate nonverbal displays. *PNAS, 105*(33), 11655–11660. https://doi.org/10.1073/pnas.0802686105.

Vogt, G. (2010). *Erfolgreiche Rhetorik: Faire und unfaire Verhaltensweisen in Rede und Gespräch.* Oldenbourg.

Watzlawick, P., Beavin, J. H., & Jackson, D. D. (2019). *Menschliche Kommunikation. Formen, Störungen, Paradoxien.* Huber.

Wietersheim, S. (2021). Der Silicon-Valley-Look: Wer Anzüge trägt, hat sein Leben nicht mehr im Griff. FAZ.NET. Zugegriffen: 11. Aug. 2021.

Willis, J., & Todorov, A. (2006). First impressions. Making up your mind after a 100-ms exposure to a face. *Psychological Science, 7*(17), 592–598.

Erprobtes didaktisches Konzept – eine Möglichkeit, Vortragen zu lernen

„Reden lernt man durch reden." (Zitat von Marcus Tullius Cicero, 106 – 43 v. Chr., Aphorismen.de 2021)

Präsentieren können Sie nicht lernen, wenn Sie dazu Bücher lesen. Präsentieren muss man trainieren! Nur wenn Sie vor anderen vortragen, lernen Sie zu präsentieren. Und mit der Übung kommt die Routine. Was denken Sie, wie die ganzen Lehrer, Dozenten, Professoren und Trainer das Vortragen gelernt haben? Durch Übung! Aus ständiger Übung wird Routine, und jeder Auftritt fällt leichter. Auch Top-Redner haben mal klein angefangen.

Es gilt das Sprichwort: „Übung macht den Meister."

In meinen Kursen habe ich in mehreren Stufen ein Konzept entwickelt, das den Vortragenden die bestmögliche Basis für einen Lernerfolg liefert. Zunächst einmal ist es gut, wenn jeder vor einem größeren Vortrag kleinere Auftritte zum Üben vor Publikum hat. Das beginnt mit der Vorstellung der eigenen Person und kann mit interaktiven Elementen im Unterricht, mit spielerischen Übungen zur freien Rede oder mit der Vorstellung und Darstellung kleiner Aufgaben vor der Gruppe gut und einfach geübt werden.

Alle Teilnehmer dürfen dann eine vorbereitete Präsentation vor den anderen Kursteilnehmern halten, die 15–20 min. dauern sollte. Längere Präsentationszeiten sind möglich, die Dauer einer Präsentation sollte aber zwölf Minuten nicht unterschreiten. Bei einer Präsentationsdauer von 15 min. hat ein Referent genügend Zeit, sein Thema so aufzubereiten und vorzutragen, dass es die Teile Einleitung, Hauptteil und Schluss umfasst. Auch bleibt den Zuhörern ausreichend Zeit, um mehr als nur einen ersten Eindruck zu bekommen, was bis zu fünf Minuten dauern kann. Bei einer Präsentationsdauer, die kürzer ist als zwölf Minuten, ist die Zeit für eine qualifizierte Beurteilung und Bewertung knapp. Dies wird spätestens klar, wenn Sie die zur Bewertung von Präsentationen verwendeten Schemata in Abschn. 7.3 betrachten.

K.-C. Renz, *Das 1 x 1 der Präsentation*, https://doi.org/10.1007/978-3-658-37025-1_6

Idealerweise bereitet jeder Referent seine Präsentation individuell und eigenverantwortlich vor und trägt diese vor. Es besteht auch die Möglichkeit, dass eine Gruppe ein gemeinsames Präsentationsthema erhält und dieses gemeinsam vorbereitet. So können gleichzeitig soziale Fähigkeiten wie gemeinsame Lösungsfindung, Teamarbeit, Planungs- und Organisationsfähigkeiten, Absprachen, Selbst- und Teamorganisation, Konfliktlösung, gegenseitiges Lernen und Lehren, Zuhören, Sich-Durchsetzen oder -Zurücknehmen, Kompromisse finden usw. gelernt und gefördert werden.

Nach jeder Präsentation oder nach der Präsentation einer Gruppe besteht für die Zuhörer die Möglichkeit, Fragen zu stellen, die sich auf den Inhalt der Präsentation beziehen. Der Kursleiter kann hier auch inhaltliche Aussagen einordnen oder richtigstellen, wenn die präsentierten Inhalte dies erfordern. Erst wenn der inhaltliche Teil abgeschlossen ist, kann im nächsten Schritt ein Feedback erfolgen.

Je nach Situation ist anschließend ein offenes Feedback möglich (siehe auch Abb. 6.1). Dies erfordert aber die Einhaltung von Regeln, die den Beteiligten (Feedbackgeber und Feedbacknehmer) vorher mitgeteilt werden müssen. Feedback geben und Feedback nehmen gehören zu den grundlegenden Fähigkeiten der Mitarbeiterführung, was hierbei eingeübt werden kann. Hier übernimmt der Kursleiter zumindest am Anfang die Moderation, während die Rückmeldungen von den anderen Zuhörern kommen sollten. So bekommt jeder Präsentierende die Chance auf eine Rückmeldung. Dadurch kann er sich weiterentwickeln. Der Moderator hat die Aufgabe, dies konstruktiv zu gestalten und steuern. Weder persönliche Angriffe noch Lobpreisungen der Präsentierenden sind das Ziel, sondern hilfreiche, konstruktive Tipps zur Weiterentwicklung.

Studentische Präsentation ca. 15 +/- 2 min je Student
Inhaltliche Fragen, ggf. Korrekturen/Anmerkungen vom Kursleiter Direktes Feedback von den Zuhörern (wenn vom Referenten gewünscht), mündlich, ca. 2 Min. je Referent

Studentische Präsentation ca. 15 +/- 2 min je Student
Inhaltliche Fragen, ggf. Korrekturen/Anmerkungen vom Kursleiter Direktes Feedback von den Zuhörern (wenn vom Referenten gewünscht), mündlich, ca. 2 Min. je Referent

Studentische Präsentation ca. 15 +/- 2 min je Student
Inhaltliche Fragen, ggf. Korrekturen/Anmerkungen vom Kursleiter Direktes Feedback von den Zuhörern (wenn vom Referenten gewünscht), mündlich, ca. 2 Min. je Referent

Feedback-Gespräch: Video-Analyse, Selbstbeurteilung der Referenten, Empfehlungen durch Kursleiter, Bewertung der Referenten,

Abb. 6.1 Ablaufschema einer Unterrichtseinheit Präsentation

Es hilft die Vorstellung, dass ein Feedback wie ein Geschenk gesehen werden sollte, das die Chance auf eine persönliche Weiterentwicklung birgt. Zu den Feedbackregeln gehört z. B. (vgl. Pinnow, 2012, S. 275 ff.; Seifert, 2020, S. 82):

- Feedbackempfänger (Referent) fragen, ob er bereit ist/sich wünscht, vom jeweiligen Feedbackgeber eine Rückmeldung zu erhalten.
- Konkretes Verhalten zeitnah beschreiben! Verdeutlichung an Beispielen und Details, keine pauschalen oder allgemeinen Floskeln verwenden.
- Positives und Negatives ansprechen! Nicht nur verbesserungsfähiges Verhalten und Fehler ansprechen, sondern auch „richtiges" Verhalten loben,
- Beschreiben statt bewerten, und beurteilen! Ein Feedback beruht immer auf einer persönlichen Meinung, diese sollte als Ich-Botschaft gesendet werden: „Ich finde, dass …", „Diese Äußerung löst bei mir Folgendes aus …", „Ich habe wahrgenommen …", „Was mir gefehlt hat …", „Was ich vermisse …", „Ich würde mir wünschen …"
- Ruhig und sachlich bleiben! Es sollte um die Sache gehen, nicht um das Herabsetzen der Person.
- Rückmeldung nur geben, wenn die Beziehung zwischen Feedbackgeber und Feedbacknehmer geklärt ist und kein Groll, Ärger oder sonstige Einflüsse das Gespräch im Voraus belasten.

Weil bei einem offenen Feedback vor der Gruppe nicht immer alle Punkte offen und ehrlich angesprochen werden und sich in den Gruppen im Laufe der Zeit ein Gewohnheitseffekt einstellt, bei dem einige wenige Wortführer reden und die Mehrheit der Zuhörer sich schweigend zurückhält, hat sich folgender Ablauf im Präsenzunterricht bewährt (siehe auch Abb. 6.2): Jeder Teilnehmer erstellt eine kurze, schriftliche Rückmeldung (anonyme Bewertung) zu jedem Referenten und gibt diese anschließend ab. Diese Blätter werden vom Referenten eingesammelt und von diesem nach dem Vortrag ausgewertet. Da eine Bewertung für viele Studierende anfangs ungewohnt ist, genügt für die Rückmeldung „Studierende bewerten Studierende" die in Abb. 6.3 dargestellte Form.

So erhält jeder Referent von jedem Teilnehmer eine Beurteilung. Dabei besteht die Möglichkeit, Dinge mitzuteilen, die in einem offenen Feedback verschwiegen würden. Die Zuhörer sind zudem aufmerksamer und haben einen Lerneffekt, da sie darin geschult werden, auf die Vortragsweise und den Inhalt zu achten. Durch die Schulung ihrer Wahrnehmung lernen sie, einen Referenten „mit anderen Augen zu sehen", was für ihre Selbstwahrnehmung wichtig ist.

Das Beschreiben Ihrer eigenen Beobachtungen hilft, das Einfühlungsvermögen in die eigene Gefühlswelt zu lernen und sich dadurch auch besser in andere hineinversetzen zu können (vgl. Birkenbihl, 2019, S. 51).

Für die Auswertung der schriftlichen Rückmeldungen ist es hilfreich, nur die Meinungen und Beurteilungen ernst zu nehmen, welche die Mehrheit der Beobachter äußert. Den meisten Beobachtern fallen i. d. R. die gleichen Dinge auf. Auf diese Rückmeldungen, welche fast alle Beobachter unabhängig voneinander machen, d. h., welche

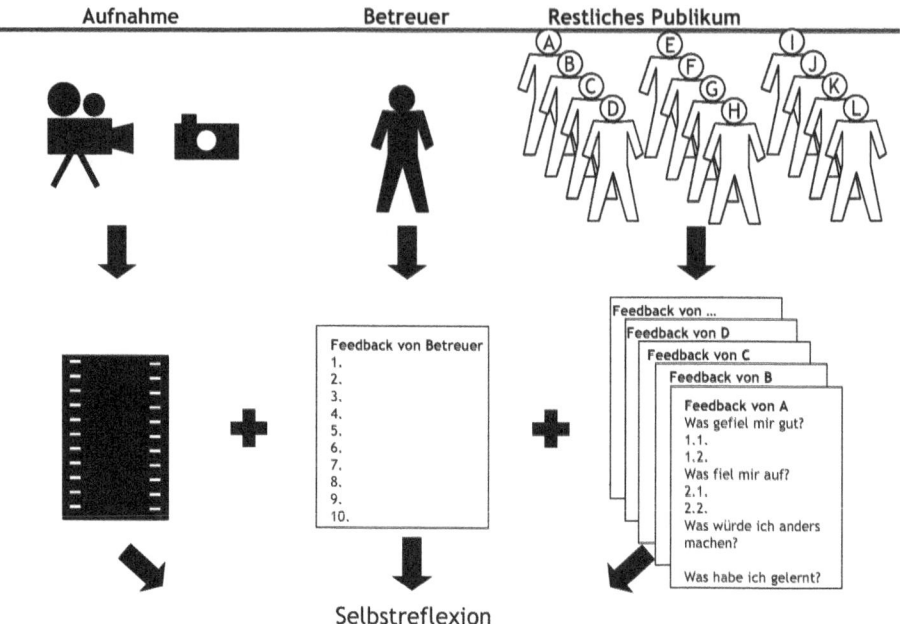

Abb. 6.2 Systematisches Feedback gestützt auf Mehrfachbeobachtung

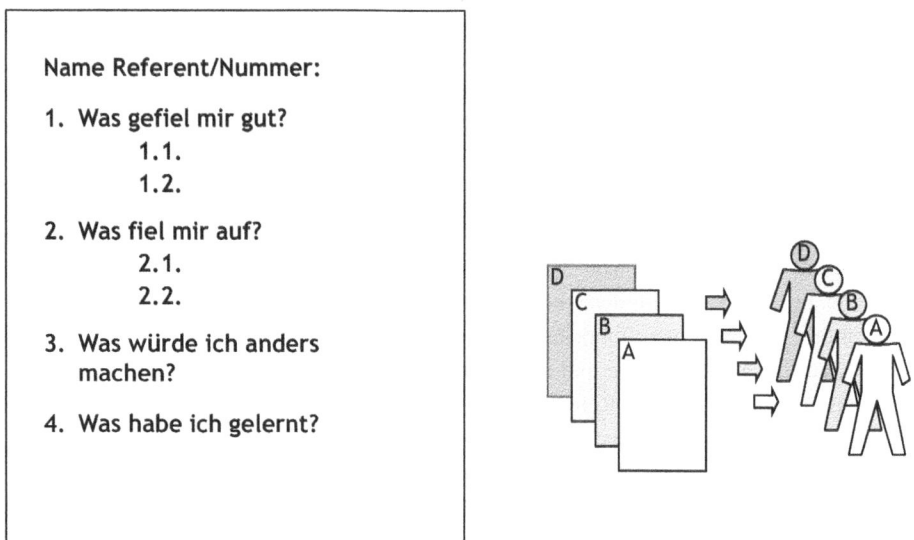

Abb. 6.3 Feedbackformular „Studierende bewerten Studierende"

die Schnittmenge aller Beobachtungen darstellen, sollte geachtet werden. Einzelmeinungen dagegen können getrost ignoriert werden. Selbst der beste Referent wird nicht alle Personen im Publikum erreichen und diese zu 100 % begeistern.

Wenn die Präsentation virtuell erfolgt, kann die Chat-Funktion hierzu verwendet werden.

Sowohl bei einer Präsenz- wie auch bei einer virtuellen Veranstaltung besteht die Möglichkeit, dass die Zuhörer eine Noteneinschätzung bzw. Notenempfehlung für die einzelnen Referenten abgeben. Dies kann über die Abstimmung innerhalb virtueller Konferenzsysteme erfolgen, aber genauso über eine Notenmeldung per Smartphone, sodass die Referenten eine zeitnahe Einschätzung ihrer Leistung durch ihre Zuhörer erhalten. Geeignet sind dafür z. B. Programme wie Mentimeter, Slido, OnlineTED usw. – das ist aus meiner Sicht zusätzlich wichtig.

Der Vortrag wird außerdem auf Video aufgezeichnet. Die Videoaufzeichnung erfüllt dabei mehrere Zwecke:

- **Selbsterkenntnis:** Das Wichtigste ist, dass die Teilnehmer sich selbst sehen und erkennen, wie sie vor Publikum stehen. So können sie ihren Auftritt mit eigenen Augen aus Zuschauerperspektive sehen.
- **Selbstreflexion:** Die Videoaufnahmen können in aller Ruhe nochmals angeschaut werden. Sie bilden ein wichtiges Element für die Erstellung einer Selbstreflexion durch den Referenten und sind gut geeignet, Eigenbild und Fremdbild abzugleichen. Das Eigenbild ist die eigene Wahrnehmung, die Sie von Ihrer Person haben, und das Fremdbild ist, wie andere Menschen Sie sehen.
- **Dokumentation:** Die Videoaufzeichnung ist die Grundlage für ein Feedbackgespräch. In einem Feedbackgespräch wird vom Kursleiter eine Rückmeldung zu der Präsentation gegeben. Dabei werden die positiven Aspekte angesprochen, aber auch Eigenarten, Auffälligkeiten oder Fehler, die dem Kursleiter aufgefallen sind, werden an den Referenten zurückgemeldet. Das ermöglicht der vortragenden Person, ihre Stärken auszubauen und sich Schwächen, Manierismen und Ticks bewusst zu werden, sodass diese bei späteren Auftritten geändert werden können.
- **Leistungsnachweis:** In Fällen, in denen im Rahmen einer Präsentation eine Leistungsbewertung (Benotung) ansteht, kann die Videoaufzeichnung auch zur Dokumentation der Prüfungsleistung herangezogen und archiviert werden.

Aus allen Rückmeldungen und Eindrücken erhält der Referent die Aufgabe, zu Hause in aller Ruhe eine Selbstreflexion zu erstellen. Dazu sollte er sich nochmals die einzelnen Informationen aus dem Feedbackgespräch, aus der Video-Analyse und die anonymen Kommentare der Zuhörer vor Augen führen und diese mit seinen Erfahrungen bzw. Erlebnissen verknüpfen und abgleichen. Diese Fähigkeit zur Selbstreflexion ist ein sehr guter Weg zur persönlichen Weiterentwicklung jedes Einzelnen. Die Formalisierung durch eine schriftliche Dokumentation verankert und vertieft die gemachten Erfahrungen und führt zu einem nachhaltigen Lerneffekt.

Literatur

Aphorismen.de. (2021). https://www.aphorismen.de/zitat/3381. Zugegriffen: 30 Juni 2021.

Birkenbihl, V. F. (2019). *Signale des Körpers. Körpersprache verstehen.* mvg.

Pinnow, D. F. (2012). *Führen. Worauf es wirklich ankommt.* Gabler.

Seifert, J. W. (2020). *Visualisieren – Präsentieren – Moderieren. Der Klassiker.* Gabal.

Tipps und Checklisten

7.1   Kleidungstipps

Die folgenden Tipps für eine formelle Kleidung (vgl. Krausser-Raether, 2007, S. 155) gelten zwar eigentlich für Bewerbungsgespräche, aber auch beim Halten von Vorträgen sollten Sie auf eine angemessene Kleidung achten.

Tipps für Bewerberinnen

- Normale, nicht zu ausgefallene Hose, keine auf „alt" gemachte Hose mit Löchern
- Rock, aber kein Minirock, Mindestlänge eine Handbreit über dem Knie
- Bluse und/oder Pullover, T-Shirt mit Blazer
- Hosenanzug
- Bei Gesprächen auf der Bank, in Unternehmensberatung oder Rechtsanwaltskanzleien: Kostüm oder Hosenanzug mit Bluse oder edlem T-Shirt und Nylonstrümpfen oder -strumpfhosen
- Keine bauchfreien, sehr engen oder ausgeschnittenen Tops
- Normale Socken, Strümpfe, Nylonstrümpfe oder -strumpfhosen
- Normale Schuhe, sauber geputzt, nicht ausgelatscht, nicht zu hochhackig, nicht ausgefallen, keine billig wirkenden Schuhe, keine Turnschuhe
- Kein auffälliger Schmuck
- Duschen bzw. Haare frisch gewaschen
- Keine „Parfümwolke" tragen
- Keine grell lackierten Fingernägel
- Normale Handtasche ohne Anhängsel

© Springer Fachmedien Wiesbaden GmbH, ein Teil von Springer Nature 2022   265
K.-C. Renz, *Das 1 x 1 der Präsentation,* https://doi.org/10.1007/978-3-658-37025-1_7

Tipps für Bewerber

- Normale, dunkle Hose, bevorzugt in schwarz, grau, braun oder dunkelblau, ausreichend lang, keine „Hochwasserhosen"
- Nicht zu auffälliges Hemd und/oder Pullover, evtl. mit Sakko
- Geputzte, passende Schuhe – dunkel, nicht alt, nicht ausgetreten
- Passende Socken, keine weißen Socken, keine Socken mit auffälligen Motiven
- Kleidung frisch gewaschen
- Bei Gesprächen auf der Bank, in Unternehmensberatungen oder Rechtsanwaltskanzleien: Anzug oder mindestens Kombination mit Hemd und evtl. (passender) Krawatte
- Haare gut geschnitten und gewaschen
- Vorher duschen
- Keine „Rasierwasserwolke" tragen
- Koffer, Aktenmappe oder ordentlicher Rucksack für Unterlagen und Stifte

7.2   Checklisten, Fehleranalyse

Die im Folgenden genannten Probleme treten bei Präsentationen immer wieder auf. Deshalb ist es sinnvoll, Lösungs- oder (noch besser) Vermeidungsstrategien zur Hand zu haben (siehe Tab. 7.1 und 7.2).

Tab. 7.1 Lösungsansätze bei unperfekter Vorbereitung, Aufregung und Versehen

Mögliches Problem	Lösungsansatz oder Vermeidungsstrategie
Unterlagen nicht vollständig dabei	Unterlagen zu Hause holen/bringen lassen Checkliste schreiben und durchgehen
Nicht alle Medien dabei, z. B. Handout, Poster, Demonstrationsobjekte …	Medien zu Hause holen/bringen lassen Medien vor Ort, spontan gestalten, z. B. handgeschriebene Folien, Flip-Chart oder Plakat, Unterlagen kurzfristig kopieren Fotos aus dem Internet ersatzweise besorgen Checkliste schreiben und durchgehen
Folien und Folienstifte vergessen oder nicht funktionsfähig	Bei Kommilitonen, Assistenten, Dozenten leihen Im Schreibwarenshop/Copyshop kaufen
Unterlagen in der falschen Reihenfolge	Unterlagen nummerieren, richtig sortieren
Papier und Stifte für Notizen vergessen	Von Kommilitonen leihen

Tab. 7.2 Lösungsansätze bei technischen und organisatorischen Problemen

Mögliches Problem	Lösungsansatz oder Vermeidungsstrategie
Geräte/Medien nicht vorhanden: kein Beamer, Pinnwand fehlt, kein Flip-Chart, kein Tageslichtprojektor …	Hauptmedium vorher anfragen, am besten testen Reservierung der Medien vor dem Vortrag Ersatzmedium selbst mitbringen Rechtzeitig vor dem Vortrag da sein, Notfallperson (Veranstalter, Assistent, Hausmeister …) mit Telefonnummer kennen Flexibilität zeigen: vorhandene Medien alternativ, spontan nutzen
Geräte nicht dabei: PC, Beamer, Maus, Verlängerungskabel, Lautsprecher …	Bei Kommilitonen, Assistenten, Dozenten leihen Checkliste schreiben und durchgehen
Ausfall verschiedener Komponenten	Überlegen: wenn Ausfall vor dem Vortrag: kurzfristige Lösung möglich? Wenn Ausfall während des Vortrags: weitermachen oder unterbrechen?
Technik (z. B. installierter Beamer oder Notebook) funktioniert nicht	Technik vorher testen, besonders: Abstimmung PC – Beamer Ersatzgerät mitbringen bzw. bereitstellen oder reservieren Technikverantwortlichen kennen und suchen Backup verwenden: aktuelle Datei auf USB-Stick am Schlüsselbund speichern, Datei im Internet speichern und herunterladen, Notebook von Kommilitonen oder Veranstalter leihen
Darstellung fehlerhaft	Technik im Raum vorher testen Verschiedene Ursachen möglich: Beamer – Notebook: falsche Auflösung Bei Verwendung eines fremden Notebooks zur Präsentation: verschiedene Programmversionen Verschiedene Programmversionen, bei Zusammenfügen der Dateiteile Probleme

7.3   Bewertungsbögen für Präsentationen

Den Bewertungsbögen in Abb. 7.1 verwende ich selbst, um Studenten ein Feedback zu geben.

Die Bewertungsbögen in Abb. 7.2 und 7.3 können an Studenten verteilt und als Grundlage für Feedbackgespräche genutzt werden.

Bewertungsbogen

Bewertung des Vortrags von ....

Datum: ....

Thema-Nr:	Vortragsbeginn: Uhr
Thema:	
....	Vortragsende: Uhr

Form / Rhetorik	1	Eröffnung, Sprechbeginn, Anrede
	2	Körperhaltung, Blickkontakt
	3	Auftreten, Präsenz
	4	Vortragsweise: freie Rede, Stichworte
	5	Aktivierung Zuhörer (Interaktion, Zw.-Reize)
	6	Präsentationsschluss
	7	Körpersprache: Gestik/Mimik
Sprache	8	Vortragsweise: Aussprache, Betonung
	9	Sprechtempo, Sprechpausen
	10	Sprachmarotten, Akzentuierung
	11	Satzbau: direkte Aussagen, kurze Sätze
Inhalt	12	Strukturierung- roter Faden, Gliederung
	13	Argumentation, Sinnhaftigkeit, Korrektheit
	14	Denkanstöße
Medien	15	Medien: Wirkung, Medien-Wechsel
	16	Medien: Lesbarkeit
	17	Medien: Visualisierung, Selbsterklärung
	18	Literatur- und Quellenangaben

Weitere Bemerkungen:

Note:

Gelesen, Unterschrift:

Abb. 7.1 Ausführlicher Bewertungsbogen

Name: _____	Punkte			
	1	3	5	
1. Stimme undeutlich				deutlich
2. Tempo zu schnell/langsam				angemessen
3. Pausen viel/wenig				richtig
4. Modulation monoton				variabel
5. Sprachunarten Ähhs, Mhmhs …				keine
6. Satzlänge zu lange Sätze				richtig (kurze Hauptsätze)
7. Blickkontakt wenig/ausweichend				viel
8. Haltung steif				frei, natürlich
9. Gestik zu viel/zu wenig				richtig
10.Bemerkungen				

Abb. 7.2 Kurzer Bewertungsbogen mit Skala

Darauf wurde geachtet:

o Laut und deutlich gesprochen

o In ganzen Sätzen gesprochen

o Zuschauer angeschaut

o Sicher gestanden

o Keine langen Pausen gemacht

Das war mutig und spitze!

Abb. 7.3 Kurzer Bewertungsbogen

Literatur

Krausser-Raether, H. (2007). *Erfolgreich zum Ausbildungsplatz.* Haufe.

The manufacturer's authorised representative in the EU is Springer
Nature Customer Service Centre GmbH, Europaplatz 3, 69115 Heidelberg,
Germany. If you have any concerns regarding our products, please
contact ProductSafety@springernature.com

Printed and bound by CPI Group (UK) Ltd, Croydon, CR0 4YY
24/04/2026
02096345-0013